Jochen Gläser · Grit Laudel

Experteninterviews und qualitative Inhaltsanalyse

als Instrumente rekonstruierender Untersuchungen

4. Auflage

VS VERLAG

Bibliografische Information der Deutschen Nationalbibliothek
Die Deutsche Nationalbibliothek verzeichnet diese Publikation in der Deutschen Nationalbibliografie; detaillierte bibliografische Daten sind im Internet über <http://dnb.d-nb.de> abrufbar.

3., überarbeitete Auflage 2009
4. Auflage 2010

Lektorat: Frank Engelhardt

VS Verlag für Sozialwissenschaften ist eine Marke von Springer Fachmedien.
Springer Fachmedien ist Teil der Fachverlagsgruppe Springer Science+Business Media.
www.vs-verlag.de

Umschlaggestaltung: KünkelLopka Medienentwicklung, Heidelberg
Druck und buchbinderische Verarbeitung: Ten Brink, Meppel
Gedruckt auf säurefreiem und chlorfrei gebleichtem Papier
Printed in the Netherlands

ISBN 978-3-531-17238-5

Inhalt

Vorbemerkung zur dritten Auflage

Wir haben das Erscheinen der dritten Auflage benutzt, um den Text gründlich zu überarbeiten, und möchten hier auf die vier wichtigsten inhaltlichen Präzisierungen hinweisen. Erstens haben wir unsere Interpretation und Verwendung der Begriffe ‚Experte' und ‚Experteninterview' deutlicher gemacht. Anders als der deutsche mainstream folgen wir einem früheren Vorschlag von Christel Hopf, mit dem Begriff ‚Experte' all die Personen zu erfassen, deren Wissen über die zu untersuchenden sozialen Situationen und Prozesse im Interview erschlossen werden soll.

Zweitens haben wir unser Vorgehen in die neuere Literatur zu sozialen Mechanismen eingebunden und herausgestellt, dass die in diesem Buch behandelten Untersuchungen nach mechanismischen Erklärungen suchen. Um den Unterschied der beiden Erklärungsstrategien der Sozialforschung stärker zu betonen, haben wir sie nicht mehr anhand ihres empirischen Materials (statistik-basiert bzw. fallbasiert) sondern anhand ihrer spezifischen Ziele (relationsorientiert bzw. mechanismenorientiert) benannt.

Drittens haben wir das Kapitel über die qualitative Inhaltsanalyse gründlich überarbeitet. Wir haben deutlicher herausgestellt, dass unserer Ansicht nach die von Phillip Mayring vorgeschlagenen Techniken die methodologischen Prinzipien der Sozialforschung nicht gleichzeitig angemessen berücksichtigen, da sie geschlossene Kategoriensysteme für quantifizierbare Analysen anstreben und deshalb die Offenheit früher oder später aufgeben müssen. Die Darstellung unserer Alternative haben wir erweitert, damit die Methode leichter erlernbar wird.

Wir möchten diese Gelegenheit auch nutzen, um uns bei Uwe Schimank zu bedanken, ohne dessen Nachfrage nach einer solchen Darstellung dieses Buch nicht entstanden wäre. Christine Steiner war die erste, die unsere Methode der qualitativen Inhaltsanalyse in ihrer Forschung angewendet und gelehrt hat. Wir danken ihr für zahlreiche Hinweise und kritische Fragen, die zur Verbesserung unserer Methode und ihrer Darstellung beigetragen haben.

Den Haag, Oktober 2008 Jochen Gläser und Grit Laudel

1. Einführung

1.1 Was sind und wofür braucht man Experteninterviews?

Bei dem Wort ‚Experte'[1] denken wir zuerst an Menschen, die über besonderes Wissen verfügen, das sie auf Anfrage weitergeben oder für die Lösung besonderer Probleme einsetzen. Uns fallen Wissenschaftler ein, die Unglücksursachen ermitteln, in Gutachten die Gefährlichkeit von Technologien beurteilen oder in Gerichtsverhandlungen auftreten. Auch spezialisierte, erfahrene Politiker werden als Experten bezeichnet – der Sicherheitsexperte einer Partei, der Sozialexperte usw. Experten in diesem Sinne sind Angehörige einer Funktionselite, die über besonderes Wissen verfügen. Die naheliegende Interpretation des Begriffs ‚Experteninterview' wäre deshalb die des Interviews mit Angehörigen solcher Eliten, die aufgrund ihrer Position über besondere Informationen verfügen.

Ein besonderes ‚Expertenwissen' haben aber auch sehr viele Menschen, die nicht in herausgehobenen Positionen arbeiten. Macht z.B. jemand einen Musikstil oder einen Künstler zu seinem Hobby und bringt alles darüber in Erfahrung, dann wird er dadurch zum Experten. Ein Automechaniker kann zum Experten für Wagen eines bestimmten Typs werden, ein von einer seltenen Krankheit betroffener Mensch zum Experten für diese Krankheit. All diesen Beispielen ist gemeinsam, dass die ‚Experten' über ein besonderes Wissen verfügen.

Schließlich gibt es eine Art besonderen Wissens, über das eigentlich jeder von uns verfügt. Es ist das Wissen über die sozialen Kontexte, in denen man agiert: über das Unternehmen oder die Organisation, in der man arbeitet, über die eigenen Arbeitsprozesse, über das Wohngebiet, in dem man lebt, über Bürgerinitiativen, in denen man mitarbeitet, über Veranstaltungen, an denen man teilnimmt. Nur die unmittelbar Beteiligten haben dieses Wissen, und jeder von ihnen hat aufgrund seiner individuellen Position und seiner persönlichen Beobachtungen eine besondere Perspektive auf den jeweiligen Sachverhalt.

1 Im Interesse einer besseren Lesbarkeit des Textes wird im Folgenden jeweils nur die männliche Form verwendet, womit jedoch stets auch die weibliche Form gemeint ist.

Sozialwissenschaftler erforschen solche sozialen Kontexte, gehören ihnen aber meist nicht an. Für sie sind die Beteiligten deshalb Experten, die ihr besonderes Wissen über soziale Kontexte für deren Untersuchung zur Verfügung stellen können. In diesem Sinne werden die Begriffe ‚Experte' und ‚Experteninterview' hier verwendet: *‚Experte' beschreibt die spezifische Rolle des Interviewpartners als Quelle von Spezialwissen über die zu erforschenden sozialen Sachverhalte. Experteninterviews sind eine Methode, dieses Wissen zu erschließen.* Dieses Konzept von Experteninterviews ist unseres Wissens von Hopf in die sozialwissenschaftliche Diskussion eingeführt worden:

> Qualitative Interviews können unter anderem geführt werden: als Experteninterviews, in denen die Befragten als Spezialisten für bestimmte Konstellationen befragt werden..., oder als Interviews, in denen es um die Erfassung von Deutungen, Sichtweisen und Einstellungen der Befragten selbst geht. (Hopf 1993: 15)

Hopf weist noch darauf hin, dass „die amerikanische Literatur ... für die Bezeichnung dieser unterschiedlichen Funktionen die Unterscheidung zwischen ‚informants' einerseits und ‚respondents' andererseits [kennt]" (ibid: 35).

Das Experteninterview ist also eine spezielle Methode, die zu einem ganz bestimmten Zweck eingesetzt wird. Untersuchungen, in denen mittels Interviews das Wissen von Experten über einen bestimmten sozialen Sachverhalt erschlossen werden soll, sind in den Sozialwissenschaften weit verbreitet, besonders in der Soziologie und der Politikwissenschaft. Sie haben zwei wichtige Merkmale gemeinsam:

1. Die Experten sind ein Medium, durch das der Sozialwissenschaftler Wissen über einen ihn interessierenden Sachverhalt erlangen will. Sie sind also nicht das ‚Objekt' unserer Untersuchung, der eigentliche Fokus unseres Interesses, sondern sie sind bzw. waren ‚Zeugen' der uns interessierenden Prozesse. Die Gedankenwelt, die Einstellungen und Gefühle der Experten interessieren uns nur insofern, als sie die Darstellungen beeinflussen, die die Experten von dem uns interessierenden Gegenstand geben. Ein entlassener Angestellter, der sich ungerecht behandelt fühlt, entwickelt eine besondere Perspektive auf seine ehemalige Arbeitsstelle und die Vorgänge um seine Entlassung. Für eine Untersuchung über die individuelle Verarbeitung solcher Erfahrungen durch entlassene Mitarbeiter wäre diese Perspektive der zentrale Gegenstand. Für eine Untersuchung über das Unternehmen, das den Mitarbeiter entlassen hat, ist diese besondere Perspektive dagegen nur eine Randbedingung. Es handelt sich allerdings um eine wichtige Randbedingung, da die Erfahrung einer ungerechten Behandlung die Mitteilungen des Mitarbeiters über das Unternehmen prägen wird. Der entlassene Mitarbeiter verliert durch seine möglicherweise extreme Perspektive nicht seine Eignung als Experte, dieser spezielle Blick muss aber bei der Interpretation seiner Auskünfte in Rechnung gestellt werden.

2. Die Experten haben eine besondere, mitunter sogar exklusive Stellung in dem sozialen Kontext, den wir untersuchen wollen. Wir interviewen die Trainer und Eltern von Leistungssportlern, weil diese besonderes Wissen über die Biographie und die Karriere des Leistungssportlers haben. Wir befragen die Mitarbeiter in Unternehmen, um Informationen über die Struktur des Unternehmens und über interne Prozesse zu erhalten. Wir befragen am Zustandekommen der deutschen Einheit beteiligte Politiker, um Informationen über die politischen Entscheidungsprozesse zu erhalten.

Anhand dieser Merkmale können wir nun die Untersuchungen genauer abgrenzen, in denen Experteninterviews eingesetzt werden: Es handelt sich um Untersuchungen, *in denen soziale Situationen oder Prozesse rekonstruiert werden sollen*, um eine sozialwissenschaftliche Erklärung zu finden. Wir bezeichnen solche Untersuchungen im weiteren als *rekonstruierende Untersuchungen*. Die Experteninterviews haben in diesen Untersuchungen die Aufgabe, dem Forscher das besondere Wissen der in die Situationen und Prozesse involvierten Menschen zugänglich zu machen.

Wir grenzen Experteninterviews also nicht über den besonderen sozialen Status der Interviewpartner ab. Es wäre auch falsch, etwa eine bestimmte Form von Interviews (z.B. leitfadengestützte Interviews) mit Experteninterviews gleichzusetzen und zur Grundlage einer Einordnung zu machen. Entscheidend sind vielmehr das *Ziel der Untersuchung*, der daraus abgeleitete *Zweck des Interviews* und die sich daraus ergebende *Rolle des Interviewpartners*. Experteninterviews werden in rekonstruierenden Untersuchungen eingesetzt. Um soziale Sachverhalte rekonstruieren zu können, befragt man Menschen, die aufgrund ihrer Beteiligung Expertenwissen über diese Sachverhalte erworben haben.[2]

Rekonstruierende Untersuchungen sind nicht die einzige Form empirischer sozialwissenschaftlicher Forschung. Andere Untersuchungen beschäftigen sich z.B. mit den Deutungen, Sichtweisen und Einstellungen von Menschen und wollen diese im Interview erfassen. Diese Unterscheidung lässt sich sehr gut an den verschiedenen Zielen verdeutlichen, die die Untersuchung von Biographien haben kann: Eine wichtige Richtung der Biographieforschung beschäftigt sich mit der Frage, wie Menschen ihre eigene Biographie konstruieren und welche Wirkungen die speziellen biographischen Konstruktionen auf bestimmte gegenwärtige Verhaltensweisen haben. So hat Wohlrab-Sahr (1999) untersucht, wie Menschen in den USA und Deutsch-

2 In der sozialwissenschaftlichen Literatur wird der Begriff „Experteninterview" meist an die Expertenrolle des Interviewten im untersuchten sozialen Feld gebunden (z.B. in dem klassischen Aufsatz von Meuser und Nagel (1991, wieder abgedruckt 2005) und in den anderen Beiträgen in Bogner/Littig/Menz 2005). Experteninterviews sind in dieser Perspektive Interviews mit Menschen, die aufgrund ihrer beruflichen Stellung über besonderes Wissen verfügen.

land krisenhafte biographische Erfahrungen mit einer Konversion zum Islam verarbeiten. Für solche Untersuchungen der Biographie als individuelles Konstrukt kann es völlig belanglos sein, was die Interviewten ‚tatsächlich' erlebt haben. Wenn es uns darum geht herauszufinden, wie eine biographische Konstruktion das Verhalten des Interviewten beeinflusst, dann müssen wir nur wissen, wie er selbst seine Biographie heute wahrnimmt, d.h. was er heute glaubt, damals erlebt zu haben. Entsprechend wird man das biographische Interview mit ihm führen – nicht, um herauszubekommen ‚wie es wirklich war', sondern um die Vergangenheit zu erkunden, ‚mit der er lebt'. Will man aber untersuchen, wie sich die sozialen Beziehungen und andere Lebensumstände eines Leistungssportlers in bestimmten Phasen seiner Biographie verändern, dann reicht diese Perspektive nicht aus. Wir müssen ja davon ausgehen, dass auch Umstände, an die sich der Leistungssportler heute nicht, unvollständig oder anders erinnert, wichtige Einflussfaktoren auf seine Biographie und z.B. seine Leistungssportkarriere waren. Hier geht es also darum, die Biographie des Leistungssportlers (im Sinne der Abfolge von Ereignissen in seinem Leben) zu rekonstruieren. Dabei wird der Leistungssportler auch als Experte für seine Lebensumstände, speziell seine Sportkarriere, betrachtet, und es werden weitere Experten interviewt, die über diese Lebensumstände Auskunft geben können – z.B. die Eltern und die Trainer.[3]

Obwohl es also in beiden Fällen um die Biographie eines Menschen geht, ist das Erkenntnisinteresse deutlich voneinander verschieden. Im einen Fall geht es um das Bild, das der Interviewpartner von seiner Vergangenheit hat, und um die Bedeutung dieses spezifischen Bildes für ihn. Im anderen Fall richtet sich das Erkenntnisinteresse auf die Vergangenheit, und das jeweils spezifische Bild der Interviewpartner von dieser Vergangenheit ist ein Mittel, um an Informationen über diese Vergangenheit zu gelangen. In diesem Buch geht es um Untersuchungen des zweiten Typs – rekonstruierende Untersuchungen – und zwei ihrer wichtigsten Instrumente: Experteninterviews für die Erhebung von Daten und qualitative Inhaltsanalyse für deren Auswertung.

Die Strategien rekonstruierender Untersuchungen und die Anwendung von Experteninterviews sind beileibe nicht nur für sozialwissenschaftliche Untersuchungen interessant. Gerade mit der zunehmenden Bedeutung von

3 Das Beispiel macht auch deutlich, dass eine scharfe Trennung beider Funktionen von Interviews in manchen Fällen nicht möglich ist: Im Interview mit dem Leistungssportler selbst geht es natürlich nicht nur darum, ihn als Experten für seine Lebensumstände zu behandeln. Die Art und Weise, wie er diese Lebensumstände im Interview reflektiert, ist nicht weniger wichtig, weil sie seine Handlungen beeinflusst. Das macht solche Interviews besonders schwierig. Gerade solche Verkopplungen verdeutlichen aber auch, wie nützlich es ist, sich zunächst die unterschiedlichen Funktionen bewusst zu machen, die Interviews im Untersuchungsprozess haben. Außerdem werden die beiden Funktionen nur sehr selten gleichberechtigt nebeneinander stehen. In der Regel dominiert eine der beiden Funktionen, und das Interview wird an ihr orientiert.

Wissen in unserer Gesellschaft wird es immer wichtiger, Strategien der Wissensbeschaffung zu erlernen und erfolgreich anwenden zu können. Wir sehen die Funktion von Experteninterviews und damit dieses Buches auch in einem nicht-akademischen Kontext: Nicht wenige Sozialwissenschaftler werden in ihrer beruflichen Praxis vor die Aufgabe gestellt, mit fremden Experten zu sprechen und ihnen Wissen zu ‚entlocken'. Auch als Vorbereitung auf diese Aufgabe ist die Beschäftigung mit Experteninterviews von Nutzen.

1.2 Ziele und Inhalte des Buches

Dieses Buch soll Sie in die Lage versetzen, empirische sozialwissenschaftliche Untersuchungen durchzuführen, in denen mit Experteninterviews soziale Sachverhalte rekonstruiert werden. Wie im vorangegangenen Abschnitt bereits angedeutet wurde, handelt es sich um ein recht weit verbreitetes Vorgehen, das eine ganze Richtung der qualitativen Sozialforschung repräsentiert. Leider gibt es bislang nirgendwo eine geschlossene Darstellung dieses Vorgehens, und auch die Praxis ist vorläufig eher intuitiv als systematisch. Das hängt mit einer generellen Schwäche der Methodologie qualitativer Sozialforschung zusammen: Sie ist über die Formulierung von ‚qualitativen Prinzipien', denen alle qualitativen Methoden genügen müssen, kaum hinausgekommen. Methodenlehrbücher der qualitativen Sozialforschung stellen meist diese Prinzipien dar und wenden sich dann Einzelproblemen und einzelnen Methoden zu. Was bislang völlig fehlt, ist eine Beurteilung einzelner Methoden danach, welche Informationen man mit ihnen beschaffen kann, unter welchen Bedingungen sie eingesetzt werden können usw. Damit bleibt aber für den Sozialforscher die Frage unbeantwortet, welche Methoden für welche Arten von Untersuchungen (für welche Forschungsprobleme) einsetzbar sind und welche Konsequenzen sich aus der Wahl bestimmter Methoden für die gesamte Untersuchung ergeben.

Wir werden diese Fragen für Experteninterviews und für eine Methode, mit der man Experteninterviews auswerten kann – die qualitative Inhaltsanalyse – beantworten. Diese methodologische Diskussion ist notwendig, weil Sie die Grundzüge der Methodologie qualitativer Sozialforschung verstanden haben müssen, um Experteninterviews und qualitative Inhaltsanalyse im Forschungsprozess richtig einsetzen zu können. Dieses Buch enthält deshalb auch ausführliche methodologische Überlegungen. Wir beschränken die Methodologie jedoch auf das für die beiden hier behandelten Methoden Notwendige. Rekonstruierende Untersuchungen können auch mit anderen Methoden oder mit einer speziellen Forschungsstrategie wie der ‚grounded theory' durchgeführt werden (Literaturhinweise dazu gibt es in Kapitel 2).

Wir halten die Beschränkung auf zwei Methoden und deren methodologische Grundlagen für notwendig, um die Methoden *lehren* zu können. Wir sehen keinen Sinn in den zahllosen Kurzbeschreibungen von Methoden, die die Lehrbücher für qualitative Sozialforschung bevölkern. Nach dem Studium einer solchen Kurzbeschreibung haben Sie zwar eine ungefähre Vorstellung davon, was die Methode bewirken soll, können sie aber nicht anwenden. Unser Ziel besteht darin, Sie zur Anwendung einer Erhebungsmethode (Experteninterviews) und einer Auswertungsmethode (qualitative Inhaltsanalyse) zu befähigen.

Ein Problemkreis, der in der Methodenausbildung in Deutschland eher stiefmütterlich behandelt wird, ist die Praxis qualitativer Forschung. Anders als z.B. in den USA werden bei uns die praktischen Schritte, die in einem Forschungsprozess gegangen werden müssen, unterschätzt. Sie sind aber für den Erfolg eines Forschungsprojekts sehr wichtig, und obwohl hier jeder seine eigenen Erfahrungen sammeln muss, lassen sich doch viele Klippen umschiffen, wenn man aus den Erfahrungen anderer lernt. Neben methodologischen Überlegungen zur Wahl von Erhebungs- und Auswertungsmethoden haben wir deshalb auch allgemeine Überlegungen zur Gestaltung qualitativer Forschung in das Buch aufgenommen. Diese Überlegungen betreffen den Gesamtprozess von der Formulierung der Untersuchungsfrage bis hin zum Schreiben eines Textes, der die Untersuchung und ihre Ergebnisse präsentiert. Es geht um Probleme wie die Rolle theoretischer Vorüberlegungen in qualitativen Untersuchungen, die Auswahl von Untersuchungsobjekten bzw. ‚Fällen', die Interpretation von Ergebnissen und das Schreiben eines ‚Berichts' über die Untersuchung. Auch auf ethische Überlegungen, die der Sozialwissenschaftler anstellen muss, werden wir hinweisen. Dazu gehören z.B. die Bedeutung der ‚informierten Einwilligung' der in die Untersuchung einbezogenen Personen sowie Probleme des Datenschutzes und der Wahrung der Anonymität der an der Untersuchung Beteiligten.

Das Buch soll also auch Wissen über den (qualitativen) Forschungsprozess insgesamt vermitteln, soweit das für die Anwendung der beiden Methoden erforderlich ist, und ist deshalb breit angelegt. Den Schwerpunkt bildet jedoch die Vermittlung der beiden Methoden ‚Experteninterview' und ‚qualitative Inhaltsanalyse'. Für diese Methoden haben wir das zur Zeit existierende Wissen zusammengefasst und so aufbereitet, dass Sie die Methoden erlernen können. Sie werden anhand zweier Beispieluntersuchungen, die Sie durch das gesamte Buch begleiten, und anhand zahlreicher Einzelbeispiele lernen, Experteninterviews vorzubereiten, Interviewleitfäden zu entwickeln, Interviews zu führen sowie Fehlerquellen zu erkennen und zu meiden. Sie werden lernen, Ihre Interviewtexte unter den Gesichtspunkten auszuwerten, die Sie sich mit Ihrer Untersuchungsfrage vorgenommen haben, und so die Untersuchungsfrage zu beantworten.

Sie werden lernen, mit Experteninterviews und qualitativer Inhaltsanalyse zu forschen – allerdings mit einer wesentlichen Einschränkung: Forschung ist nicht auf die Abarbeitung von Algorithmen und Schrittfolgen reduzierbar, sondern in erster Linie ein kreativer Prozess. So wichtig die sichere Handhabung des in diesem Buch vermittelten Wissens ist, so wenig reicht sie allein aus, um neues Wissen zu produzieren. Wir werden Sie immer wieder darauf hinweisen, wo der Forschungsprozess von Ihrer Kreativität lebt. Was Sie mit diesem Buch lernen, soll Ihnen vor allem Sicherheit bei der Anwendung dieser Kreativität geben. Dabei wünschen wir Ihnen viel Spaß.

1.3 Die Anwendungsbeispiele: Sonderforschungsbereiche und Sportlerbiographien

Um den Ablauf von Forschungsprozessen und die Einzelmethoden ‚Experteninterview' und ‚qualitative Inhaltsanalyse' anschaulich zu vermitteln, enthält dieses Buch zwei Beispiele, die Sie durch die Kapitel 3 bis 6 begleiten werden. Es handelt sich um zwei empirische Forschungsprojekte, die ganz unterschiedlichen Teilgebieten der Soziologie, der Sportsoziologie und der Wissenschaftssoziologie, entstammen. In dem sportsoziologischen Projekt wurden Biographien von jugendlichen Leistungssportlern untersucht. Das wissenschaftssoziologische Projekt hatte die Kooperation von Naturwissenschaftlern in sogenannten Sonderforschungsbereichen zum Gegenstand. Diese Untersuchung ist wahrscheinlich schwerer nachvollziehbar als die Untersuchung der Sportlerbiographien, weil uns die Alltagswelt von Leistungssportlern dank der Massenmedien relativ vertraut ist, während der Forschungsalltag von Naturwissenschaftlern eine relativ stark abgeschlossene, fremde Kultur ist. Zusammen genommen sind die beiden Projekte gut geeignet, die Bandbreite soziologischer Untersuchungen zu verdeutlichen, die mit Experteninterviews als Erhebungsmethode und qualitativer Inhaltsanalyse als Auswertungsmethode realisiert werden können. Die Forschungsprojekte sind nämlich nicht nur vom Untersuchungsobjekt her verschieden, sondern unterscheiden sich auch in ihrer Vorgehensweise: Die Untersuchung der Kooperation von Naturwissenschaftlern ist stärker in einen theoretischen Kontext eingebettet, aus dem Annahmen über Untersuchungsvariablen und Kausalmechanismen abgeleitet werden konnten. Die Untersuchung der Sportlerbiographien konnte nicht in diesem Maße an vorhandene Theorien anknüpfen, sondern musste stärker nach Einflüssen auf die Biographie eines Leistungssportlers suchen, die nicht vorab als Untersuchungsvariablen konstruiert werden konnten. Da Sie ein gewisses Hintergrundwissen benötigen, um die Beispiele im Buch verstehen zu können, beschreiben wir im Folgenden kurz die beiden Projekte.

Untersuchung von Sportlerbiographien

Dieses Projekt entstand im Kontext eines praktischen Interesses und einer sportsoziologischen Hypothese. Seit einigen Jahrzehnten sehen sich immer mehr Sportarten mit dem Problem des Dopings konfrontiert. Der Sport selbst und auch die Politik haben ein Interesse daran, Doping zurückzudrängen und nach Möglichkeit aus dem Hochleistungssport zu verbannen. Neben darauf gerichteten Kontrollmechanismen und Sanktionen ist die Dopingprävention interessant: Wie kann verhindert werden, dass Athleten überhaupt mit dem Doping beginnen? Um diese Frage zu beantworten, muss man natürlich wissen, wodurch Doping verursacht bzw. begünstigt wird, wie also das Handeln der Athleten, der Umgang der Athleten mit dem eigenen Körper und speziell die Entscheidung für Doping von den sozialen Kontexten abhängt, in denen sich die Athleten bewegen.

Das Projekt ging von der sportsoziologischen Hypothese aus, dass die Entstehung einer Dopingneigung bei jungen Sportlern bereits in den Bedingungen ihrer Karrieremuster und -dynamiken angelegt ist (Bette/Schimank 1995). Hochleistungssportler geraten durch Umwelteinflüsse und eigene Entscheidungen auf einen bestimmten Karrierepfad, der zu einer biographischen Schließung führt. Damit ist gemeint, dass die Lebensinteressen der Hochleistungssportler und demzufolge ihre Handlungen immer mehr und tendenziell ausschließlich auf den Spitzensport ausgerichtet werden, und dass dieser Prozess unumkehrbar ist, weil jeder Schritt die folgenden begünstigt. Es konnte vermutet werden, dass sich eine solche biographische Schließung nicht erst im fortgeschrittenen Stadium einer Athletenkarriere einstellt, sondern sich über längere Zeit anbahnt, also bereits im Nachwuchsstadium angelegt ist.

Das *Ziel* der Untersuchung bestand darin, die genannte Hypothese zu prüfen. Es sollte festgestellt werden, ob in den Biographien von Hochleistungssportlern Handlungsmuster angelegt sind, die zu einer ‚biographischen Schließung‘ führen und infolgedessen eine Neigung zum Doping begünstigen. Mit der Beantwortung dieser theoretischen Frage sollte gleichzeitig Wissen bereitgestellt werden, das die Dopingprävention unterstützt.

Das Projekt begann 1996 und wurde 1999 abgeschlossen. Die empirische Untersuchung haben zwei wissenschaftliche Mitarbeiter durchgeführt. In einer qualitativen Untersuchung wurden Biographien von Hochleistungssportler aus verschiedenen Sportarten daraufhin untersucht, wie die Karrieren von Nachwuchsathleten typischerweise verlaufen und wodurch sie im einzelnen geformt werden.

Im Zentrum der Untersuchung standen 20 Biographien von jugendlichen Leistungssportlern in den ausgewählten Sportarten Gewichtheben, Tennis, Rhythmische Sportgymnastik und Zehnkampf. Die Rekonstruktion der 20 Biographien basierte auf Interviews mit den Athleten, ihren Trainern und ihren Eltern. Ergänzend führten die Projektmitarbeiter einige Interviews mit ehemaligen Hochleistungssportlern, die schon vor Erreichen der Spitze gescheitert sind (‚Drop-outs'). Hinzu kamen biographische Interviews mit Sportlern, die im Rahmen studentischer Examensarbeiten geführt worden waren. Alle Interviews wurden vollständig transkribiert. Als Auswertungsmethode für die Interviews wurde die qualitative Inhaltsanalyse eingesetzt. Eine zweite Informationsquelle waren Dokumente, insbesondere Zeitungsartikel, Verbandszeitschriften und Internet-Seiten.

Die Ergebnisse der Untersuchung bestätigen die Hypothese, dass Athletenkarrieren im Hochleistungssport einer biographischen Schließung unterliegen. Es treten zeitliche, sachliche und soziale biographische Schließungen auf, die einander wechselseitig verstärken. In zeitlicher Hinsicht nimmt die Beanspruchung durch das Sporttreiben sehr schnell stark zu. In sachlicher Hinsicht steht das Sporttreiben ab einer bestimmten Karrierephase klar im Mittelpunkt aller Aktivitäten der Athleten. Es ist das subjektiv Wichtigste am eigenen Leben. In sozialer Hinsicht schränken die Athleten ihre sozialen Kontaktnetze immer mehr ein; es vollzieht sich eine soziale Schließung auf solche Kontakte, die in irgendeiner Beziehung zu dem Sporttreiben des Athleten stehen. Der jugendliche Spitzensportler versteht sich zuallererst als Sportler. Diese Identität bildet sich bereits sehr früh aus und verfestigt sich. Biographische Schließungen und Leistungsindividualismus werden vor allem durch die Akteure des sportlichen Umfelds – namentlich die Trainer – befördert; sie werden auch durch Akteure des nichtsportlichen Umfeldes (Familie, Schule, Ausbildung) verstärkt.

Wie sich die biographische Schließung vollzieht und wie stark sie ausfällt, hängt vor allem von den technischen und sozialen Eigenarten einer Sportart ab. So unterscheiden sich Sportarten danach, ob die biographische Schließung stärker vom Athleten selbst oder vom sportlichen Umfeld ausgeht. In den Sportarten Zehnkampf und Tennis überwiegt die Selbststeuerung durch den Athleten, während bei der Rhythmischen Sportgymnastik und beim Gewichtheben die Außensteuerung dominiert. Unter den Bedingungen solcher biographischer Schließungen lässt der starke Erfolgsdruck, dem Hochleistungssportler ausgesetzt sind, diese unter einen impliziten Dopingdruck geraten, wenn die technischen Eigenarten einer Sportart Doping als Mittel der Leistungssteigerung zulassen.

Die Untersuchung hat Mechanismen aufgedeckt, die biographische Schließungen erzeugen. Sie zeigt damit, dass die Ursachen für Doping nicht auf das Fehlverhalten einzelner Personen (des Athleten, des Sportfunktionärs, des Sportmediziners etc.) reduziert werden können. Vielmehr müssen die überindividuellen Faktoren berücksichtigt werden, die biographische Schließungen und damit Dopingneigungen erzeugen.

Untersuchung von Sonderforschungsbereichen

In den sechziger Jahren stellte die Forschungspolitik fest, dass Wissenschaftler an den deutschen Universitäten meist nur innerhalb eines Fachbereiches kooperieren und dass deshalb Forschungen, die auf Methoden und Denkweisen der Nachbardisziplinen angewiesen sind, im internationalen Maßstab in Rückstand geraten waren. Die Politik reagierte auf dieses Problem, indem sie ein Instrument zur Förderung interdisziplinärer Kooperation an den Hochschulen schuf: die Sonderforschungsbereiche (SFB). SFB sind netzwerkartige Zusammenhänge von Forschungsgruppen, die aus verschiedenen Fachbereichen einer oder mehrerer Universitäten stammen (Abb. 1-1). Diese Forschungsgruppen – meist zwischen 10 und 20 – erhalten Fördergelder, damit sie über einen Zeitraum von 12 bis 15 Jahren zu einem gemeinsamen Forschungsthema gehörende Teilprojekte bearbeiten. Zu einer Forschungsgruppe gehören einschließlich der Doktoranden ca. fünf Wissenschaftler. Gefördert werden SFB durch die Deutsche Forschungsgemeinschaft (DFG), die größte Förderorganisation für die universitäre Grundlagenforschung in Deutschland. Da für die Förderung von SFB erhebliche Mittel aufgewendet werden, wollte die DFG immer wieder herausbekommen, ob denn durch dieses Instrument tatsächlich die fächerübergreifende Kooperation gefördert wird. Die Ergebnisse ihrer eigenen Untersuchungen blieben aber widersprüchlich.

Abb. 1-1 Struktur eines SFB (schematisch)

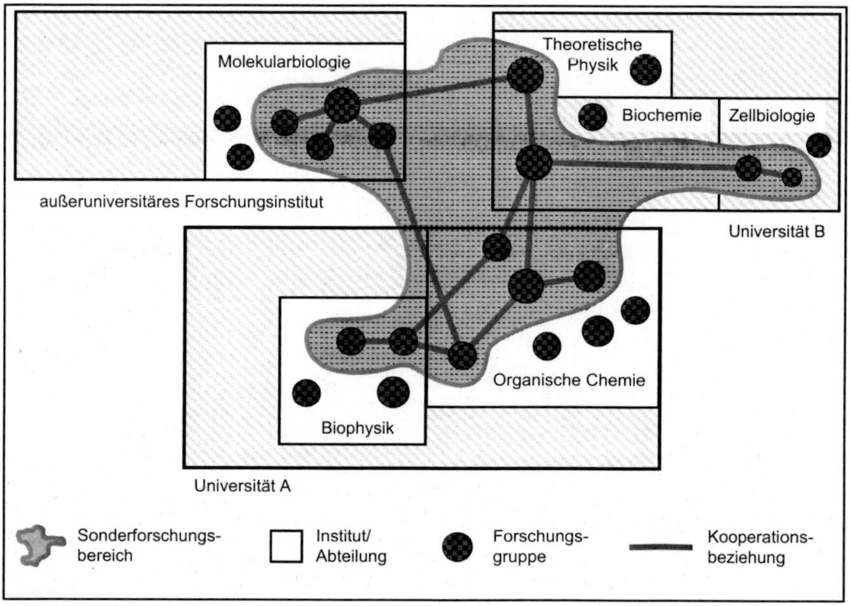

Aus wissenschaftssoziologischer Perspektive sind die SFB eine interessante zusätzliche Handlungsbedingung für Wissenschaftler. Die Wissenschaftler bleiben ja in ihre Universitäten und Fachbereiche eingebunden, und die SFB mit ihren Fördergeldern und Verhaltensregeln kommen als neue Struktur hinzu. Obwohl die Wissenschaftssoziologie bereits einiges über interdisziplinäre Kooperation von Naturwissenschaftlern wusste, gab es noch kein Wissen darüber, was die Erfolgsbedingungen interdisziplinärer Kooperation sind und wie diese Erfolgsbedingungen durch institutionelle Strukturen beeinflusst werden. Das *Ziel* der Untersuchung bestand deshalb darin herauszufinden, ob – und wenn ja, wie – Sonderforschungsbereiche die interdisziplinäre Forschungskooperation beeinflussen.

Die Untersuchung begann 1993 und wurde 1997 abgeschlossen. Wie in dem sportsoziologischen Projekt wurden Fallstudien durchgeführt, hier waren es zwei Fallstudien in naturwissenschaftlichen Sonderforschungsbereichen. Im Zentrum der Datenerhebung standen Experteninterviews mit Wissenschaftlern der beiden SFB, Gutachtern der DFG und Mitarbeitern der DFG-Geschäftsstelle. Daneben wurden Dokumente analysiert und eine spezielle quantitative Methode der Wissenschaftssoziologie, eine sogenannte scientometrische Analyse der Publikationsaktivitäten, angewendet. Außerdem wurden wissenschaftliche Veranstaltungen der SFB und eine SFB-Begutachtung beobachtet. Die wichtigste Auswertungsmethode bildete auch in diesem Projekt die qualitative Inhaltsanalyse der Experteninterviews. Zusätzlich wurden u.a. die Kooperationsnetzwerke der beiden SFB mit Hilfe der Netzwerkanalyse ausgewertet und über eine Visualisierungsmethode für Netzwerke sichtbar gemacht.

Im Ergebnis der Untersuchung konnte gezeigt werden, dass in den beiden untersuchten Sonderforschungsbereichen die Ziele der Forschungspolitik tatsächlich erreicht werden. Zahl und Intensität der Kooperationen nahmen in beiden SFB im Verlauf der Arbeit deutlich zu. Insbesondere Kooperationen, die die Grenzen universitärer Fachbereiche überschreiten, sind bis auf wenige Ausnahmen erst mit der Einrichtung des SFB entstanden. Damit war der erste Teil der Untersuchungsfrage beantwortet, nämlich *ob* SFB Kooperation fördern.

Im zweiten Teil der Frage ging es darum herauszufinden, *wie* SFB Kooperation fördern. Mit der vorliegenden empirischen Untersuchung konnten Bedingungen ermittelt werden, die für das Zustandekommen von Kooperation unerlässlich sind. Weiterhin wurden hemmende und fördernde Bedingungen für Forschungskooperation gefunden. Auf dieser Grundlage konnte gezeigt werden, wie der SFB Kooperationen fördert, indem er solche Bedingungen herstellt oder modifiziert. Eine Voraussetzung für Kooperation ist zum Beispiel, dass die Wissenschaftler, die ja aus verschiedenen Fachgebieten kommen, einander überhaupt verstehen können. Sie müssen sich also eine gemeinsame Kommunikationsbasis im Sinne einer von allen Beteiligten verstandenen Sprache schaffen. Der SFB fördert das allmähliche Entstehen einer gemeinsamen Kommunikationsbasis, indem er die SFB-Mitglieder verpflichtet, vor der Förderung und im gesamten Förderzeitraum miteinander zu kommunizieren – auf regelmäßigen gemeinsamen Tagungen, bei der Vorbereitung der Finanzierungsanträge, beim Erarbeiten gemeinsamer Publikationen usw. Für die interdisziplinären Tagungen wird auch zusätzlich Geld bereitgestellt. Durch diese langfristige ständige Kommunikation bildet sich allmählich eine gemeinsame Kommunikationsbasis heraus. Mit der Identifizierung solcher institutioneller Wirkungsmechanismen konnte zu einer Theorie der Forschungskooperation beigetragen werden.

Weiterführende Literatur:

Beide Anwendungsbeispiele sind publiziert worden. Die Ergebnisse des Projektes ‚Sportlerbiographien' wurden im Jahre 2002 publiziert (Bette et al. 2002), die dem Projekt zugrunde liegenden theoretischen Überlegungen bereits zuvor (Bette/Schimank 1995). Für die Untersuchung zu den Sonderforschungsbereichen siehe Laudel (1999).

Fragen zu Kapitel 1

F1. Überlegen Sie sich für die beiden vorliegenden Untersuchungen:

1. Handelt es sich um rekonstruierende Untersuchungen? Warum?
2. Warum handelte es sich jeweils um Experteninterviews?
3. Welche anderen Möglichkeiten hätten bestanden, die Untersuchungsfragen zu beantworten? Wie hätte z.B. eine quantitative Untersuchung aussehen können? Welche Probleme wären dabei aufgetreten?

2. Wissenschaftstheoretische, methodologische und ethische Grundlagen

2.1 Zur Methodologie empirischer Sozialforschung

2.1.1 Was ist empirische Sozialforschung?

Kapitel 2 ist den wissenschaftstheoretischen und methodologischen Grundlagen der empirischen Sozialforschung gewidmet, die Sie beherrschen müssen, um rekonstruierende Untersuchungen, Experteninterviews und qualitative Inhaltsanalyse richtig einsetzen zu können. Wir beginnen dieses Kapitel mit einigen allgemeinen Überlegungen zum Ablauf von Forschungsprozessen, die Ihnen helfen sollen, die später sehr ins Einzelne gehenden Darstellungen einzuordnen.

Im einleitenden Kapitel haben wir angekündigt, dass dieses Buch eine spezifische Untersuchungsstrategie und zwei Methoden empirischer sozialwissenschaftlicher Forschung vermittelt. Was aber ist empirische Sozialforschung? Wir rekapitulieren hier nur kurz, was entsprechende Einführungen in der allgemeinen Methodenausbildung genauer erläutern: Forschung ist ein kollektives Unternehmen von Menschen, die gemeinsam Wissen über die uns umgebende Welt und über uns selbst erarbeiten. Es tut der Kollektivität dieser Arbeit keinen Abbruch, dass die Menschen über die ganze Welt verteilt sind und einander selten oder nie zu Gesicht bekommen. Der Gegenstand ihres gemeinsamen Unternehmens ist nämlich ein gemeinsamer Wissensbestand, der in Form von Theorien, Methoden, Daten und Artefakten – z.B. Forschungsinstrumenten oder Computerprogrammen – existiert. Auf diesen Wissensbestand beziehen sich Forscher, wenn sie – jeder für sich – Forschungsprobleme formulieren, nach Lösungen suchen und diese Lösungen in den gemeinsamen Wissensbestand einordnen. Um auf diese Weise unabhängig voneinander und doch gemeinsam arbeiten zu können, müssen die Wissenschaftler den gemeinsamen Wissensbestand kennen und ihre Beiträge zu ihm bekannt machen. Beides wird dadurch sichergestellt, dass die Forscher ihre Ergebnisse publizieren.

Wissenschaft differenziert sich intern nach den Ausschnitten der Welt, über die Wissen akkumuliert wird. Die rasch wachsende Menge unseres Wissens erfordert seit langer Zeit eine Spezialisierung in der Wissensproduktion. Der spezifische Weltausschnitt, die ihm angemessenen Untersuchungsstrategien und das über diesen Weltausschnitt akkumulierte Wissen konstituieren Wissenschaftsdisziplinen, Teildisziplinen, wissenschaftliche Spezialgebiete usw. Der Gegenstand sozialwissenschaftlicher Forschung ist der Bereich unserer Welt, der durch das menschliche Handeln konstituiert wird. Max Weber hat das zu Beginn des 20. Jahrhunderts sehr schön zum Ausdruck gebracht: „Soziologie ... soll heißen: eine Wissenschaft, die soziales Handeln deutend verstehen und dadurch in seinem Ablauf und in seinen Wirkungen ursächlich erklären will.“ (Weber 1976: 1) In dieser kurzen Definition sind benannt:

- der Gegenstand sozialwissenschaftlicher Forschung: soziales Handeln,
- das Ziel der Forschung: Handeln in seinem Ablauf und in seinen Wirkungen ursächlich zu erklären und
- die besondere, gegenstandsadäquate Vorgehensweise: Handeln deutend zu verstehen.

Auf interne Differenzierungen der Sozialwissenschaften gehen wir hier nicht weiter ein, sondern beziehen uns nur auf ihre gemeinsamen Grundlagen. Wie in anderen Wissenschaftsdisziplinen findet man auch in den Sozialwissenschaften theoretische und empirische Forschungsprozesse. Theoretische Sozialforschung will Theorien dadurch weiterentwickeln, dass sie Folgerungen aus ihnen ableitet und sie zu anderen Theorien in Beziehung setzt. Ein beeindruckendes Beispiel dafür ist die Entwicklung einer Systemtheorie der Gesellschaft durch Niklas Luhmann. Luhmann hatte sein Projekt mit dem Kommentar gestartet: „Laufzeit: 30 Jahre, Kosten: keine.“ (Luhmann 1997: 11) Seine Theorie entstand am Schreibtisch, nicht aus empirischen Untersuchungen. Wo er sich auf Daten über die soziale Welt bezog, handelte es sich um Forschungsergebnisse anderer, die in theoretisch verarbeiteter Form vorlagen.

Als empirische Sozialforschung bezeichnen wir Untersuchungen, die einen bestimmten Ausschnitt der sozialen Welt beobachten, um mit diesen Beobachtungen zur Weiterentwicklung von Theorien beizutragen. Auch wenn diese Forschungsprozesse als ‚empirisch‘, d.h. als ‚auf Erfahrung beruhend‘ bezeichnet werden, gehen sie von Theorien aus und tragen zu ihnen bei. Sie tun das, indem sie angeleitet durch Theorien die soziale Realität beobachten und aus den Beobachtungen theoretische Schlüsse ziehen.

Die empirische Sozialforschung wird im allgemeinen in quantitative und qualitative Sozialforschung unterteilt, die als grundverschiedene Typen von Forschung gelten.[4] Es ist leider bis heute keine Übertreibung, von zwei verfeindeten Lagern in der empirischen Sozialforschung zu sprechen. ‚Quantitative‘ Sozialforscher werfen der ‚qualitativen‘ Sozialforschung mangelnden

4 Die quantitative Sozialforschung wird auch als ‚einem nomothetisch-deduktiven Paradigma verpflichtet‘ oder als ‚theorietestende‘ Forschung bezeichnet, die qualitative dagegen als ‚einem induktiven Paradigma verpflichtet‘ oder als ‚theoriegenerierende‘ Forschung.

Theoriebezug und willkürliches (methodisch nicht kontrolliertes) Arbeiten vor. Datenerhebung und -auswertung der qualitativen Sozialforschung seien nicht reproduzierbar und nicht verlässlich. ‚Qualitative' Sozialforscher entgegnen, dass ihre Methoden den Besonderheiten des Gegenstandsbereiches der Sozialforschung – auf Interpretationen beruhendem menschlichen Handeln – angemessen seien. Sie werfen der ‚quantitativen' Sozialforschung vor, dass deren aus der Theorie abgeleiteten Kategorien und standardisierende Verfahren ungeeignet seien, die Bedeutungen zu erfassen, die die Untersuchten ihren Wahrnehmungen und Handlungen zuweisen. Die quantitative Sozialforschung sei deshalb nicht in der Lage, gültige Beschreibungen und Erklärungen menschlichen Handelns hervorzubringen.

Diese strikten und oft leidenschaftlich verteidigten Unterscheidungen werden der Praxis sozialwissenschaftlicher Forschung nicht gerecht. So gibt es gar keine rein quantitativen (nicht mit Interpretationen verbundene) Methoden. Umgekehrt arbeiten qualitative Studien häufig mit Zahlen oder Mengenangaben. Auch die Unterscheidung in ‚theorie- bzw. hypothesentestende' quantitative und ‚theoriegenerierende' qualitative Forschung lässt sich nicht aufrechterhalten: Es gibt quantitative Studien, die keine Hypothesen testen, und qualitative Studien, die das tun. Außerdem gibt es zahlreiche Varianten des Umgangs mit Theorie in sozialwissenschaftlichen Untersuchungen, die durch diese Dichotomie gar nicht erfasst werden. Die Konstruktion zweier gegensätzlicher Paradigmata, von denen eines das Etikett ‚quantitativ' und eines das Etikett ‚qualitativ' erhält, darf also nicht überbewertet werden. Zunächst haben beide Paradigmata ja gemeinsam, dass sie „soziales Handeln deutend verstehen" wollen, „um es in seinem Ablauf und in seinen Wirkungen ursächlich zu erklären", wie Max Weber schrieb.

Die Entgegensetzung der beiden Paradigmata reflektiert aber einen wichtigen Unterschied zwischen zwei Forschungsstrategien in der Sozialforschung. Dieser Unterschied lässt sich am besten verstehen, wenn man sich die Frage vorlegt, was eigentlich als Erklärung sozialen Handelns gelten kann. Um soziales Handeln befriedigend erklären zu können, müssen wir

- erstens die Faktoren angeben können, die ein bestimmtes Handeln mit einer gewissen Wahrscheinlichkeit hervorbringen, und
- zweitens zeigen können, wie die gefundenen Faktoren das Resultat erzeugen.

Der erste Aspekt der Erklärung ist ein Kausalzusammenhang, d.h. eine Gegenüberstellung von Faktoren (Ursachen), die bestimmte Effekte (Wirkungen) hervorbringen. Der zweite Aspekt ist ein sozialer Mechanismus, der zwischen den Ursachen und Wirkungen vermittelt, d.h. die Wirkungen produziert, wenn die Ursachen auftreten. Dieser Aspekt – der Kausalmechanismus – wird in der Sozialforschung leider oft vernachlässigt. Die zentrale Rolle sozialer Mechanismen in theoretischen sozialwissenschaftlichen Erklärungen wurde bereits 1968 durch Robert Merton hervorgehoben, hat aber erst seit den 90er Jahren größere Aufmerksamkeit erfahren. Unter einem sozialen Mechanismus verstehen wir in Anlehnung an Mayntz (2004: 241) eine Sequenz von kausal miteinander verbundenen Ereignissen, die unter bestimmten Bedingungen wahrscheinlich auftritt und von spezifischen Ausgangsbedingungen zu einem spezifischen Ergebnis führt. Da diese Definition die kausale Verknüpfung von Ausgangsbedingungen, Ereignissequenz und Ergebnis betong, sprechen wir im weiteren von Kausalmechanismen.

In der empirischen Sozialforschung lassen sich nun zwei Forschungsstrategien unterscheiden, die den beiden Aspekten einer sozialwissenschaftlichen Erklärung jeweils ein spezifisches Gewicht beimessen. Die Attribute ‚quantitativ', ‚nomothetisch-deduktiv' oder ‚theorietestend' verweisen auf eine Forschungsstrategie, die nach Kausalzusammenhängen sucht. Dies geschieht durch standardisierende Datenerhebungen und die Anwendung statistischer Tests auf diese Daten. Die Tests gestatten die Identifizierung, signifikanter (nicht zufälliger) Zusammenhänge zwischen sozialen Phänomenen und des Bereichs, in dem diese Zusammenhänge auftreten. Wir bezeichnen sie deshalb im Weiteren als relationsorientierte Strategie. Diese Bezeichnung weist auch auf immanente Grenzen der Strategie hin. Die empirische Untersuchung liefert weder die Richtung des Kausalzusammenhanges (welche der gefundenen Faktoren sind Ursachen, welche Wirkungen) noch den Kausalmechanismus, der zwischen Ursachen und Wirkungen vermittelt. Diese beiden Aspekte der Erklärung müssen als zusätzliche Annahmen aus anderen empirischen Untersuchungen oder aus der Theorie eingeführt werden.

Eine zweite, ganz andere Strategie lässt sich in den als ‚qualitativ', ‚induktiv' oder ‚theoriegenerierend' bezeichneten Forschungen identifizieren. Diese Strategie sucht nach den Kausalmechanismen, die unter bestimmten Bedingungen bestimmte Effekte hervorbringen. Das schließt natürlich die Identifizierung von Ursachen und Wirkungen ein. Die Suche nach Kausalmechanismen beruht auf der detaillierten Analyse eines oder weniger Fälle. Diese Strategie, die wir im Weiteren als mechanismenorientierte Strategie bezeichnen, liefert deshalb keine genauen Informationen über den Bereich, in dem der gefundene Mechanismus auftritt. Eine mechanismenorientierte Untersuchungen liefert zwar auch Informationen über Bedingungen, die gegeben sein müssen, damit der Mechanismus ‚funktioniert'. Wie weit diese Bedingungen verbreitet sind, kann man mit der mechanismenorientierten Strategie aber nicht herausbekommen.

Die beiden Erklärungsstrategien haben also komplementäre Vor- und Nachteile: Die relationsorientierte Erklärungsstrategie bietet sichere Aussagen über das statistisch signifikante (nicht zufällige) gleichzeitige Auftreten von Phänomenen in einem wohl bestimmten Geltungsbereich, bedarf aber für die Identifizierung von Kausalzusammenhängen zusätzlicher Informationen und ist bei der Aufklärung von Kausalmechanismen relativ hilflos. Die mechanismenorientierte Erklärungsstrategie bietet einen direkten Zugang zu

Kausalmechanismen, ist aber unsicher bei der Abgrenzung von deren Geltungsbereich.

Wir halten es für sinnvoll, die beiden Forschungsstrategien auf diese Weise anhand ihrer charakteristischen Produkte und nicht anhand paradigmatischer oder methodologischer Differenzen zu unterscheiden. Es gibt aber natürlich auch eine besondere Affinität der Strategien zu quantitativen bzw. qualitativen Methoden. Quantitative Methoden beruhen auf einer Interpretation sozialer Sachverhalte, die in der Beschreibung dieser Sachverhalte durch Zahlen resultiert. Dabei werden entweder die Merkmale der Sachverhalte oder die Häufigkeit des Auftretens von Merkmalen durch Zahlen beschrieben. Dieses Vorgehen impliziert eine Reduzierung sozialer Komplexität und eine Standardisierung: Ein Ausschnitt der beobachteten sozialen Vielfalt wird auf Skalen abgebildet, und es wird mit Häufigkeiten des Auftretens von Merkmalsausprägungen operiert. Qualitative Methoden beruhen auf der Interpretation sozialer Sachverhalte, die in einer verbalen Beschreibung dieser Sachverhalte resultiert. Sie standardisieren die Informationen über die sozialen Sachverhalte nicht (oder zumindest nicht im selben Ausmaß wie quantitative Methoden). Die Komplexität sozialer Sachverhalte wird nicht so sehr bei der Datenerhebung, sondern erst im Prozess der Auswertung schrittweise reduziert. Beide Arten von Methoden haben spezifische Vor- und Nachteile, und es hängt in erster Linie von Gegenstand und Ziel der Untersuchung ab, welche Methoden angewendet werden können.

Zwischen Erklärungsstrategien und Methodeneinsatz besteht ein Zusammenhang, der aber nicht so streng ist, wie von den Anwälten gegensätzlicher Paradigmata behauptet wird. Die relationsorientierte Erklärungsstrategie beruht auf der Anwendung statistischer Methoden. Um Statistik betreiben zu können, muss eine große Zahl von Fällen einbezogen werden. Je mehr Merkmale sozialer Sachverhalte in die Untersuchung einbezogen werden sollen, desto mehr Fälle müssen untersucht werden – sonst werden plötzlich für eine spezielle Merkmalskombination die Häufigkeiten so klein, dass die statistischen Methoden nicht mehr angewendet werden können. Deshalb basiert die relationsorientierte Erklärungsstrategie auf der Anwendung quantifizierender Erhebungsmethoden (die soziale Sachverhalte in Zahlen übersetzen) und quantitativer (statistischer) Auswertungsmethoden. Die quantitativen Methoden können aber durch qualitative ergänzt werden, wenn es darum geht, den Kausalzusammenhang zu suchen, der den statistischen Zusammenhang verursacht. Aus der mechanismenorientierten Strategie ergibt sich als Anforderung an die Methoden, dass sie geeignet sein müssen, einen oder mehrere Fälle vollständig aufzuklären. Das wird allein mit quantitativen Methoden wegen deren spezifischer Komplexitätsreduktion und Standardisierung meist nicht möglich sein. Gerade die Standardisierung erfordert ein umfangreiches Vorwissen. Man müsste den Fall gewissermaßen schon kennen, ehe man ihn mit standardisierten Methoden detailliert untersuchen kann.

Qualitative Methoden beginnen mit der Suche nach Kausalmechanismen und Bestimmung ihres Geltungsbereichs

Quantitative Methoden können aber ergänzend eingesetzt werden, um zusätzliche Informationen zu beschaffen. Zum Beispiel können bei der Untersuchung eines Unternehmens Statistiken über dessen Entwicklung wichtige zusätzliche Informationen liefern.

Der wichtigste Unterschied zwischen beiden Vorgehensweisen in der empirischen Sozialforschung liegt also nicht im Generieren oder Testen von Theorie, nicht in der Offenheit oder Reproduzierbarkeit der Verfahren und nicht in der Anwendung quantitativer oder qualitativer Methoden, sondern in der Art und Weise, wie man mit empirischen Untersuchungen zu kausalen Erklärungen gelangt. Die Entscheidung für eine der beiden Varianten hat Konsequenzen für die Wahl von Methoden: Von statistischen Zusammenhängen auf Kausalzusammenhänge schließen zu wollen setzt die Anwendung quantitativer Methoden voraus, und der Weg über die empirische Identifizierung von Kausalmechanismen und ihre anschließende Verallgemeinerung legt die Anwendung qualitativer Methoden nahe (Abb. 2-1). Allerdings verschwimmen die Unterschiede auf der Ebene der Methoden, weil durch die Art des Schließens zwar die zentralen Methoden vorgegeben sind, die jeweils anderen aber ergänzend eingesetzt werden können und werden.

Abb. 2-1 Erklärungsstrategien und Methodeneinsatz in der empirischen Sozialforschung

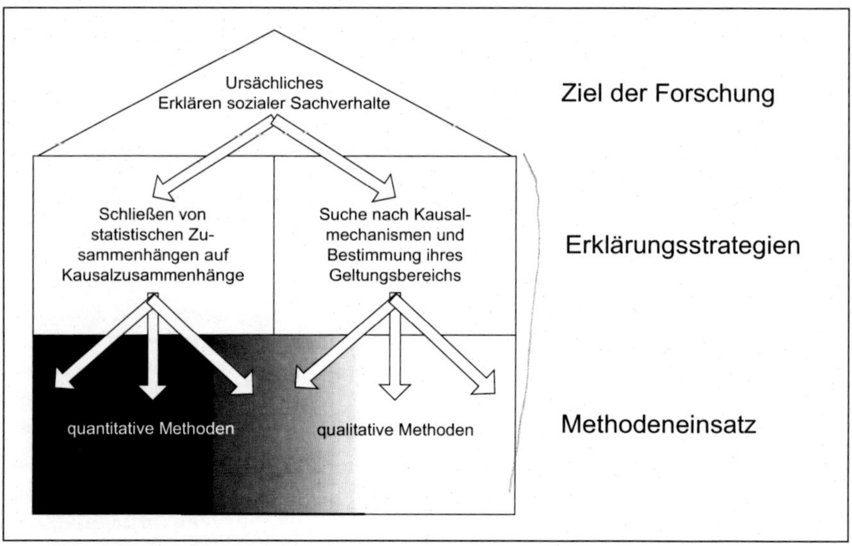

Statt der häufig beschworenen ‚Unvereinbarkeit' quantitativer und qualitativer Sozialforschung finden wir zwei unterschiedliche Wege zum selben Ziel und an diese Wege gebundene zentrale Methoden, die durch andere ergänzt

werden können. Die einander ausschließenden ‚Paradigmata' sozialwissenschaftlicher Forschung sind eine ideologische Konstruktion, die die eigene Forschungspraxis durch die Kritik der anderen zu rechtfertigen versucht. Die ideologischen Auseinandersetzungen lassen sich aus der schwierigen Geschichte der Emanzipation qualitativer Sozialforschung erklären. Sie sind aber heute nicht mehr zu entschuldigen, weil sie die Entwicklung einer einheitlichen sozialwissenschaftlichen Methodologie behindern.

2.1.2 Methodologische Prinzipien sozialwissenschaftlicher Forschung

Als Methodologie bezeichnet man die Lehre von den Methoden, die Auskunft darüber gibt, wie man den interessierenden Weltausschnitt erforschen kann, das heißt, welche Schritte gegangen werden müssen und wie die Schritte gegangen werden sollten. Deshalb entwickelt jede Wissenschaftsdisziplin ihre eigene Methodologie, die Fragen beantworten muss wie:

- Welche Methoden kann ich für die Beantwortung einer bestimmten Forschungsfrage einsetzen?
- Welche Methoden sind miteinander kombinierbar?
- Wie weit kann ich eine Antwort, die mit einer bestimmten Methode produziert wurde, verallgemeinern?
- Welche Fehler können bei der Anwendung der Methoden entstehen, und wie können Fehler ausgeglichen werden?

Durch ihre Antworten auf diese Fragen trägt die Methodologie dazu bei, dass der Erfolg eines Forschungsprozesses nicht bereits durch die Wahl ungeeigneter Methoden oder Fehler bei der Anwendung von Methoden gefährdet wird.

Die Grundlage einer Methodologie bilden bestimmte Prinzipien, die die Beurteilung und die Auswahl von Untersuchungsstrategien und Methoden anleiten sollen. Methodologische Prinzipien sind also allgemeine Forderungen an die Untersuchungsstrategien und Methoden eines Wissenschaftsgebietes. Ihre Einhaltung stellt sicher, dass das durch einzelne Wissenschaftler und Forschungsgruppen produzierte Wissen auch zum gemeinsamen Wissenskorpus passt und sich die anderen Wissenschaftler auf die Ergebnisse verlassen können. Das neue Wissen darf bisherigen Ergebnissen durchaus widersprechen – wenn es nur nach den allgemein akzeptierten Regeln gewonnen wurde, wird es als relevanter Beitrag akzeptiert.

Aus diesen Überlegungen wird bereits deutlich, wie problematisch die immer wieder anzutreffenden Versuche sind, unterschiedliche methodologische Prinzipien quantitativer und qualitativer Sozialforschung zu formulieren. Wenn es einen einheitlichen Wissenskorpus der Sozialwissenschaft gibt (und alles spricht dafür, dass das bis heute so ist), dann kann zu diesem Wissenskorpus nicht anhand grundverschiedener methodologischer Prinzipien beigetragen werden. Die Prinzipien, die sicherstellen sollen, dass das auf ihrer Grundlage produzierte Wissen durch die gesamte Fachgemeinschaft der Sozialwissenschaftler akzeptiert werden kann, müssen auch für die gesamte Fachgemeinschaft gelten – für quantitativ arbeitende ebenso wie für qualitativ arbeitende Sozialwissenschaftler.

Sozialwissenschaft zu betreiben heißt, neues Wissen zu produzieren, es anderen Sozialwissenschaftlern für deren Wissensproduktion zur Verfügung zu stellen und es in einen gemeinsamen Wissenskorpus einzufügen, der in Form sozialwissenschaftlicher Theorien existiert. Damit dieses kollektive Unternehmen funktioniert, muss das produzierte Wissen verlässlich sein. Zur Verlässlichkeit gehört, dass die Kollegen nachvollziehen können, wie das Wissen produziert wurde. Aus der einfachen Konstellation, dass neues, theoretisches, durch Kollegen verwendbares, verlässliches Wissen produziert werden soll, folgen drei methodologische Prinzipien, die nicht nur für Sozialwissenschaften, sondern für Wissenschaft schlechthin gelten:

(1) Das *Prinzip der Offenheit* fordert, dass der empirische Forschungsprozess offen sein muss für unerwartete Informationen. Besonders wichtig sind dabei Informationen über wesentliche Aspekte des Gegenstandes, die durch das für die Untersuchung entwickelte Vorverständnis nicht erfasst werden oder ihm sogar widersprechen. Das Prinzip der Offenheit verlangt von den Forschern, beobachtete Tatbestände nicht vorschnell unter bekannte Kategorien zu subsumieren. Dabei ist unwichtig, ob diese Kategorien aus der theoretischen Analyse entstanden sind, oder ob es sich um unsere Vor-Urteile handelt, die wir aus dem Alltagswissen über den Gegenstand bilden. Mangelnde Offenheit birgt in beiden Fällen die Gefahr, dass die Beobachtung in vorgefertigte Kategorien gepresst und Unerwartetes ausgeschlossen wird.

Manche Vertreter des ‚qualitativen Paradigmas' formulieren das Prinzip der Offenheit sehr zugespitzt, weil sie in seiner Befolgung einen wesentlichen Unterschied zwischen ‚quantitativer' und ‚qualitativer' Sozialforschung sehen. Das Prinzip der Offenheit fordert diesen Wissenschaftlern zufolge, dass die Untersuchung durch den Untersuchungsgegenstand, das heißt durch die im empirischen Material enthaltenen Informationen strukturiert werden soll (Glaser/Strauss 1967: 37, Kleining 1982: 231-232, Lamnek 2005: 21-22). Die Untersuchung soll also nicht durch Vorüberlegungen strukturiert werden. Es ist klar, dass eine solch radikale Forderung nach Offenheit noch nicht einmal durch alle qualitativen Untersuchungen erfüllt wird. Ihre äußerste Zuspitzung erfuhr sie in der Formulierung eines Prinzips der „theoretischen Offenheit" durch Hoffmann-Riem. Für sie impliziert das Prinzip der Offenheit den Verzicht auf Theorie, denn es besagt, „dass die theoretische Strukturierung des Forschungsgegenstandes zurückgestellt wird, bis sich die Strukturierung des Forschungsgegenstandes durch die Forschungssubjekte

Das Prinzip des theoriegeleiteten Vorgehens sieht vor, an vorhandenes Wissen anzuknüpfen

herausgebildet hat“ (Hoffmann-Riem 1980: 343). Diese radikalen Forderungen nach Offenheit beruhen auf der Annahme, dass Offenheit für unerwartete Informationen nur unter Verzicht auf Vorüberlegungen und hierbei insbesondere auf theoretische Vorüberlegungen gewährleistet werden kann. Der Beweis dieser Annahme steht jedoch bis heute aus. Außerdem ist heute unbestritten, dass es eine von theoretischem und alltagsweltlichem Vorverständnis freie empirische Untersuchung gar nicht geben kann (Meinefeld 2005). Wir formulieren deshalb das Prinzip der Offenheit hier in einer allgemeinen Form, ohne es mit Vorgaben zur Art und Weise seiner Realisierung zu verbinden. Wie das Prinzip der Offenheit in empirischen Untersuchungen realisiert wird, hängt von den angewendeten Methoden ab, die ihrerseits unter Berücksichtigung des Ziels der Untersuchung und der Eigenschaften des Untersuchungsfeldes ausgewählt werden.

(2) Das *Prinzip des theoriegeleiteten Vorgehens* betont die Notwendigkeit, an vorhandenes theoretisches Wissen über den Untersuchungsgegenstand anzuschließen, da nur so auch zu diesem Wissen beigetragen werden kann (Hopf 1995, Meinefeld 1997, Mayring 2007: 45). Vor allem wegen der Zuspitzung des Prinzips der Offenheit auf die Forderung nach einem theoriefreien Herangehen hat es das Prinzip des theoriegeleiteten Vorgehens in der Methodologie ‚qualitativer Sozialforschung‘ schwer und wird in vielen Lehrbüchern gar nicht erst erwähnt. Wir folgen hier der Argumentation von Mayring:

> Theorien, so wird häufig gesagt, würden das Material verzerren, den Blick zu sehr einengen, würden ein ‚Eintauchen in das Material‘ behindern. Begreift man jedoch Theorie als ein System allgemeiner Sätze über den zu untersuchenden Gegenstand, so stellt sie nichts anderes als die geronnenen Erfahrungen anderer über diesen Gegenstand dar. Theoriegeleitetheit heißt nun, an diese Erfahrungen anzuknüpfen, um einen Erkenntnisfortschritt zu erreichen. (Mayring 2007: 52)

Auch dieses methodologische Prinzip verbinden wir nicht mit Vorgaben dazu, wie es zu realisieren ist. Die Ableitung von Hypothesen aus der Theorie ist nur ein denkbarer Weg (Meinefeld 1997, Kromrey 2006: 29-33, 115-117, 527-552). Der Test dieser Hypothesen durch eine empirische Untersuchung ist eine spezielle Variante dieses Weges: nicht alle Untersuchungshypothesen werden tatsächlich getestet. Mitunter dienen Hypothesen auch nur dazu, das Vorverständnis des Forschers zu explizieren und zu fixieren, um es auf diese Weise systematisch in die Untersuchung einbeziehen zu können (Meinefeld 1997). Wie die Forderung nach einem theoriegeleiteten Vorgehen in einer Untersuchung umgesetzt wird, hängt wieder von deren konkreten Bedingungen ab.

(3) Das *Prinzip des regelgeleiteten Vorgehens* fordert, dass die Wissensproduktion expliziten (intersubjektiv kommunizierbaren) Regeln folgen muss. Nur dann können andere Wissenschaftler rekonstruieren, auf welchem Wege jemand zu den Ergebnissen gelangt ist, die er der Fachgemeinschaft präsentiert. Die Annahme, dass alle Wissenschaftler einer Fachgemeinschaft

Das Prinzip des regelgeleiteten Vorgehen fordert die Wissensproduktion nach expliziten Regeln.

diese Regeln befolgen, also nicht willkürlich nach eigenem Gutdünken Daten produzieren, ist die Grundlage für das Vertrauen in die Ergebnisse der Kollegen. Dabei geht es nicht um eine exakte Wiederholung von empirischen Untersuchungen – dies ist ein Spezialfall, der auch in den Naturwissenschaften nur selten auftritt (Collins 1982). Das anzustrebende Minimum intersubjektiver Reproduzierbarkeit beinhaltet die Angabe der Schritte, mit denen man von der Frage zur Antwort gelangt, und der beim Gehen dieser Schritte befolgten Regeln, d.h. eine möglichst exakte Beschreibung dessen, was getan wurde. Eine solche Beschreibung erlaubt dann eine öffentliche Diskussion darüber, ob das Vorgehen angemessen war und ob die Schlussfolgerungen aus den Daten akzeptiert werden können. Selbst wenn solche Diskussionen nur selten stattfinden, so ist doch ihre Möglichkeit eine wichtige Grundlage wissenschaftlicher Arbeit.

Damit haben wir drei allgemeine methodologische Prinzipien formuliert, die sich aus der Tatsache ableiten lassen, dass Sozialwissenschaft Wissenschaft ist. Die Wissensproduktion der Sozialwissenschaften muss aber nicht nur diesen allgemeinen, in jeder Wissenschaftsdisziplin entstehenden methodologischen Prinzipien folgen, sondern auch die Spezifik ihres Gegenstandsbereiches berücksichtigen. Diese Spezifik besteht kurz gesagt darin, dass Menschen aufgrund von Bedeutungen handeln, die sie ihrer Umwelt zuweisen. All unsere Handlungen sind gewissermaßen in einen ständigen Strom von Interpretationen der Situation, in der wir uns befinden, der Handlungen anderer, unserer eigenen Handlungen und all der anderen Informationen, über die wir verfügen, eingebettet. Daraus folgt für die Sozialwissenschaften,

- dass alles, was sie erforschen wollen, durch situationsabhängige Interpretationen geprägt wird, und
- dass der Forschungsprozess selbst diese Eigenschaft aufweist, Sozialforschung also wesentlich durch Interpretationen des Forschers bestimmt wird (Giddens 1984: 191-200).

Ein allgemeines methodologisches Prinzip, das aus dieser Spezifik des Gegenstandsbereiches abgeleitet werden kann, ist

(4) Das *Prinzip vom Verstehen als ‚Basishandlung' sozialwissenschaftlicher Forschung* (Meinefeld 1995: 83-94). Es fordert, Verstehen als eine Leistung zu betrachten, „die im Forschungsprozess unverzichtbar zu erbringen und deren Realisierung auch methodisch abzusichern ist" (ibid: 85). In jedem sozialwissenschaftlichen Forschungsprozess müssen wir verstehen, warum die Untersuchten so handeln, wie sie handeln. Wir müssen ihre Interpretationen der Situation verstehen, und wir müssen den Sinn verstehen, den sie ihren Handlungen geben. Dieses Verstehen ist aber selbst eine Interpretation, in die unsere Deutungen und Sinngebungen eingehen.

Das Prinzip vom Verstehen als Basishandlung reduziert sozialwissenschaftliche Forschung nicht auf Verstehen, sondern behandelt Verstehen als

Das Prinzip vom Verstehen als Basishandlung sozialwissenschaftlicher Forschung fordert Verstehen als im Forschungsprozess zu erbringende Leistung und deren Realisierung methodisch abzusichern.

eine für jeden sozialwissenschaftlichen Forschungsprozess konstitutive Leistung des Forschers. Ganz im Sinne Max Webers ist also Verstehen eine Notwendigkeit, ohne die das eigentliche Ziel der Soziologie nicht erreicht werden kann: „Soziologie ... soll heißen: eine Wissenschaft, welche soziales Handeln deutend verstehen *und dadurch in seinem Ablauf und seinen Wirkungen ursächlich erklären will.*“ (Weber 1976: 1, Hervorhebung durch uns) Sozialwissenschaftliche Methoden, die diesem Prinzip Rechnung tragen, müssen dem Verstehen als Basishandlung einen (der jeweiligen Untersuchung) angemessenen Platz einräumen. Verstehen ist also ein unverzichtbares *Mittel* sozialwissenschaftlicher Forschung und nicht – wie im Kontext „qualitativer Methodologie“ mitunter nahegelegt wird – deren *Ziel*.

Diese vier allgemeinen methodologischen Prinzipien gelten für die gesamte Sozialwissenschaft, unabhängig davon, ob eine relationsorientierte oder eine mechanismenorientierte Erklärungsstrategie gewählt wird, und unabhängig davon, ob quantitative oder qualitative Methoden angewendet werden. Aus den allgemeinen Prinzipien lassen sich weitere spezielle Prinzipien ableiten (z.B. die Gütekriterien für quantitative Methoden oder speziellere Prinzipien qualitativer Sozialforschung), auf die hier nicht weiter eingegangen wird. Forschungsprozesse, die den genannten vier Prinzipien genügen, weisen eine bestimmte gemeinsame Struktur auf, die wir im folgenden vorstellen wollen.

2.1.3 Struktur sozialwissenschaftlicher Forschungsprozesse

Aus den bisherigen allgemeinen Feststellungen über empirische sozialwissenschaftliche Untersuchungen lassen sich bereits wichtige Schlussfolgerungen über deren allgemeinen Ablauf ziehen. Wir haben festgestellt, dass Forschungsprozesse vom existierenden Wissen ausgehen und neues Wissen dazu beitragen wollen. Das kann mit einer relationsorientierten oder mit einer mechanismenorientierten Erklärungsstrategie geschehen; für eine dieser Strategien müssen wir uns entscheiden. Um entsprechend der gewählten Strategie Daten über die soziale Welt erheben, auswerten und interpretieren zu können, brauchen wir Methoden. Da sich Methoden unterschiedlich gut für die verschiedenen Strategien und Untersuchungsgegenstände eignen, müssen wir die für unsere Zwecke geeignetsten auswählen. Damit haben wir die Grundelemente eines sozialwissenschaftlichen Forschungsprozesses beisammen (Abb. 2-2).

Jeder empirische Forschungsprozess beginnt damit, dass eine Forschungsfrage formuliert wird. Dieser Start des Forschungsprozesses beeinflusst entscheidend das weitere Geschehen: Eine falsch oder schlecht gestellte Frage wird kaum zu einer brauchbaren Antwort führen. Deshalb werden wir im folgenden Kapitel noch einmal ausführlich auf dieses Problem eingehen. Wenn Sie eine Forschungsfrage formulieren, entscheiden Sie auch darüber, ob es sich um eine rekonstruierende Untersuchung handeln wird: Was Sie erklären wollen, bestimmt, wie Sie es erklären können. Deshalb entscheiden Sie beim Formulieren der Forschungsfrage auch, wie die angestrebte kausale Erklärung aussehen soll (Relation oder Mechanismus), d.h. welche Erklärungsstrategie zur Anwendung kommt.

Forschungsfragen werden bereits im Kontext des vorhandenen Wissens formuliert. Der Schritt ‚theoretische Vorüberlegungen' ist deshalb nicht scharf von der Formulierung der Forschungsfrage und der Wahl der Erklärungsstrategie trennbar. Dass theoretische Vorüberlegungen angestellt werden müssen, folgt aus dem Prinzip des theoriegeleiteten Vorgehens. Die theoretischen Vorüberlegungen haben die Aufgabe, das für die Forschungsfrage relevante und bereits durch andere erarbeitete Wissen zusammenzutragen. Mit diesem Wissen kann das Problem strukturiert werden. Dazu gehört, die Forschungsfrage genauer zu formulieren, Einflussfaktoren aufzufinden, die in der Untersuchung berücksichtigt werden müssen, und festzulegen, welche Informationen gebraucht werden, damit die Forschungsfrage beantwortet werden kann. In den theoretischen Vorüberlegungen wird also die Erklärung, nach der gesucht werden soll, so genau wie möglich benannt. Die Form, in der die theoretischen Vorüberlegungen weiterentwickelt werden, hängt von der gewählten Erklärungsstrategie ab. Entscheidet man sich für eine relationsorientierte Erklärungsstrategie, dann müssen die Vorüberlegungen auf statistisch prüfbare Hypothesen über Zusammenhänge zwischen Häufigkeiten von Merkmalen hingeführt werden. Bei einer Entscheidung für die mechanismenorientierte Erklärungsstrategie wird man die Vorüberlegungen eher auf hypothetische Wirkungsmechanismen und Annahmen über die Art und Weise, wie Kausalzusammenhänge vermittelt werden, zuspitzen und erkenntnisleitende Fragen formulieren.

Die Wahl einer Erklärungsstrategie erfolgt in der heutigen Sozialforschung meist nicht methodologisch begründet: Wissenschaftler, die bisher die relationsorientierte Erklärungsstrategie angewendet und mit den entsprechenden quantitativen Methoden gearbeitet haben, werden auch in Zukunft ihre Forschungsfragen so formulieren, dass die Anwendung dieser Strategie sinnvoll ist. Umgekehrt werden mit qualitativen Methoden arbeitende Sozialforscher ihre mechanismenorientierte Strategie beibehalten und die Forschungsfragen danach auswählen bzw. einrichten. Das klingt nach Borniertheit, hat aber gute forschungspraktische Gründe. Wissenschaftler akkumulieren in ihrer Arbeit in großem Umfang spezielles Wissen über bestimmte Gegenstände und Methoden, und es wäre unrationell, dieses Wissen dadurch zu entwerten, dass man nach jeder Untersuchung das Arbeitsgebiet und die Methoden wechselt.

Abb. 2-2 Struktur empirischer sozialwissenschaftlicher Forschungsprozesse

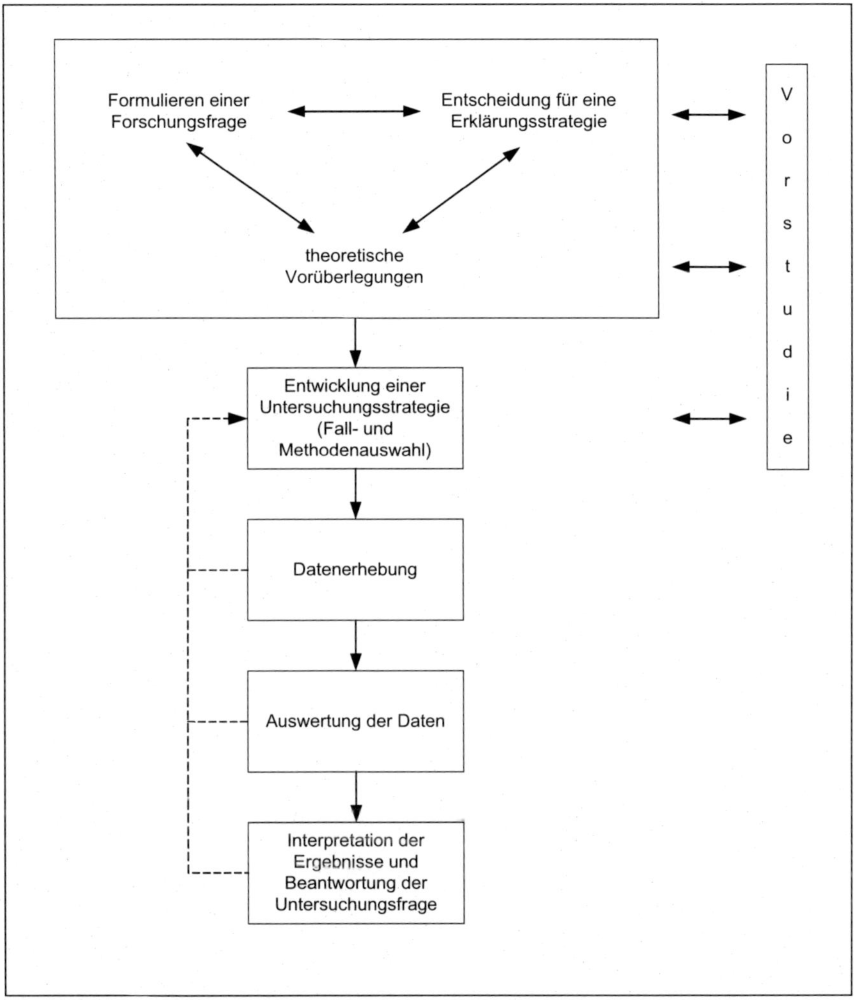

An die grundsätzlichen Überlegungen und Entscheidungen schließt die Entwicklung einer Untersuchungsstrategie an, in der festgelegt wird, welche Daten über welche Untersuchungsobjekte wie erhoben werden sollen. Im Falle der relationsorientierten Erklärungsstrategie geht es um die Grundgesamtheit und die zu ziehende Stichprobe, um Art und Umfang der standardisierten Erhebung und um die statistischen Methoden, mit denen die Daten ausgewertet werden sollen. Hat man eine mechanismenorientierte Erklärungsstrategie gewählt, so muss man entscheiden, was ein ‚Fall' ist und wie viele Fälle man untersuchen will (und kann). Damit verbinden sich weitere komplizierte Entscheidungen über Untersuchungsstrategien und -methoden. So muss man z.B. festlegen, ob man einer speziellen Methodologie folgen oder einzelne Erhebungs- und Auswertungsmethoden kombinieren will (siehe 2.2.1). Auch die Entscheidungen über Untersuchungsstrategien werden stark durch die Spezialisierung und die ‚Forschungslinie' des Wissenschaftlers bestimmt.

In die vorbereitende Phase kann eine Vorstudie integriert werden. Die Vorstudie kann unterschiedlichen Zwecken dienen und deshalb auch zeitlich unterschiedlich positioniert werden. Sie kann der Präzisierung der Forschungsfrage, der Unterstützung der theoretischen und strategischen Vorüberlegungen oder der Fall- und Methodenauswahl dienen.

Die anschließenden Schritte scheinen nun festgelegt: Mit den ausgewählten Methoden werden Daten über die gewählten Fälle erhoben, die Daten werden mit den dafür gewählten Methoden ausgewertet und die Ergebnisse interpretiert. Das stimmt vom Grundsatz her, darf aber nicht darüber hinwegtäuschen, dass in der Methodenanwendung selbst noch einmal zahlreiche wichtige Entscheidungen verborgen sind. Hinzu kommt, dass es sich bei dem vorgestellten Ablauf um eine abstrakte Struktur handelt. Kein realer Forschungsprozess wird exakt dieser Schrittfolge entsprechen. Die unterbrochenen Linien sollen andeuten, dass es in der Forschungspraxis immer wieder Rückkopplungen gibt, in denen Erfahrungen aus späteren Phasen der Untersuchungen genutzt werden, um frühere Entscheidungen zu korrigieren und einige schon absolvierte Phasen noch einmal zu durchlaufen. Das ist nur aus einer abstrakten philosophischen Perspektive problematisch, die darin einen Mangel an methodologischer Strenge sieht. Vom Standpunkt der Forschungspraxis wäre es geradezu unsinnig, im Verlauf des Forschungsprozesses erworbenes Wissen nicht zu benutzen, um den Forschungsprozess zu qualifizieren. Manche Untersuchungsstrategien setzen sogar ganz bewusst auf die Vorzüge solcher zyklischen Prozesse; das bekannteste Beispiel ist die ‚grounded theory', bei der sich Fallauswahl, Erhebungs- und Auswertungsphasen sowie Theoriekonstruktion immer wieder abwechseln (siehe 2.2.4).

2.2 Methodologische Einordnung von Experteninterview und qualitativer Inhaltsanalyse

Nachdem wir einen Überblick über die Methodologie und den Ablauf empirischer sozialwissenschaftlicher Forschungsprozesse erhalten haben, können wir nun die rekonstruierenden Untersuchungen und die Methoden ‚Experteninterview' und ‚qualitative Inhaltsanalyse' einordnen. Wir zeigen zunächst, warum rekonstruierende Untersuchungen der mechanismenorientierten Erklärungsstrategie verpflichtet sind. Aus der Bindung an diese Erklärungsstrategie folgt, dass qualitative Erhebungs- und Auswertungsmethoden ausgewählt werden müssen. Dieser Auswahlprozess wird durch die Vielfalt qualitativer Methoden und durch das Fehlen vergleichender Darstellungen erschwert. Hinzu kommt, dass es neben den einzeln anwendbaren Erhebungs- und Auswertungsmethoden auch ‚Pakete' gibt, die bestimmte Erhebungs- und Auswertungsmethoden miteinander ‚verschnüren': Die mit spezifischen vorgegebenen Methoden erhobenen Daten werden mit spezifischen auf die Daten passenden Methoden ausgewertet. Wir werden einen Überblick über die Vielfalt qualitativer Methoden geben und die in diesem Buch vermittelten Methoden – Experteninterview und qualitative Inhaltsanalyse – einordnen.

2.2.1 Die Erklärungsstrategie rekonstruierender Untersuchungen

Wir hatten im Einleitungskapitel Untersuchungen beschrieben, die soziale Situationen und Prozesse rekonstruieren, um auf diesem Wege sozialwissenschaftliche Erklärungen zu finden. Einen sozialen Sachverhalt zu rekonstruieren bedeutet, alle Informationen zusammenzutragen, die man benötigt, um ihn zu verstehen und zu erklären. Das kommt einer möglichst vollständigen Untersuchung des Falles gleich, die wir als Charakteristikum der mechanismenorientierten Erklärungsstrategie benannt haben. Eine Rekonstruktion sozialer Sachverhalte mit Experten erfordert außerdem eine Tiefe der Analyse, die wegen des Aufwandes nur für wenige Fälle zugleich überhaupt realisierbar ist. Schließlich eignen sich standardisierte Vorgehensweisen nicht dafür, das jeweils spezifische Wissen der Experten zu erschließen. Sie würden im Gegenteil gerade das besondere Wissen der Experten über ‚ihren' Fall abschneiden. Mit quantifizierenden Erhebungen für eine relationsorientierte Erklärung könnten wir für die dann einzubeziehenden vielen Fälle nur das erheben, von dem wir vorab wissen oder vermuten, dass es alle Fälle gemeinsam haben. Ganz abgesehen davon gibt es viele Sachverhalte und Prozesse, die als einmalig oder selten erscheinen und für die es nur wenige Experten gibt. Quantifizierungen würden hier auf so kleine Zahlen führen, dass die relationsorientierte Erklärungsstrategie ohnehin nicht anwendbar wäre.

Wie also nach der in Kapitel 1 gegebenen Einführung und aufgrund der Benennung der Methoden zu erwarten war, sind rekonstruierende Untersuchungen Instrumente für die mechanismenorientierte Strategie, und Experteninterview und qualitative Inhaltsanalyse sind qualitative Methoden. Wir können nun das allgemeine Strukturmodell sozialwissenschaftlicher Forschung für den in diesem Buch behandelten Typ von Untersuchungen spezifizieren (Abb. 2-3).

Der folgende Abschnitt gibt einen Überblick über qualitative Erhebungs- und Auswertungsmethoden und ordnet die im Buch vermittelten Methoden

(Experteninterview und qualitative Inhaltsanalyse) in das Methodengefüge der qualitativen Sozialforschung ein. Da in der Literatur gerade über qualitative Interviews die verschiedensten Begriffe und Systematisierungen kursieren, wird anschließend eine Typisierung von Interviews vorgenommen und das Experteninterview eingeordnet.

Der kurze Überblick erhebt keinen Anspruch auf Vollständigkeit, sondern dient lediglich dazu, die in diesem Buch vermittelten Methoden einzuordnen. Deshalb werden hier nur die Methoden genannt, die es in der Forschungspraxis zu einer gewissen Verbreitung gebracht haben.

Abb. 2-3 Der weitere Inhalt des Buches

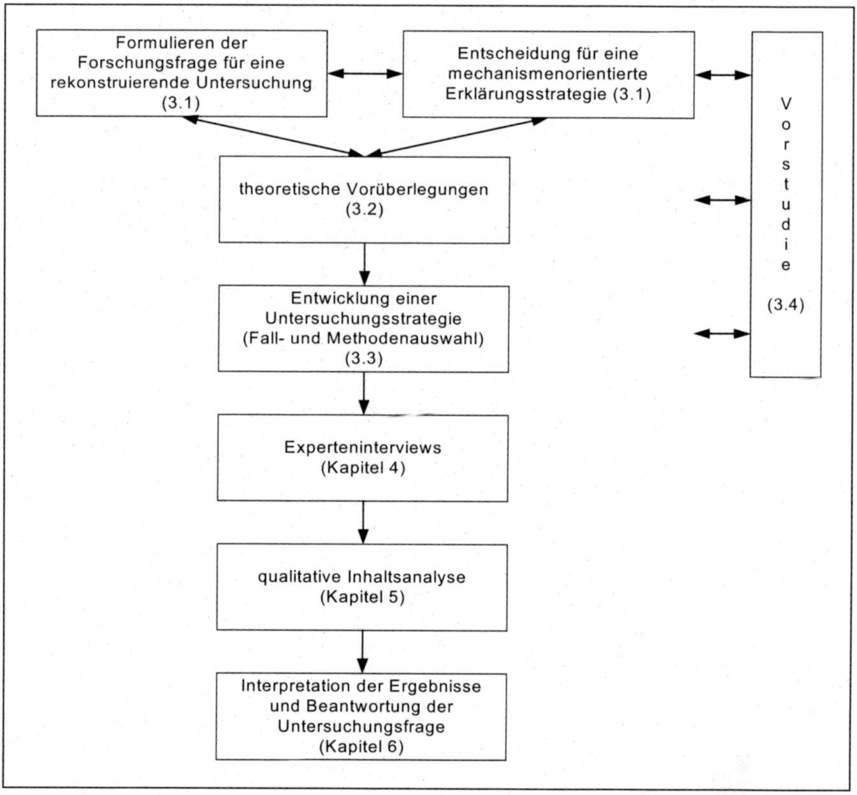

2.2.2 Erhebungsmethoden

Wir können unsere natürliche und soziale Umwelt erforschen, indem wir sie beobachten oder indem wir mit ihr experimentieren. Soziologische Erhebungsmethoden sind grundsätzlich Beobachtungsmethoden. Experimente sind in der Soziologie aufgrund der Spezifik ihres Gegenstandes kaum möglich oder nicht sinnvoll. Da die experimentelle Methode voraussetzt, dass wir die uns interessierenden Prozesse unter kontrollierten Bedingungen ablaufen lassen und sie dadurch wiederholbar machen, konfrontiert sie uns zumeist mit unlösbaren Problemen: In natürlichen Umgebungen können wir als Forscher nicht alle Bedingungen kontrollieren, und in Laborumgebungen erhalten wir ‚künstliche' Ergebnisse, von denen wir nur bedingt auf Prozesse in der Welt außerhalb des Labors schließen können. Der Umstand, dass unsere ‚Untersuchungsobjekte' wissen, dass sie an einem Experiment teilnehmen (es ihnen zu verschweigen, wäre unethisch), beeinflusst mit Sicherheit ihr Verhalten. Außerdem reagieren die Teilnehmer in einer für die Experimentatoren nur bedingt nachvollziehbaren Art und Weise auf die künstliche Umwelt des Labors. Deshalb können wir aus einem Experiment kaum lernen, wie sich Menschen in den natürlichen Situationen verhalten.

Da Experimente ausscheiden, muss sich die empirische Sozialforschung mit Beobachtungen der sozialen Realität bescheiden, d.h. mit der Aufnahme der Daten, die in der sozialen Welt entstehen. Letztlich sind zwar alle empirischen Methoden der Sozialforschung Beobachtungsmethoden, man kann aber noch eine wichtige Unterscheidung einführen: Beobachtungsmethoden im engeren Sinne sind die, bei denen die ‚Untersuchungsobjekte' (Situationen, Prozesse und Individuen) in ihrer natürlichen Umgebung belassen und Daten über sie festgehalten werden. Die wichtigste dieser Methoden ist die teilnehmende Beobachtung bzw. die ethnographische Methode, bei der der beobachtende Forscher mit den Menschen im beobachteten Feld interagiert, an den ihn interessierenden Prozessen teilnimmt und sie in Beobachtungsprotokollen beschreibt. Diese Form der teilnehmenden Beobachtung ist inzwischen in der qualitativen Sozialforschung recht weit verbreitet, im Falle ethnographischer Studien kann es sich um mehrjährige Teilnahme an den untersuchten Prozessen handeln. Sie ist auch mit Elementen der Befragung durchsetzt, weil Gespräche mit den beobachteten Menschen geführt werden. Außerdem werden Informationen gesammelt, die im Untersuchungsfeld selbst erzeugt werden (wie z.B. interne schriftliche Anweisungen eines Unternehmens).

Eine zweite Möglichkeit neben dieser Beobachtung im engeren Sinne ist die Befragung von Menschen, die an den uns interessierenden Prozessen beteiligt sind. Die Sozialwissenschaften sind hier den Naturwissenschaften gegenüber im Vorteil, denn deren Untersuchungsobjekte können keine Auskunft über sich geben. Allerdings sind Befragungen außerordentlich kompliziert und bergen zahlreiche Fallstricke. Schließlich müssen die Befragten ja unsere Fragen verstehen, ihre Ansicht über den Inhalt der Frage muss mit unserer übereinstimmen, und wir müssen ihre Antworten verstehen.

Zu den Befragungsmethoden gehören alle Verfahren, bei denen die Forschungsfrage in Fragen an Gesprächspartner übersetzt wird. Die Antworten auf die Fragen sind dann die Daten, die einer Auswertung unterzogen werden.[5] Mittlerweile hat sich für mündliche Befragungen der Begriff ‚Interview' durchgesetzt. Leider gibt es unzählige Bezeichnungen für Interviews, die meist gebraucht werden, ohne dass irgendeine Systematik im Hintergrund steht. In der Literatur finden sich ‚fokussierte', ‚biographische', ‚narrative', ‚qualitative', ‚problemzentrierte', ‚standardisierte', ‚halbstandardisierte', ‚nichtstandardisierte', ‚leitfadengestützte', ‚offene', ‚freie', ‚themenzentrierte' und andere Interviews. Diese Vielzahl von Bezeichnungen entstammt teils unterschiedlichen Typisierungen, teils aber auch nur dem Bedürfnis von Autoren, dem eigenen Vorschlag einen möglichst treffenden Namen zu geben. Die folgende Systematisierung soll etwas Ordnung in dieses Durcheinander bringen.

Eine Klassifizierung von Interviews kann an unterschiedlichen Merkmalen ansetzen. Wir behandeln die wichtigsten dieser Merkmale, ohne jeweils eine vollständige Klassifikation geben zu können. Die methodologische Forschung ist noch nicht so weit, dass sie alle wichtigen Typen von Interviews unterscheiden und beschreiben kann.

Ein erstes Merkmal ist der Zweck des Interviews, der natürlich mit dem Ziel der Untersuchung verknüpft ist. Wir haben bereits in der Einführung darauf hingewiesen, dass man Interviews anhand ihres Zweckes in „Experteninterviews, in denen die Befragten als Spezialisten für bestimmte Konstellationen befragt werden", „Interviews, in denen es um die Erfassung von Deutung, Sichtweisen und Einstellungen der Befragten selbst geht" und Interviews mit anderen Zwecken unterscheiden können (Hopf 1993: 15). Das Untersuchungsziel und der darauf gründende Zweck des Interviews bestimmen den Gegenstand des Interviews. Ein Beispiel haben wir bereits genannt: der Gegenstand von biographischen Interviews ist die Lebensgeschichte der Befragten. Ein anderer typischer Gegenstand sind Einstellungen der Interviewpartner zu bestimmten Themen. Interviews in rekonstruierenden Untersuchungen haben meist Handlungen, Beobachtungen und Wissen der Interviewpartner zum Gegenstand. Vom Gegenstand des Interviews hängt ab, über wie viele verschiedene Themen im Interview gesprochen werden muss. Geht es nur um ein Thema, dann können andere Interviewtechniken eingesetzt werden als bei Interviews, die mehrere nur lose miteinander verbundene Themen behandeln müssen (siehe unten).

Vom Untersuchungsziel hängt auch ab, wer die Interviewpartner sind, welche Personen wir also befragen. Hier gibt es in der Methodenliteratur bislang nur einzelne Hinweise auf spezielle Gruppen, etwa auf Interviews mit Kindern oder mit Eliten. Zur Interviewsituation gehört vor allem die Zahl der

---

5 Mitunter wird die Gruppendiskussion als eigenes Erhebungsverfahren neben die Beobachtung und die Befragung gestellt. Das ist eigentlich nicht gerechtfertigt, denn die Gruppendiskussion kombiniert lediglich Befragung und Beobachtung: Der Forscher lässt eine Gruppe durch ihn gesetzte Themen diskutieren, erhält dadurch Informationen und kann zugleich die Interaktion der Gruppenmitglieder beobachten.

Interviewpartner. Es kann ein erheblicher Unterschied sein (und über den Erfolg einer Untersuchung entscheiden!), ob die Interviews als Einzelinterviews durchgeführt werden, oder ob mehrere Interviewpartner gleichzeitig anwesend sind (Gruppeninterview).

Die wichtigste Klassifizierung von Interviews ist die nach der Technik der Datenerhebung. Eine erste Unterscheidung von Interviews ist die nach dem Grad der Standardisierung des Interviews. Anhand des Standardisierungsgrades kann man Interviews grundsätzlich unterscheiden in

- (voll)standardisierte Interviews, bei denen sowohl die Fragen des Interviewers als auch die Antwortmöglichkeiten für jedes Interview exakt gleich sind. Der Interviewer hat einen Fragebogen, in dem fest formulierte Fragen in einer festen Reihenfolge stehen. Die Fragen sind geschlossen, das heißt, der Interviewpartner kann die Antwort nicht selbst formulieren, sondern muss eine von mehreren vorgegebenen Antwortmöglichkeiten auswählen.
- halbstandardisierte Interviews, bei denen die Handlungen des Interviewers in der oben beschriebenen Weise durch den Fragebogen standardisiert werden, dem Interviewpartner aber freigestellt wird, wie er die Fragen beantwortet.
- nichtstandardisierte Interviews, bei denen weder die Fragen des Interviewers noch die Antworten des Interviewpartners standardisiert werden.

Als Regel für diese Einteilung kann man sich merken: Bei vollständiger Standardisierung werden die Handlungen beider Akteure des Interviews standardisiert, bei halbstandardisierten Interviews nur die Handlungen eines Akteurs (des Interviewers), und bei nichtstandardisierten Interviews unterliegt keiner der Akteure einer Standardisierung (Tab. 2-1).

Tab. 2-1 Klassifizierung von Interviews nach ihrer Standardisierung

	Fragewortlaut und -reihenfolge	Antwortmöglichkeiten
Standardisiertes Interview	Vorgegeben	Vorgegeben
Halbstandardisiertes Interview	Vorgegeben	Nicht vorgegeben
Nichtstandardisiertes Interview	Nicht vorgegeben (nur Thema/Themen vorgegeben)	

Standardisierte Interviews werden in der quantitativen Sozialforschung geführt, während die nichtstandardisierten Interviews zu den qualitativen Erhebungsmethoden zählen. Die halbstandardisierten Interviews haben in der Forschungspraxis wenig Bedeutung. Häufiger trifft man statt dessen auf den Begriff ‚teilstandardisierte Interviews'. Damit wird ausgedrückt, dass es auch bei nichtstandardisierten Interviews gewisse Vorgaben für den Interviewer geben kann. Bei den nichtstandardisierten Interviews gibt es deshalb eine sehr wichtige Unterscheidung in

- *Leitfadeninterviews*, die mit vorgegebenen Themen und einer Frageliste (dem Leitfaden) arbeiten. Ein Interviewleitfaden enthält die Fragen, die in jedem Interview beantwortet werden müssen. Allerdings sind weder die Frageformulierungen noch die Reihenfolge der Fragen verbindlich. Um das Interview so weit wie möglich an einen natürlichen Gesprächsverlauf anzunähern, können Fragen aus dem Interviewleitfaden auch außer der Reihe gestellt werden, wenn es sich ergibt. So kommen Interviewpartner mitunter von selbst auf ein bestimmtes Thema zu sprechen, und es wäre unsinnig, sie von dort wieder wegzulenken, weil die zu diesem Thema gehörenden Fragen ‚noch nicht dran sind'. Außerdem kann die vollständige Beantwortung einer Frage häufig nur dadurch erreicht werden, dass zu einer Antwort ad hoc Nachfragen gestellt werden. Solche Nachfragen können nicht in den Interviewleitfaden aufgenommen werden. Er ist deshalb eher eine Richtschnur, die die unbedingt zu stellenden Fragen enthält.
- *Offene Interviews*, die zwar mit vorgegebenen Themen arbeiten, aber nicht durch einen für alle Interviews verbindlichen Leitfaden unterstützt werden. Diese Interviews sind noch stärker einer natürlichen Gesprächssituation angepasst, da der Interviewer nur die ihn interessierenden Themen abarbeitet und sich mit frei formulierten Fragen durch das Interview bewegt.
- *Narrative Interviews*, die durch eine komplexe Frage eingeleitet werden, auf die der Interviewpartner mit einer längeren Erzählung reagieren soll. Eine solche Frage könnte zum Beispiel die Aufforderung beinhalten, der Interviewpartner möge seine Lebensgeschichte erzählen. Nachdem die Erzählung beendet ist, hat der Interviewer die Möglichkeit, Nachfragen zu stellen, wenn etwas unklar geblieben ist oder nicht ausführlich genug dargestellt wurde. Auch diese Nachfragen sollen nach Möglichkeit wieder Erzählungen anregen.

Ein zweiter wichtiger technischer Aspekt der Befragung ist die Form der Kommunikation. Bei großen quantitativen Untersuchungen werden die standardisierten Fragebögen häufig mit der Post verschickt, durch die Empfänger ausgefüllt und zurückgeschickt. In diesem Fall gibt es überhaupt keinen persönlichen Kontakt zwischen den Forschern und den Befragten. Es können auch standardisierte Interviews durchgeführt werden, bei denen ein Interviewer im persönlichen Gespräch mit den Untersuchten den Fragebogen ausfüllt. Eine dritte Variante sind Telefoninterviews, bei denen Fragen und Antworten in einem Telefongespräch zwischen Interviewer und Interviewtem ausgetauscht werden. Die vierte Variante ist ein persönliches Gespräch, in dem die Antworten handschriftlich protokolliert oder aufgezeichnet werden.

Die angeführten Merkmale – Zweck, Gegenstand, Art und Zahl der Interviewpartner, Grad der Standardisierung und Kommunikationsform – sind jedem Interview eigen. Jedes Interview kann deshalb in alle Klassifizierungen eingeordnet werden. So können biographische Interviews mit Eliten geführt werden. Meist handelt es sich um narrative Interviews, aber auch Leitfadeninterviews zu Biographien sind möglich. Biographische Interviews werden immer als direktes persönliches Gespräch geführt, und es wird sich in der Regel um Einzelinterviews handeln. Welche Variante des biographischen Interviews gewählt wird, hängt von der Forschungsfrage und vom Untersuchungsgegenstand ab.

Wir haben nun die Aufgabe, Experteninterviews in diese Klassifizierungen einzuordnen. Ihren Zweck hatten wir ja bereits bestimmt. Bezüglich des Gegenstandes gibt es kaum Einschränkungen, allerdings wird es sich in den meisten Fällen um Interviews über Handlungen, Beobachtungen und Wissen des Interviewpartners handeln. Interviewpartner für Experteninterviews kann jeder Mensch sein, dessen spezifisches Wissen für die Untersuchung relevant ist. Da die Experteninterviews die Aufgabe haben, dieses Wissen zu erschließen, sind Einzelinterviews zweckmäßig. Der Interviewer muss ja im Interview erkunden, über welches Wissen der Gesprächspartner verfügt, um es dann für sich erschließen zu können. Diese Aufgabe lässt sich meist besser lösen, wenn man sich auf einen Gesprächspartner konzentrieren kann. Wegen des zunächst unbekannten Wissens des Experten verbietet sich auch ein standardisiertes oder halbstandardisiertes Vorgehen. Unter den nichtstandardisierten Interviews ist das Leitfadeninterview aus verschiedenen Gründen vorzuziehen. Da es um die Rekonstruktion von sozialen Sachverhalten geht, ist es zweckmäßig, über eine Fragenliste sicherzustellen, dass der Gesprächspartner zu allen wichtigen Aspekten Informationen gibt. Narrative Interviews und freie Interviews scheinen dagegen ungünstig, weil in Experteninterviews häufig in begrenzter Zeit mehrere unterschiedliche, nur lose miteinander verbundene Aspekte des zu rekonstruierenden Sachverhalts behandelt werden müssen.

2.2.3 Auswertungsmethoden

Qualitative Erhebungsmethoden erzeugen Texte: (gesammelte) Dokumente, Beobachtungsprotokolle, Interviewprotokolle usw. Diese Texte sind die auszuwertenden Rohdaten. Anders als die Ergebnisse quantifizierender Erhebungsmethoden sind die Texte mit prinzipiellen Unschärfen behaftet: Es ist noch nicht klar, welche für die Untersuchung relevanten Informationen in einem Text enthalten sind. Strenggenommen ist noch nicht einmal sicher, dass in einem auszuwertenden Text überhaupt relevante Informationen enthalten sind. Diese Unschärfe ist gewollt, sie entspringt der spezifischen Art und Weise, wie qualitative Erhebungsmethoden das Prinzip der Offenheit realisieren. Die Generierung von Daten wird bei qualitativen Methoden stärker durch die Untersuchten gesteuert, als das bei quantifizierenden Methoden der Fall ist. Damit entsteht aber ein Problem für die qualitativen Auswertungsmethoden: Sie müssen ein prinzipiell unscharfes Datenmaterial auswerten, das auch schwer interpretierbare, irrelevante und widersprüchliche Informationen enthalten kann.

Die qualitativen Auswertungsmethoden entziehen sich einer einfachen Klassifizierung. In der Methodenliteratur werden sie meist ohne Systematisierung nebeneinandergestellt und unabhängig voneinander beschrieben. Diese unbefriedigende Situation hat inhaltliche Gründe: Viele der Verfahren sind sehr speziell und wurden entwickelt, ohne sie zu schon existierenden Methoden in Beziehung zu setzen. Da die Methodologie der qualitativen Sozialforschung die vergleichende Beschreibung oder gar Beurteilung von Methoden bislang kaum unterstützt, wird uns diese Unübersichtlichkeit noch eine Zeitlang begleiten. Auch unser Vorschlag für eine Klassifizierung kann die methodologischen Probleme nicht lösen. Wir ordnen die Methoden nach forschungspraktischen Aspekten und unterscheiden dabei freie Interpretationen, sequenzanalytische Methoden, Kodieren und Inhaltsanalyse (Abb. 2-4).

Abb. 2-4 Klassifizierung von Auswertungsmethoden

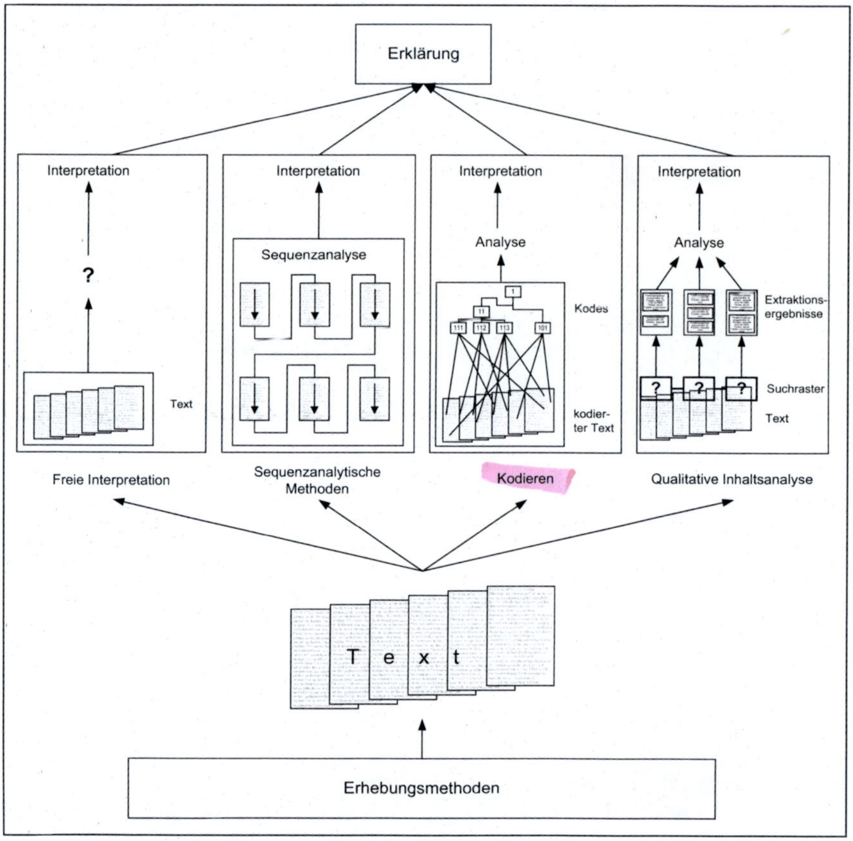

Freie Interpretationen sind in der Forschungspraxis recht weit verbreitet. Der Forscher liest die Interviews, interpretiert sie und fasst die seiner Ansicht nach für die Beantwortung der Forschungsfrage wichtigen Interpretationen zusammen. Dieses Vorgehen ist eigentlich keine Auswertungsmethode. Da keine Verfahrensregeln existieren und das Vorgehen nicht weiter beschrieben werden kann, kann niemand nachvollziehen, wie der Forscher von seinen empirischen Daten (Interviewtranskripten, Dokumenten usw.) zu seinen Schlussfolgerungen gelangt ist. Hopf (1982) hat auf die Gefahren dieser Praxis aufmerksam gemacht, die sie als „stillschweigende Verkodung" bezeichnet:

> Insbesondere in dem nicht bewußt gesteuerten Prozeß der stillschweigenden Verkodung sind die Risiken selektiver Wahrnehmung und Erinnerung beträchtlich. Und es ist nicht auszuschließen, dass auch solche Forscher, die nach Anschluß der Erhebungsarbeiten meinen, ihr Material sehr gut zu kennen, es tatsächlich nicht gut kennen, weil sie in dem nicht durchweg rational gesteuerten Prozeß der stillschweigenden Verkodung bestimmte Aspekte ihres Forschungsfeldes stereotypisiert haben und die ‚nicht passenden' Informationen weniger präsent haben als die ‚passenden'. (Hopf 1982: 316)

Dass diese Vorgehensweise trotzdem in der Forschungspraxis weit verbreitet ist, hängt möglicherweise mit ihrem ‚Vorzug' zusammen, in kurzer Zeit plausible und interessante Ergebnisse zu produzieren. Wir möchten hier aber nachdrücklich vor einem solchen Vorgehen warnen, da es zwar zu auf den ersten Blick interessanten Spekulationen führen kann, sein wissenschaftlicher Wert aber eher gering ist.

‚Sequenzanalytische' Methoden sind Auswertungsmethoden, die thematische und zeitliche Verknüpfungen der in den Texten enthaltenen Aussagen analysieren. Die wichtigsten Methoden sind die Narrationsanalyse nach Fritz Schütze und die objektive Hermeneutik von Ulrich Oevermann. Erstere analysiert die Anordnung und Verknüpfung von Textabschnitten und Textsorten (Erzählung, Argumentation oder Beschreibung). Die objektive Hermeneutik will eine systematische Interpretation von Texten dadurch erreichen, dass sie alle denkbaren Interpretationen erzeugt und nacheinander auf ihre Übereinstimmung mit dem Text hin überprüft. Auf diesem Wege sollen Schritt für Schritt alle nichtadäquaten Interpretationen ausgeschlossen werden. Dieses Verfahren ist außerordentlich aufwändig und deshalb in der Forschungspraxis nicht sehr verbreitet, Elemente davon haben aber Eingang in andere Auswertungsmethoden gefunden.

Ein zweites relativ weit verbreitetes Verfahren, das aus der ‚grounded theory' entstanden ist, ist das Kodieren. Obwohl es sich ursprünglich nicht um eine eigenständige Auswertungsmethode handelte, gibt es in der Literatur immer mehr Hinweise darauf, dass das Kodieren zu einer eigenständigen Auswertungsmethode auch außerhalb der grounded theory geworden ist. Beim Kodieren werden Textstellen, die zu einem für die Untersuchung relevanten Thema Informationen enthalten, mit einem Kode (einem Stichwort oder auch mit einer Ziffernfolge) markiert. Die Kodes können entweder theoretischen Vorüberlegungen entstammen oder beim Lesen der Texte entwickelt werden. Je nach ihren inhaltlichen Beziehungen können sie hierarchisch aufgebaut sein oder als Netz gleichrangiger Begriffe konzipiert werden. Im Ergebnis des Kodierens entsteht ein System von über den Text verteilten Kodes, die die inhaltliche Struktur des Textes repräsentieren. Auf dieser Grundlage können Analysen vorgenommen werden, die z.B. alle Textstellen zu einem bestimmten Kode vergleichend betrachten oder nach dem gemeinsamen Auftreten von bestimmten Themen im Text suchen. Mit diesen Analysen soll die Forschungsfrage beantwortet werden.

Die qualitative Inhaltsanalyse erfährt hier besondere Aufmerksamkeit, weil sie die Methode ist, die in diesem Buch als Auswertungsmethode für Experteninterviews vermittelt wird. Glaubt man den Methodenbeschreibungen in Publikationen qualitativer Sozialforschung, dann wird die qualitative Inhaltsanalyse kaum angewendet. In Deutschland ist sie vor allem mit dem Namen von Philipp Mayring verbunden, der in den 80er Jahren eine Sammlung von Werkzeugen für die qualitative Inhaltsanalyse entwickelt hat (Mayring 2007 [1983]). Die in diesem Buch vorgestellte Methode wurde durch einige der Mayringschen Werkzeuge inspiriert, unterscheidet sich aber erheblich von seinem Verfahren.

Die qualitative Inhaltsanalyse wertet Texte aus, indem sie ihnen in einem systematischen Verfahren Informationen entnimmt. Zu diesem Zweck wird der Text mit einem Analyseraster auf relevante Informationen hin durchsucht. Die dem Text entnommenen Informationen werden den Kategorien des Analyserasters zugeordnet und relativ unabhängig vom Text weiterverarbeitet, d.h. umgewandelt, mit anderen Informationen synthetisiert, verworfen usw.

Die Inhaltsanalyse unterscheidet sich also von den dominierenden qualitativen Verfahren vor allem in zwei wesentlichen Punkten. Erstens bleibt sie nicht dem Ursprungstext verhaftet, sondern extrahiert Informationen und verarbeitet diese Informationen getrennt vom Text weiter. Das ist ein prinzipieller Unterschied zu den anderen vorgestellten Verfahren. Sequenzanalytische Verfahren und Kodieren arbeiten mit dem ursprünglichen Text, während die Inhaltsanalyse dem Text Informationen entnimmt und sie getrennt vom ursprünglichen Text weiter verarbeitet.[6] Der Bezug zum Text bleibt zwar über eine Quellenangabe erhalten, die weiteren Analyseschritte werden aber mit dem aus dem Text entnommenen Informationen durchgeführt.

6 Das Kodieren bietet natürlich auch die Möglichkeit für Analysen, die den kodierten Text zunächst vernachlässigen, wie z.B. Häufigkeitsanalysen oder die Analyse des gemeinsamen Auftretens von Kodes. Das kann jedoch nicht der letzte Schritt der qualitativen Analyse sein – letztlich wird man immer wieder auf den Ursprungstext zurückkommen müssen.

Dieses Vorgehen kann nur angewendet werden, wenn nicht der Text selbst das Untersuchungsobjekt ist. Geht es darum, die im Text enthaltenen Konstruktionen (biographischen Konstruktionen, Sinnstrukturen o.ä.) der Interviewten zu analysieren, dann ist von entscheidender Bedeutung, was in welchem Kontext wie gesagt wurde. Diese Fragen können nur anhand des Urtextes beantwortet werden. Die Inhaltsanalyse ist für die Beantwortung solcher Fragen nicht geeignet. Sie eignet sich aber hervorragend, wenn aus Texten Beschreibungen sozialer Sachverhalte entnommen werden sollen – d.h. generell für rekonstruierende Untersuchungen und speziell für die Auswertung von Experteninterviews.

Der zweite wichtige Unterschied zwischen den meisten anderen qualitativen Verfahren und der Inhaltsanalyse besteht darin, dass bei letzterer das Kategoriensystem ex ante entwickelt wird. Das Ordnungsschema für die im Text enthaltenen Informationen steht also fest, bevor der Forscher den Text analysiert (wir zeigen aber in Kapitel 5 wie es im Verlauf der Analyse an das Material angepasst werden kann). Die Extraktion von Informationen unterscheidet sich auch darin von Verfahren des Verkodens von Texten oder von sequenzanalytischen Methoden, bei denen Ordnungs- und Interpretationsschemata für die Informationen im Verlauf der Analyse entstehen.

2.2.4 Paketlösungen

Neben den qualitativen Erhebungs- und Auswertungsmethoden gibt es auch ‚Paketlösungen', die Erhebungs- und Auswertungsmethoden miteinander kombinieren. Ein besonders populäres Paket ist die Strategie der ‚grounded theory', die Fallauswahl, Erhebungs- und Auswertungsmethoden in einem zyklischen Prozess miteinander verkoppelt. Diese Strategie ist vor allem in England und den USA weit verbreitet. Ihr Ziel ist es, Theorien aus dem empirischen Material zu entwickeln. Dazu wurde ursprünglich radikal postuliert, dass die Forscher eventuell existierenden Theorien über ihren Gegenstand nicht zur Kenntnis nehmen sollen.[7] Statt dessen sollten sie in ihrem Untersuchungsfeld Beobachtungen anstellen und Interviews führen. Aus der Kodierung der Beobachtungsprotokolle und Interviewtranskripte soll die Theorie des Gegenstandsbereiches entstehen. Um eine gegenstandsnahe Theoriebildung zu gewährleisten, wird die Untersuchung zyklisch angelegt: Ausgehend von den ersten empirischen Ergebnissen und Erfahrungen im Feld werden neue Überlegungen zur Auswahl von Fällen und zur Beobachtungsstrategie angestellt, die zu neuem empirischen Daten führen usw. Da-

7 Diese grundsätzliche Ablehnung theoretischer Vorüberlegungen ist inzwischen teilweise revidiert worden. Eine sehr gute Diskussion der Rolle theoretischer Vorüberlegungen in der ‚grounded theory' findet sich bei Kelle (1996).

durch soll sichergestellt werden, dass die Theoriebildung den Besonderheiten des untersuchten Gegenstandes Rechnung trägt.

Die Besonderheit der grounded theory besteht also darin, dass sie die klassische Vorstellung darüber, wie sich Theorien durch Benutzung, Prüfung und Veränderung in aufeinanderfolgenden Forschungsprozessen entwickeln, auf einen einzelnen Forschungsprozess überträgt. Damit wird bereits innerhalb dieses Forschungsprozesses eine empirische Prüfung von Schlussfolgerungen möglich.

2.3 Forschungsethik

Die meisten Lehrbücher zur Methodologie sozialwissenschaftlicher Forschung schließen die Diskussion der Grundlagen an dieser Stelle ab, beschränken sich also auf wissenschaftstheoretische und methodologische Probleme. Wir halten das nicht für ausreichend. In den letzten vier Jahrzehnten hat sich in den Sozialwissenschaften allmählich die Erkenntnis durchgesetzt, dass die Erforschung der Gesellschaft keine rein technische Angelegenheit des Gewinnens und Auswertens von Daten ist. Forschung verändert das Leben von Menschen – durch die Einbeziehung von Menschen in die Untersuchung, durch die Veröffentlichung von Untersuchungsergebnissen über Menschen und dadurch, dass sie selbst menschliches Handeln ist. Das Erkennen solcher Wirkungen hat Diskussionen zur ethischen Dimension sozialwissenschaftlicher Forschung ausgelöst. Während es z.B. in den USA, Grossbritannien, Australien und anderen Ländern eine relativ breite Diskussion dazu gibt und ethische Aspekte in der empirischen Sozialforschung viel systematischer berücksichtigt werden, spielt die Forschungsethik der Sozialwissenschaften in Deutschland kaum eine Rolle. Wir halten die Behandlung der Ethik sozialwissenschaftlicher Forschung für unverzichtbar und haben sie deshalb in das Buch aufgenommen.

2.3.1 Grundlagen

Der Kürze halber verstehen wir unter Ethik die Anwendung von Werten auf konkretes menschliches Verhalten (Gorden 1975: 138). Das Bewusstsein dafür, dass sozialwissenschaftliche Forschung eine ethische Dimension hat, ist noch nicht so alt und entwickelt sich nur zögerlich. Die Debatte darüber kam in den 50er und 60er Jahren in den USA in Gang, als einige Untersuchungen publiziert wurden, die in den Augen der Untersuchten und in den Augen der Fachkollegen ethisch fragwürdig waren. Es gab tatsächlich Untersuchungen, in denen die Teilnehmer in Todesangst versetzt oder gezwungen wurden, andere Untersuchungsteilnehmer zu quälen, und es gab Publikationen, in denen (identifizierbare) Bevölkerungsgruppen in herabsetzender Art und Weise beschrieben wurden. In der Folge entstand in vielen sozialwissenschaftlichen Disziplinen eine Ethik-Diskussion, die zur Verabschiedung formaler Ethik-Kodizes, zur Etablierung von Ethik-Kommissionen und ähnlichen Maßnahmen führte. In Deutschland geschah all das sehr spät: Die gemeinsame Ethik-Kommission und den Ethik-Kodex des Berufsverbandes Deutscher Soziologen und der Deutschen Gesellschaft für Soziologie gibt es erst seit 1992. Im Kontext der Verabschiedung des Kodex' und der Einsetzung der Kommission gab es eine kurze Diskussion ethischer Probleme, die aber schnell wieder abflaute. Der Ethik-Kodex dürfte kaum bekannt sein, er wurde nur einmal in einer Zeitschriften mit geringer Verbreitung publiziert und ist darüber hinaus nur im Internet zu finden. Wir haben ihn deshalb als Anhang 1 in das Buch aufgenommen.

Die geringe Aufmerksamkeit, die Sozialwissenschaftler der ethischen Dimension ihrer Forschung widmen, mag damit zusammenhängen, dass Beobachtung und Befragung scheinbar harmlose Interaktionen sind, die einem Untersuchten keinen Schaden zufügen können. Dieser Schein trügt: In jedem Forschungsprozess können überraschend Situationen auftauchen, in denen ethische Entscheidungen getroffen werden müssen, die den gesamten weiteren Gang der Forschung beeinflussen. Man kann z.B. plötzlich vor der Situation stehen, dass man seine Ergebnisse nicht wie beabsichtigt publizieren kann (Gläser 1999). Oder man gelangt an Informationen, die man lieber gar nicht hätte – z.B. über Straftaten. Auch der weniger spektakuläre Forschungsalltag verlangt uns ethische Entscheidungen ab: Die Untersuchten, die Gesellschaft und unsere Fachkollegen haben das Recht, entsprechend den ethischen Grundsätzen der Gesellschaft behandelt zu werden. Was das heißt, soll in diesem Abschnitt skizziert werden. Wir beginnen mit einer grundsätzlichen Einführung in Probleme der Forschungsethik und diskutieren in den folgenden beiden Abschnitten die wichtigsten ethischen Grundsätze für die Gestaltung von Forschungsprozessen und für das Verhalten des Sozialwissenschaftlers. Wir werden später auf ethische Probleme zu sprechen kommen, wenn es um die direkte Interaktion mit Interviewpartnern und um die Publikation von Forschungsergebnissen geht (Kapitel 4 und 6).

Als Sozialwissenschaftler sind wir Teil der Gesellschaft, deren Werte auch unsere sind. Wir interagieren in unseren empirischen Untersuchungen mit Nichtwissenschaftlern und müssen die Rechte und Interessen der Untersuchten ernst nehmen. Außerdem müssen sowohl unsere unmittelbare Kooperation mit Fachkollegen als auch unsere Interaktion mit der wissenschaftlichen Fachgemeinschaft den ethischen Grundsätzen der Gesellschaft folgen. Nimmt man die verschiedenen Bezugsgruppen unseres Handelns als Grundlage für eine Unterscheidung ethischer Probleme, dann ergeben sich folgende Themen (Abb. 2-5):

Abb. 2-5 Wichtige forschungsethische Grundsätze

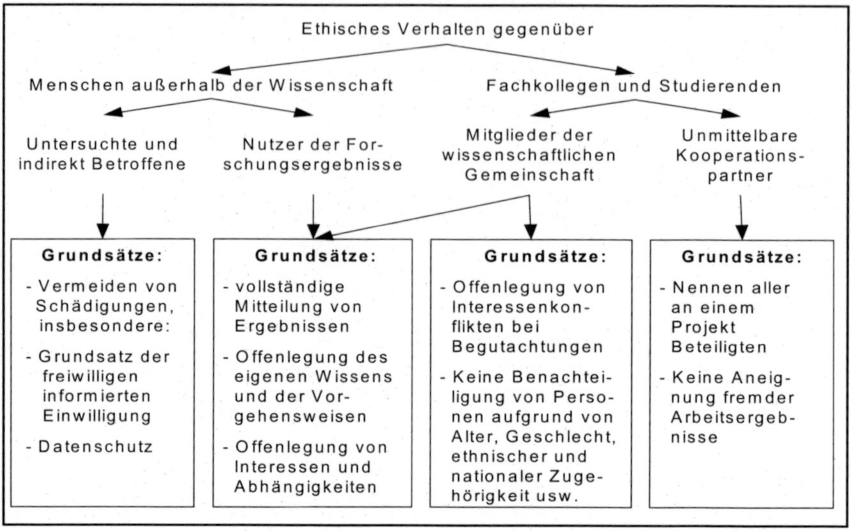

(1) Oberstes Gebot der Forschungsethik ist es, dass den Menschen, die in eine sozialwissenschaftliche Untersuchung einbezogen werden, daraus kein Schaden entstehen darf. Die Beteiligung an solchen Untersuchungen ist freiwillig, die Untersuchten müssen in der Lage sein, ausgehend von Informationen über die Untersuchung und über die Art ihrer eigenen Mitwirkung zu entscheiden, ob sie an der Untersuchung teilnehmen wollen. Da diese Grundsätze erhebliche Konsequenzen für die Gestaltung sozialwissenschaftlicher Forschungsprozesse haben können, behandeln wir sie im folgenden Abschnitt ausführlicher.

(2) Für das Verhalten gegenüber Fachkollegen und Studierenden sowie für das Auftreten von Soziologen in der Öffentlichkeit gilt eine allgemeine Ethik der sozialwissenschaftlichen Profession, die sich von der anderer Wissenschaftsdisziplinen nicht unterscheidet: Es geht hier um den wahrheitsgemäßen öffentlichen Bericht über die eigene Forschungsarbeit, um die Offenlegung von Auftraggebern, Finanzierungsquellen usw. sowie um den verantwortungsvollen Umgang mit Macht, die Soziologen sowohl innerhalb ihrer Fachgemeinschaft als auch durch ihre Stellung als Experten für gesellschaftliche Entwicklungen haben. Diesen Problemen ist der Abschnitt 2.3.3 gewidmet.

Die Rechte der Untersuchten werden nicht nur durch die Selbstverpflichtung der Soziologen im Ethik-Kodex geschützt, sondern mittlerweile auch durch das Bundesdatenschutzgesetz, das den Umgang mit personenbezogenen Daten regelt. Dieses Gesetz hat direkte Auswirkungen auf die Forschungspraxis, die wir im folgenden Abschnitt mit behandeln werden.

2.3.2 Verhalten gegenüber den Untersuchten

Wie bereits erwähnt, ist das oberste ethische Gebot sozialwissenschaftlicher Forschung, dass den Teilnehmern an einer Untersuchung aus der Untersuchung kein Schaden entstehen darf. Diese Forderung mutet auf den ersten Blick vielleicht seltsam an, weil gar nicht so leicht ersichtlich ist, wie z.B. dem Interviewpartner eines Experteninterviews daraus Schaden entstehen könnte. Um Sie für mögliche Schädigungen durch sozialwissenschaftliche Untersuchungen zu sensibilisieren, führen wir hier eine Auflistung von Warwick an, der mögliche Schädigungen zusammengestellt hat (Warwick 1982: 104-110):

> 1. Obwohl Sozialwissenschaftler ihre Forschung kaum als eine Sache auf Leben und Tod ansehen, kann es eine sein. Das gilt besonders, wenn alle möglichen Konsequenzen eines Forschungsprojektes berücksichtigt werden. Eine amerikanische Sozialwissenschaftlerin hat berichtet, dass einige der Informanten ihrer ethnographischen Untersuchung während des zweiten Weltkrieges den japanischen Invasoren erzählten, dass sie unter dem Schutz einer Amerikanerin ständen, und daraufhin öffentlich hingerichtet wurden.
> 2. Es sind auch einige Fälle berichtet worden, in denen die Untersuchten physische Misshandlungen, Verletzungen oder deutliche Schädigungen ihrer Gesundheit haben erleiden müssen. Ein Wissenschaftler brach sein Experiment (ein Rollenspiel ‚Gefängnis‘ mit freiwilligen Gefangenen und Wärtern) aus ethischen Gründen ab, nachdem die freiwilligen Gefangenen stundenlang physischen und psychischen Misshandlungen durch die ‚Wärter‘ ausgesetzt waren.
> 3. Verbreiteter als physische Schäden sind in der Literatur Reaktionen von Untersuchten wie akute Angst-, Stress- oder Schuldgefühle, Schädigung der Selbstachtung oder des Selbstvertrauens und andere, weniger ernste Formen psychologischer Schädigungen. Einige Arten von Sozialforschung können deren Untersuchte mit starken Schuldgefühlen zurücklassen. Solche Schuldgefühle hatten z.B. Menschen, die annahmen, anderen Untersuchten starke Elektroschocks versetzt zu haben. In anderen Untersuchungen blieb es nicht beim Vortäuschen von solchen Situationen. Schuldgefühle traten z.B. auf bei Menschen, die in ihrer Rolle als ‚Wärter‘ die ‚Gefangenen‘ geschlagen haben, die offensichtlich hilfsbedürftigen Menschen nicht geholfen haben, oder bei Menschen, die dazu verleitet wurden, Geld aus einer Spendendose zu stehlen. In einer Studie wurde zielgerichtet die Selbstachtung weiblicher Probanden manipuliert: Sie wurden einem ‚Persönlichkeitstest‘ unterzogen und anschließend anhand manipulierter Testergebnisse darüber informiert, dass ihre Persönlichkeit entweder gesund oder zurückgeblieben und unkreativ sei. Obwohl die Frauen im Anschluss daran über das Experiment informiert wurden, kann niemand wissen, ob der verursachte Schaden dadurch ausgeglichen wurde. Wenn die Manipulation im Experiment den intendierten Effekt hatte, dann kann dieser durchaus das Experiment überdauert haben. Schließlich können bei den Untersuchten auch zeitweise geringere Gefühle von Irritation, Zorn, Frustration oder Unbehagen auftreten. Obwohl sie kei-

nen größeren Schaden bedeuten, sind sie nicht allein durch diesen Umstand moralisch gerechtfertigt.
4. Neben den Schädigungen der Person selbst kann es bei den Untersuchten auch zu Schädigungen ihrer Beziehungen zu anderen kommen. Zum Beispiel können Teilnehmer von ‚team building'-Experimenten, die derselben Organisation angehören, nach Abschluss der Untersuchung unter gestörten Arbeitsbeziehungen leiden.
5. Sozialforscher sammeln oft Daten über illegales, unmoralisches oder sehr peinliches Verhalten. Da diese Forschung keinem rechtlichen Schutz oder rechtlichem Privileg unterliegt und Informationen trotz größter Vorsichtsmaßnahmen durchsikkern können, bedeutet das Vorhandensein solcher Informationen in Forschungsunterlagen eine reale Gefahr für manche Untersuchte.
6. Teilnehmer an sozialwissenschaftlichen Untersuchungen können auch Schädigungen ihrer Karriere oder anderen sozioökonomischen Schaden erleiden. So enthalten Befragungen in Organisationen gewöhnlich Fragen über die Einstellung von Arbeitern zu ihren Vorgesetzten, deren Fähigkeiten und Leistungen. Wenn diese Daten nach Abteilungen geordnet werden, dann sollte das Spitzenmanagement wenig Schwierigkeiten haben, die Fähigkeit des unteren Managements zu bewerten.
7. Eine der am häufigsten diskutierten Folgen sozialwissenschaftlicher Forschung ist die Verletzung der Privatsphäre der Untersuchten, d.h. der Freiheit des Individuums, darüber zu entscheiden, wann, unter welchen Umständen und in welchem Ausmaß es seine Einstellungen, Überzeugungen und Meinungen anderen mitteilt oder nicht.

Nicht nur die Untersuchten, sondern auch gesellschaftliche Gruppen, denen sie angehören, können durch eine Untersuchung Schaden erleiden. Ein Effekt, den sozialwissenschaftliche Studien leicht auslösen können, ist die Erzeugung oder Verstärkung von Stereotypen und Negativ-Images untersuchter Bevölkerungsgruppen. Eine von Warwick zitierte Untersuchung kann dahingehend interpretiert werden, dass Katholiken im Vergleich zu Protestanten weniger hart arbeiten würden und zu viele Kinder hätten, und dass die Kinder von Katholiken weniger intelligent wären und eine schlechtere Ausbildung bekämen (Warwick 1982: 115).

Es ist Aufgabe des Sozialwissenschaftlers, dafür Sorge zu tragen, dass keine dieser Schädigungen auftritt. Das gilt insbesondere für die Menschen, die an der Untersuchung teilnehmen, aber auch für die, die lediglich der untersuchten sozialen Gruppe angehören, ohne selbst beteiligt gewesen zu sein. Das wichtigste Prinzip für den Umgang der Sozialwissenschaftler mit Untersuchten ist das Prinzip der informierten Einwilligung. Es ist im Ethik-Kodex der deutschen Soziologen wie folgt formuliert:

B. Rechte der Untersuchten

...

2. In der soziologischen Forschung sind die Persönlichkeitsrechte der in sozialwissenschaftliche Untersuchungen einbezogenen Personen ebenso wie ihr Recht zur freien Entscheidung über die Beteiligung an Forschungsvorhaben zu respektieren.
3. Generell gilt für die Beteiligung an sozialwissenschaftlichen Untersuchungen, dass diese freiwillig ist und auf der Grundlage einer möglichst ausführlichen Information über Ziele und Methoden des entsprechenden Forschungsvorhabens erfolgt. ...

Mit diesem Prinzip wird eine Basis für die Teilnahme von Menschen an sozialwissenschaftlichen Untersuchungen geschaffen. Diener und Crandall resümieren ihre Überlegungen zur kulturellen, politischen und rechtlichen Begründung des Prinzips der informierten Einwilligung wie folgt:

> In summary, there are important reasons why informed consent is desirable in most research and absolutely essential whenever substantial hazards are involved:
> 1. Informed consent increases subjects' freedom to chose whether to participate and guarantees that exposure to risks is undertaken voluntarily.
> 2. Informed consent protects subjects by screening out those who feel they might be harmed by the study and by stimulating investigators to create safeguards.
> 3. Informed consent tends to increase societal trust and respect for science by creating a joint enterprise between experimenter and subject. Furthermore, most subjects will value informed consent even when no risks are involved in the research.
> 4. Informed consent reduces the investigators' liability because subjects have voluntarily agreed to undergo the procedure. (Diener/Crandall 1978: 37-38)

Angesichts dieser gewichtigen Gründe ist es überraschend, dass sich das Prinzip der informierten Einwilligung in der Soziologie nur langsam durchsetzt. Schließlich gibt es sogar eine soziologische Forschungsmethode, die das Prinzip der informierten Einwilligung direkt außer Kraft setzt. Bei der sogenannten ‚verdeckten Beobachtung' gibt der Soziologe seine Identität nicht preis, sondern tarnt sich als Angehöriger der sozialen Gruppe, die er untersuchen will. Er schleicht sich z.B. in die Gesellschaft anonymer Alkoholiker ein, indem er vorgibt, selbst krank zu sein. Oder er lässt sich in einer Organisation einstellen, die er untersuchen will. In solchen Fällen haben die beobachteten Menschen keine Möglichkeit, über ihre Teilnahme an der Untersuchung zu entscheiden, da sie gar nicht erfahren, dass eine Untersuchung stattfindet. Dieses Verfahren gilt heute als unethisch und ist in Deutschland rechtlich unzulässig (Hopf 2000: 591). Die Verteidiger der verdeckten Beobachtung bringen das Argument vor, dass es notwendig sein kann, moralisch eindeutig negativ zu bewertende Gruppen (z.B. faschistische Gruppen oder das organisierte Verbrechen) oder auch gut abgeschottete Machteliten der Gesellschaft sozialwissenschaftlich zu untersuchen. Dieser Versuch, die Welt in schutzwürdige und schutzunwürdige Bereiche aufzuteilen, ist höchst problematisch: Kein Forscher kann sich anmaßen, einer gesellschaftlichen Gruppe Grundrechte abzusprechen.

Inzwischen dominiert in der Fachgemeinschaft die Auffassung, dass verdeckte Beobachtungen als unethisch abzulehnen sind und die informierte Einwilligung der Untersuchten die Grundlage jeder sozialwissenschaftlichen Untersuchung sein muss.[8] Damit gehen aber die Schwierigkeiten erst los. Der Teufel steckt, wie Christel Hopf zu Recht bemerkt, im Detail:

---

8 Einen interessanten Grenzfall bilden Situationen, in denen die Beobachtungen in der Öffentlichkeit erfolgen. In diesen Situationen ist allen Beteiligten bewusst, dass sie von anderen beobachtet werden können. Die Beobachteten sind dem Beobachter nicht bekannt und

> So ist bei der Diskussion unterschiedlicher Positionen zu Fragen des „informed consent" zu berücksichtigen, dass Offenheit und Verdecktheit auf einem Kontinuum liegen und dass die Übergänge zwischen Wahrhaftigkeit, geschicktem Verschweigen, Heuchelei und manifester Lüge fließend sind. (Hopf 1991: 179)

Es ist aus verschiedenen Gründen gar nicht möglich, die Untersuchten absolut offen und vollständig über ein Forschungsvorhaben zu informieren. Erstens verfügt der Forscher, bevor er Daten erhebt, selbst nur über ungenaue Informationen darüber, worauf die Sache hinausläuft. Das gilt um so stärker, je offener die Untersuchung angelegt ist, in besonderem Maße z.B. für Untersuchungen, die auf teilnehmender Beobachtung beruhen. Zweitens kann es auch im Falle umfassender Information vorkommen, dass die Untersuchten die Informationen nicht in vollem Umfang verstehen oder anders deuten (zum Beispiel – aber nicht nur! – wenn es sich um Kinder handelt). Drittens wird die Information immer mit Zugeständnissen an den Wahrnehmungs-, Interpretations- und Werthorizont der untersuchten sozialen Gruppe verbunden sein. Viertens schließlich gibt es nicht wenige Untersuchungen, bei denen eine umfassende Information in Widerspruch zu forschungstechnischen Regeln steht. Das ist immer dann der Fall, wenn die Information über die interessierenden Aspekte das zu beobachtende Handeln beeinflussen (Roth 1970, Hopf 1991: 179-180). Das war z.B. in einer Studie über den Einfluss des Geschlechts von Autoren auf die Beurteilung von deren schriftlichen Arbeiten zu erwarten. In dieser Untersuchung wurden Menschen gebeten, Arbeiten zu beurteilen, die zufällig mit männlichen und weiblichen Autorennamen versehen worden waren. Eine genaue Information über das Untersuchungsziel hätte höchstwahrscheinlich die Bewertung der Arbeiten durch die Probanden verändert (Diener/Crandall 1978: 44).

Für Experteninterviews ist das Prinzip der informierten Einwilligung technisch einfach zu befolgen, da die potentiellen Interviewpartner bereits bei der Aufnahme des Kontakts über die Untersuchung informiert werden (siehe 5.1.4). Schwerer lässt sich dagegen die inhaltliche Frage beantworten, welche Informationen eine ausreichende Grundlage für eine informierte Einwilligung bilden. Zweifellos ist es wichtig, über das Ziel des Forschungsprojekts und über den Zweck des Interviews zu informieren. Darin liegt aber ein Problem: "Telling subjects the hypothesis beforehand would invalidate the vast majority of social scientific research." (Diener/Crandall 1978: 44). Die Mitteilung über das Ziel der Studie muss also zugleich wahr sein und in einer Form erfolgen, die das Antwortverhalten der Befragten nicht beeinflusst. In den rekonstruierenden Untersuchungen, um die es hier geht, ist es meist unproblematisch, den zu rekonstruierenden Prozess und damit das Ziel

---

können durch ihn nicht identifiziert werden,, und es ist unmöglich, die informierte Einwilligung der Beteiligten einzuholen. In solchen Situationen (z.B. bei Beobachtungen im Fußballstadion oder bei Rockkonzerten) kann den Untersuchten kein Schaden entstehen, solange nicht – z.B. durch die Veröffentlichung von Fotografien – Identifizierungsmöglichkeiten geschaffen werden.

des Interviews genau zu beschreiben. Bei der Information über das Ziel des Forschungsprozesses empfiehlt sich aber mitunter eine abstrakte Formulierung. Sie lügen damit den potentiellen Interviewpartner nicht an, sondern formulieren die Information so, dass der Einfluss seiner Aussagen auf die Schlussfolgerungen nicht erkennbar wird.

Die informierte Einwilligung der Untersuchten begrenzt zwar die rechtliche Verantwortlichkeit des Forschers, nicht aber seine ethische Verantwortung. Die informierte Einwilligung kann nicht benutzt werden, um andere unethische Praktiken zu rechtfertigen. Das gilt insbesondere für den Schutz des informationellen Selbstbestimmungsrechts der Befragten. Dies ist das zweite große ethische Problem sozialwissenschaftlicher Forschung, das inzwischen mit dem Bundesdatenschutzgesetz auch eine rechtliche Regelung erfahren hat. Diener und Crandall (1978: 55-59) unterscheiden drei Dimensionen der informationellen Selbstbestimmung:

- Die Sensitivität von Informationen: religiöse und sexuelle Praktiken, Persönlichkeitseigenschaften usw. gelten als sehr sensitive Informationen, Name und Beruf dagegen nicht.
- Die Öffentlichkeit des Ortes, an dem Informationen gewonnen werden: der Beratungsraum einer Jury ist absolut abgeschlossen, ein öffentlicher Park ist allen zugänglich,
- Der Grad der Verbreitung der Informationen: wie viele Personen können die persönlichen Informationen dem Namen des Untersuchten zuordnen?

Auf den letztgenannten Aspekt beziehen sich der Ethik-Kodex und das Bundesdatenschutzgesetz. Der Ethik-Kodex fordert: „Die Anonymität der untersuchten Personen ist zu wahren." (I, B(5)). Das Bundesdatenschutzgesetz schreibt vor, dass Wissenschaftler personenbezogene und personenbeziehbare Daten nur veröffentlichen dürfen, wenn der Betroffene eingewilligt hat oder wenn die Veröffentlichung für die Darstellung von Forschungsergebnissen über die Zeitgeschichte unerlässlich ist. Diese Regelung betrifft alle „Einzelangaben über persönliche und sachliche Verhältnisse einer bestimmten oder bestimmbaren natürlichen Person" und alle Einzelangaben, die eine bestimmte Person zwar nicht identifizieren, es aber in Verbindung mit anderen Daten gestatten, die Identität festzustellen. In diesen Bestimmungen liegt eine große Schwierigkeit für die Veröffentlichung mancher Untersuchungsergebnisse: Es reicht nicht aus, die Namen der Untersuchten wegzulassen oder durch Pseudonyme zu ersetzen. Es müssen vielmehr alle Informationen weggelassen oder verändert werden, die gemeinsam mit anderen Informationen eine Identifizierung der Untersuchten gestatten würden. Ein Konflikt, der die Ethik-Debatte in den USA befördert hat, resultierte aus einer ethnographischen Studie. Die Autoren hatten zwar allen Untersuchten Pseudonyme gegeben, aber so viele Einzelheiten publiziert, dass die Personen identifizierbar waren.

Wir werden auf die Probleme der Anonymisierung in Kapitel 6 zurückkommen. Hier möchten wir nur darauf aufmerksam machen, dass Sie rechtzeitig, d.h. bereits wenn Sie die Forschungsfrage formulieren, prüfen müssen, ob Sie mit der Studie den Grundsätzen der Forschungsethik gerecht werden können. In vielen Ländern gibt es dafür mittlerweile Kommissionen, die jedes Projekt auf seine ethische Dimension hin begutachten. In Deutschland müssen Sie selbst entscheiden. Es kann vorkommen, dass Sie von einem Projekt Abstand nehmen müssen, weil Sie die Forschungsfrage nur mit unethischen Methoden (mit einer verdeckten Beobachtung, bei der Sie die Untersuchten gezielt über Ihr Vorhaben täuschen) beantworten können. Es kann auch vorkommen, dass Sie eine Untersuchung vorhaben, bei der Sie die Anonymität der untersuchten Personen nicht garantieren können. Das kann dazu führen, dass Sie Untersuchungsergebnisse nicht publizieren können (zu dieser ‚Selbstzensur' siehe Adler/Adler 1993). Auch in diesem Fall kann es besser sein, die Untersuchung nicht zu beginnen.

Diese Extremfälle dürften aber in der Forschungspraxis nur sehr selten vorkommen. Möglicherweise werden Sie sie nie erleben. Wir haben mit dem Abschnitt über den Schutz der untersuchten Personen vor allem das Ziel verfolgt, Sie für die ethische Dimension des Forschungsprozesses zu sensibilisieren, damit Sie mit diesen Problemen umgehen können, wenn sie auftauchen.

2.3.3 Verhalten gegenüber den Fachkollegen

Die Regeln für das Verhalten gegenüber Fachkollegen und unmittelbaren Kooperationspartnern sind einfach und bergen wenig Probleme. Wir erwähnen sie hier mehr der Vollständigkeit halber, um zu zeigen, dass auch die Interaktionen von Wissenschaftlern im Forschungsprozess eine ethische Dimension haben. Die internen Differenzierungen im Wissenschaftssystem bringen es ja mit sich, dass einige Kollegen mehr Macht haben als andere: Sie sind Leiter von Forschungsgruppen, Institutsdirektoren, Gutachter für Projekte und Publikationen usw. Der Ethik-Kodex betont die besondere Verantwortung, die daraus erwächst, und formuliert Regeln gegen den Missbrauch dieser Macht. Im Kern geht es hier darum,

- ehrlich zu arbeiten, d.h. keine Forschungsergebnisse zu fälschen und die Quellen zu benennen, wenn man Ergebnisse anderer benutzt,
- sich nicht die Ergebnisse anderer anzueignen, etwa Projektmitarbeiter ‚auszubeuten', ohne ihnen eine Autorenschaft einzuräumen,
- Bei Begutachtungen, Personalentscheidungen usw. Objektivität zu wahren, d.h. Kollegen nur nach der fachlichen Eignung zu beurteilen und nicht wegen ihres Alters, ihres Geschlechts, ihrer körperlichen Behinderung, ihrer sozialen oder regionalen Herkunft usw. zu benachteiligen, sowie bei Interessenkonflikten von der Aufgabe zurückzutreten.

Das alles klingt selbstverständlich. Die Ethikkommission hatte aber auch schon Verstöße gegen diese Regeln zu verhandeln, und es ist durchaus nicht schädlich, mit dem Ethik-Kodex über ein Dokument zu verfügen, das bestimmte Prinzipien fixiert. Diese Regeln können Sie im Ethik-Kodex im einzelnen nachlesen, sie werden in diesem Buch keine Rolle mehr spielen.

Weiterführende Literatur

Wichtige Aufsätze zur Rolle sozialer Mechanismen in sozialwissenschaftlichen Erklärungen sind der von Hedström und Swedberg (1998) und Mayntz (2004). Zur Wissenschaftstheorie und Methodologie empfehlen wir ein Buch und einen Aufsatz von Meinefeld (1995, 1997) und das Buch „Interpretative Soziologie" von Giddens (1984). Wer sich für die wissenschaftstheoretischen Probleme sozialwissenschaftlichen Erklärens interessiert, findet dazu ein interessantes Kapitel bei Kelle (1994: 57-94). Wir empfehlen auch Kelles Aufsatz zur Entwicklung kausaler Hypothesen in der qualitativen Sozialforschung (Kelle 2003). Einen Überblick über qualitative Methoden geben das von Flick, von Kardorff und Steinke (2000) herausgegebene Handbuch und Lamnek (2005). Ein Aufsatz von Fischer-Rosenthal und Rosenthal (1997) über narrative biographische Interviews und deren sequenzanalytische Auswertung enthält eine sehr gute Darstellung beider Methoden und des methodologischen Hintergrundes. Zur Forschungsethik empfehlen wir einen kurzen, aber sehr informativen Aufsatz von Hopf (2000) und als Gesamtüberblick das Buch von Diener und Crandall (1978).

Fragen zu Kapitel 2

1. Unter den Anhängern des ‚quantitativen Paradigmas' ist die Ansicht verbreitet, dass Studien mit qualitativen Methoden nur als Vorstudien zu den eigentlichen, quantitativen Studien denkbar sind. Kann man aus der Gegenüberstellung zweier Erklärungsstrategien ableiten, dass der umgekehrte Fall genauso plausibel ist, dass also relationsorientierte Untersuchungen als Vorstudien für mechanismenorientierte Untersuchungen dienen können?
2. Wie wird das Prinzip der Offenheit in quantitativen Untersuchungen realisiert?
3. Kann man das Prinzip des theoriegeleiteten Vorgehens so anwenden, dass man gegen das Prinzip der Offenheit verstößt?
4. Aus welchen der vier allgemeinen methodologischen Prinzipien sind folgende spezielle Prinzipien abgeleitet, und zu welchen stehen sie in Widerspruch?

- Das Fremdheitspostulat: Im Forschungsprozess darf nicht per se von einem mit den Untersuchten geteilten (Vor-)Verständnis ausgegangen werden (Mruck/Mey 2000).
- Das Prinzip der Flexibilität: Empirische Forschung muss im gesamten Forschungsprozess (auch im Instrumentarium) flexibel auf die Situation und die Relation zwischen Forscher und Beforschten reagieren, sich an veränderte Bedingungen und Konstellationen anpassen (Lamnek 2005: 25-26).
- Das Prinzip der Standardisierung der Messsituation: Die Bedingungen der Datenerhebung dürfen sich nicht von einem Fall zum anderen unterscheiden, damit die Resultate der einzelnen Beobachtungen miteinander vergleichbar sind (Kromrey 2006: 30).
- Das Prinzip der intersubjektiven Nachprüfbarkeit: Das gesamte Vorgehen soll so dokumentiert werden, dass es von anderen Personen (anderen Forschern oder am Thema interessierten Laien) durch Wiederholung der Untersuchung nachgeprüft werden kann (Kromrey 2006: 30).

5. Welche Erklärungsstrategie legen rekonstruierende Untersuchungen zugrunde? Warum?
6. Die Klassifizierung von Interviews nach dem Grad der Standardisierung ergibt fünf unterschiedliche Typen von Interviews (standardisierte, halbstandardisierte und drei Typen nichtstandardisierter Interviews). Bringen Sie diese Interviews jeweils in eine Rangfolge bezüglich

   - des Grades der Offenheit,
   - der Unterstützung eines theoriegeleiteten Vorgehens,
   - der Unterstützung eines regelgeleiteten Vorgehens und
   - der Unterstützung des Verstehens.

   Begründen Sie Ihre Entscheidungen!
7. Welche der in Frage 6 genannten Interviewtypen könnte man als Telefoninterview führen? Begründen Sie Ihre Entscheidung!
8. Eignen sich freie Interpretationen und sequenzanalytische Auswertungsmethoden für rekonstruierende Untersuchungen? Warum (nicht)?
9. Im Bericht der Ethik-Kommission der DGS und des BDS von 1994 wird folgender Fall berichtet:

„Im Rahmen eines Promotionsverfahrens wird eine empirisch-qualitativ-experimentelle Dissertation verfasst, in der Minderjährige die Probanden abgeben. Inhaltlich ging es um die soziale Konstruktion von Wirklichkeit, wobei den Kindern eine fiktive Realität über eine längere Periode vorgetäuscht wurde, ohne sie über das Experiment und die Fiktion nachträglich aufzuklären ..." Die Ethik-Kommission kritisierte unter anderem, dass die Kinder und ihre Eltern weder eine Vorabinformation erhielten noch anschließend über die Vortäuschung der fiktiven Realität informiert wurden. (Lamnek 1994)

Der Wissenschaftler, der die Untersuchung durchgeführt hatte, hielt dieses Vorgehen für gerechtfertigt, weil er die Daten nicht im Rahmen eines sozialwissenschaftlichen Forschungsprojekts erhoben hatte: „Das empirische Material, auf dem die Dissertation beruht, ist nicht aus wissenschaftlichen, sondern aus pädagogisch/künstlerischen Motiven entstanden. Mit anderen Worten, die Abenteuerreisen für Kinder, die vom Bezirksamt Kreuzberg in Berlin über zwölf Jahre durchgeführt worden waren und die von einem Team geleitet wurden, zu dem ich von Anfang an gehörte, sind nicht zum Zwecke einer wissenschaftlichen Untersuchung durchgeführt worden, sondern, um Kindern aus ärmeren Bevölkerungsschichten zu schönen Ferien zu verhelfen. Da ich mir, zum Zweck der Verbesserung des pädagogischen Konzeptes und des praktischen Arrangements über die durchgeführten Reisen regelmäßig Notizen machte, hat mich Herr Prof. Dr. Dreitzel dazu angeregt, diese Notizen als Datenmaterial einer empirischen Untersuchung zu benutzen.“ (Geißlinger 1994) Der Wissenschaftler zitiert weiter aus einem Zeitschriftenaufsatz, in dem das explizit klargestellt wurde: „Wenn wir also von ‚Experimenten‘ und ‚Versuchspersonen‘ reden, so sprechen wir davon ex post.“ (Stenger/Geißlinger 1991: 257).

Prüfen Sie, ob diese Rechtfertigung den Grundsätzen der Forschungsethik standhält, und begründen Sie Ihre Entscheidung!

3. Von der Forschungsfrage zum Interviewleitfaden

Mit diesem Kapitel beginnt die Behandlung der einzelnen Phasen einer empirischen Untersuchung. Kapitel 3 enthält alle Schritte, die der Anwendung von Experteninterviews und qualitativer Inhaltsanalyse vorausgehen: die Formulierung der Untersuchungsfrage, die mit der Wahl einer Erklärungsstrategie verknüpft ist (3.1), die theoretischen Vorüberlegungen (3.2) und die Planung der Untersuchung, das heißt die Entscheidungen über Fälle und Fallzahlen sowie über Erhebungs- und Auswertungsmethoden (3.3). Hat man diese Schritte absolviert, dann steht mit der größtmöglichen Detailliertheit fest, was man herausbekommen will und wie man es herausbekommen kann. Die theoretischen und strategischen Vorüberlegungen entscheiden deshalb über die Qualität einer empirischen Untersuchung.

Angesichts dieser Bedeutung der Vorüberlegungen ist es verblüffend, wie wenig Aufmerksamkeit ihnen in der Forschungspraxis zuteil wird. Tatsächlich kann man in der qualitativen Sozialforschung oft beobachten, dass Untersuchungsfragen formuliert werden, die keine sind, dass Entscheidungen über Untersuchungsstrategien unbewusst und zufällig getroffen werden und dass Forscher mit ihrer Untersuchungsfrage ‚ins Feld gehen', das heißt Beobachtungen und Befragungen durchführen, ohne theoretische Vorüberlegungen angestellt zu haben. Für diese Laxheiten gibt es vor allem zwei Gründe. Ein erster Grund, den wir bereits diskutiert hatten, ist die mitunter anzutreffende ideologische Zuspitzung des ‚qualitativen Paradigmas'. Noch immer sind manche qualitativen Sozialforscher der Auffassung, sie könnten ohne Voranahmen in eine empirische Untersuchung gehen, und halten dieses Vorgehen für besser, weil es ‚offener' sei (siehe dazu die Diskussion des Prinzips der Offenheit in 2.1.2). Daraus resultieren dann eine Geringschätzung oder bewusste Ausklammerung theoretischer Vorüberlegungen und das Bedürfnis, mit der Untersuchungsfrage möglichst schnell ins Feld zu gehen – obwohl man doch in Wirklichkeit lediglich die Wahl zwischen bewussten und unbewussten Voranahmen hat.

Der zweite Grund für die Vernachlässigung theoretischer und strategischer Vorüberlegungen ist, dass sie sich nicht unmittelbar rächt, d.h. den

Fortgang des Forschungsprozesses scheinbar nicht beeinträchtigt. Wie schlecht auch Untersuchungsfrage und -strategie sein mögen – die Erhebungsmethoden werden immer einen Text erzeugen, und dieser Text kann immer interpretiert werden. Schwächen in der Untersuchungsstrategie, die zu lückenhaften Informationen in den Texten führen, können durch ‚freiere Interpretationen' kompensiert werden, die – grob gesprochen – die Informationslücken durch ‚Dichtung' füllen. Während die Anwendung quantitativer Methoden daran scheitern kann, dass es keine statistisch signifikanten Zusammenhänge gibt, erzeugen qualitative Erhebungsmethoden immer Daten, die mit qualitativen Auswertungsmethoden interpretiert werden können. Die anfänglichen Fehler werden also nicht während der Untersuchung, sondern erst viel später bestraft – wenn die Ergebnisse durch die Fachgemeinschaft oder den Auftraggeber als irrelevant, unzuverlässig o.ä. zurückgewiesen werden.

Um Ihnen solche Misserfolge und auch die Unsicherheit, die in schlecht vorbereiteten empirischen Untersuchungen entsteht, zu ersparen, legen wir großes Gewicht auf die Vorüberlegungen. In diesem Kapitel werden sämtliche Vorarbeiten behandelt, die Sie leisten müssen, um einen Interviewleitfaden konstruieren zu können. Die Konstruktion des Leitfadens haben wir in das anschließende Kapitel aufgenommen, da die Auswahl und Anordnung von Fragen beim Leitfadeninterview nicht von den Problemen der Interviewführung getrennt werden kann.

3.1 Forschungsfragen und Erklärungsstrategien

3.1.1 Untersuchungsfragen und Forschungsfragen

Jeder empirischen Untersuchung liegt eine Frage zugrunde, die die zu schließende Wissenslücke benennt. Untersuchungsfragen werden benötigt, weil wir sowohl für die Entwicklung einer Untersuchungsstrategie als auch für die Anwendung qualitativer empirischer Methoden eine Anleitung brauchen, wie wir aus der Informationsvielfalt die für uns wichtigen Informationen auswählen. Jede empirische Untersuchung ist selektiv, das heißt, sie verarbeitet nur einen Teil der über den Untersuchungsgegenstand vorhandenen Informationen. Auch Untersuchungen, die vorgeben, einen bestimmten Bereich vollständig zu beschreiben, tun das nicht. Eine vollständige Beschreibung, das heißt die Wiedergabe aller Informationen, ist weder möglich noch sinnvoll: Überlegen Sie sich, wie lang eine vollständige Beschreibung einer relativ einfachen sozialen Situation, z.B. eines Einkaufs, wäre: Neben den Dialogen müssten Aussehen, Mimik und Körpersprache der Anwesenden zu jedem Zeitpunkt beschrieben werden, dazu die räumliche Situation, Gegenstände, Farben usw. Die Beschreibungen würden ein ganzes Buch füllen, obwohl für jede empirische Untersuchung nur ein Teil der Informationen wichtig ist.

Die Untersuchungsfrage hilft uns auf zweierlei Weise, diesen Teil zu identifizieren. Erstens werden aus ihr heraus die strategischen Überlegungen entwickelt, die schließlich in das Konzept für die empirische Erhebung münden. Alles, was die Untersuchungsfrage beantworten hilft, muss erhoben werden, und nur, was die Untersuchungsfrage beantworten hilft, soll erhoben werden. Zweitens steuert die Untersuchungsfrage die Aufmerksamkeit des Untersuchenden. Die Anwendung qualitativer Methoden weist dem Untersuchenden ja eine zentrale Rolle als ‚Erhebungs- und Auswertungsinstrument' zu. Von seinen Entscheidungen über Fragen im Interview und von seiner Auswahl und Interpretation der Informationen im Auswertungsprozess hängt ab, welche Daten auf welche Weise in die Untersuchung eingehen. In diesen Entscheidungen und Interpretationen spielen die Vorstellungen über für die Untersuchung notwendige Informationen – mit anderen Worten: die Untersuchungsfrage – eine wichtige Rolle.

Während andere empirische Methoden (scheinbar!) auch ohne Untersuchungsfrage eingesetzt werden können, kommen Experteninterviews und qualitative Inhaltsanalyse nicht ohne Untersuchungsfrage aus. Ohne eine Untersuchungsfrage geriete man sofort in Schwierigkeiten: Wer einen Experten über einen sozialen Prozess interviewen möchte, den er rekonstruieren will, der muss ihm Fragen stellen. Diese Fragen werden aus dem Erkenntnisinteresse des Interviewers, das heißt aus der Untersuchungsfrage, abgeleitet. Nur wer weiß, was er herausbekommen möchte, kann auch danach fragen. Ähnlich ist es mit der qualitativen Inhaltsanalyse: Will man einem Text gezielt Informationen entnehmen, dann muss man eine Grundlage für die Unterscheidung zwischen wichtigen und weniger wichtigen Informationen haben.

Die bis hierhin beschriebenen Funktionen und die Bedeutung von Untersuchungsfragen beziehen sich auf alle empirischen Untersuchungen, gleich ob es sich dabei um Forschung oder um die Beschaffung von Informationen für einen Auftraggeber (z.B. die Analyse einer Organisationsstruktur im Auftrag des Managements oder die Bewertung eines Trainingsprogramms für Mitarbeiter) handelt. Wir schränken uns nun ein und behandeln Forschungsfragen. Forschungsfragen sind schwerer zu formulieren und schwerer zu beantworten als andere Untersuchungsfragen, weil sie darauf abzielen, wissenschaftlich neues und relevantes Wissen zu produzieren. Eine Forschungsfrage zu formulieren stellt deshalb höhere Ansprüche an die Aufarbeitung des existierenden Wissens, an die Kenntnis des Untersuchungsfeldes und an die Präzision der Formulierung. Das macht die Beschäftigung mit Forschungsfragen auch für diejenigen unter Ihnen, die später keine Forschung betreiben wollen, zu einer nützlichen Übung.

Forschungsfragen zu identifizieren und von anderen Fragen zu unterscheiden ist nicht immer einfach. Sicher würde jeder sofort zustimmen, dass die Frage „Wo habe ich meine Socken hingelegt?" keine Forschungsfrage ist. Ein Kriterium anzugeben, das alle Nicht-Forschungsfragen von Forschungsfragen unterscheidet, ist aber gar nicht so einfach, zumal auch viele wohlformulierte und wissenschaftlich klingende Fragen keine Forschungsfragen sind.

Eine Abgrenzung von Forschungsfragen ist möglich, wenn man von den allgemeinen Überlegungen zum Wesen von Forschung ausgeht (2.1.1). Wir hatten Forschung als ein kollektives Unternehmen charakterisiert, bei dem Wissenschaftler, die getrennt voneinander arbeiten, einen gemeinsamen Wissensbestand weiterentwickeln. Die Forschungsfrage, die ein Wissenschaftler formuliert, muss also darauf gerichtet sein, dem Wissensbestand etwas hinzuzufügen. Dazu muss sie eine Lücke in diesem gemeinsamen Wissensbestand beschreiben, die geschlossen werden soll. Da der gemeinsame Wissensbestand in Form von Theorien existiert, muss eine Forschungsfrage also eine theoretische Wissenslücke beschreiben.

Weiter hatten wir festgehalten, dass das Ziel der Soziologie darin besteht, soziales Handeln in seinem Ablauf und in seinen Wirkungen ursächlich zu erklären. Ein sozialwissenschaftlicher Forschungsprozess hat in der Regel solche Erklärungen zum Ziel, soll also einen Zusammenhang zwischen Bedingungen, Verlauf und Wirkungen sozialer Prozesse aufklären. Das ist eine wichtige Einschränkung, denn nicht wenige Untersuchungen setzen sich implizit oder explizit zum Ziel, soziale Prozesse zu beschreiben. Solche Beschreibungen werden gewöhnlich damit gerechtfertigt, dass Beschreibungen eine wichtige Voraussetzung für die Bildung von Theorien sind. Die Geschichte vieler Wissenschaftsdisziplinen kennt Phasen, in denen Phänomene beschrieben wurden, bis die Zusammenschau der Beschreibungen dann theoretisch begründete Klassifizierungen ermöglichte – das Periodensystem der Elemente in der Chemie, das taxonomische System der Biologie oder die Keplerschen Gesetze der Planetenbewegung. Dennoch möchten wir diesem Argument entgegenhalten, dass es theoriefreie Beschreibungen nicht gibt. Wir hatten bereits darauf hingewiesen, dass jede Forschung auf Selektionen beruht. Weil soziale Prozesse nicht vollständig beschrieben werden können, kann man sie auch nicht ‚an sich', das heißt ohne Bezug auf ein Vorverständnis des Prozesses, beschreiben. Zum Beispiel wird die Beschreibung der Biographie eines Leistungssportlers entscheidend durch das Verständnis des Begriffs ‚Biographie' geprägt. Wenn der Untersuchende unter ‚Biographie' die sportliche Entwicklung versteht, dann wird er die Beschreibung auf diese Ereignisse konzentrieren – und damit auch reduzieren. Versteht er unter ‚Biographie' die Abfolge aller wichtigen Ereignisse im bisherigen Leben, dann wird er sich bemühen, diese Abfolge zu beschreiben. Versteht er schließlich unter ‚Biographie' die retrospektive Wahrnehmung des bisherigen Lebens durch den Leistungssportler, dann wird er diese Wahrnehmung beschreiben wollen. In jedem der Fälle entsteht eine spezifische Biographie, die von den jeweils anderen sehr verschieden sein kann.

Jede Beschreibung ist theoretisch angeleitet und bezieht sich auf das existierende Wissen. Wenn sie dem existierenden Wissen etwas hinzufügen soll, das das Beschriebene überdauert, dann muss sie zur Beantwortung einer theoretischen Frage beitragen. Anderenfalls handelt es sich nicht um Forschung, sondern bestenfalls um ein isoliertes (und deshalb meist weniger nützliches) Element von Forschung. Dagegen wird mitunter vorgebracht, dass andere Wissenschaftler aus einer Beschreibung auch dann Anregungen für die eigene Arbeit gewinnen können, wenn der Autor keine Verallgemeinerungen vorgenommen hat. Eine solche Übertragung von Ideen, die man beim Lesen von Fallbeschreibungen hat, setzt aber immer eine Verallgemeinerung voraus – sie funktioniert nur auf einer Ebene, auf der der beschriebene Fall und die Forschungsarbeit des lesenden Wissenschaftlers etwas gemeinsam haben. Wer Biographien von Wissenschaftlern untersucht, kann sich durch Beschreibungen von Sportlerbiographien durchaus angeregt fühlen. Grundlage der Anregung werden aber immer abstrakte Gemeinsamkeiten der Biographien sein, z.B. Prozesse der biographischen Schließung oder extreme Belastungen Hochbegabter im Kindes- und Jugendalter. Bei den deskriptiven Publikationen ist es also der Leser, der den beschriebenen Einzelfall in einen allgemeineren Kontext überträgt und in diesem Kontext Schlüsse für seine Arbeit zieht. Er führt gewissermaßen eine Sekundäranalyse durch, indem er die Beschreibung als Datengrundlage nimmt und auf ihn interessierende Fragen hin analysiert. Das ist wegen der starken Beschränkung des Datenmaterials in publizierten Beschreibungen so problematisch, dass es die Veröffentlichung ‚zielloser' Beschreibungen nicht rechtfertigen kann.

Den besonderen Charakter von Forschungsfragen, der sie von anderen Untersuchungsfragen unterscheidet, kann die folgende zugespitzte Frage verdeutlichen: „Warum sollte ein anderer Wissenschaftler die Antwort lesen?" Wenn die Antwort nur einen Einzelfall beschreibt und keine Verallgemeinerung beinhaltet, dann kann sie für die Leser, die sich ja mit anderen Fällen beschäftigen, nicht interessant sein. Wenn die Antwort für die Leser interessant sein soll, dann muss sie so allgemein sein, dass zumindest einige Aspekte anderer Untersuchungsgegenstände berührt werden. Aus diesen Überlegungen lassen sich folgende Merkmale einer soziologischen Forschungsfrage ableiten:

1. Sie geht vom existierenden Wissen aus: Sie bezieht sich auf eine Theorie, indem sie deren Begriffe benutzt und etwas fragt, was durch diese Theorie (die konzentrierte Ergebnisse anderer Untersuchungen beinhaltet) nicht beantwortet wird. Sie enthält damit auch den Geltungsbereich der Antwort.
2. Ihre Beantwortung ermöglicht es, dem existierenden Wissen etwas hinzuzufügen.
3. Sie fragt nach einem Zusammenhang (alle Theorie ist Wissen über den Zusammenhang zwischen Bedingungen, Verlauf und Wirkungen von Prozessen in Natur oder Gesellschaft).
4. Sie fragt nach einem allgemeinen Zusammenhang, bezieht sich also nicht nur auf den Verlauf eines einzelnen konkreten Prozesses, sondern auf eine Klasse bzw. einen Typ von Prozessen.

Nur das gleichzeitige Auftreten aller vier Merkmale macht eine Untersuchungsfrage zur Forschungsfrage. Dazu ein Beispiel: Die im Internet entstehenden Kommunikationsmuster sind ein interessantes neues Untersuchungsobjekt für Soziologen. Fragen wie „Wer kommuniziert im Internet?" oder „Worüber wird im Internet kommuniziert?" sind aber noch keine Forschungsfragen. Die durch sie beschriebenen Wissenslücken beziehen sich auf Informationen, die nicht in einen wissenschaftlichen Kontext gestellt sind. Deshalb würde ihre Beantwortung zu Deskriptionen führen, deren Wert eher fraglich ist. Ein Unternehmen, das im Internet Werbung betreibt, könnte die Frage so formulieren: „Welchen Altersgruppen gehören Nutzer des Internet an, und was haben sie für Interessen?". Damit hätten wir eine Untersuchungsfrage, aber noch keine Forschungsfrage. Eine Forschungsfrage lautet zum Beispiel: „Entstehen durch das Internet als Kommunikationsmedium neue Formen der Sozialintegration?" (Heintz 2000).

Wir können nun auch Forschungsfragen von anderen Untersuchungsfragen abgrenzen: Nur Fragen, die eine Wissenslücke im Theoriegebäude benennen und die Schließung dieser Wissenslücke anleiten, sind Forschungsfragen. Untersuchungsfragen, die keine Forschungsfragen sind, dienen der Beschaffung von Informationen über soziale Sachverhalte, ohne dass dadurch zu sozialwissenschaftlichen Theorien beigetragen werden soll. Bekannte Beispiele dafür sind die Marktforschung oder Meinungsumfragen. Dass die Wissenslücken geschlossen werden, ist hier nur für den Auftraggeber wichtig.

Wenn Forschungsfragen etwas derart Anspruchsvolles sind, dann ist natürlich von besonderem Interesse, wie sie entstehen. Ein auch in Lehrbüchern der Soziologie verbreitetes Missverständnis besteht darin, dass Forschungsfragen (oder Anregungen dazu) aus allen möglichen Quellen, insbesondere auch aus Alltagsbeobachtungen, kommen können. Beim Lesen solcher Passagen können Studierende den Eindruck gewinnen, sie müssten nur intensiv genug ihre Umwelt beobachten, um auf interessante Forschungsfragen zu stoßen. Dieser Eindruck ist falsch. Die Wissenschaftler, die ihn erwecken, verallgemeinern ihre persönlichen Erfahrungen. Ja, ein Wissenschaftler kann im Alltag zahlreiche interessante Kandidaten für Forschungsfragen entdecken. Er beobachtet Menschen in seinem Sportklub, sieht einen Film, hat ein Erlebnis im Fahrstuhl – und wird dadurch auf eine interessante Frage aufmerksam. Aber er sieht die sozialen Situationen nicht mehr als Laie, sondern immer mit den Augen des Soziologen. Diese Brille nicht mehr absetzen zu können, ist manchmal eine Last. Sie ist es aber, die Soziologen im Alltag Forschungsfragen finden lässt.

Die Fähigkeit, im Alltag Forschungsfragen oder aussichtsreiche Kandidaten dafür zu finden, wird also erst mit der Ausbildung zum Soziologen entwickelt. Sie schließt z.B. die Fähigkeit ein, in den besonderen Situationen des Alltags das Allgemeine, Wiederkehrende, theoretisch Relevante zu entdecken. Deshalb ist es in frühen Stadien des Forschungsprozesses häufig so, dass betreuende Wissenschaftler Forschungsfragen vorgeben oder anbieten.

Der Alltag kann zwar für Sozialwissenschaftler zur Quelle von Forschungsfragen werden, er ist aber nicht die wichtigste Quelle. Forschungsfragen entstehen in der wissenschaftlichen Arbeit, das heißt in der Forschung selbst und in der wissenschaftlichen Kommunikation. Das ist eine der faszinierendsten Eigenschaften der Forschung: Indem wir Forschungsfragen beantworten, stoßen wir ständig auf neue. Wissenschaftler beschäftigen sich ständig mit dem gemeinsamen Wissensbestand: Sie formulieren Forschungsfragen, gewinnen Ergebnisse, die sie dem Wissensbestand hinzufügen, diskutieren mit anderen Wissenschaftlern usw. Sie konfrontieren ständig ihr theoretisches Wissen, die empirischen Ergebnisse anderer und ihre eigenen empirischen Ergebnisse miteinander und stoßen dabei auf Widersprüche, Lücken und Rätsel. Das geschieht beim Lesen der Fachliteratur, beim Hören von Vorträgen auf Konferenzen, bei der Diskussion mit den Kollegen am Mittagstisch etc. Die Formulierung von Forschungsfragen kann deshalb auch nur schwer von den theoretischen Vorüberlegungen getrennt werden. Letztlich ist das Formulieren einer Forschungsfrage bereits eine theoretische Vorüberlegung. Wegen ihrer großen Bedeutung für den Forschungsprozess und wegen der zahlreichen Missverständnisse, die sich um das Problem der Forschungsfragen ranken, wurden sie aber hier zunächst gesondert gewürdigt.

Die Entstehung der Forschungsfragen für unsere beiden Beispiele wurde bereits in der Einführung beschrieben (1.3). Wir rekapitulieren diese Prozesse noch einmal, um zu zeigen, dass die beiden Fragen tatsächlich Forschungsfragen waren.[9]

Den Hintergrund des Projektes zu Sportlerbiographien bildeten das allgemeine öffentliche und das politische Interesse am Doping, speziell an der Doping-Prävention. Die Frage, welche Ursachen für Doping in der Karriere eines Athleten angelegt sind, war eine Forschungsfrage:

1) Sie ging vom existierenden Wissen aus: Bezüglich der Ursachen für Doping bestanden große Wissenslücken. Untersuchungen von Sportlerkarrieren und biographischen Schließungen ließen die Hypothese zu, dass solche Prozesse einen Einfluss auf die Neigung zum Doping haben können, ohne dass dazu gesichertes Wissen vorlag.
2) Sie ermöglichte es, dem existierenden Wissen etwas hinzuzufügen: Die Antwort auf die Frage war nicht nur von praktischem Wert für die Sportpolitik, sondern trug zu einem besseren Verständnis der Dynamik von Sportlerkarrieren bei. Es konnte geklärt werden, welche Mechanismen in welchen Karrierephasen zu biographischen Schließungen führen und wie diese Prozesse in Abhängigkeit von der Sportart variieren.
3) Sie fragte nach einem Zusammenhang: Es ging um den Zusammenhang zwischen der Biographie eines Leistungssportlers und der Wahrscheinlichkeit, dass für die Fortsetzung der Karriere auch Doping in Kauf genommen wird.

9 Eine Forschungsfrage existiert als solche immer nur bezogen auf einen konkreten Stand der Forschung, das heißt zu einem bestimmten Zeitpunkt. Im Idealfall ist sie nach Abschluss der Untersuchung verschwunden, weil sie beantwortet und die Antwort dem gemeinsamen Wissensbestand hinzugefügt wurde.

4) Sie fragte nach einem allgemeinen Zusammenhang: Die Frage bezog sich nicht auf die Ursachen für Doping in einem konkreten Fall, sondern auf den allgemeinen Zusammenhang zwischen Sportlerbiographien und Doping.

Entstanden ist die Untersuchungsfrage aus einer theoretischen Arbeit der beiden Projektleiter, die aus allgemeinen theoretischen Überlegungen zum Doping heraus die Hypothese formulierten, dass die Entstehung einer Dopingneigung bereits bei jungen Sportlern in den Bedingungen ihrer Karrieremuster und -dynamiken angelegt ist (Bette/Schimank 1995).

Auch im Falle des SFB-Projekts gab es ein politisches Interesse: Es hatte nicht zweifelsfrei festgestellt werden können, ob die SFB die ihnen gestellte Aufgabe tatsächlich erfüllen, also interdisziplinäre Kooperation fördern. Die Frage, ob – und wenn ja, wie – SFB die interdisziplinäre Kooperation von Wissenschaftlern fördern, war eine Forschungsfrage:

1) Sie ging vom existierenden Wissen aus: Es gab eine allgemeine Theorie der Kooperation, aus der Schlussfolgerungen für die Kooperation von Wissenschaftlern gezogen werden konnten. Zur interdisziplinären Kooperation existierte Wissen über einzelne Einflussfaktoren, das für die Untersuchung synthetisiert wurde. SFB wurden als spezifische institutionelle Struktur identifiziert und damit in die Institutionentheorie eingeordnet.
2) Sie ermöglichte es, dem existierenden Wissen etwas hinzuzufügen: Weder existierte eine Theorie der Forschungskooperation, noch wusste man etwas über den Einfluss von Institutionen auf Forschungskooperation. Diese Lücken konnten geschlossen werden.
3) Sie fragte nach einem Zusammenhang: Der Zusammenhang zwischen einer spezifischen institutionellen Struktur (den SFB) und einem spezifischen Handlungsmuster (interdisziplinärer Forschungskooperation) sollte aufgeklärt werden.
4) Sie fragte nach einem allgemeinen Zusammenhang: Gegenstand der Frage war ein Typ von institutionellen Strukturen (SFB), die wiederum als Beispiel für generelle Wirkungsmechanismen von Institutionen behandelt werden konnten. Auch die interdisziplinäre Forschungskooperation ist ein Handlungstyp. Die Frage bezog sich also auf den allgemeinen Zusammenhang zwischen einem Typ von Handlungsbedingungen und einem Typ von Handlungen.

Entstanden war die Forschungsfrage aus der Diplomarbeit von Grit Laudel. Bei ihrer Untersuchung des bundesdeutschen Systems der Forschungsförderung stieß sie auf die Förderung von Sonderforschungsbereichen und deren anspruchsvolles Ziel. Es stellte sich heraus, dass die bisherigen Versuche der Forschungspolitik und der Förderorganisation, den Erfolg dieser Organisationsform zu beurteilen, nicht zu befriedigenden Antworten geführt hatten. Ein Rückbezug auf die relevanten Theorieströme ergab, dass es sich auch um eine theoretische Wissenslücke handelte.

3.1.2 Forschungsfragen rekonstruierender Untersuchungen

Das Formulieren einer Forschungsfrage ist eine komplexe Handlung, mit der auch explizit und implizit Entscheidungen über die Art der Beantwortung getroffen werden. Manche Naturwissenschaftler spitzen die Bedeutung der Forschungsfrage auf die Behauptung zu, dass eine genaue Formulierung des Problems zwei Drittel des Weges zu seiner Lösung sind. Das trifft für die Sozialwissenschaften wahrscheinlich so nicht zu. Dennoch trifft man auch in den Sozialwissenschaften mit der Formulierung der Forschungsfrage wichtige strategische Vorentscheidungen. Was man als zu erklärendes Phänomen auswählt und wie man das zu erklärende Phänomen beschreibt, hat Konsequenzen für die Art und Weise, wie man zu der angestrebten Erklärung gelangen kann. Eine Vorentscheidung, die uns hier besonders interessiert, ist die Entscheidung für eine rekonstruierende Untersuchung.

Forschungsfragen erfordern rekonstruierende Untersuchungen, wenn sie die Frage nach den Ursachen für bestimmte Phänomene mit der Frage nach dem „Wie“ verbinden. Wenn wir nicht nur nach den Ursachen fragen, sondern auch nach dem sozialen Mechanismus, der den Effekt produziert, dann müssen wir den sozialen Prozess rekonstruieren, in dem der Mechanismus operiert. Der gesuchte Mechanismus muss außerdem durch Handeln und Interaktionen konstituiert werden. Mechanismen der Wahrnehmung und Verarbeitung der sozialen Realität durch das Individuum entziehen sich dem Zugriff rekonstruierender Untersuchungen.

Während die erste Bedingung für alle mechanismenorientierten Untersuchungen erfüllt ist, führt die zweite eine zusätzliche Unterscheidung ein, die wir schon bei der Bestimmung dessen, was ein Experteninterview ist, benutzt haben (siehe 1.1). Es gibt Untersuchungen, die das Zustandekommen und die Funktionen von Deutungen, Sichtweisen und Einstellungen von Menschen erklären wollen. In einem solchen Forschungsprojekt ging es z.B. um den Zusammenhang zwischen Bindungserfahrungen im Kindesalter und rechtsradikalen Einstellungen von Jugendlichen. Hier sollte nicht etwa das tatsächliche Familienleben der Jugendlichen rekonstruiert werden. Entscheidend war, wie die Jugendlichen es erlebt haben (Hopf/Rieker/Sanden-Marcus 1995). Eine solche Untersuchungsfrage führt deshalb nicht auf eine rekonstruierende Untersuchung, sondern auf einen anderen Typ. Forschungsfragen können also auf unterschiedliche Typen von Untersuchungen orientieren, z.B.:

- auf rekonstruierende Untersuchungen, die Kausalmechanismen in Handlungssystemen aufklären wollen,
- auf Untersuchungen, die Kausalmechanismen identifizieren, die zwischen dem Erleben der sozialen Welt einerseits und den Deutungen, Sichtweisen und Einstellungen von Menschen andererseits vermitteln, oder

– auf Untersuchungen, die Kausalzusammenhänge aufklären wollen, indem sie die Häufigkeit des Auftretens von Merkmalen analysieren und erklären.

Diese Liste ist gewiss nicht vollständig, wir wollten mit ihr lediglich noch einmal deutlich machen, dass rekonstruierende Untersuchungen nur eine denkbare Variante sozialwissenschaftlicher Forschung sind und dass Forschungsfragen auch auf Untersuchungen anderen Typs führen können. Eine rekonstruierende Untersuchung wird dann erforderlich, wenn es um Kausalmechanismen in Handlungssystemen und Akteurkonstellationen geht.

Im Projekt Sportlerbiographien ging es um die sozialen Mechanismen, die zu biographischen Schließungsprozessen führen, die ihrerseits als die Dopingneigung begünstigende Faktoren angesehen wurden. Die sozialen Mechanismen wirken vermittelt über die Handlungen und Interaktionen des Sportlers in verschiedenen Akteurkonstellationen (Familie, Sport, Schule usw.). Deshalb mussten diese Handlungen und Interaktionen rekonstruiert werden.

Im SFB-Projekt sollte die Wirkung von institutionellen Strukturen auf die Kooperation von Wissenschaftlern aufgeklärt werden. Diese Strukturen wirken vermittelt über die Handlungen und Interaktionen der Wissenschaftler und anderer Akteure. Um die Forschungsfrage beantworten zu können, ob – und wenn ja, wie – SFB die Kooperation fördern, musste der Kausalmechanismus aufgeklärt werden. Dafür war es erforderlich, die Handlungen und Interaktionen der Wissenschaftler und externen Akteure zu rekonstruieren, die sich auf die Schaffung und Aufrechterhaltung eines SFB sowie auf die Kooperation im SFB bezogen.

3.1.3 Wahl einer Erklärungsstrategie

Die Behandlung der Entscheidung für eine Erklärungsstrategie in einem gesonderten Abschnitt und die Überschrift dieses Abschnitts zeichnen das Bild von einer separaten, rationalen strategischen Entscheidung. Dieses Bild ist falsch. Es wird nämlich höchst selten so sein, dass die Entscheidung für eine Erklärungsstrategie überhaupt unabhängig von den anderen strategischen Entscheidungen getroffen wird. Wir haben bereits festgestellt, dass man meist bereits implizit über die Erklärungsstrategie entscheidet, wenn man die Forschungsfrage formuliert, und dass die Sozialisation des Forschers als ‚quantitativer' oder ‚qualitativer' Sozialforscher diesen Prozess maßgeblich beeinflusst. Die Entscheidung für eine rekonstruierende Untersuchung, die mit der Formulierung der Forschungsfrage fällt, ist auch die Entscheidung für eine mechanismenorientierte Erklärungsstrategie, Entscheidungen für mechanismenorientierte Erklärungsstrategien sind Entscheidungen gegen statistische Untersuchungen usw.

Den impliziten Charakter der Entscheidung für eine Erklärungsstrategie verdeutlichen auch die Beschreibungen des methodischen Vorgehens in Publikationen: Die Wahl einer Erklärungsstrategie oder von quantitativen bzw. qualitativen Methoden wird meist gar nicht begründet. In qualitativen Untersuchungen konnte man früher mitunter als Begründung für die Wahl qualitativer Methoden lesen, dass quantitative Methoden nicht anwendbar waren. Diese Begründung ist kaum noch zeitgemäß. Sie erklärt ja indirekt die relationsorientierte Erklärungsstrategie zur besseren Strategie, die leider aufgrund ungünstiger Bedingungen nicht angewendet werden konnte. Heute können wir offensiver argumentieren und schreiben, dass die uns interessierenden sozialen Mechanismen in der Regel überhaupt nur mit qualitativen Methoden identifizierbar sind.

Was es für die Qualität der empirischen Untersuchungen bedeutet, dass die Erklärungsstrategie implizit und maßgeblich aufgrund der bisherigen Biographie des Forschers gewählt wird, ist schwer einzuschätzen. Die implizit getroffenen Entscheidungen sind ja insofern methodologisch korrekt, als die so entstehenden Verbindungen von Forschungsfragen und Erklärungsstrategien ‚aufgehen', also die Beantwortung der Forschungsfrage ermöglichen. Probleme dieser Vorgehensweise könnten darin liegen, dass die Forschungsfrage unbewusst so ‚zurechtgebogen' wird, dass die präferierte Erklärungsstrategie tatsächlich anwendbar ist. Solche Probleme sind aber, wenn sie denn auftreten, in den Publikationen kaum identifizierbar.

Wie wir bereits am Beispiel der rekonstruierenden Untersuchung deutlich gemacht haben, erzwingt die Forschungsfrage häufig eine bestimmte Erklärungsstrategie. Das gilt für beide Erklärungsstrategien, wie die folgenden Beispiele deutlich machen:

1. Wie hat sich die historische Veränderung in der sozialen Beteiligung der Bevölkerung an schulischer Bildung auf die Lebensverläufe ausgewirkt (im Sinne einer veränderten Regelung der Abfolge und zeitlichen Ausdehnung von Lebensphasen)? Diese Frage von Mayer (1996) kann nicht mit einer mechanismenorientierten, auf der Untersuchung weniger Fälle basierenden Erklärungsstrategie beantwortet werden. Die vollständige Untersuchung weniger Fälle würde zwar möglicherweise einen Kausalmechanismus in diesen Fällen aufdecken, ließe aber keine Generalisierung zu, die den in der Forschungsfrage angesprochenen Geltungsbereich abdeckt. Makrosoziologische Forschungsfragen wie die nach Veränderungen in den Lebensverläufen der Bevölkerung eines Landes können nur mit einer relationsorientierten Erklärungsstrategie beantwortet werden.
2. Werden ausländische Jugendliche von deutschen Gerichten genauso behandelt wie deutsche Jugendliche? Auch diese Frage von Ludwig-Mayerhofer und Niemann (1997) kann nicht mit einer mechanismenorientierten Strategie beantwortet werden. Es geht ja nicht darum, die Mechanismen aufzuzeigen, die zwischen der Wahrnehmung der Nationalität und der Härte der Bestrafung vermitteln, sondern um die Frage nach einer allgemeinen Tendenz. Die Frage bezieht sich auf ein Aggregatphänomen, das

sich aus einer Vielzahl einzelner Ereignisse (hier: Behandlung jugendlicher Straftäter durch deutsche Gerichte) zusammensetzt. Nur die relationsorientierte Erklärungsstrategie erlaubt es, diese Frage zu beantworten.

3. Wie beeinflussen die sozialen Strukturen in einer Gemeinde den Umgang mit ausländischen Flüchtlingen, und wie werden die Strukturen durch die Anwesenheit der Flüchtlinge beeinflusst? Diese Fragen von Brunner, Jost und Lueger (1994) zielt auf die sozialen Mechanismen, die zwischen sozialen Strukturen einerseits und der Art und Weise des Umgangs mit Flüchtlingen andererseits vermitteln. Deshalb erfordert sie eine mechanismenorientierte Strategie, die auf der Rekonstruktion von Fällen basiert. Außerdem kommen hier technische Begrenzungen der standardisierenden quantitativen Methoden ins Spiel. Soziale Strukturen (im Sinne sozialer Regelsysteme) sind eine Systemqualität der Gemeinde, das heißt ein soziales Phänomen, das sich nicht aus den Wahrnehmungen der einzelnen Bewohner rekonstruieren lässt. Auch lassen sich die Formen des Umgangs der Einheimischen mit ausländischen Flüchtlingen kaum standardisiert erheben.
4. Wie beeinflussen die Akteurkonstellationen und institutionellen Handlungsbedingungen im deutschen Gesundheitswesen die staatlichen Reformversuche? Diese Frage von Döhler und Manow (1995) ist auf der Makroebene gesellschaftlicher Sektoren angesiedelt. Sie zielt auf den Mechanismus, die unter den untersuchten Bedingungen den Erfolg oder Misserfolg von Reformen erzeugen. Auch hier sind technische Aspekte zu berücksichtigen. Es müssen Systemqualitäten rekonstruiert werden (Institutionen und Konstellationen korporativer Akteure), die nicht aus standardisiert erhobenen Wahrnehmungen vieler individueller Akteure rekonstruiert werden können.[10] Außerdem sind die Fallzahlen auf dieser Ebene gering: es gibt nur wenige Reformversuche, nur eine Akteurkonstellation auf Sektorebene usw. Deshalb scheidet die auf statistischen Tests basierende relationsorientierte Erklärungsstrategie aus.

Andere Forschungsfragen sind nicht zwangsläufig mit einer der beiden Erklärungsstrategien verbunden. Die Entscheidung für eine Erklärungsstrategie ergibt sich aus einem Vergleich der Konsequenzen, die sich jeweils für die Durchführung der Untersuchung ergeben würden, das heißt aus Überlegungen zur Zweckmäßigkeit der Erklärungsstrategien (selbst wenn diese nicht explizit angestellt werden). In die Entscheidungen gehen z.B. folgende Überlegungen ein:

10 Institutionen und viele Akteurkonstellationen sind so ‚groß‘ und so komplex, dass die befragten Individuen sie nur teilweise oder aus einer spezifischen Perspektive wahrnehmen. Das Wesen solcher komplexer Makrophänomene kann nicht durch das Summieren von Einzeldaten rekonstruiert werden, sondern nur dadurch, dass die einzelnen Beschreibungen zueinander in Beziehung gesetzt und zusammen interpretiert werden.

- Wie müssen ‚Fälle' konstruiert werden, um die Forschungsfrage beantworten zu können?
- Ist es möglich, durch eine Analyse weniger Fälle direkt zum interessierenden Kausalmechanismus vorzustoßen?
- Wie viele Fälle existieren und können in die Untersuchung einbezogen werden?
- Können genug Fälle vollständig untersucht werden, um alle wichtigen Merkmale des Gegenstandes variieren zu lassen?
- Können die zu untersuchenden Phänomene durch eine Aggregation von Einzeldaten beschrieben werden?
- Reichen das empirische und das theoretische Wissen über den Gegenstandsbereich aus, um von statistischen Zusammenhängen auf Kausalzusammenhänge schließen zu können?

Von den Antworten auf diese Fragen hängt ab, welche Erklärungsstrategie die geeignetere ist, wenn die Erklärungsstrategie nicht ohnehin durch die Frage nach einem Mechanismus oder nach Kausalzusammenhängen in einem bestimmten Geltungsbereich bereits festgelegt ist. Erfahrenen Wissenschaftlern werden diese Bedingungen beim Formulieren der Forschungsfrage meist ‚auf den ersten Blick' deutlich, so dass sie die Entscheidung für eine mechanismenorientierte Erklärungsstrategie nicht mehr explizit rechtfertigen. Fragte man nach, dann erhielte man Begründungen, die auf die genannten Fragen verweisen.

Die Faktoren, die für die eine oder andere Erklärungsstrategie sprechen, werden in der methodologischen Diskussion bislang nicht ausreichend berücksichtigt. Mit unserer Darstellung ist vielleicht auch deutlicher geworden, warum Begründungen für die Wahl mechanismenorientierter Erklärungsstrategien mitunter defensiv klingen. Das ist einfach die Folge einer historischen Veränderung. Die Sozialforschung hat anfangs vor allem Forschungsfragen gestellt, die relationsorientierte, auf Statistik beruhende Untersuchungen erforderte. Dadurch wurden die Verwendung dieser Erklärungsstrategie und die Anwendung der statistischen Methoden zum Standard. Nun, da sich die Sozialforschung verstärkt Fragen zuwendet, für deren Beantwortung mechanismenorientierte Erklärungsstrategien benötigt werden, entsteht der Eindruck, es würde gegen diesen Standard verstoßen. Wir haben in Kapitel 2 und in diesem Abschnitt gezeigt, dass dies eine Fehlwahrnehmung ist.

3.2 Theoretische Vorüberlegungen

Mit dem Formulieren einer Forschungsfrage steckt man schon mitten in den theoretischen Vorüberlegungen. Eine Forschungsfrage muss ja an den Stand der Forschung anschließen, kann also ohne dessen Kenntnis gar nicht formuliert werden. Das ist aber nur ein weiteres Beispiel dafür, dass die in 2.1.3

beschriebenen Schritte zwar theoretisch voneinander unterschieden werden können, in der praktischen Arbeit aber miteinander verschmelzen.

Wie man theoretische Vorüberlegungen für mechanismenorientierte Untersuchungen anstellt, lässt sich nur schwer in allgemeiner Form beschreiben und deshalb schwer lehren. Die methodologische Literatur schweigt sich zu diesem Thema bislang aus. Das theoriegeleitete Herangehen an qualitative Untersuchungen und die Orientierung auf das Aufklären sozialer Mechanismen sind beide noch relativ neu. Hinzu kommt die Abneigung gegen Systematik und Regeln, die wir zu Beginn dieses Kapitels beschrieben haben.

Zur Ehrenrettung der Methodologie muss aber auch gesagt werden, dass diese Phase der Untersuchung ein kreativer Prozess ist und sich solche Prozesse einer systematischen Beschreibung entziehen. Jeder Wissenschaftler wird hier einen eigenen Stil ausbilden. In der Tat ist auch nicht so wichtig, wie die theoretischen Vorüberlegungen angestellt werden. Wichtig ist, dass sie angestellt werden und dass sie bestimmte Voraussetzungen für die folgenden Schritte liefern müssen. Um Ihnen trotz des Fehlens allgemeiner Regeln eine Anleitung für diese schwierige Phase zu geben, beschreiben wir im folgenden wichtige Elemente, die in der einen oder anderen Form immer in den theoretischen Vorüberlegungen auftauchen sollten: die Aufarbeitung des Standes der Forschung, die Konstruktion von Variablen sowie die Formulierung von Leitfragen und Bestimmung von Indikatoren.

3.2.1 Das Aufarbeiten des Standes der Forschung

Den Stand der Forschung aufzuarbeiten bedeutet, möglichst viel von dem zusammenzutragen, was an für die Untersuchung relevantem Wissen publiziert wurde. Das ist aus mehreren Gründen zwingend notwendig. Wir haben im Abschnitt 3.1 festgestellt, dass eine Forschungsfrage ein Defizit im bislang akkumulierten Wissen beschreiben muss. Das bedeutet aber, dass eine Forschungsfrage gar nicht formuliert werden kann, wenn der Stand der Forschung nicht bekannt ist. Die Untersuchung kann vor der Fachgemeinschaft der Wissenschaftler nur mit dem Nachweis gerechtfertigt werden, dass sie eine wichtige Wissenslücke schließt. Die Beschreibung dieser Wissenslücke schließt die Feststellung ein, dass etwas noch nicht untersucht wurde. Eine solche Feststellung kann wiederum nur getroffen werden, wenn man all das kennt, was auf dem Gebiet schon untersucht wurde.[11]

Die Forschungsfrage ist zwar eine entscheidende Voraussetzung für die Untersuchung, weil sie das gesamte weitere Vorgehen orientiert und anleitet,

---

11 Auch wenn Sie keine Forschungsfrage beantworten, sondern eine andere Untersuchung für einen Auftraggeber durchführen, sollten Sie damit beginnen, das Wissen zusammenzutragen, das zu dem Thema bereits erarbeitet wurde. Sie können dadurch in jedem Fall Ihre Arbeit qualifizieren und effizienter gestalten.

reicht aber als Grundlage für die empirische Untersuchung nicht aus. Die Forschungsfrage muss in einen Untersuchungsplan übersetzt werden, und das geht nur, wenn der Stand der Forschung bekannt ist. Die Kausalzusammenhänge und -mechanismen in einem empirischen Feld lassen sich nur identifizieren, wenn mit möglichst großer Genauigkeit nach Einflussfaktoren, Vermittlungsprozessen und Wirkungsmechanismen gesucht werden kann. Diese gedankliche Strukturierung des Problems kommt nicht ohne das Wissen aus, das in anderen empirischen Untersuchungen gewonnen wurde.

Das Aufarbeiten des Standes der Forschung kann eine Untersuchung auch entlasten, wenn sie auf Ergebnisse stößt, die bereits in für die Untersuchung geeigneter Form vorliegen und deshalb nicht mehr erhoben werden müssen. Möglicherweise findet man Daten über soziale Strukturen oder rechtliche Regelungen in einem Feld, die den Erfordernissen der geplanten Untersuchung entsprechen. Ihre Verwendung kann eine Untersuchung wesentlich erleichtern, weil der Aufwand für die Erhebung und Auswertung empirischer Daten reduziert wird.

Wissen, das für die Untersuchung relevant ist und als Stand der Forschung aufgearbeitet werden muss, gibt es in unterschiedlichen Formen. Eine erste Quelle sind allgemeine soziologische Theorien, die abstraktes Wissen über soziales Handeln speichern. Dieses Wissen ist natürlich auch für den jeweils untersuchten Gegenstandsbereich relevant. Die auf dieser Abstraktionsebene behandelten sozialen Strukturen,Typen von Akteurkonstellationen, Interaktionsmuster usw. können benutzt werden, um das Problem zu strukturieren und mögliche Einflussfaktoren und Wirkungsketten zu benennen. Die ergiebigste Quelle für die Vorbereitung einer Untersuchung werden meist gegenstandsbezogene Theorien sein. Diese Theorien ‚mittlerer Reichweite' speichern Wissen über den Bereich, den auch wir untersuchen wollen. Sie sind konkreter als die allgemeinen soziologischen Theorien und behaupten Kausalzusammenhänge und -mechanismen, die für den zu untersuchenden Gegenstandsbereich spezifisch sind. Sie sind deshalb ein wichtiges Hilfsmittel für die Strukturierung des Problems.

Natürlich gibt es in den Sozialwissenschaften nicht nur zwei Abstraktionsebenen ‚allgemeine Theorie' und ‚Theorien mittlerer Reichweite' Sozialwissenschaftliche Theorien werden auf ganz unterschiedlichen Abstraktionsebenen formuliert. Jeder Untersuchungsgegenstand wird in den Geltungsbereich mehrerer unterschiedlicher, auf unterschiedlichen Abstraktionsebenen formulierter und zum Teil auch noch konkurrierender Theorien fallen. Den Stand der Forschung aufzuarbeiten heißt deshalb häufig, Elemente verschiedener Theorien miteinander zu integrieren und dabei theoretische Entscheidungen (z.B. für oder gegen bestimmte Theorien) zu treffen.

Ein weiteres Element des wissenschaftlichen Wissens über den Untersuchungsgegenstand sind die empirischen Ergebnisse anderer Untersuchungen. Diese Ergebnisse beantworten natürlich nicht unsere Forschungsfrage (denn dann wäre es ja gar keine). Sie können aber wichtige Informationen beisteuern, die wir in der Untersuchung nutzen können – als Hinweise auf Kausalzusammenhänge und Einflussfaktoren, als ‚fertige' Daten, die wir selbst nicht mehr erheben müssen, oder als Hinweise darauf, wie sich bestimmte Faktoren und Zusammenhänge im Feld ‚zeigen'.

Aus diesen Quellen können wir schöpfen, wenn wir über Einflussfaktoren auf unseren Gegenstand nachdenken, Variablen ableiten und Hypothesen oder Leitfragen formulieren. Angesichts der Vielfalt und der Überschneidungen der Wissensbestände ist das zentrale Problem beim Aufarbeiten des Standes der Forschung das Problem der Auswahl. Es versteckt sich in der Formulierung „für die Untersuchung relevantes Wissen" und verweist auf zwei wichtige, schwer zu beantwortende Fragen: Wo überall finde ich relevantes Wissen? Wo breche ich die Suche ab, das heißt, wie unterscheide ich relevantes von irrelevantem Wissen? Auf beide Fragen gibt es keine allgemeinen Antworten. Es empfiehlt sich, die Forschungsfrage genau anzusehen und die beiden obengenannten Fragen in folgende ‚Unterfragen' zu übersetzen:

1. In welchen Theorien kann das Untersuchungsobjekt (das empirische Feld) als Gegenstand auftauchen? Wenn ich das Feld in allgemeineren Begriffen beschreibe – welche Theorien sind dann darauf anwendbar? Welche einzelnen Aspekte sind möglicherweise schon in anderen als meiner eigenen Disziplin untersucht worden?
2. Gibt es Spezifika des Untersuchungsobjekts, die bestimmte Theorien irrelevant machen? Können die in Frage kommenden Theorien überhaupt Geltung für mein Untersuchungsfeld beanspruchen, oder sind in ihnen (explizit oder implizit) Voraussetzungen formuliert, die in meinem Untersuchungsfeld nicht gegeben sind?

Die Antworten auf diese Fragen können helfen, die ansonsten unüberschaubare Literaturflut einzugrenzen und die wirklich wichtigen Elemente des Standes der Forschung zu identifizieren.

Die Untersuchung der Biographien junger Leistungssportler fällt in die Sportsoziologie, da die Untersuchungsfrage sich auf den Zusammenhang zwischen der Dynamik der Biographie und der Wahrscheinlichkeit von Doping bezog. Bisherige sportsoziologische Untersuchungen zu Athletenkarrieren haben allerdings den Aspekt des Doping und relevanter Einflussfaktoren nicht behandelt. Da die Untersuchung Biographien von Sportlern zum Gegenstand haben sollte, bildete die soziologische Biographieforschung einen zweiten theoretischen Kontext. Weil es sich um junge Leistungssportler handelte, konnten darüber hinaus Erkenntnisse der Jugendforschung einbezogen werden.

Die Forschungsfrage nach dem Einfluss der Sonderforschungsbereiche auf die Kooperation von Wissenschaftlern gehört in die Wissenschaftssoziologie. Im Rahmen dieser gegenstandsbezogenen Theorie gab es einige weitere theoretische Ansätze, die sich mit

der Kooperation von Wissenschaftlern und hier insbesondere mit interdisziplinärer Kooperation beschäftigten. Zu beiden Problemkreisen gab es auch empirische Untersuchungen. Darüber hinaus gab es empirische Untersuchungen, die sich direkt mit Existenzbedingungen und Wirkungen von Sonderforschungsbereichen beschäftigten.
Aus allgemeinen soziologischen Theorien waren Aussagen über Kooperation und über die Wirkungen institutioneller Strukturen auf (kooperatives) Handeln relevant. Solche Aussagen fanden sich in der allgemeinen Soziologie, in der Organisationssoziologie und in den Politikwissenschaften.

Zwei Gebiete wurden auf der Grundlage eines kurzen Überblicks aus der Aufarbeitung des Standes der Forschung ausgeschlossen. Unter den Arbeiten zu SFB gab es Studien, die spezifische hochschulrechtliche Probleme von SFB behandelten, die für die aktuelle Wirkung realer Strukturen nicht relevant waren. Zu der Problematik ‚Kooperation' fanden sich zahlreiche politikwissenschaftliche und organisationssoziologische Studien, die sich mit der Kooperation zwischen verschiedenen Unternehmen beschäftigten. Es stellte sich schnell heraus, dass die empirischen Befunde und theoretischen Verallgemeinerungen zu Unternehmenskooperationen nicht auf die Kooperation in der Forschung übertragbar waren. Deshalb wurde das Literaturstudium zu diesen beiden Gebieten abgebrochen.

3.2.2 Integration der theoretischen Vorüberlegungen: Hypothesen, Variablen, Modelle

> "...being explicit about what you want to study and why is the best way of attending primarily to that topic in the field. You thereby avoid the pitfalls faced by researchers who are unsure of what they are studying: indiscriminate, vacuum-cleanerlike collection of every datum; accumulation of far more information than there will be time to analyze; and detours into alluring but ultimately blind alleys that use up time, goodwill, and analytic possibilities." (Miles/Huberman 1984: 37)

Mit den theoretischen Vorüberlegungen und Entscheidungen akkumulieren wir Wissen, das wir bei der empirischen Untersuchung benutzen wollen. Wie können wir dieses Wissen nun so organisieren, dass es unsere Untersuchung anzuleiten vermag? Für die relationsorientierte Erklärungsstrategie ist der Weg klar vorgeschrieben: das Vorwissen muss in Form statistisch prüfbarer Hypothesen über Zusammenhänge zwischen Variablen organisiert werden. Die mechanismenorientierte Erklärungsstrategie kennt keine solche Vorgabe, und ihre Methodologie gibt nur wenige Hinweise darauf, wie das Vorwissen organisiert werden sollte. Zwar wird auch der qualitativen Sozialforschung vorgeschlagen, Hypothesen zu formulieren (Meinefeld 1997), diese haben jedoch eine ganz andere Funktion. Sie werden im Rahmen der mechanismenorientierten Erklärungsstrategie nur in Ausnahmefällen geprüft, d.h. bestätigt oder widerlegt (zu solchen Ausnahmen siehe Hopf 1983, Kelle 1994: 245-282, 351-372). Sie können aber die empirische Erhebung und die Auswertung anleiten, weil sie das Erkenntnisinteresse (die Forschungsfrage) detaillieren. Außerdem explizieren sie die Vorannahmen des Forschers, die ja einen nicht zu unterschätzenden Einfluss auf die Untersuchung haben.

Die eine mechanismenorientierte Untersuchung anleitenden Hypothesen müssen der Komplexität des zu erklärenden sozialen Prozesses gerecht werden. Deshalb müssen sie Annahmen über die Ausprägungen von Variablen und Annahmen über Mechanismen, die Zusammenhänge zwischen Variablen vermitteln, einschließen. Hinzu kommt, dass wir sowohl für die Experteninterviews als auch für die qualitative Inhaltsanalyse eine genaue Vorstellung von den Informationen haben, die wir brauchen, um die Forschungsfrage beantworten zu können. Deshalb ist es ratsam, die theoretischen Vorüberlegungen auf die interessierenden Ursachen und Effekte, intervenierende Einflüsse und die gesuchten Kausalmechanismen zuzuspitzen. Das heißt, Sie brauchen ein hypothetisches Modell des gesuchten Kausalmechanismus'. Dieses Modell wird in der Untersuchung nicht getestet – es geht nicht darum, ob es ‚richtig' oder ‚falsch' ist. Es hat vielmehr die Aufgabe, Ihre Untersuchung zu orientieren, indem es Ihre Aufmerksamkeit auf empirische Sachverhalte lenkt, von denen Sie aus theoretischen Gründen annehmen können, dass sie für die Beantwortung der Untersuchungsfrage wichtig sind.

Wie detailliert dieses Modell wird und wie weit es theoretisch abgesichert werden kann hängt nicht zuletzt von den für Ihre konkrete Forschungsfrage nutzbaren Theorien ab. Manche soziologischen Theorien unterstützen die Konstruktion solcher Modelle solche Übersetzung, indem sie Begriffe definieren und soziale Mechanismen beschreiben, die empirisch untersucht werden können. Diese Theorien arbeiten mit komplexen Variablen (auch wenn diese Bezeichnung nur selten verwendet wird), die wir als Suchraster nutzen können.

Der Bezug auf Variablen muss hier sehr fremd wirken, da er im Kontext der qualitativen Sozialforschung geradezu verpönt ist – die quantitative Sozialforschung wird von qualitativen Sozialforschern mitunter sogar abwertend als ‚Variablen-Soziologie' bezeichnet. Wir sehen aber überhaupt keinen Grund dafür, auf ein solch wichtiges Bindeglied zwischen Theorie und Empirie zu verzichten. Es ist lediglich nötig, das enge Variablenkonzept der relationsorientierten Erklärungsstrategie zu überwinden. Letztere versteht Variablen in einer an die Statistik angepassten Weise, die für unsere Zwecke offensichtlich unbrauchbar ist, weil sie eine Trennungslinie zwischen Variablen in soziologischen Theorien und Variablen in quantitativen Untersuchungen zieht. Der Unterschied zwischen beiden Variablenkonzepten wird in der von Kromrey vorgenommenen Abgrenzung deutlich:

> ... im Zusammenhang mit *sozialwissenschaftlichen Theorien* sind mit ‚Variablen' häufig die in Hypothesen verwendeten allgemeinen theoretischen Begriffe gemeint, im Unterschied etwa zu Indikatoren. So ist „Alter einer Person" in diesem Sinne keine (soziologische) Variable, sondern allenfalls ein Indikator z.B. für die theoretisch interessierende Eigenschaft „Lebenserfahrung" (die Variable wäre in diesem Falle „Lebenserfahrung", ein möglicher Indikator dafür wäre „Lebensalter"). In solchem oder ähnlichem Sinn soll ‚Variable' im folgenden *nicht* verwendet werden, sondern ausschließlich in der Bedeutung, die der Begriff in der Statistik hat.
> …

> Eine Merkmals- bzw. Eigenschaftsdimension, die mit einem Begriff bezeichnet wird und mehrere Ausprägungen annehmen kann, soll Variable heißen. (Kromrey 2006: 225-226, Hervorhebungen im Original)

An diesem Beispiel lässt sich der Unterschied zwischen der Komplexität theoretischer Begriffe und dem ‚einfachen' Variablenkonzept der relationsorientierten Erklärungsstrategie verdeutlichen. Lebenserfahrung ist ein komplexes Phänomen, in das neben dem Lebensalter noch andere Merkmale eingehen, z.B. die Bandbreite der Erfahrungen, die ein Mensch im Verlaufe seines bisherigen Lebens tatsächlich gemacht hat. Lebenserfahrung ist also nicht auf das Lebensalter (oder auf irgendeinen anderen Indikator) reduzierbar. Nur mit einer gewaltigen (und für viele Zwecke unvertretbaren) Reduzierung der Komplexität könnte man eine Variable ‚Lebenserfahrung' mit Ausprägungen wie „niedrig – mittel – hoch" konstruieren.

Indem die relationsorientierte Erklärungsstrategie Variablen als eindimensionale Konstrukte behandelt, mit denen veränderliche Eigenschaften von Objekten beschrieben werden, stellt sie die Verbindung zwischen Soziologie und Statistik her, die die ihre Suche nach statistisch signifikanten Zusammenhängen und Kausalzusammenhängen überhaupt erst ermöglicht. Der Preis, den sie dafür zahlt, ist eine schwächere Verbindung zur Theorie. Wir hatten bereits festgestellt, dass Begriffe so komplex sein können, dass sie sich nicht auf eindimensionale Variablen reduzieren lassen. Soziale Sachverhalte können ‚unauflösbar komplex', d.h. nur in mehreren Dimensionen gleichzeitig beschreibbar sein. Ein Beispiel dafür ist ‚Lebenserfahrung'. Für die Beschreibung solcher Sachverhalte wird ein anderes Variablenkonzept benötigt. Wir legen deshalb hier ein allgemeineres Verständnis von Variablen zugrunde: Variablen sind Konstrukte, die veränderliche Aspekte der sozialen Realität beschreiben. In den Worten von Niklas Luhmann:

> Variablen sind Begriffe, die planmäßig unbestimmt bleiben; sie sind Leerstellen, die aber nicht beliebig, sondern nur in bestimmter Weise, durch begrenzte Möglichkeiten ausgefüllt werden können. (Luhmann 1997: 624)

Anders als die Variablen statistischer Untersuchungen können diese Konstrukte komplex sein, das heißt mehrere Dimensionen haben, in denen Merkmalsausprägungen unabhängig voneinander variieren. Sie können in den verschiedenen Dimensionen unterschiedlich skaliert sein. Das schließt ein, dass sie in allen Dimensionen nominalskaliert sein können, die Merkmalsausprägungen also ausschließlich verbal beschreibbar sind. Die statistischen Variablen der relationsorientierten Erklärungsstrategie sind nichts anderes als der eindimensionale Spezialfall dieses Konzepts. Es ist aber gerade einer der großen Vorteile der mechanismenorientierten Erklärungsstrategie, dass sie die komplexen Variablen soziologischer Theorien als Erhebungs- und Auswertungs‚instrumente' nutzen kann, ohne sie vorher auf eindimensionale, quantifizierbare Variablen ‚kleinarbeiten' zu müssen.

Wir wollen dieses verallgemeinerte Variablenkonzept an einem weiteren Beispiel beschreiben. Behandelt man Institutionen als Variablen und definiert sie als Systeme informeller und formeller Regeln (beides geschieht z.B. in Mayntz/Scharpf 1995a), dann hat diese Variable eine Zeitdimension (die Regelsysteme unterliegen historischen Veränderungen) und mehrere Sachdimensionen, in denen die Variable jeweils voneinander unabhängige Merkmalsausprägungen annimmt:

- den Gegenstand der Regel (die Handlungen, die beeinflusst werden sollen)
- den Inhalt der Regel (in welcher Situation wie gehandelt werden soll)
- den Grad der Formalisierung der Regel und
- den Geltungsbereich der Regel (Akteure, auf deren Handeln sich die Regel bezieht, und Situationen, in denen die Regel gilt).

Die komplexe Variable ‚Institution' lässt sich nicht in einfache Variablen zerlegen. Der Grad der Formalisierung kann nur unter Bezug auf eine konkrete, durch Gegenstand und Inhalt beschriebene Regel angegeben werden. Gleiches gilt für den Geltungsbereich. Umgekehrt wäre die Angabe von Regelungsinhalten unvollständig, wenn nicht der Geltungsbereich mit angegeben würde. Die Komplexität ist der Variablen inhärent, das heißt man kann eine Institution nicht beschreiben, ohne für einen Zeitraum der Geltung den Gegenstand der Regel, die Regelungsinhalte *für diesen Gegenstand*, den Grad der Formalisierung *dieser Regelungsinhalte* und den Geltungsbereich *dieser Regelungsinhalte mit ihrem spezifischen Gegenstand und Formalisierungsgrad* anzugeben. All diese miteinander verknüpften Dimensionen sind nominalskaliert, d.h. die jeweiligen Ausprägungen sind verbale Beschreibungen.

Mit unserem verallgemeinerten Variablenkonzept lassen wir also neben eindimensionalen Variablen und ordinal-, intervall- oder metrisch skalierten Variablen(dimensionen) auch die komplexen Variablen soziologischer Theorien zu, ohne sie in eindimensionale ‚Indikatoren' aufzulösen. Diese Erweiterung reicht aber für die Organisation unserer theoretischen Vorüberlegungen noch nicht aus, weil selbst diese ‚komplexe Variablensoziologie' die gesuchten Mechanismen nicht zu erfassen vermag. Die mit den Variablen beschriebenen Phänomene wirken nicht direkt aufeinander, sondern vermittelt über soziales Handeln. Deshalb kann die ausschließlich mit Variablen operierende relationsorientierte Erklärungsstrategie mit ihren empirischen Untersuchungen keine sozialen Mechanismen identifizieren. Aus demselben Grund würde es für die mechanismenorientierte Strategie nicht ausreichen, lediglich komplexere Variablen zu erheben. Wir müssen in unsere Modelle Vermutungen über die sozialen Prozesse aufnehmen, die die Wechselwirkungen zwischen den Variablen vermitteln, mit anderen Worten: Annahmen über Kausalmechanismen. Die die Kausalmechanismen konstituierenden Handlungen lassen

Einfluss einer unabhängigen Variable auf eine abhängige Variable.

sich partiell mit Variablen beschreiben, der Handlungsverlauf ist aber nicht auf diese Variablen reduzierbar.

Fassen wir diese Überlegungen zusammen, dann können wir die Elemente unseres hypothetischen Modells identifizieren. Anhand ihrer Rolle bei der Strukturierung der Forschungsfrage lassen sich vier Typen von Variablen unterscheiden (Abbildung 3-1). Bei unabhängigen Variablen interessiert nur ihre Wirkung auf andere Variablen, das heißt ihre Rolle als Ursache. Dass diese Ursachen ihrerseits auch Ursachen haben, interessiert nicht. Ansonsten entstünden endlose Kausalketten.

> In der Untersuchung der Sportlerbiographien wird der Athlet beispielsweise nach den Motiven für die Entscheidung, Leistungssport zu treiben, gefragt. Häufig hatte dabei die aktive Sporttätigkeit von Mutter oder Vater einen Einfluss. Da der Einfluss der Eltern (Variable „Eltern/Familie") eine unabhängige Variable ist, interessiert nicht mehr, warum Mutter oder Vater aktiv Sport treiben oder aktiv Sport getrieben haben. Dies wäre z.B. dann von Interesse, wenn die Untersuchungsfrage lautete: „Verändern sich familienbezogene Motive für die sportliche Betätigung über Generationen hinweg?"

Abb. 3-1 Typen von Untersuchungsvariablen

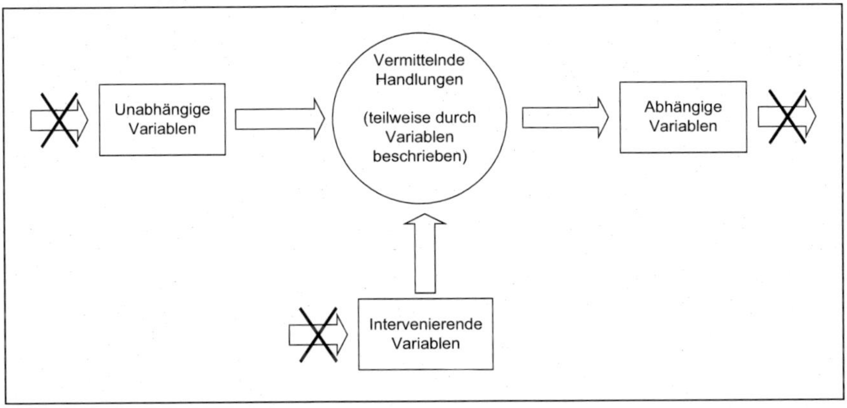

Umgekehrt ist bei den abhängigen Variablen nur wichtig, wodurch sie beeinflusst werden, während ihre Wirkungen vernachlässigt werden. Intervenierende Variablen beeinflussen den Kausalmechanismus und vermittelt über diesen eine oder mehrere abhängige Variablen. Sie müssen deshalb in der Untersuchung berücksichtigt werden, auch wenn das eigentliche Erkenntnisinteresse nicht ihnen gilt. Schließlich gibt es noch Variablen, die Vermittlungsprozesse beschreiben.

Bei der Behandlung von Variablen als unabhängig, abhängig usw. darf man nie vergessen, dass es sich dabei um eine analytische Setzung für die

Zwecke einer konkreten Untersuchung handelt. Die Zusammenhänge in der sozialen Realität sind derart komplex und vielschichtig, dass es keine stets unabhängigen oder stets abhängigen Faktoren gibt. Institutionen zum Beispiel beeinflussen zwar das Handeln von Menschen, werden aber auch von Menschen verändert. Es hängt vom konkreten Untersuchungsziel ab, ob Institutionen in einer Untersuchung als abhängige oder unabhängige (oder als intervenierende) Variable behandelt werden. Es kann sogar vorkommen, dass man die Wirkungen von als abhängig gesetzten oder die Ursachen von als unabhängig gesetzten Untersuchungsvariablen doch einbeziehen muss.

Im SFB-Projekt sollte der institutionelle Rahmen des SFB die unabhängige Variable sein. Die Vorstudie (vgl. 3.4) zeigte jedoch, dass der institutionelle Rahmen durch externe Akteure und durch die Wissenschaftler des SFB mit dem Ziel verändert wurde, die Kooperation zu beeinflussen. Diese Veränderungen mussten in der Untersuchung berücksichtigt werden, weshalb auch Ursachen für Veränderungen des institutionellen Rahmens eines SFB erfasst wurden. Außerdem zeigte sich in der Vorstudie, dass die Kooperationen im SFB pfadabhängig waren, das heißt, Kooperationen hingen von früheren Kooperationen ab und beeinflussten nachfolgende Kooperationen. Deshalb mussten auch Wirkungen des kooperativen Forschungshandelns mit erfasst werden.

Von großer Bedeutung für die weitere Arbeit ist es, dass die Variablen so genau wie möglich definiert werden. Mit der Definition wird festgelegt, welches Phänomen in der sozialen Realität die Variablen beschreiben sollen. Die durch die Theorien angebotenen Definitionen werden sich dafür nur in den seltensten Fällen als günstig erweisen. In den meisten Fällen müssen deshalb Arbeitsdefinitionen entwickelt werden. Die Definitionen sollen unmissverständlich benennen, welche empirischen Phänomene mit der Variable beschrieben werden, und eine Anleitung dafür geben, diese Phänomene von anderen empirischen Phänomenen zu unterscheiden. Mit der Definition wird die Festlegung von Dimensionen verbunden. Die Variablen werden so konstruiert, dass sie mindestens zwei Dimensionen aufweisen:

- eine Zeitdimension, die den Zeitraum beschreibt, in dem die Merkmalsausprägungen existieren und
- eine oder (im Falle komplexer Variablen) mehrere Sachdimensionen.

Da die so konstruierten Variablen die empirische Untersuchung anleiten sollen, muss man sich die Frage vorlegen, wie empirische Informationen über die Merkmalsausprägungen beschaffen sind. Es gibt ja teilweise erhebliche Differenzen zwischen theoretischen Begriffen und den Formen, in denen sich dieser theoretische Gehalt empirisch äußert, wie man sich an solchen Begriffen wie ‚Macht‘ oder ‚Norm‘ leicht klarmachen kann. Wir müssen deshalb nach Indikatoren suchen, die uns erkennen lassen, wann empirische Phänomene Merkmalsausprägungen von Variablen enthalten.

Aufgrund des Informationsüberschusses, den qualitative Erhebungsmethoden produzieren, stellt sich das Indikatorenproblem bei der Anwendung qualitativer Methoden doppelt: Man muss erstens klären, wonach man fragen bzw. was man beobachten muss, um Informationen über die Variablen/Einflussfaktoren zu erhalten. Dieses Problem ist der Bildung von Indikatoren bei der Anwendung quantitativer Methoden analog: es geht um die Zuordnung empirischer Phänomene zu theoretischen Konstrukten. Man muss aber zweitens auch Indikatoren finden, die das Vorhandensein von Informationen über Variablen in den auszuwertenden Texten anzeigen. Hier lautet die Frage, an welchen Elementen des Textes man erkennt, dass Merkmalsausprägungen einer Variablen beschrieben werden. Es ist zweckmäßig, über diese Indikatoren nach Abschluss der Erhebung noch einmal nachzudenken und sie aus der Erfahrung mit der Erhebung heraus zu präzisieren.

Tabelle 3-1 zeigt das Ergebnis der theoretischen Vorüberlegungen für die unabhängige Variable ‚institutioneller Rahmen des SFB'.

Tab. 3-1 Die unabhängige Variable ‚Institutioneller Rahmen des SFB'

Institutioneller Rahmen des SFB	
Definition	Regelsystem, das das Handeln der Mitglieder innerhalb eines SFB regelt
Indikatoren	– für formalisierte Regeln: äußere Struktur des SFB, Entscheidungsgremien, Ordnung des SFB usw. – für informelle Regeln: Veranlassungen zu Handlungen oder Unterlassungen, die über einen Akteur hinaus oder über eine Situation hinaus gelten, Auftreten von Sanktionen, Verweise auf Möglichkeiten von Sanktionen – für Inhalte der Regeln: Forschungsziele, Finanzierung, Mitgliedschaft, Art und Weise der Entscheidungsfindung, Kooperation …
Zeitdimension	Zeitpunkt oder Zeitraum der Geltung der Regel
Sachdimensionen	Gegenstand der Regel Inhalt der Regel Charakter der Regel (formalisiert /informell) Geltungsbereich (alle SFB /dieser SFB)

Die Bestimmung der Sachdimensionen wird dadurch erleichtert, dass bestimmte Dimensionen immer wieder auftauchen. Wenn man sich über die Art der Variablen im Klaren ist, dann können die Sachdimensionen nach ein und demselben Muster gebildet werden. So haben bspw. alle institutionellen Variablen mindestens die Sachdimensionen ‚Gegenstand der Regel', ‚Inhalt der Regel', ‚Geltungsbereich der Regel' und ‚Charakter der Regel'. Bei Variablen, die vermittelnde Handlungen beschreiben, stehen einige Sachdimensionen ebenfalls fest: der Gegenstand der Handlung, der Inhalt der Handlung und der Akteur der Handlung.

In der SFB-Studie wurde der Einfluss einer Institution auf die Kooperation von Wissenschaftlern untersucht. Den theoretischen Vorüberlegungen wurde der analytische Ansatz des akteurzentrierten Institutionalismus zugrunde gelegt (Mayntz/Scharpf 1995a). Dieser Ansatz unterstützt empirische Untersuchungen des Zusammenhangs von Institutionen und Handeln, indem er Variablen benennt, die in solche Untersuchungen einbezogen werden müssen. Das sind Variablen, die Merkmale von Akteuren (Akteurkonstellationen und Handlungsorientierungen) und von Handlungssituationen beschreiben. Dieses sehr allgemeine Modell musste in einem zweiten Schritt spezifiziert werden, um festzulegen, *welche* Institutionen und *welche* Aspekte der Handlungssituation in die Untersuchung einbezogen werden müssen. Um die Institutionen zu spezifizieren, wurde ein wissenschaftssoziologisches Modell benutzt: das Modell der Selbstorganisation der Wissenschaft (Krohn/Küppers 1989). Aus diesem Modell ließ sich ableiten, dass neben SFB weitere institutionelle Variablen einzubeziehen sind, und zwar

- ‚Institutionen der Scientific Community',
- der ‚Institutionelle Rahmen der Forschungseinrichtung' und
- das ‚Forschungsförderungssystem'.

Die Handlungssituation wurde anhand eines allgemeinen handlungstheoretischen Modells spezifiziert, das fünf Typen von Handlungsbedingungen unterscheidet: funktionelle, ökonomische, soziale, institutionelle und kulturell-ethische. Mit diesem Modell wurden als weitere relevante Handlungsbedingungen die sogenannten kognitiven Handlungsbedingungen, das heißt Eigenschaften von Wissenschaftsgebieten und von Forschungsprozessen, ermittelt.

Abbildung 3-2 zeigt die Untersuchungsvariablen und die vermuteten Kausalzusammenhänge zwischen den Variablen. Das Modell zeigt, dass die Unterscheidung in unabhängige und abhängige Variable nur partiell gelingt: Die unabhängige Variable ‚SFB' musste in zwei Variablen zerlegt werden, deren eine das SFB-Programm der DFG ist, das den institutionellen Rahmen für alle SFB bildet. Diese Variable hat – wie auch die in dieser Ebene angesiedelten intervenierenden institutionellen Variablen – keine Ursachen, da Einflüsse auf sie in dieser Untersuchung nicht interessieren. Die andere unabhängige Variable ist der institutionelle Rahmen des SFB. Dieser kann durch externe Akteure und durch die Mitglieder des SFB verändert werden, solange der SFB existiert. Deshalb muss er unter bestimmten Bedingungen auch als abhängige Variable behandelt werden. Unten in der Abbildung sind die kognitiven Variablen ‚Kognitive Strukturen' und ‚Inhaltliche Vernetzung des SFB' angeordnet. ‚Kognitive Strukturen' und auch ‚Kooperationen außerhalb des SFB' sind intervenierende Variablen, die den Einfluss des SFB auf das kooperative Forschungshandeln modifizieren. Dabei darf aber wiederum nicht außer acht gelassen werden, dass das koordinierende Handeln der Mitglieder eines SFB die kognitiven Strukturen modifizieren kann. Der Zusammenhang zwischen den Variablen wird durch Handlungen externer Akteure (Entscheidungen der Gutachter der DFG und der Universitätsleitung) und durch das Handeln der Mitglieder des SFB (koordinierendes Handeln im SFB) vermittelt. Bei Variablen, die Vermittlungsprozesse beschreiben, werden sowohl Ursachen als auch Wirkungen betrachtet. Das gilt auch für die Variable ‚Kooperatives Forschungshandeln', obwohl sie als abhängige Variable gesetzt wurde. Kooperationen können direkt oder vermittelt auf Kooperationen zurückwirken, das heißt, sie sind zugleich abhängige Variable und ein wichtiger Einflussfaktor auf die abhängige Variable.

Nicht alle Faktoren, die in den theoretischen Vorüberlegungen als für die Forschungsfrage relevant identifiziert wurden, sind als Variablen in das Modell aufgenommen worden. Die Analyse des Standes der Forschung hatte eine Reihe von Hinweisen auf Einflussfaktoren erbracht, die unter bestimmten Bedingungen Einfluss haben können, das heißt nicht in jedem Fall relevant sein werden. Diese Faktoren, z.B. Statusunterschiede zwischen Wissenschaftlern, psychologische Faktoren wie extreme Kooperationsneigung bzw. -abneigung oder kulturelle Faktoren wie Vertrauen, wurden nicht als Variablen konzipiert. Die Offenheit der Erhebungs- und Auswertungsmethoden muss jedoch sicherstellen, dass solche Einflussfaktoren ad hoc aufgenommen werden können, wenn sie in der Untersuchung auftauchen.

Abb. 3-2 Variablen, vermutete Kausalzusammenhänge und Annahmen über Kausalmechanismen in der SFB-Studie (nach Laudel 1999: 56)

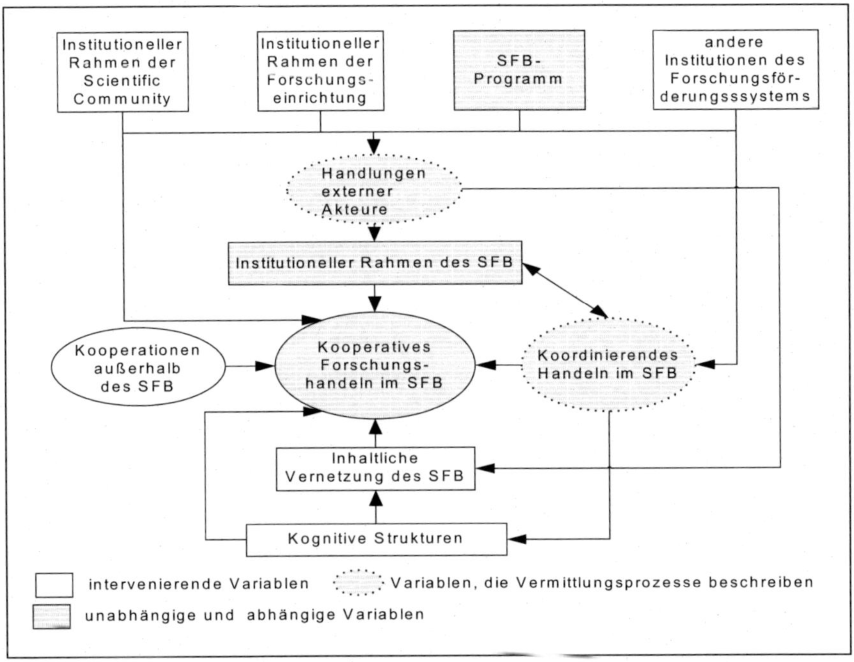

Die Bildung von Untersuchungsvariablen ist wahrscheinlich der schwierigste Teil der theoretisch-konzeptionellen Vorüberlegungen überhaupt. Untersuchungsvariablen müssen abstrakt genug sein, um der Vielfalt empirischer Phänomene gerecht zu werden (das fordert das Prinzip der Offenheit). Sie müssen aber auch konkret genug sein, um die Suche nach empirischen Informationen anleiten zu können (das fordert das Prinzip des theoriegeleiteten Vorgehens). Formuliert man Variablen zu allgemein, dann werden sie zu einer Art ‚Mülleimer', in den vor allem bei der Auswertung irgendwelche Informationen hineingesteckt werden, von denen man intuitiv annimmt, dass sie für die Beantwortung der Untersuchungsfrage relevant sein könnten. Ein solcher ‚Mülleimer', der sich in einer früheren Untersuchung ostdeutscher Forschungsinstitute als problematisch erwies, ist die ‚Variable' „Externe Interaktionen". Diese ‚Variable' sollte „das Umwelthandeln des Instituts und intraorganisatorischer Akteure" erfassen (Gläser et al. 1995: 27). Dieses Umwelthandeln erwies sich als viel zu komplex, um mit den für die Variable festgelegten Sachdimensionen (die Umwelten, in denen jeweils gehandelt wurde) hinreichend strukturiert werden zu können. Da es um alle Interaktionen mit der Umwelt ging, gab es mehrere Typen von Akteuren, die in mehreren Umwelten auf ganz unterschiedliche Weise handelten und mit zahlreichen verschiedenartigen Akteuren interagierten. Außerdem sollten neben Handlungen noch Umweltbeziehungen erfasst werden. Da die Institutsangehörigen außerdem jeweils als Individuen oder aber als Repräsentanten ihrer Forschungsgruppe, ihrer Abteilung oder ihres Instituts handeln konnten, ergab sich eine nicht mehr überschaubare Komplexität.

Inwieweit die theoretischen Vorüberlegungen zu einem gut strukturierten Modell mit klar definierten Variablen führen können, hängt natürlich sehr stark vom Entwicklungsstand der relevanten Theorien ab. Häufig existieren noch keine hinreichend weit ausgearbeiteten Theorien über den zu untersuchenden Bereich. Allerdings kann in all den Fällen, in denen eine Strukturierung des Forschungsproblems durch eine spezifische Theorie des Gegenstandsbereiches nicht möglich ist, auf allgemeine handlungstheoretische Überlegungen zurückgegriffen werden. Sie erlauben mindestens eine Strukturierung in

- Akteure mit ihren Bezugsgruppen, Wahrnehmungen, Präferenzen, Motiven, Zielen, Interessen usw.,
- funktionale, ökonomische, sozialstrukturelle, institutionelle und kulturelle Handlungsbedingungen sowie
- Handlungen und ihre intendierten und nichtintendierten Effekte.[12]

Wenn die Unterstützung durch Theorien so schwach ist, dass keine Variablen definiert werden können, dann ist damit noch nicht die gesamte Untersuchung gefährdet. Die Untersuchung wird aber aufwändiger, weil „zuviel" erhoben wird – ein verbreitetes Problem in der qualitativen Sozialforschung. Wenn wenig oder nur schlecht strukturiertes Vorwissen existiert, dann verstärkt sich der explorative Charakter der Untersuchung. In diesem Fall wird man das Vorwissen eher in Form von ‚Einflussfaktoren' strukturieren, das heißt in Form von variablenähnlichen Konstrukten, die nicht im Kontext einer Theorie definiert sind und bei denen auch Unklarheiten über die Dimensionen bestehen können, die aber relevante Phänomene im Gegenstandsbereich beschreiben. Das geschah bei der Untersuchung zu Sportlerbiographien:

---

12 Ein ähnlicher allgemeiner handlungstheoretischer Rahmen liegt dem „axialen Kodieren" in der ‚grounded theory' zugrunde (Strauss/Corbin 1990: 104-107, Böhm 2000: 478-481).

Anders als im Falle der SFB-Studie liegen dieser Untersuchung mehrere unabhängige und mehrere abhängige Faktoren zugrunde. Die Biographie eines Leistungssportlers wird durch viele Umwelten beeinflusst, die unterschiedlich strukturiert sind. Über die Rolle dieser Umwelten als Quelle von Einflüssen auf die Biographie eines Leistungssportlers gab es kein theoretisches Wissen. Die Umwelten, die als Quelle von Einflüssen auf die Biographie des Leistungssportlers in Betracht gezogen werden mussten, wurden als Handlungsfelder definiert, das heißt als Akteurkonstellationen, in denen der Sportler und andere Akteure interagieren und die durch typische Tätigkeiten charakterisiert sind. Die Einflussfaktoren wurden anhand der verschiedenen Handlungsfelder unterschieden:

- Training und Wettkampf,
- Eltern/Familie,
- Schule/Ausbildung/Beruf,
- außersportliche Freizeit,
- sportbezogene Freizeit,
- Sportförderung, und
- medizinische Versorgung im Sport.

Als Dimensionen dieser Einflussfaktoren wurden jeweils unterschieden:

- die Zeitdimension
- Einfluss nehmender Akteur
- Bezug des Einflusses
- Sachverhalt (Inhalt des Einflusses).

Ein weiterer wichtiger Einflussfaktor auf die Karrieredynamik sind die körperlichen Leistungsgrenzen des Athleten. Sie beeinflussen die Formulierung und Erreichung von Trainings- und Wettkampfzielen. Aus der Literatur ergab sich weiterhin, dass die ‚Technologie‘ der Sportart die Karrieredynamik beeinflusst. Ein solcher Einfluss besteht z.B. in der Möglichkeit, Leistungssteigerungen zu ‚planen‘ – das ist im Gewichtheben eher möglich als z.B. in der Rhythmischen Sportgymnastik. Es gibt kein systematisches Wissen über diese Zusammenhänge, deshalb wurden sie als ein allgemeiner Einflussfaktor „sportartspezifische Charakteristika" aufgenommen.

Der interessanteste abhängige Faktor wäre die Dopingneigung der Athleten gewesen. Es war jedoch von vornherein klar, dass diese Dopingneigung nicht hätte erhoben werden können. Deshalb wurden zwei andere abhängige Faktoren konstruiert. Die Wahrnehmung des Körpers als Manipulationsobjekt sollte beschreiben, inwieweit das Verhältnis der Athleten zu ihrem Körper dadurch bestimmt wird, dass sie ihn als beliebig manipulierbares Instrument zum Erreichen von Höchstleistungen ansehen. Als zentraler abhängiger Faktor der Untersuchung wurde der ‚Biographische Handlungsspielraum‘ gewählt. Als ‚Biographischer Handlungsspielraum‘ wurde das Verhältnis der Bedeutungen von Sportkarriere und außersportlichen Lebensbereichen für den Athleten definiert (Tabelle 3-2).

Aufgrund des begrenzten theoretischen Vorwissens war es in diesem Projekt auch nicht möglich, Hypothesen über die die Einflüsse vermittelnden Handlungen und damit über Kausalmechanismen zu bilden. In Abbildung 3-3, die die Vorüberlegungen zusammenfasst, ‚verstecken‘ sich die Vermittlungsprozesse deshalb in den breiten Pfeilen.

Tab. 3-2 Der abhängige Faktor ‚Biographischer Handlungsspielraum'

Biographischer Handlungsspielraum		
Definition	= Verhältnis der Bedeutungen von Sportkarriere und außersportlichen Lebensbereichen für den Athleten	
Indikatoren	– explizite und implizite Aussagen über Zeitbilanzen – explizite und implizite Aussagen bezüglich des Stellenwerts von sportlichen und außersportlichen Handlungsfeldern – Ein- und Austritt von (neuen) Sozialpartnern in/aus die/der Lebenswelt der Athleten * Verzicht auf Paarbeziehungen zugunsten des Sports – bilanzierende Bewertungen des eigenen sportlichen Handelns/der Sportkarriere und seiner/ihrer Konsequenzen für andere Handlungsfelder – zeitliche Abstimmungsprobleme zwischen Sport und anderen Handlungsfeldern (Freunde/Hobbys) – zeitliche Abstimmungsprobleme zwischen anderen Sportarten und der Karrieresportart – Bewusstsein für die Relation von sportlicher und beruflicher Karriere	
Zeitdimension	Zeitpunkt oder -raum sowie Karrierephase, für den/die die Veränderung berichtet wird	
Sachdimensionen	Bezug:	Training und Wettkampf, Schule/Ausbildung/ Beruf, Eltern/Familie, außersportliche Freizeit, sportbezogene Freizeit
	Zeitbilanz:	pro Sport/kontra Sport
	Bewertungen:	Bewertungen bezüglich der Relation zwischen sportlichen und außersportlichen Handlungsfeldern
	Sozialpartner:	pro Sport/kontra Sport

Abb.3-3 Einflussfaktoren und vermutete Kausalzusammenhänge im Projekt ‚Sportlerbiographien'

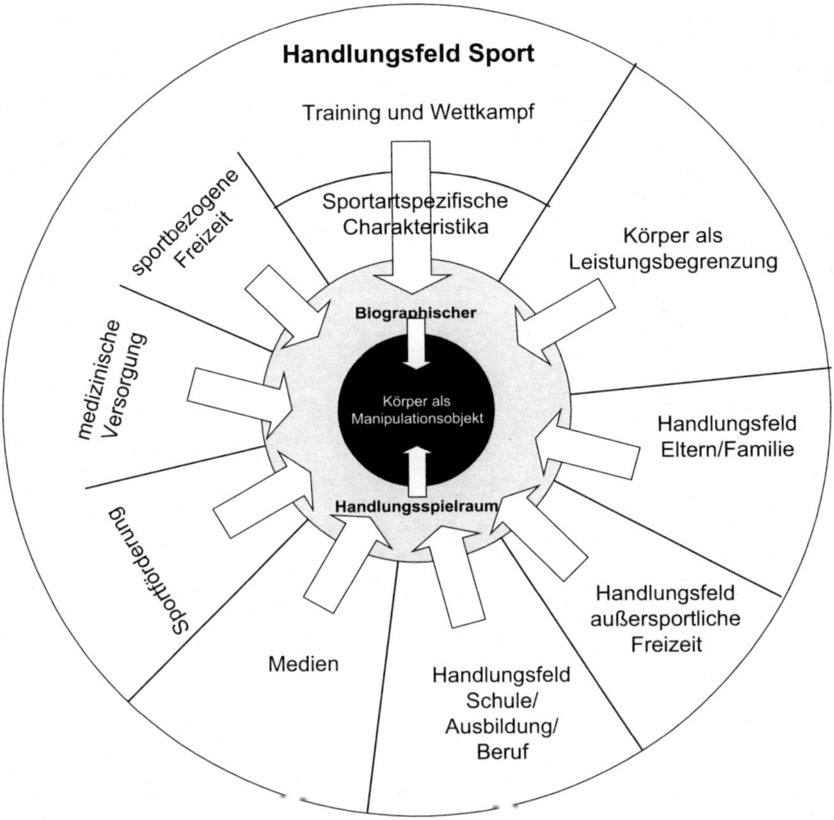

Im Ergebnis der theoretischen Vorüberlegungen gelangt man also zu einem Suchraster für die empirische Untersuchung, das in unterschiedlichem Maße in der Theorie verankert sein kann. Im günstigsten Fall besteht es aus im Kontext einer Theorie definierten, in Dimensionen strukturierten Variablen, Vermutungen über die Kausalmechanismen, die Zusammenhänge zwischen diesen Variablen vermitteln, und Überlegungen zu Indikatoren, die Ausprägungen der Variablen anzeigen. Wenn die theoretischen Grundlagen nicht weit genug entwickelt sind, um die Ableitung von Variablen zu gestatten, dann besteht das Suchraster doch wenigstens aus theoretisch begründeten, möglichst weitgehend dimensional strukturierten Einflussfaktoren, Vermutungen über Vermittlungsprozesse zwischen Einflussfaktoren und Überlegungen zu Indikatoren.

Die zusammenhängende grafische Darstellung von Untersuchungsvariablen bzw. Einflussfaktoren und vermuteten Kausalzusammenhängen mag den Anschein erwecken, dass man aus den theoretischen Vorüberlegungen bereits eine hypothetische Erklärung, das heißt eine hypothetische Antwort auf die Untersuchungsfrage, produziert hätte. Das ist keineswegs der Fall. Gewiss handelt es sich um ein hypothetisches Modell, das unsere Annahmen über die im Untersuchungsfeld wirkenden Faktoren und ihre wechselseitige Beeinflussung abbildet. Es darf aber nicht übersehen werden, dass wir nur eine Hypothese darüber haben, welches die wichtigsten Einflussfaktoren sind und wie diese Einflüsse realisiert werden. Das hypothetische Modell ist gewissermaßen eine aus der Theorie abgeleitete partielle Vermutung, die durch die empirischen Befunde nicht bestätigt oder verworfen, sondern modifiziert und ergänzt werden soll. Insbesondere repräsentieren die vermittelnden Handlungen, die wir in unser hypothetisches Modell aufnehmen, ‚black boxes', in denen die erst noch zu identifizierenden Kausalmechanismen operieren. Eben weil wir das hypothetische Modell nicht in einzelne Zusammenhänge auflösen können, können wir nur darüber spekulieren, was es bedeutet, wenn drei Pfeile auf einen vermittelnden Prozess weisen und von diesem ein Pfeil auf eine abhängige Variable. Auch hier kann die empirische Untersuchung unsere Annahmen weitgehend modifizieren, indem sie auf ganz andere Handlungen und Kausalmechanismen führt. Es wird im Allgemeinen nicht gelingen, die Erklärung eines Kausalmechanismus in einem ähnlichen Bild befriedigend darzustellen. Das hypothetische Modell repräsentiert deshalb vor allem den Wissensstand und die von ihm ausgehende Frage, während es die vermutete Antwort nur in groben Umrissen enthält.

3.2.3 Leitfragen

Das im vorangegangenen Abschnitt behandelte hypothetische Modell beschreibt das Erkenntnisinteresse, das der Untersuchung zugrunde liegt. Es vermittelt ein komplexes Bild, gewissermaßen eine Gesamtschau des Problems. Das ist ein Vorteil, weil Vorwissen, Annahmen über den Gegenstand und Erkenntnisinteresse zusammenhängend dargestellt und damit kommunizierbar werden. Der Nachteil dieser Darstellung liegt darin, dass ihr der ‚Biss' fehlt, das heißt die Zuspitzung auf das, was man nun ganz konkret herausbekommen will, wenn man beobachtet und befragt. Es scheint kaum möglich, das hypothetische Modell direkt in einen Interviewleitfaden zu übersetzen. Deshalb empfehlen wir noch einen weiteren Zwischenschritt: Die Formulierung von Leitfragen.

Leitfragen sind ein Bindeglied zwischen den theoretischen Vorüberlegungen und qualitativen Erhebungsmethoden. Da Fragen stets Aufforderungen zur Schließung von Wissenslücken sind, vermögen sie eine empirische Untersuchung viel besser zu steuern als ein hypothetisches Modell. Deshalb möchten wir Ihnen diesen Schritt nachdrücklich empfehlen, auch wenn er nicht zwingend erforderlich ist.

Leitfragen sind keine theoretischen Fragen und auch nicht an Variablen oder vermuteten Kausalzusammenhängen orientiert. Sie sind vielmehr auf das Untersuchungsfeld gerichtet und versuchen, die Informationen zu benennen, die erhoben werden müssen. Leitfragen charakterisieren das Wissen, das beschafft werden muss, um die Forschungsfrage zu beantworten. Sie benennen die zu rekonstruierenden Situationen oder Prozesse und beschreiben die Informationen, die über diese Situationen oder Prozesse beschafft werden müssen. Diese Funktion der Leitfragen entspricht der der Hypothesen in der relationsorientierten Erklärungsstrategie: Sie geben vor, was die Erhebungsmethoden an Daten erbringen sollen. Leitfragen haben aber noch eine zweite Funktion. Da sie die Forschungsfrage in Fragen an die Empirie übersetzen, bilden sie die Grundlage für Handlungen des Forschers als ‚aktives Erhebungsinstrument'. Er kann anhand der Leitfragen entscheiden, ob er Dokumente, auf die er bei der Arbeit im Feld stößt, braucht, welche Informationen aus Dokumenten entnommen werden müssen, welche Beobachtungen wichtig sind, welche Nachfragen im Interview gestellt werden müssen usw. Dafür braucht man wenige, komplexe, zugespitzte Fragen, deren Beantwortung das benötigte empirische Material liefern würde. Es handelt sich typischerweise um Fragen nach Beziehungen und Vorgängen im Untersuchungsfeld, nach Merkmalen von Individuen, Gruppen, Organisationen usw.

Wegen des offenen Charakters qualitativer Erhebungsmethoden sind Leitfragen also doppelt wichtig: für das Entwerfen von Erhebungsmethoden und als Handlungsanleitung bei der Datenerhebung. Verzichten kann man auf Leitfragen deshalb eigentlich nur, wenn bereits die Forschungsfrage so spezifisch ist, dass sie die genannten Funktionen mit übernehmen kann.

Leitfragen im SFB-Projekt:

I Etablierungsphase (Vorgeschichte und Einrichtung des SFB)

1. Welche fachlichen Beziehungen bestanden zwischen den für den SFB relevanten Forschungsgruppen zu Beginn der Etablierungsphase? Wie war die Kooperation im Forschungsfeld des SFB zu Beginn der Etablierungsphase organisiert?
2. Welche Interessen der Forschungsgruppen führten zur Initiierung oder Beteiligung an der Etablierung des SFB? Welche Interessenkonflikte bestanden, welche Verhandlungsprozesse liefen ab? Welche Interessen konnten durchgesetzt werden, welche nicht?
3. Mit welchen Zielen nahm die DFG Einfluss auf die Konzipierung des SFB? Wie realisierte sie diesen Einfluss? Konnte sie ihre Ziele erreichen? Verfolgen die DFG-Gutachter eigene Interessen in bezug auf den SFB?
4. Nahmen andere Akteure (z.B. die Universitäten) Einfluss auf die Etablierung des SFB? Wenn ja: Mit welchen Zielen, wie und mit welchem Erfolg?

5. Welche Kooperationsstruktur (Inhalt der Kooperation) und welche Organisationsstruktur (formale Organisation) des SFB ist implizit entstanden bzw. wurde im SFB-Programm explizit vereinbart?

II Arbeitsphase des SFB

6. In welche kognitive Strukturen sind der SFB und die beteiligten Gruppen eingebettet?
7. Wie sind die am SFB beteiligten Gruppen inhaltlich vernetzt? Wie verhalten sich die Arbeitsziele der einzelnen Forschungsgruppen im SFB zum Gesamtziel des SFB?
8. Wie sind die Forschungsgruppen außerhalb des SFB vernetzt? Welche spezifischen Interessen bezüglich der Kooperation im SFB ergeben sich daraus?
9. Welche Kooperationen werden im SFB auf der Ebene des Forschungshandelns realisiert? Wenn Abweichungen vom SFB-Programm existieren: Wie sind diese Abweichungen begründet? Wie wurde über diese Abweichungen entschieden?
10. Wie werden die kooperativen Forschungsarbeiten und die Ressourcennutzung im SFB koordiniert? Welche Abstimmungsprozesse zu inhaltlichen Fragen, zur Ressourcenverteilung und zur Personalrekrutierung sind institutionalisiert?
11. Welche Kooperations- und Kommunikationsbeziehungen entstehen im SFB neben den institutionalisierten Formen? Wie modifizieren diese informellen Beziehungen die Kooperationsstruktur?
12. Welche Konflikte entstehen im SFB bezüglich der Kooperation und der Ressourcennutzung, wie und mit welchem Ergebnis werden die Konflikte ausgetragen?
13. Mit welchen Zielen versuchen externe Akteure (insbesondere Universitäten und die DFG), auf die Arbeit im SFB Einfluss zu nehmen? Wie wird die Einflussnahme realisiert, welche Auswirkungen hat sie auf die Kooperation und auf die Organisation von Kooperation im SFB?
14. Wie wird die Kooperation im SFB in den Forschungsergebnissen der einzelnen Gruppen abgebildet? Wie werden Kooperationsleistungen honoriert? Welche Konflikte treten dabei auf?
15. Wie ist das Verhältnis der Ergebnisse des SFB zu den im Programm fixierten Zielen? Welche Rolle spielen Kooperationsprobleme bei eventuellen Abweichungen?

Leitfragen für eine rekonstruierende Untersuchung zu formulieren ist vor allem deshalb schwer, weil es ungewohnt ist. In unseren Seminaren fiel uns auf, dass die Studierenden Leitfragen häufig in der Form von testbaren Hypothesen formulierten, z.B. „Hatte der Doktorand sein Promotionsthema selbst gewählt?“ statt „Wie kam die Entscheidung über das Promotionsthema zustande?“ In anderen Fällen gerieten die Leitfragen zu abstrakt und trugen deshalb nichts zur Identifizierung des benötigten empirischen Wissens bei. Ein anderer Fehler bestand darin, dass lange Listen von Fragen angelegt wurden, die zwar wichtige empirische Sachverhalte erfragten, aber unübersichtlich waren und nicht mehr auf Vollständigkeit geprüft werden konnten. Die Übersetzung der Forschungsfrage und des hypothetischen Kausalmodells in Leitfragen kann aber kaum durch die Angabe von Regeln unterstützt werden, sie braucht Kreativität und Erfahrung. Wir können lediglich noch eine ‚Checkliste‘ von typischen Elementen von Leitfragen vorschlagen:

- Welche Prozesse und Situationen müssen rekonstruiert werden?
- Welche Akteure sind an diesen Prozessen beteiligt/befinden sich in di Situationen?
- Welche Ziele und Interessen hatten diese Akteure bezogen auf die jeweiligen Prozesse und Situationen?
- Welche Handlungen, Handlungsbedingungen und Handlungsresultate beeinflussen den Verlauf der Prozesse/die Situationen?
- Welche Konflikte sind aufgetreten? Wodurch wurden diese Konflikte verursacht? Wie wurden sie gelöst?

3.3 Planung der Untersuchung

3.3.1 Untersuchungsstrategie und Untersuchungsplan

Bei der Vorbereitung einer empirischen Untersuchung müssen zahlreiche strategische Entscheidungen gefällt werden, die das Vorhaben schrittweise immer weiter konkretisieren. Wenn die in 3.2 beschriebenen Aufgaben gelöst sind, dann ist die Grundsatzentscheidung für eine Erklärungsstrategie gefallen, wurden Variablen bzw. Einflussfaktoren aus dem Stand der Forschung abgeleitet und in einem hypothetischen Modell integriert, und es liegt mit den Leitfragen eine Beschreibung der empirischen Wissenslücken vor, die geschlossen werden müssen, damit die Forschungsfrage beantwortet werden kann. Auf dieser Grundlage kann man nun entscheiden, was empirisch untersucht wird (welche empirischen Fälle studiert werden) und wie untersucht wird (welche Methoden zum Einsatz kommen). Bevor wir die Entscheidungen über Fälle und Methoden behandeln, geht es in diesem Abschnitt zunächst noch einmal um strategische Überlegungen, die die Gesamtanlage des empirischen Teils betreffen.

Wir setzen im weiteren voraus, dass wir uns mit der Forschungsfrage auf eine rekonstruierende Untersuchung festgelegt haben, und beziehen die folgenden Darstellungen auf diesen Typ von Untersuchungen. Eine strategische Entscheidung, die hier unmittelbar anschließt, ist die zwischen einer Einzelfallstudie und einer vergleichenden Studie. Hier geht es um weit mehr als um die Entscheidung über die Zahl der Fälle, denn die beiden Varianten empirischer Studien weisen erhebliche methodologische Unterschiede auf. Die Entscheidung zwischen einer Einzelfallstudie und einer vergleichenden Untersuchung trägt den Charakter einer strategischen Vorentscheidung und wird deshalb als erstes behandelt.

Vergleichende Studien untersuchen mehrere Fälle, um die Unterschiede zwischen den Fällen für die Aufklärung der Kausalmechanismen auszunutzen. Die Variation zwischen den Fällen macht es möglich, Zusammenhänge zwischen bestimmten Merkmalsausprägungen der unabhängigen Variablen und bestimmten Ausprägungen der abhängigen Variablen zu ermitteln und daraus auf Wirkungsmechanismen und deren Geltungsbereich zu schließen. Einzelfallstudien haben dieses Möglichkeit nicht. Wenn aber bei solchen Untersuchungen keine empirischen Variationen beobachtet werden können, stellt sich die Frage, wie aus der Untersuchung eines Falles überhaupt Kausalmechanismen und deren Geltungsbereich bestimmt werden können. Ist also mehr möglich als die Identifizierung des Mechanismus', der in dem einen untersuchten Fall die Wirkungen hervorgebracht hat?

Die Antwort darauf lautet, dass Verallgemeinerungen möglich sind, wenn die Untersuchung eines Falles implizite Vergleiche einbezieht. Implizite Vergleiche lassen sich in Form von Gedankenexperimenten und unter Bezug auf die Theorie anstellen. In beiden Fällen konstruiert man Variationen, indem man vom untersuchten Fall abweichende Bedingungen annimmt und sich fragt, welche Wirkungen der empirisch gefundenen Kausalmechanismus unter diesen Bedingungen hervorbringen würde.[13] Die Aussagekraft solcher Schlussfolgerungen ist geringer als die einer auf empirischen Vergleichen beruhenden Untersuchung. Mitunter hat man aber keine Wahl, weil zu einer Forschungsfrage überhaupt nur ein Fall zur Verfügung steht. Solche Beispiele gibt es vor allem in den Politikwissenschaften, wenn es z.B. um die Gesundheitsreform oder die Entscheidungsprozesse im europäischen Parlament geht. Wir raten Ihnen, eine vergleichende Untersuchung durchzuführen, wann immer das aufgrund der Struktur des empirischen Feldes möglich ist.

Im Projekt ‚Sportlerbiographien' wurden vier Sportarten daraufhin verglichen, ob in ihnen jeweils spezifische biographische Dynamiken entstehen.

Im SFB-Projekt wurden zwei SFB daraufhin verglichen, ob die unterschiedlichen institutionellen Rahmen der SFB die Dynamik der Kooperationen beeinflussen.

Spätestens dann, wenn die Untersuchungsstrategie entworfen wird, muss über den Zeitplan entschieden werden. Das ist eine wichtige forschungspraktische Entscheidung, von der abhängt, ob man jemals zu einem Ergebnis gelangt und ob man dazu kommt, Ergebnisse zu publizieren. Für jede Untersuchung steht nur begrenzt Zeit zur Verfügung, weil Finanzierungen befristet sind, weil Auftraggeber Termine setzen, weil Themen an Aktualität verlieren oder einfach, weil Wissenschaftler unter dem Druck stehen, ständig neue Ergebnisse zu produzieren. Da jede Untersuchung ein zeitlich begrenztes Projekt ist, muss sie so organisiert werden, dass sie in der zur Verfügung stehenden Zeit zu den angestrebten Ergebnissen führt. Wir werden deshalb auch in

13 Wir werden auf das Problem der Verallgemeinerung im Kapitel 6 ausführlich eingehen. Hier soll lediglich festgehalten werden, dass auch Ergebnisse von Einzelfallstudien unter bestimmten Bedingungen generalisiert werden können.

den folgenden Abschnitten auf die Konsequenzen hinweisen, die die Auswahl von Fällen und Methoden für den Zeitaufwand hat.

Ein naheliegender Fehler der Zeitplanung besteht darin, den Aufwand für Interviews zu unterschätzen. Es scheint ja möglich, an einem Tag mehrere Interviews zu führen und sehr intensive Interviewphasen zu planen, die empirische Erhebung also in kürzester Zeit durchzuführen. Dagegen spricht, dass nicht mehrere Interviews an einem Tag geführt werden sollten (vgl. Abschnitt 4.4.4), dass die Interviewpartner über die Termine mitentscheiden, dass Interviewpartner krank, in Urlaub oder auf Dienstreise sein können und dass jedes Experteninterview einer individuellen Vorbereitung bedarf, die mitunter sehr aufwändig sein kann. Es empfiehlt sich deshalb, von vornherein einen lockeren Zeitplan für die Interviewphase zu entwerfen und auch eine Reserve für das ‚Nachholen' von Interviews, die beim ersten Versuch nicht zustande kommen, zu belassen. Für die Auswertung der Daten und für das Schreiben eines Berichts über die Untersuchung (bzw. einer Publikation) sollte jeweils soviel Zeit eingeplant werden wie für die empirische Erhebung. Wenn Sie den Stand der Forschung aufgearbeitet und die theoretischen Vorüberlegungen abgeschlossen haben, dann können Sie also die verbleibende Zeit ungefähr dritteln und haben ein Drittel für die Vorbereitung und Durchführung der Datenerhebung, ein Drittel für die Vorbereitung und Durchführung der Auswertung und ein Drittel für die Interpretation und Publikation. Wenn Sie in dem Projekt von Leistungen Dritter abhängig sind (z.B. beim Verschriften von Interviews), dann müssen diese Leistungen in den Zeitplan aufgenommen und rechtzeitig vereinbart werden. Sonst kann es passieren, dass wertvolle Zeit vergeht, während Sie auf die für den Fortgang des Projekts notwendigen Zuarbeiten warten.

Mit der Entscheidung für eine rekonstruierende Untersuchungsstrategie und für eine Einzelfall- oder eine vergleichende Studie ist der strategische Entscheidungsprozess über die Gesamtanlage der Untersuchung abgeschlossen. Was nun folgt, sind einzelne Entscheidungen über die Erhebung empirischer Daten und über die Art und Weise ihrer Auswertung. Diese Entscheidungen müssen jeweils im Kontext des Zeitplanes für die Untersuchung getroffen werden.

3.3.2 Fallauswahl

Die Auswahl von Fällen, die empirisch untersucht werden sollen, bietet sich in vielen Untersuchungen als unproblematisch dar. Oft scheint sich ‚von selbst' zu ergeben, was der zu untersuchende Fall ist. Die Festlegung von empirisch zu untersuchenden Fällen ist aber stets eine Konstruktion des Forschers und hat gravierende theoretische und forschungspraktische Konsequenzen. Deshalb sollte man auch dann, wenn sich ‚Fälle' quasi aufdrängen, die Entscheidung bewusst treffen (und auch schriftlich festhalten).

Die Entscheidung, was ein Fall ist, begrenzt zunächst die empirische Untersuchung. Was dieser Entscheidung zufolge nicht zum Fall gehört, wird aus der empirischen Untersuchung ausgeschlossen. Selbst wenn die Offenheit qualitativer Methoden Chancen bietet, zu Unrecht ausgeschlossene Einflussfaktoren noch nachträglich zu integrieren, gefährdet eine falsche Abgrenzung des Falles den Erfolg einer Untersuchung. Es kann z.B. vorkommen, dass aufgrund der Abgrenzungsentscheidung wichtige Interviewpartner aus dem Blickfeld geraten. Umgekehrt können zu weit gesetzte Grenzen die empirische Erhebung vor unlösbare praktische Probleme stellen.

Genauso wichtig wie die Konsequenzen für die empirische Untersuchung sind die im Moment der Entscheidung meist gar nicht so sichtbaren Konsequenzen für die abschließende Erklärung und Verallgemeinerung. Diese Schritte sollen ja aus dem untersuchten Fall bzw. aus den untersuchten Fällen auf eine Klasse von Fällen schließen, die Erklärung also auf die Klasse ausdehnen. Welche Klasse das ist, hängt natürlich davon ab, wie die Fälle zu Beginn der Untersuchung definiert wurden. Erklärungen können immer nur auf Klassen erstreckt werden, denen der untersuchte Fall selbst angehört. Ungünstig definierte Fälle können deshalb die Verallgemeinerung von Ergebnissen und damit den Wert einer Untersuchung stark einschränken.

Darüber, was ein Fall ist, wird auf der Grundlage der theoretischen Vorüberlegungen entschieden. Anhand der Untersuchungsfrage für eine rekonstruierende Untersuchung und eventuell aufgrund einer Vorstudie kann ein Fall bereits grob abgegrenzt werden, indem der zu rekonstruierende Prozess benannt wird. Um die Abgrenzung zu präzisieren, sollte man sich folgende Fragen beantworten:

- Auf welcher Ebene sozialer Aggregation ist der Fall angesiedelt? Handelt es sich um die Ebene von Individuen, die Ebene von Gruppen oder Organisationen oder die Ebene gesellschaftlicher Teilsysteme bzw. der Gesellschaft insgesamt?
- Wird die empirische Untersuchung eines Falles bei der gegebenen Art der Abgrenzung eine Antwort auf die Forschungsfrage liefern?
- Liegen die im hypothetischen Modell enthaltenen Variablen/Einflussfaktoren und Kausalbeziehungen innerhalb des Falles, oder werden einige ausgegrenzt?
- Inwieweit müssen historische Entwicklungen (z.B. die Entstehung des Falles) einbezogen werden?
- Welche Grenzen werden durch soziale Prozesse im Untersuchungsfeld selbst erzeugt? Wie verhält sich die Fallkonstruktion zu zeitlichen, geographischen, Gruppen- und Organisationsgrenzen im Feld?

Häufig gelangt man bei der Beantwortung dieser Fragen zu der Erkenntnis, dass man in ein und derselben Untersuchung verschiedene Arten von Fällen untersuchen muss. Im Projekt ‚Sportlerbiographien' lag es zum Beispiel nahe, eine individuelle Leistungssport-Karriere als ‚Fall' zu definieren. Um aber alle Einflussfaktoren und Kausalbeziehungen zu erfassen, musste auch eine Sportart mit ihren charakteristischen sozialen Bedingungen und Karrieremustern als ‚Fall' behandelt werden. Deshalb entstand eine Verschachtelung, bei der auf einer höheren Aggregationsebene Sportarten und auf der individuellen Ebene Leistungssport-Karrieren als Fälle definiert wurden.

Im SFB-Projekt ergab es sich ‚von selbst', die Sonderforschungsbereiche als Fälle zu definieren. Um jedoch die Auswirkungen der institutionellen Strukturen auf die Kooperation angemessen untersuchen zu können, mussten auch die einzelnen Forschungskooperationen als Fälle behandelt werden. Auch hier gab es also eine Verschachtelung.

Es empfiehlt sich, bei der Entscheidung über Fälle die Frage der Verschachtelungen explizit zu prüfen. Verschachtelte Fälle sind vor allem in Untersuchungen zu erwarten, die mehrere soziale Aggregationsebenen einschließen. Weitere Unterstützung kann man in der Literatur finden, wenn man sich anschaut, wie die Fälle in vergleichbaren Untersuchungen konstruiert wurden. Auch eine erweiterte Vorstudie, die das ‚Fallkonzept' testet, ist denkbar.

Die Entscheidung darüber, welche Fälle untersucht werden, ist eine weitere Schlüsselentscheidung, da sie festlegt, welche empirischen Informationen man überhaupt erhalten kann (ohne dass das zum Zeitpunkt der Entscheidung bekannt wäre). Die Auswahl von Fällen für eine vergleichende Untersuchung hat ähnliche Funktionen wie das Ziehen einer Stichprobe für quantitative Untersuchungen. Sie erfolgt aber in einem ganz anderen methodologischen Kontext. Die Zufallsauswahl einer Stichprobe für relationsorientierte Untersuchungen soll die Repräsentativität einer Stichprobe sichern. Zufall und Repräsentativität sind Konzepte, die auf einer großen Zahl von Fällen aufbauen – eine Voraussetzung, die bei der mechanismenorientierten Erklärungsstrategie nicht gegeben ist. Außerdem setzt das Ziehen einer Stichprobe voraus, dass die Fallauswahl vor der Erhebung erfolgt. Die mechanismenorientierte Erklärungsstrategie macht es dagegen möglich, weitere Fälle auszuwählen, nachdem die ersten empirisch untersucht wurden. Das ist außerordentlich vorteilhaft, weil die Auswahl weiterer Fälle von der dann besseren Kenntnis des Untersuchungsfeldes profitiert.

Für die Fallauswahl gibt es keine formalen Regeln wie für das Ziehen von Stichproben. Allerdings sind in einer Diskussion über das „sampling" wichtige Strategien herausgearbeitet worden. Patton (2002: 230-246) stellt insgesamt 15 Strategien des „purposeful sampling" vor, ohne allerdings auf den methodologischen Hintergrund einzugehen. Es fällt auf, dass seine wie auch andere Strategien (z.B. das „theoretical sampling" von Glaser und Strauss 1967, Kap. III) bestimmten impliziten methodologische Regeln folgen: Letztlich sollen die Fälle so ausgewählt werden, dass sie die Beantwortung der Forschungsfrage ermöglichen. Deshalb muss die Auswahl von Fällen folgendes leisten:

- Die für die Untersuchung zentralen Variablen bzw. Einflussfaktoren sollten variieren. Die vergleichende Beurteilung der Fälle, die durch solche Variationen möglich wird, erhöht die Erklärungskraft der Studie erheblich. Zugespitzt formuliert: Nur wenn Sie die Variation von Faktoren untersuchen, können Sie deren Wirkung erklären.
- Intervenierende Variablen/Einflussfaktoren sollten möglichst nicht variieren. Wenn Sie in einer Studie mit einem Dutzend Variablen/Einflussfaktoren die Fälle so wählen, dass alle variieren, dann wird eine kausale Erklärung nahezu unmöglich. Sie können dann die Wirkungen von Einflussfaktoren nicht mehr vergleichen und bleiben auf separaten Fallbeschreibungen sitzen. Vergleiche werden dann auf die Aussage reduziert, dass es in dem einen Fall so war und in dem anderen anders. Hält man dagegen bestimmte Variablen konstant, dann kann man sicher sein, dass die Unterschiede zwischen Fällen jedenfalls nicht durch diese Variablen verursacht werden. Das kann die Suche nach Kausalzusammenhänge wesentlich erleichtern.

Neben diesen allgemeinen methodologischen Regeln gibt es spezielle Strategien der Fallauswahl:

a) Auswahl typischer Fälle: Damit wird letztlich das Prinzip der Repräsentativität von Stichproben in die Fallauswahl der mechanismenorientierten Erklärungsstrategie übertragen. Man versucht, Fälle auszuwählen, von denen man glaubt, dass sie das Untersuchungsfeld besonders gut repräsentieren, das heißt die charakteristischen Eigenschaften der Fälle besonders klar zum Ausdruck bringen. Typische Fälle sind dabei nicht (ausschliesslich) die, die am häufigsten auftreten. Es geht um typische Ausprägungen von Variablen bzw. Einflussfaktoren, d.h. die auszuwählenden Fälle müssen typisch für das *Spektrum* auftretender Fälle sein. Eine solche Fallauswahl erleichtert die Untersuchung und die Aufdeckung der Kausalzusammenhänge. Sie darf aber nicht dahingehend missverstanden werden, dass die Verallgemeinerung der Ergebnisse nun einfacher wäre, etwa mit der Begründung ‚Da es sich bei den untersuchten Fällen um typische Fälle handelt, kann die Geltung der Ergebnisse im gesamten Untersuchungsfeld angenommen werden.' Typische Fälle sind eben nicht repräsentativ, und die an ihnen gewonnenen Ergebnisse zu verallgemeinern bedarf einer ebenso sorgfältigen Argumentation, wie sie bei anderen Fällen auch erforderlich ist. Das größte methodologische Problem dieser Strategie ist jedoch, dass die Charakterisierung als ‚typisch' vor der empirischen Untersuchung, also auf einer sehr unsicheren Grundlage, erfolgen muss. Patton schlägt deshalb vor, sie unter Hinzuziehung von Informanten aus dem Feld vorzunehmen. Damit handelt man sich aber ein neues methodologisches Problem ein: Eine für den Erfolg der Untersuchung zentrale Frage wird an die ‚Untersuchungsobjekte' weitergereicht, die zwar ihr Feld kennen, denen aber die soziologische Fachkompetenz fehlt. Nach typischen

Fällen sollte man deshalb erst suchen wenn man das empirische Feld gut kennt – aufgrund ohnehin guter Kenntnis, nach einer Vorstudie oder nach der Untersuchung der ersten Fälle.

b) Auswahl von Extremfällen: Diese Strategie ist das direkte Gegenteil der Wahl typischer Fälle. Ihre Grundidee liegt darin, dass Extremfälle die interessierenden Kausalzusammenhänge besonders deutlich und damit leichter untersuchbar präsentieren. „Extrem" bedeutet im Kontext der Fallauswahl, dass bestimmte Faktoren, für deren Wirkung man sich interessiert, entweder besonders stark oder besonders schwach ausgeprägt sind oder dass die Wirkung intervenierender Variablen aus irgendeinem Grund blockiert wird. In allen drei Varianten entstehen günstige Gelegenheiten für das Studium von Kausalmechanismen, da die Komplexität des Falles reduziert ist. So kann man z.B. den Transfer bundesdeutscher Institutionen nach Ostdeutschland im Zuge der deutschen Vereinigung als einen Extremfall institutionellen Wandels betrachten, denn die Veränderung bestehender oder die Entstehung neuer Institutionen verlaufen normalerweise viel langsamer und betreffen nur einzelne Institutionen innerhalb eines ansonsten stabilen Institutionengefüges. Die beim Institutionentransfer entstandenen Probleme ermöglichen es, die Wirkungsbedingungen von Institutionen, insbesondere kulturelle Wirkungsbedingungen, zu studieren, die unter Gleichgewichtsbedingungen nicht zutage treten.

c) Suche nach empirischen Gegenbeispielen: Diese von den Vertretern der „analytischen Induktion" vorgeschlagene Strategie[14] ist insbesondere bei der Auswahl von Fällen im weiteren Verlauf der Untersuchung wichtig. Wenn man die Möglichkeit hat, weitere Fälle zu suchen, nachdem erste Ergebnisse vorliegen, sollte man gezielt nach empirischen Gegenbeispielen suchen, d.h. nach Fällen, die den bislang entwickelten Interpretationen zu widersprechen scheinen. Die Einbeziehung solcher Fälle vergrössert die einbezogene Varianz von Variablen bzw. Einflussfaktoren. Ausserdem wird man gezwungen, die Gegenbeispiele in eine konsistente theoretische Erklärung einzubeziehen, was eine Verbesserung dieser Erklärung ermöglicht.

Ob typische Fälle oder Extremfälle ausgewählt werden oder ob eine andere Strategie angewendet wird, hängt von der Forschungsfrage und von den Eigenschaften des Untersuchungsfeldes ab. Auch muss gewährleistet sein, dass die genannten methodologischen Regeln zur Variation von Variablen eingehalten werden können. Um Fälle auswählen zu können, müssen Sie also sehr viel wissen. Da die Fallauswahl voraussetzt, dass man einen Überblick über das Untersuchungsfeld hat, beginnt hier eigentlich schon die empirische Erhebung. Damit wird unser Strukturmodell (Kapitel 2.2.1) einmal mehr als abstraktes Bild der Forschungslogik ‚enttarnt'. Noch stärker läuft diesem Bild zuwider, dass man die Auswahl weiterer Fälle so lange aufschieben kann, bis

14 Einen Überblick über diese Forschungstradition gibt Kelle (1994: 245-282).

man die ersten empirisch untersucht hat. Die Informationsgrundlage für die Auswahl ist dann natürlich am besten. Man kann aber mit der Entscheidung nicht beliebig lange warten, weil man irgendwann aus praktischen Gründen die Zahl der Fälle endgültig festlegen muss. Außerdem braucht man irgendwann die Sicherheit, alle wichtigen Variationen von Variablen erfasst zu haben. In Projekten mit begrenztem Zeitrahmen (und das sind die meisten) muss die Auswahl von Fällen so rechtzeitig abgeschlossen werden, dass man nicht noch nach einem geeigneten Fall sucht, wenn man schon den Abschlußbericht schreiben sollte.

Ein wichtiger forschungspraktischer Aspekt, der die Auswahl von Fällen beeinflussen kann, ist der Zugang zum potentiellen Untersuchungsobjekt, das heißt die Bereitschaft der Akteure, sich untersuchen zu lassen. Diese Bereitschaft ist eine Voraussetzung dafür, dass man überhaupt eine empirische Untersuchung durchführen kann. Deshalb kann die Zustimmung oder Ablehnung der Akteure im Feld die ursprüngliche Fallauswahl erheblich modifizieren. Sind all die genannten Kriterien erfüllt, dann kann man schließlich seine Fälle auch zufällig auswählen – allerdings ohne damit Argumente für die Repräsentativität der Fallauswahl zu gewinnen.

Die Entscheidung über die Zahl der Fälle, die untersucht werden sollen, wird meist zusammen mit der Entscheidung darüber fallen, welche Fälle einbezogen werden sollen. Die Zahl der Fälle, die in die Untersuchung einbezogen werden, wird vor allem durch folgende Faktoren bestimmt:

1. Die Zahl geeigneter ‚Kandidaten‘: Es ist durchaus möglich, dass es im Untersuchungsfeld nur wenige Fälle gibt, die für eine Untersuchung geeignet sind. Die Zahl von überhaupt existierenden Fällen kann absolut begrenzt sein (Zum Zeitpunkt des Projekts über SFB gab es insgesamt ca. 300 ‚Fälle‘), und sie kann sehr klein sein (z.B. bei einer Untersuchung der im Bundestag vertretenen Parteien). Unter diesen potentiellen Fällen können einige aufgrund besonderer Bedingungen für eine Untersuchung nicht in Betracht kommen, da besondere Einflüsse das Untersuchungsergebnis verzerren würden. Z.B. kann es zweckmäßig sein, alle in Gründung oder in Auflösung befindlichen Organisationen aus einer Untersuchung auszuschließen.
2. Die Variation wichtiger Variablen: Die Grundidee fallvergleichender Forschung besteht darin, durch den Vergleich von Fällen, die in wichtigen Merkmalen variieren, Kausalmechanismen zu identifizieren. Die Zahl der einzubeziehenden Fälle wird bei einer solchen Strategie auch durch die Zahl der Fälle bestimmt, mit denen die angestrebte Variation erreicht wird. Wenn z.B. der Einfluss von Organisationsstrukturen auf die Entstehung und Behandlung von Konflikten in Organisationen untersucht werden soll und angestrebt wird, den Faktor ‚Organisationsstruktur‘ zu variieren, dann stellt sich die Frage, wie viele Organisationen man einbeziehen muss, um die gewünschte Variation zu erreichen (und wie man sicherstellt, dass die Strukturen variieren).

3. Forschungspraktische Gründe: Da der Aufwand für die Erhebung und Auswertung der Daten proportional zur Anzahl der Fälle wächst, muss sich die Zahl der Fälle auch nach forschungspraktischen Überlegungen richten. Mit den strategischen Entscheidungen muss ja auch sichergestellt werden, dass die Untersuchung in der zur Verfügung stehenden Zeit erfolgreich abgeschlossen wird. Wir hatten im vorangegangenen Abschnitt bereits auf die Wichtigkeit eines Zeitplans hingewiesen. Aus diesem Zeitplan ergibt sich, wie viel Zeit für die Erhebung und Auswertung von Daten zur Verfügung steht. In Verbindung mit den Entscheidungen über Erhebungsmethoden sowie gegebenenfalls über die Zahl von Interviews usw. (vgl. 3.3.3) ergeben sich aus dem Zeitplan auch Konsequenzen für die Zahl der Fälle, die empirisch untersucht werden können.

Im Projekt ‚Sportlerbiographien' ergab sich aus der Forschungsfrage (S. 18-19), dass sowohl die Sportart als auch die Karriere eines Leistungssportlers als Fall behandelt werden mussten. Die Fallauswahl erfolgte in zwei Schritten. In einem ersten Schritt wurden unter Berücksichtigung von wichtigen sportartspezifischen Faktoren Sportarten ausgewählt. Einige dieser Faktoren werden durch die ‚sportartspezifischen Charakteristika' im hypothetischen Modell bestimmt, während andere nicht im Modell erfasst wurden:

- Der Einstieg in die Leistungssportkarriere erfolgt in manchen Sportarten bereits im Kindesalter, in anderen später.
- Das Höchstleistungsalter liegt bei einigen Sportarten im Jugendalter und bei anderen im Erwachsenenalter.
- Die Zuspitzung des Leistungsdrucks im Karriereverlauf unterscheidet sich dahingehend, dass manche Sportarten auch befriedigende Karriereverläufe auf mittlerem Leistungsniveau erlauben, während in anderen Sportarten die internationale, mindestens aber die nationale Spitze angestrebt werden muss.
- Auch die Kommerzialisierung und damit die Relevanz ökonomischer Gesichtspunkte unterscheidet die Sportarten. In manchen Sportarten kann mit der Karriere frühzeitig Geld verdient werden, in anderen nicht.
- Die Herkunftsschicht der Athleten ist häufig sportartspezifisch.
- Es gibt auch eine Geschlechtsspezifik der Sportarten, die Männern oder Frauen vorbehalten sein oder von beiden Geschlechtern ausgeübt werden können.

Konstant gehalten wurde demgegenüber ein anderer sportartspezifischer Faktor: Es wurden nur Einzeldisziplinen untersucht, da die Einbeziehung von Mannschaftssportarten die Variation zu stark vergrößert und die Vergleichbarkeit der Fälle gefährdet hätte. Tabelle 3-3 gibt eine Übersicht über die vier ausgewählten Sportarten und die Variation der genannten Faktoren.

In einem zweiten Schritt wurden in jeder der vier Sportarten fünf jugendliche Leistungssportler ausgewählt, deren Biographien aufgearbeitet wurden. Bei der Auswahl dieser Athleten wurde als Kriterium das Alter und die damit gegebene relative Position in der Karriere zugrunde gelegt. Außerdem wurden Sportler einbezogen, die ihre Karriere kurz zuvor beendet hatten. Darüber hinaus spielten persönliche Kontakte und Zufälle eine Rolle bei der Auswahl individueller Fälle.

Tab. 3-3 Variation von Einflussfaktoren bei der Auswahl der Sportarten

Sportart	Einstiegs-alter	Höchstlei-stungsalter	Zuspitzung des Leis-tungsdrucks	Kommer-zialisie-rung	Herkunfts-schicht	Ge-schlechts-spezifik
Zehnkampf	Später	Später	Stark	Gering	Mittel-schicht	Männer
Rhythmi-sche Sport-gymnastik	Sehr früh	Jugend-alter	Stark	Gering	Mittel-schicht	Frauen
Gewicht-heben	Später	Später	Stark	Gering	Arbeiter	Männer
Tennis	Sehr früh	Später	Karriere im mittleren Leis-tungsbereich möglich	Groß	Mittel-schicht	Frauen und Männer

Im SFB-Projekt ergab sich aus der Forschungsfrage (S. 20-21) zunächst, dass ein SFB mit seinen institutionellen Strukturen und Kooperationen ein Fall ist. Ein Fall konnte aber nicht auf den SFB zum Zeitpunkt der Untersuchung begrenzt werden. Die Entstehungsgeschichte des SFB musste aus zwei Gründen einbezogen werden: Um die Wirkung der SFB auf Kooperationen beurteilen zu können, mussten auch die Kooperationen analysiert werden, die vor der Gründung des SFB zwischen den später im SFB tätigen Wissenschaftlern bestanden. Außerdem hatten die Entscheidungen der Entstehungsphase großen Einfluss auf die späteren Kooperationsbeziehungen. Zur Abgrenzung des Falles gehörte auch, dass der SFB zum Zeitpunkt der Untersuchung schon längere Zeit existieren sollte, weil dann die Wirkung der Strukturen besser beobachtbar ist.

Die Auswahl des ersten Falles wurde durch einen Zufall ausgelöst: in einem anderen Projekt entstanden persönliche Kontakte zu Naturwissenschaftlern, die einem SFB angehörten. Deren Interesse und Bereitschaft, sich untersuchen zu lassen, führten zur Prüfung der Kriterien für die Fallauswahl. Diese Kriterien orientierten auf die Auswahl typischer Fälle, d.h. von naturwissenschaftlichen SFB, die auf einem interdisziplinären Gebiet arbeiten. Außerdem wurde das Alter des SFB als Auswahlkriterium herangezogen: Er sollte schon einige Zeit existieren (damit die interessierenden Effekte überhaupt eingetreten sein konnten).

Um die Variation von intervenierenden Variablen zu begrenzen, wurde nach einem zweiten SFB auf demselben Fachgebiet gesucht. Die Auswahl eines zweiten SFB erfolgte, als die Untersuchung des ersten bereits im Gange war. Die Wissenschaftler des ersten SFB und die Gutachter waren in der Lage, Vergleiche zu ziehen. Aufgrund ihrer Einschätzung, dass es in einem zweiten SFB mit dem gleichen Arbeitsgebiet eine größere fachliche Heterogenität und eine schwächere Kooperation gab, wurde dieser ausgewählt. Damit sollte die abhängige Variable variiert werden.

Da die Wirkungen der institutionellen Strukturen von SFB auf die Forschungskooperation aufgeklärt werden sollten, wurden auf einer zweiten Ebene, d.h. ‚verschachtelt', der einzelne kooperative Forschungsprozess als Fall definiert. Neben den Auswirkungen der SFB auf die einzelnen Kooperationen sollten auch die Auswirkungen auf die Kooperationsnetzwerken untersucht werden. Deshalb wurden alle Kooperationen seit Gründung der SFB einbezogen und zusätzlich einige wegen der Finanzierungsentscheidungen nicht realisierte Kooperationen ausgewählt.

3.3.3 Auswahl der Methoden

Gleichzeitig mit der Auswahl von Fällen wird auch über die Methoden der Datenerhebung und -auswertung entschieden. Die beiden Entscheidungen sind sowohl inhaltlich als auch forschungspraktisch miteinander verbunden: Inhaltlich hängt von der Beschaffenheit eines Falles ab, mit welchen Methoden er untersucht werden kann. Wurde z.B. ein Fall so abgegrenzt, dass er in der Vergangenheit liegende Prozesse einschließt, dann steht damit fest, dass die Beobachtung nicht die einzige Erhebungsmethode sein kann: Man muss Dokumente analysieren oder Interviews führen, um die in der Vergangenheit liegenden Prozesse rekonstruieren zu können. Forschungspraktisch sind Fall- und Methodenwahl verkoppelt, weil die Zahl der Fälle bestimmt, welcher Aufwand pro Fall getrieben werden kann, bzw. der nötige methodische Aufwand je Fall bestimmt, wie viele Fälle untersucht werden können. Das hat wiederum Konsequenzen für die Methodenwahl: Zeitaufwändige Beobachtungen werden Sie nur durchführen können, wenn Sie wenige Fälle untersuchen.

Wenn man bis zur Methodenauswahl vorangekommen ist, dann sind die theoretischen und methodologischen Grundlagen der Untersuchung fixiert und können als Entscheidungskriterien herangezogen werden. Wir nehmen an, dass eine rekonstruierende Untersuchung geplant ist und damit auch eine mechanismenorientierte Erklärungsstrategie gewählt wurde. Daraus folgt, dass primär qualitative Methoden zum Einsatz kommen. Quantitative Methoden (z.B. der beschreibenden Statistik, der Netzwerkanalyse usw.) können ergänzend wichtige Informationen liefern. Mit welchen qualitativen Methoden eine rekonstruierende Untersuchung durchgeführt wird, hängt sehr stark von den Entscheidungen über Fälle und Fallzahlen ab. Experteninterviews und qualitative Inhaltsanalyse sind nicht die einzigen Möglichkeiten. Da es bislang keine Methodenlehre gibt, die die Methodenwahl anleitet, werden wir hier nur Bedingungen beschreiben, unter denen man sich für Experteninterviews und qualitative Inhaltsanalyse entscheiden kann und sollte.

Um Erhebungsmethoden zu wählen, sollte man sich zunächst die Frage vorlegen, welche Daten die jeweiligen Methoden überhaupt produzieren können, wenn man sie auf seine Fälle anwendet. Das heißt, man sollte in Ansehung der Leitfragen und anhand seines Wissens über das Untersuchungsfeld folgende Fragen beantworten:

1) Welche der benötigten Informationen sind in der natürlichen Kommunikation des Feldes, in den Handlungen der Akteure und in Artefakten (Produkten, Dokumenten, Symbolen usw.) enthalten und damit beobachtbar?
2) Welche der benötigten Informationen können durch Akteure des Feldes verbalisiert werden und sind damit kommunizierbar?

e Beantwortung dieser beiden Fragen sollte ein klareres Bild davon ver-tteln, welche Informationen durch Beobachtungen und welche durch Interviews erhältlich sind. Ein großer Teil der Informationen wird auf beiden Wegen beschaffbar sein, so dass man die Wahl zwischen Beobachtung und Befragung hat. In diesem Fall kommen forschungspraktische Überlegungen ins Spiel, die man durch die Beantwortung folgender Fragen systematisieren kann:

3) Ist eine Beobachtung unumgänglich, weil ein Teil der benötigten Informationen anders nicht erhältlich ist? Ist es unter diesen Bedingungen zweckmäßig, möglichst viele Informationen durch die ohnehin erforderliche Beobachtung zu beschaffen?
4) Welchen Aufwand erfordert die Anwendung der Methode? Welcher Beobachtungszeitraum müsste angesetzt, wie viele Interviews müssten geführt werden? Wie verhalten sich der Aufwand je Fall und die geplante Zahl von Fällen zum Zeitplan?

Die Schlüsselgrößen, die über den Aufwand entscheiden, sind im Falle der Beobachtung der Beobachtungszeitraum und im Falle der Befragung die Zahl der Interviews, die geführt werden müssen. Der erforderliche Beobachtungszeitraum ergibt sich aus der Häufigkeit der Ereignisse, die beobachtet werden müssen, und aus ihrer charakteristischen Dauer. So kann die Beobachtung von Konflikten in Organisationen einen langen Beobachtungszeitraum erfordern, wenn solche Konflikte selten auftreten. Die Beobachtung von Strukturveränderungen in Organisationen oder der Wirkung politischer Reformen kann einen langen Beobachtungszeitraum erfordern, weil die zu beobachtenden Prozesse lange dauern.

Die Zahl der erforderlichen Interviews ergibt sich aus der Verteilung von Informationen unter den Akteuren und aus Erfordernissen der empirischen Absicherung. Wenn jeder Akteur des Untersuchungsfeldes nur über einen Teil der Informationen verfügt und viele Akteure jeweils die einzigen sind, die über bestimmte Informationen verfügen, dann müssen viele Interviews geführt werden. Umgekehrt kann es ausreichen, drei oder vier zentrale Akteure zu interviewen, um die benötigten Informationen über einen Fall zu beschaffen. Über den notwendigen Grad der empirischen Absicherung zu entscheiden ist dagegen schwieriger, weil hier in der Methodologie keine Regeln existieren und es sich deshalb um eine reine Ermessensfrage handelt. Reicht es aus, jede benötigte Information von genau einem Interviewpartner erhalten zu haben, ohne dass sie von einem anderen bestätigt wurde? Sollte man nicht anstreben, wichtige Informationen aus mehreren voneinander unabhängigen Quellen zu erhalten? Obwohl es auf diese Fragen keine abschließende Antwort gibt, kann man zunächst einmal grundsätzlich festhalten, dass es um so besser ist, je stärker die Ergebnisse empirisch abgesichert sind, je mehr Quellen man also hat. Zwar kann man aus den beobachteten Häufigkeiten nicht wie bei der relationsorientierten Erklärungsstrategie inhaltliche Schlussfolgerungen ziehen. Mit der Häufigkeit der Beschreibung von Fakten wächst aber die Sicherheit der Rekonstruktion, um die es uns ja geht, weil sie die Grundlage unserer Suche nach Kausalzusammenhängen ist. Ein fünfmal genannter Fakt ist empirisch besser abgesichert als ein nur einmal genannter, und wenn Sie einander widersprechende Informationen haben, dann kann die Zahl von Bestätigungen Ihnen Sicherheit bei der Entscheidung für eine Version geben. Ein zwingendes Argument für die ‚größere Richtigkeit' von Informationen, wie das ein statistisch signifikanter Zusammenhang wäre, ist die größere Häufigkeit einer Beschreibungsvariante aber nicht. Da außerdem die Zahl der Interviews auch durch den erforderlichen Aufwand limitiert ist, muss man im Einzelfall abwägen, in welchem Maße man seine Rekonstruktion durch eine größere Zahl von Interviews empirisch absichern will.

Hat man sich für eine Befragung entschieden, dann ist das eine Entscheidung für Experteninterviews, denn es geht ja um die Methoden für eine rekonstruierende Untersuchung. Die Interviewpartner werden als Experten für die zu rekonstruierenden sozialen Prozesse angesehen und nach Informationen über diese Prozesse gefragt. Wir hatten in 2.2.2 bereits darauf hingewiesen, dass Experteninterviews zweckmäßigerweise als Leitfadeninterviews geführt werden, da meist unterschiedliche Themen angesprochen werden müssen, die sich in einem freien oder narrativen Interview nicht zwingend ergäben.

Die Experteninterviews werden meist nicht die einzige Erhebungsmethode sein, sondern durch die Analyse von Dokumenten und gegebenenfalls durch Beobachtungen ergänzt werden. Die Kombination unterschiedlicher Methoden in der empirischen Untersuchung bezeichnet man als Triangulation. Mit dieser Vorgehensweise sollen die jeweils spezifischen Schwächen einer Methode durch die Stärken anderer Methoden ausgeglichen werden. Die Triangulation der Methoden ist neben der Erhöhung der Zahl von Fällen oder von Interviews zu einem Fall (die ebenfalls als Triangulation verstanden werden können) ein Verfahren, mit dem durch die Kombination voneinander unabhängiger Vorgehensweisen die empirische Absicherung von Ergebnissen vergrößert werden soll.

> Im Projekt ‚Sportlerbiographien' wurden als Erhebungsmethode primär Leitfadeninterviews eingesetzt, das heißt Experteninterviews mit Athleten, ihren Eltern und Trainern. Daneben wurden Dokumente gesammelt, und zwar Zeitungsartikel, Verbandszeitschriften und Internetseiten.

> Im SFB-Projekt war zunächst eine Entscheidung zwischen Beobachtung und Befragung zu treffen. Die Beobachtung ist eine in der Wissenschaftssoziologie weit verbreitete Erhebungsmethode zur Untersuchung von Forschungsgruppen und einzelnen Wissenschaftlern (das heißt in Untersuchungen auf der Mikroebene). Sie gestattet es, Koope-

rationsprozesse detailliert zu erfassen. Sie hat außerdem den Vorteil, dass man nicht auf ein Mitglied des Untersuchungsfeldes als ‚Erhebungsinstrument' angewiesen ist, sondern selbst die interessierenden Interaktionen beobachten kann. Mit dieser Methode hätte jedoch nur ein Bruchteil der Kooperationen eines SFB erfasst werden können, nämlich jene, die im Zeitraum der Untersuchung gerade stattfinden. Selbst diese Kooperationen hätten nicht vollständig beobachtet werden können, da ständig mehrere Kooperationen parallel in unterschiedlichen Labors realisiert wurden. Da zu einem Fall auch die Kooperationsbeziehungen gehörten, die vor Einrichtung des SFB bestanden, und da die Entstehungsgeschichte der SFB rekonstruiert werden musste, waren ‚historische', also nicht beobachtbare, Daten zu erheben. Aus theoretischen Überlegungen ergab sich außerdem, dass die Ursachen von Kooperationen nicht allein durch Beobachtung hätten bestimmt werden können. Schließlich hätten institutionelle Einflüsse (z.B. Kooperationsregeln des SFB-Programms) nicht auf diese Weise erfasst werden können.

Damit war zunächst die Entscheidung für eine Befragung als Hauptmethode gefallen. Da die Wirkungen des SFB auf Kooperationen rekonstruiert werden sollten, waren Experteninterviews die bevorzugte Befragungsmethode. Es wurde auch erwogen, schriftliche standardisierte Befragungen in die Untersuchung einzubeziehen. Die Idee war, alle Mitarbeiter in einem SFB-Teilprojekt über ihre Kooperationsbeziehungen zu befragen. Die Vorstudie zeigte jedoch, dass eine solche Befragung nicht zum Erfolg geführt hätte. Es war nicht möglich, die Fragen so zu standardisieren, dass ein Fragebogen die gewünschten Informationen erbracht hätte.

Neben Experteninterviews wurden zahlreiche weitere Methoden eingesetzt. Für die Vorbereitung der Interviews und im Rahmen einer Triangulationsstrategie wurden Dokumentenanalysen zur Entstehung der SFB und zu geplanten Kooperationen eingesetzt. Quantitative Methoden (sogenannte scientometrische Analysen) ergänzten die Erhebung von Kooperationen durch Experteninterviews.

Die Entscheidung für eine Auswertungsmethode muss zwischen Kodierung und qualitativer Inhaltsanalyse fallen. Auf die Problematik freier Interpretationen hatten wir bereits hingewiesen (2.2.3), und die objektive Hermeneutik ist auf Untersuchungen, die eine größere Zahl von Interviews beinhalten, aus ökonomischen Gründen kaum anwendbar. Ob man sich für Kodierung oder qualitative Inhaltsanalyse entscheiden sollte, hängt vor allem davon ab, inwieweit es gelingt, eine präzise Forschungsfrage und ein präzises strukturiertes Auswertungsraster zu entwickeln. Wir halten die qualitative Inhaltsanalyse für überlegen, weil sie ein systematisches, theoriegeleitetes Vorgehen besser unterstützt. Die qualitative Inhaltsanalyse ist um so besser anwendbar, je genauer man weiß, wonach man sucht. Sollte sich bei den theoretischen Vorüberlegungen herausgestellt haben, dass man wegen des geringen Vorwissens und einer unscharfen Untersuchungsfrage keine strukturierten Variablen oder Einflussfaktoren entwickeln konnte, dann ist unter Umständen die Kodierung besser geeignet, da sie weniger voraussetzungsvoll ist.

Im Projekt Sportlerbiographien lagen die wichtigsten Daten in Form von Interviewtranskripten vor. Da zwar keine Variablen konstruiert werden konnten, die Einflussfaktoren aber hinreichend strukturiert waren, konnte die qualitative Inhaltsanalyse gewählt werden. Sie wurden durch eine Analyse der gesammelten Dokumente ergänzt.

Im SFB-Projekt wurde als Auswertungsmethode die qualitative Inhaltsanalyse eingesetzt. Sie wurde begleitet von Dokumentenanalysen und von netzwerkanalytischen Methoden, mit denen die quantitativen Daten zu Kooperationen ausgewertet wurden.

3.4 Vorstudien

Als Vorstudien bezeichnet man im Umfang begrenzte empirische Untersuchungen, die für die eigentliche Untersuchung notwendiges Wissen beschaffen sollen. Vorstudien können unterschiedliche Ziele haben und deshalb auch in unterschiedlichen Phasen eines Projekts durchgeführt werden.

Vorstudien können genutzt werden, um Informationen über den Untersuchungsgegenstand zu beschaffen. Die Entscheidung für eine Erklärungsstrategie, die Organisation des Vorwissens in Hypothesen und Variablen bzw. Einflussfaktoren, die Suche nach Indikatoren und die Erarbeitung einer Untersuchungsstrategie erfordern ja nicht geringe Kenntnisse des Untersuchungsfeldes. Forscher, die ein Feld seit längerer Zeit mit einer Folge von Projekten erforschen, werden über dieses Wissen verfügen. Der ‚Eintritt' in ein neues Feld oder ein grundlegender Wechsel der theoretischen Perspektive auf ein Feld können es jedoch nötig machen, eine Vorstudie durchzuführen. Vorstudien, die auf eine Erweiterung des Wissens über den zu untersuchenden Gegenstandsbereich gerichtet sind, sollten so frühzeitig wie möglich durchgeführt werden.

Man kann Vorstudien auch durchführen, um Erhebungs- und Auswertungsmethoden zu testen und anzupassen. Bei der Anwendung standardisierter Fragebögen ist ein solcher Pretest zwingend vorgeschrieben. Das ist plausibel, denn wenn einmal ein ungeeigneter Fragebogen verteilt wurde, ist der Schaden im allgemeinen nicht wieder gutzumachen. Werden qualitative Methoden angewendet, ist das Risiko nicht ganz so groß: Interviewleitfäden können nach den Erfahrungen der ersten Interviews überarbeitet, Beobachtungspläne können verändert werden usw. Auch diese ‚Anpassung im Erhebungsprozess' ist allerdings mit Datenverlust verbunden, da sie bedeutet, dass die ersten Interviews bzw. Beobachtungen ihre Aufgaben nicht völlig erfüllt haben. Außerdem gibt es auch bei der Anwendung qualitativer Methoden Situationen, in denen man eine empirische Erhebung unbedingt mit ‚getesteten' Instrumenten beginnen sollte. Wenn es nur wenige potentielle Interviewpartner gibt, die aufgrund ihrer Position im untersuchten Prozess von entscheidender Wichtigkeit für das Projekt sind, dann dürfen Interviews mit diesen Personen nicht misslingen. Ähnlich ist es mit Beobachtungen: Wenn der Zugang zeitlich oder sachlich eingeschränkt ist, dann darf man die Beobachtung nicht durch eine ‚Einarbeitungszeit' belasten. In beiden Fällen ist es ratsam, eine Vorstudie durchzuführen. Vorstudien zur Erprobung und Anpassung von Methoden werden durchgeführt, nachdem die Untersuchungsstrategie festgelegt wurde.

Die beiden Varianten qualitativer Vorstudien unterscheiden sich nicht nur durch ihre Ziele und ihre Positionierung in der Untersuchung, sondern auch durch die ausgewählten ‚Fälle' und die angewendeten Methoden. Der zuletzt beschriebene Typ der Vorstudie ist in dieser Hinsicht festgelegt, da er ja die für die Hauptuntersuchung gewählten Methoden testen soll. Der für die Vorstudie ausgewählte Fall sollte denen der Hauptuntersuchung gleichen. Es ist allerdings nicht ratsam, die Vorstudie an einem Fall durchzuführen, der auch in die Hauptuntersuchung einbezogen werden soll. Jede sozialwissenschaftliche Untersuchung verändert zugleich auch den Untersuchungsgegenstand, das heißt, ein schon untersuchter Fall ist dann anders als die anderen Fälle. Idealerweise wird man einen Fall wählen, der für die Hauptuntersuchung hätte gewählt werden können. Wenn die Methoden nicht allzu viele Fehler aufweisen, erhält man dann nämlich zusätzliche auswertbare Informationen.

Wenn es darum geht, das Untersuchungsfeld zu erkunden, wird man das mit der größtmöglichen Offenheit tun, das heißt mit Beobachtungen und freien Interviews. Es gibt ja in dem frühen Stadium der Untersuchung, in dem diese Art von Vorstudie eingesetzt wird, außer der Forschungsfrage noch keine Informationen, die die Anwendung stärker strukturierter Methoden ermöglichen würden.

Im SFB-Projekt wurde eine Vorstudie durchgeführt, um das empirische Vorwissen über die zu untersuchenden Phänomene zu erweitern. Die Vorstudie wurde in Form von Beobachtungen (von Fachvorträgen und anderen Zusammenkünften im SFB) sowie von offenen Interviews mit Projektleitern und Mitarbeitern eines SFB durchgeführt. Sie dauerte einschließlich der Auswertung zwei Monate. Beobachtungen und Interviews wurden protokolliert, teilweise auch auf Tonband aufgezeichnet und transkribiert. Die Auswertung der Vorstudie lehnte sich an die Methodik der grounded theory an, die dem rein explorativen Charakter einer Vorstudie am besten zu entsprechen schien. Entgegen der Regel wurde für die Vorstudie ein Institut ausgewählt, das auch in die Hauptuntersuchung einbezogen wurde. Hauptgrund war der durch die Aufgeschlossenheit der Wissenschaftler begünstigte außerordentlich gute Zugang zum Untersuchungsobjekt. Die Gefahr der Beeinflussung war insgesamt nicht sehr groß, da lediglich drei Interviewpartner sowohl in der Vorstudie als auch in der Hauptuntersuchung befragt wurden.

Generell möchten wir die Empfehlung aussprechen, Vorstudien durchzuführen, wann immer sie möglich sind. Damit folgt man einfach der Regel, dass man soviel wie möglich wissen sollte, ehe man eine empirische Untersuchung beginnt. Vorstudien fördern die Offenheit der Untersuchung und qualifizieren die Methodenanwendung. Gegen Vorstudien spricht eigentlich nur der Zeitdruck. Auch dieses Argument gilt aber nicht immer, da Vorstudien andererseits auch Zeit ersparen.

Weiterführende Literatur:

Zu den in diesem Kapitel behandelten methodologischen Fragen gibt es leider nur wenig Literatur. Miles und Huberman widmen der Vorbereitung empirischer Untersuchungen ein eigenes Kapitel (Miles/Huberman 1994: 25-34). Zur Auswahl von Fällen empfehlen wir darüber hinaus das entsprechende Kapitel von Patton (2002: 230-246).

Fragen zu Kapitel 3

1. Wo würden Sie für die folgenden Untersuchungsfragen jeweils nach theoretischem und empirischem Material für die Aufarbeitung des Standes der Forschung suchen?

a) Wie beeinflusst die zugrunde liegende Religion die Strategien, die die Kirchen für den Umgang mit dem Mitgliederschwund entwickeln?
b) Wie beeinflusst die Leistungssportkarriere eines Jugendlichen das Zusammenleben in seiner Familie?
c) Welchen Einfluss hat der zunehmende Einsatz von Informationstechnologien auf die Möglichkeiten menschlicher Akteure, Störfälle zu bewältigen?

2. Was ist der Unterschied zwischen Variablen und Einflussfaktoren?

3. Wovon hängt die Wahl von Methoden für Vorstudien ab?

4. Experteninterviews

4.1 Das Leitfadeninterview mit Experten als sozialwissenschaftliche Erhebungsmethode

Wir hatten das Leitfadeninterview als einen Typ nichtstandardisierter Interviews charakterisiert, bei dem der Interviewer eine vorbereitete Liste offener Fragen (den Leitfaden) zur Grundlage des Gesprächs macht (vgl. 2.2.2). Diese Form des Interviews empfiehlt sich immer dann,

– wenn in einem Interview mehrere unterschiedliche Themen behandelt werden müssen, die durch das Ziel der Untersuchung und nicht durch die Antworten des Interviewpartners bestimmt werden, und
– wenn im Interview auch einzelne, genau bestimmbare Informationen erhoben werden müssen.

Beides trifft für das Experteninterview zu, das ja zur Rekonstruktion eines sozialen Prozesses beitragen soll. Experteninterviews werden deshalb in der Regel als leitfadengestützte Interviews geführt. Wir werden zunächst das Leitfadeninterview unter zwei Aspekten behandeln: Erstens als einen besonderen Kommunikationsprozess und zweitens als eine sozialwissenschaftliche Erhebungsmethode, die den in 2.1.2 behandelten methodologischen Prinzipien der Sozialforschung folgen muss.

4.1.1 Das Interview als Kommunikationsprozess

Rein äußerlich betrachtet ähnelt das Leitfadeninterview einem natürlichen Gespräch, wie es im Alltag häufig vorkommt. Im Gespräch mit Freunden und Bekannten entstehen immer wieder Situationen, in denen ein Gesprächspartner den anderen ausfragt. Interviews sind auf den ersten Blick nichts anderes. Dennoch sind nichtstandardisierte Interviews besondere, von der Alltagskommunikation und von anderen Befragungen (z.B. einer polizeilichen Vernehmung) verschiedene Kommunikationsprozesse mit folgenden wesentlichen Merkmalen:

Wesentliche Merkmale:

1. Es gelten kulturell festgelegte Kommunikationsregeln und Konventionen. Deren wichtigste lautet, dass der Befragte die Antwort verweigern darf, ohne mit Sanktionen rechnen zu müssen.
2. Im Dialog gibt es eine feste Rollenverteilung zwischen dem Fragenden und dem Antwortenden. Diese Rollenverteilung wird von beiden Seiten anerkannt.
3. Der Fragende führt den Dialog. Der Dialog ist auf ein bestimmtes Informationsziel gerichtet. (Haller 2001: 129)

Dass der Fragende ein Informationsziel in das Interview einbringt, bestimmt die Inhalte der Rollen. Es gehört zur Rolle des Interviewers, das Gespräch zu steuern und mit seinen Fragen dafür zu sorgen, dass der Interviewpartner die gewünschten Informationen gibt. Zur Rolle des Interviewpartners gehört es, den Signalen und Aufforderungen des Interviewers zu folgen und die gewünschten Informationen zu geben.

Das zentrale Problem des Interviews liegt in der Differenz zwischen den Kontexten der beiden Gesprächsteilnehmer. Das Erkenntnisinteresse des Interviewers ist ursprünglich in einem wissenschaftlichen Kontext formuliert, das heißt als Defizit an wissenschaftlichem Wissen. Die Lebenswelt des Interviewpartners ist von diesem wissenschaftlichen Kontext völlig verschieden. In dieser Lebenswelt gibt es anderes Wissen, andere Beobachtungen und andere Handlungen. Dem Wissen, den Beobachtungen und den Handlungen werden andere Bedeutungen unterlegt, und es wird eine andere Sprache gesprochen. Um sein Informationsziel zu erreichen, muss der Interviewer deshalb sein Erkenntnisinteresse in Fragen übersetzen, die dem kulturellen Kontext des Gesprächspartners angemessen sind. Diese Operationalisierung beginnt bei der Formulierung von Leitfragen (vgl. 3.2.3), wird bei der Entwicklung des Leitfadens fortgesetzt und muss im Interview spontan bewältigt werden. Was der Interviewer während eines Leitfadeninterviews leisten muss, hat Christel Hopf brillant beschrieben:

> 1. Permanente spontane Operationalisierung: „Aus der Sicht des Interviewers kann der Prozeß des qualitativen Interviews als ein Prozeß permanenter spontaner Operationalisierung beschrieben werden. In dem durch standardisierte Verfahren nicht geregelten Kommunikationsprozeß, in dem die Erfassung nicht antizipierter Reaktionen einen hohen Stellenwert hat, muß die Vermittlung von Abstraktem und Konkretem sozusagen improvisierend geleistet werden. Es müssen situationsgebundene allgemeinere Forschungsfragen in konkret bezogene Interviewfragen umgesetzt werden und umgekehrt müssen die von den Interviewten eingebrachten Informationen laufend unter dem Gesichtspunkt ihrer möglichen theoretischen Bedeutung beurteilt werden – bewertet insofern, als der Interviewer unter dem dauernden Druck steht zu entscheiden, ob, an welcher Stelle und in welcher Form er Anknüpfungspunkte für ein Weiterfragen aufgreift." (Hopf 1978: 111)
>
> 2. Gesteuerte Spontaneität: „Das qualitative Interview ist durch ein ganz bestimmtes, im Prinzip nicht aufhebbares Dilemma gekennzeichnet: Es soll, ohne daß die Rollentrennung zwischen Frager und Befragten aufgegeben wird, einer ‚natürli-

> chen' Gesprächssituation möglichst nahe kommen. Die Interview-Situation soll ein spontanes Kommunikationsverhalten des Befragten begünstigen ... und sie soll dies zugleich auch nicht. Denn in dem Maße, in dem gezieltere Informationsinteressen des Forschers vorhanden sind, wird die Spontaneität durch das Informationsinteresse des Forschers gesteuert." (Hopf 1978: 107)

Die Aufgabe der Operationalisierung wird häufig unterschätzt. Ein typischer Fehler in qualitativen Interviews besteht darin, die Notwendigkeit von Übersetzungen zu ignorieren und die Forschungsfrage an das ,Untersuchungsobjekt', das heißt den Interviewpartner, weiterzureichen. Diese Möglichkeit – und Verführung! – existieren nur in den Sozialwissenschaften, weil nur deren ,Untersuchungsobjekte' kommunizieren können. Zudem tauchen die Fachbegriffe der Sozialwissenschaften häufig auch in der Alltagssprache auf, weshalb das Weiterreichen der Untersuchungsfrage nicht einmal zu spürbaren Verständigungsproblemen führen muss. Da der Interviewpartner unter Begriffen wie ,Institution', ,Autorität' oder ,Autonomie' möglicherweise etwas anderes versteht, ohne dass das im Interview deutlich wird, kann die Antwort allerdings etwas ganz anderes bedeuten, als der Interviewer darunter versteht. Viel schwerer wiegt jedoch, dass man mit dem Weiterreichen der Untersuchungsfrage die Möglichkeiten einer wissenschaftlichen Analyse der Antworten beschränkt. Man erhält dann keine Informationen mehr, mit denen man einen sozialen Prozess rekonstruieren kann, sondern im günstigsten Fall die Meinung des Interviewpartners über den Prozess und im ungünstigsten Fall lediglich seine Meinung über die Kausalzusammenhänge des Falles. Diese Meinung kann dann vom Forscher noch auf ihre Plausibilität hin beurteilt werden, ist aber einer Analyse nicht mehr zugänglich. Für eine Analyse brauchte man ja gerade die Fakten, und statt derer hat man nun die Ansicht eines soziologischen Laien über den Kausalzusammenhang. Der Untersuchende kann sich eigentlich nur noch dieser Ansicht anschließen (um eine Gegenposition zu begründen, fehlt Material), und tatsächlich findet man gelegentlich soziologische Arbeiten, die nicht über die Interpretationen ihrer Befragten hinausgehen. Der theoretische Ertrag solcher Arbeiten ist gleich Null.

Eine unzureichende Operationalisierung der Forschungsfrage ist nicht immer offensichtlich, weil auch falsche oder schlecht formulierte Fragen meist in dem Sinne ,funktionieren', dass sie gestellt werden können und Antworten auslösen. Die Antworten auf weitergereichte Forschungsfragen mögen sogar besonders bedeutsam klingen. Wenn man sich nicht stets vergegenwärtigt, dass man durch die Analyse sozialer Tatsachen zu seinen Ergebnissen gelangen will und von den Interviewpartnern die Beschreibung dieser Tatsachen braucht, dann kann es leicht passieren, dass man sich mit den subjektiven Theorien des Interviewpartners über den Gegenstand der Untersuchung zufrieden gibt. Natürlich kann die Meinung eines Interviewpartners über Abläufe und Kausalzusammenhänge wichtige Informationen beinhalten

– sie darf aber nicht die einzige Quelle für die Fakten sein, deren Analyse die Forschungsfrage beantworten soll.

Im SFB-Projekt wäre es ein Fehler gewesen, die Wissenschaftler einfach zu fragen, mit wem sie kooperieren. Die Wissenschaftler verstanden unter Kooperation ganz unterschiedliche Dinge, z.B.:

- „Also, das würde ich als eine Kooperation bezeichnen, wo dann etwas Geschriebenes dabei rauskommt, das man gemeinsam veröffentlicht."
- „Und dann gibt es viele Leute, mit denen ich in Kooperation bin, wo nicht so direkt konkret was rauskommt, daß man zusammen schreibt, sondern wo man sich gegenseitig hilft und wo man Beziehungen pflegt."

Wegen dieses unterschiedlichen Verständnisses wären auch die auf diese Weise erhobenen Kooperationsbeziehungen nicht vergleichbar gewesen. Deshalb musste der Kooperationsbegriff in Fragen nach alltäglichen Handlungen der Wissenschaftler übersetzt werden.

Im Projekt Sportlerbiographien hätte der Fehler darin bestanden, die Athleten etwa zu fragen: „Wenn Sie Ihre bisherige Karriere rückblickend betrachten – hat der Leistungssport dazu geführt, daß Sie Ihr gesamtes Leben zunehmend auf den Leistungssport ausrichten? Gab es bestimmte Phasen in Ihrer Karriere, in denen diese Ausrichtung sprunghaft zugenommen hat? Welche Ursachen sehen Sie für diese zunehmende Dominanz des Sports in Ihrem Leben?" Ohne Informationen über das Einstiegsalter, den Trainingsumfang in verschiedenen Phasen, Probleme in der Schule, die Wettkampfhäufigkeit usw. hätte man lediglich die Meinung der Sportler darüber erhoben, ob es eine biographische Engführung gibt und wie ihre Dynamik ist. In der folgenden Passage unterläuft der Interviewerin tatsächlich ein solcher Fehler: sie gibt einen Teil der Untersuchungsfrage an die Interviewpartnerin weiter. Da diese Frage das Abstraktionsniveau einer Leitfrage hat, überfordert sie die Interviewpartnerin, was der Interviewerin erlaubt, den Fehler zu korrigieren:

F: Kannst Du Dich daran erinnern, daß sich Deine Motive, Rhythmische Sportgymnastik zu machen, geändert haben?
A: Wie, das versteh ich nicht.
F: Ja, vielleicht erst die Frage davor. Du hast gesagt du bist mehr oder weniger da reingerutscht, insofern ist das auch schwierig dich jetzt zu fragen, was dich denn vor allem bewegt hat, Rhythmische Sportgymnastik zu machen.
A: Ne, ich bin da irgendwie so... und dann hab' ich's halt gemacht, weil da war mein Freundeskreis und da hab' ich irgendwie gar nicht dran gedacht, aufzuhören oder so. Weil das hat mir gefallen mit meinen Freundinnen oder so, das war gut.

Ein leitfadengestütztes Experteninterview zu führen heißt also, einen Kommunikationsprozess zu planen und zu gestalten, der an den kulturellen Kontext des Befragten angepasst ist und alle Informationen erbringt, die für die Untersuchung benötigt werden. Diese Aufgabe kann man nur lösen, wenn man den Interviewpartner zur Kooperation motivieren kann. Da der Interviewpartner freiwillig in die oben beschriebene Rollenverteilung einwilligt und jederzeit davon zurücktreten kann, muss der Interviewer ständig um ein vertrauensvolles Gesprächsklima bemüht sein. Je besser das Gesprächsklima ist, desto eher wird der Interviewpartner ausführlich erzählen, sein Gedächtnis anstrengen, wohlüberlegte Bewertungen abgeben usw. Deshalb bedarf es ‚vertrauensbildender Maßnahmen', das heißt Handlungen des Interviewers, die das erforderliche Gesprächsklima herstellen und aufrechterhalten. Solche Maßnahmen beginnen bereits mit dem ersten Kontakt, werden von da an in Anschreiben, Telefongesprächen sowie im Gespräch unmittelbar vor dem Interview fortgesetzt und auch im Interview ständig weitergeführt.

4.1.2 Realisierung der methodologischen Prinzipien im Leitfadeninterview

Wie alle anderen empirischen Methoden auch realisiert das Leitfadeninterview eine spezifische Synthese der in 2.1.2 beschriebenen methodologischen Prinzipien. Am schlechtesten ist es dabei um das Prinzip des regelgeleiteten Vorgehens bestellt: Wie bereits mehrfach angedeutet, wird die Übersetzung eines Erkenntnisinteresses in Interviewfragen kaum durch methodische Regeln unterstützt. Die spontane Operationalisierung im Interview ist weitgehend dem Geschick des Interviewers überlassen, und auch bei der Leitfadenkonstruktion kann man sich nur auf wenige allgemeine Regeln stützen, ohne dass man etwa durch Regelbefolgung aus einer Untersuchungsfrage und theoretischen Vorüberlegungen einen Leitfaden ableiten könnte. Ein wichtiger Grundsatz lautet deshalb, alle Schritte, die bei der Konstruktion eines Interviewleitfadens gegangen werden, zu dokumentieren, um die Operationalisierung zumindest nachvollziehbar zu machen.

Das Prinzip des theoriegeleiteten Vorgehens wird dadurch realisiert, dass das aus der Untersuchungsfrage und den theoretischen Vorüberlegungen abgeleitete Informationsbedürfnis in Themen und Fragen des Leitfadens übersetzt wird. Das Leitfadeninterview bietet durch die spezifische Form der Vorbereitung (den Leitfaden) hinreichend Möglichkeiten, theoretische Vorüberlegungen in der Erhebung zu berücksichtigen. Dem Prinzip der Offenheit wird dadurch Rechnung getragen, dass die Fragen so formuliert werden, dass sie dem Interviewten die Möglichkeit geben, seinem Wissen und seinen Interessen entsprechend zu antworten. Die Operationalisierung, das heißt die Aufgliederung und Übersetzung des wissenschaftlichen Erkenntnisinteresses in den Kommunikationsraum des Interviewpartners, folgt dem Prinzip des Verstehens als Basishandlung. Die beiden letztgenannten Prinzipien lassen sich auf vier Anforderungen an Leitfadeninterviews zuspitzen, die Hopf (1978: 99-101) formuliert hat:[15]

15 Die Anforderungen wurden ursprünglich von Merton/Fiske/Kendall (1956) für eine spezielle Form des qualitativen Interviews – das fokussierte Interview – formuliert. Hopf hat diese Anforderungen für qualitative Interviews reformuliert und damit generalisiert.

1. Reichweite: Im Interview muss ein hinreichend breites Spektrum von Problemen angesprochen werden, damit die Befragten eine möglichst große Chance haben, in nicht antizipierter Weise zu reagieren. Der Interviewleitfaden darf nicht nur darauf gerichtet sein, die in den Vorüberlegungen fixierten Einflussfaktoren ‚abzufragen', sondern muss den zu rekonstruierenden Prozess aus verschiedenen Perspektiven behandeln und die Befragten zu komplexen, zusammenhängenden, von ihnen selbst gesteuerten Darstellungen anregen, das heißt ‚Erzählanregungen' bieten.
2. Spezifität: Die im Interview aufgeworfenen Themen und Fragen sollen in spezifizierter Form behandelt werden. „Erst die Spezifizierung bestimmter Stellungnahmen, Entscheidungen, Optionen und die Erläuterung ihres Hintergrundes ermöglicht ein sinnhaftes Verstehen von Reaktionen." (Hopf 1978: 100) Der Interviewleitfaden muss das Erkenntnisinteresse in den Kontext des Erfahrungshintergrundes der Befragten übersetzen. Nicht die Standardisierung von Antworten, sondern das Herausarbeiten des jeweils besonderen Gehalts von Äußerungen der Befragten ist der Zweck des Interviews.
3. Tiefe: Der Befragte soll bei der Darstellung der affektiven, kognitiven und wertbezogenen Bedeutung bestimmter Situationen und bei der Darstellung seiner Involviertheit unterstützt werden.
4. Personaler Kontext: Der persönliche und soziale Kontext, in dem die Reaktionen der Befragten stehen, muss in ausreichendem Umfang erfasst sein. Seine Kenntnis ist unter anderem Voraussetzung für die Interpretation der Reaktionen.

Ein Leitfadeninterview, das diese Anforderungen erfüllt, hat einen sehr breiten Anwendungsbereich. Einschränkungen ergeben sich eigentlich nur in zwei Richtungen:

a) Werden für die Quantifizierung standardisierte Antworten benötigt, dann ist das Leitfadeninterview wegen seiner zu großen Offenheit nicht anwendbar. In diesem Fall muss man standardisierte Befragungen anwenden.
b) Sollen für Sequenzanalysen freie Narrationen erzeugt werden, dann ist das Leitfadeninterview nicht offen genug. In solchen Untersuchungen wird man auf narrative Interviews zurückgreifen.

Darüber hinaus sind aber der Anwendung des Leitfadeninterviews keine Grenzen gesetzt. Es ist für Untersuchungen mit verschiedenen Erkenntnisinteressen einsetzbar. Für rekonstruierende Untersuchungen sind Leitfadeninterviews das geeignetste Instrument, weil über den Leitfaden sichergestellt werden kann, dass alle für die Rekonstruktion benötigten Informationen erhoben werden. Freie Interviews sind zwar in einigen Fällen auch möglich, bieten aber gegenüber Leitfadeninterviews keine Vorteile.[16]

---

16 Mitunter wird als Vorteil des freien Interviews angeführt, dass man nicht mit einem Interviewleitfaden operieren muß und das Interview stärker an ein natürliches Gespräch

4.1.3 Das Auswählen von Interviewpartnern

Der Inhalt eines Interviews wird neben dem eigenen Erkenntnisinteresse vor allem durch den Interviewpartner bestimmt. Die Auswahl von Interviewpartnern entscheidet über die Art und die Qualität der Informationen, die man erhält. Außerdem beeinflusst sie die weitere Vorbereitung. Wenn sich Experten in ihrer Beteiligung an dem zu rekonstruierenden Prozess unterscheiden und deshalb über je spezifisches Wissen verfügen, dann ist es sinnvoll, für jeden Typ von Experten einen eigenen Interviewleitfaden zu entwickeln.

Um Interviewpartner auswählen zu können, muss man sich zunächst vergegenwärtigen, wer über die für die angestrebte Rekonstruktion notwendigen Informationen verfügt. Alle notwendigen Informationen zu beschaffen bedeutet meist, mehrere Akteure zu befragen, die aufgrund ihrer spezifischen Stellung in dem zu rekonstruierenden Prozess jeweils über andere Informationen verfügen. Kaum einmal wird bei rekonstruierenden Untersuchungen der Fall eintreten, dass ein Interviewpartner über alle relevanten Informationen verfügt. Auch in diesem Fall wird man sich aber nicht auf das eine Interview beschränken. Wie wir noch sehen werden, kann ein Interview aus vielen Gründen nicht die Informationen erbringen, die man sich von ihm erwartet. Hinzu kommt, dass jeder Interviewpartner aus seiner persönlichen Perspektive berichtet und man den Einfluss dieser persönlichen Perspektive auf die erhaltenen Informationen beurteilen muss. Deshalb ist es ratsam, Informationen über einen Sachverhalt von mehreren Interviewpartnern einzuholen, also zu triangulieren (vgl. 3.3.3). Die Zahl der Interviewpartner sollte also nicht auf das theoretisch notwendige Minimum beschränkt werden. Das Optimum wird neben den genannten inhaltlichen und methodischen Überlegungen auch durch forschungspraktische Gesichtspunkte wie die Erreichbarkeit und die Bereitschaft potentieller Interviewpartner bestimmt. Will man einen sozialen Prozess durch Experteninterviews rekonstruieren, dann sollte man sich deshalb stets folgende Fragen vorlegen:

1. Wer verfügt über die relevanten Informationen?
2. Wer ist am ehesten in der Lage, präzise Informationen zu geben?
3. Wer ist am ehesten bereit, Informationen zu geben?
4. Wer von den Informanten ist verfügbar? (Gorden 1975: 196-197)

Die Verfügbarkeit und Bereitschaft potentieller Interviewpartner, sich interviewen zu lassen, hängt unter anderem von ihrer Arbeitsbelastung ab. Deshalb kann es z.B. bei Organisationsmitgliedern ratsam sein, in der Hierarchie niedriger stehende Personen als Interviewpartner zu gewinnen, wenn sie über die nötigen Informationen verfügen (Gorden 1975: 203).

---

angenähert werden könne. Es ist aber ziemlich schwer, sich eine Interviewsituation vorzustellen, in der die Vorteile dieser natürlicheren Gesprächssituation das Risiko des Informationsverlustes ausgleichen. Außerdem kann man ja den Interviewleitfaden auch auswendig lernen.

Am geringsten scheinen die Zugangsprobleme zu sein, wenn man den Interviewpartner persönlich kennt, also Freunde, Verwandte, Bekannte befragt. Diese Gruppe ist oft am ehesten bereit, dem Interviewenden einen Gefallen zu tun. Vor einem solchen Weg des geringsten Widerstandes sei hier aber nachdrücklich gewarnt. Erstens entsteht die Gefahr eines Bias bei der Fallauswahl, wenn man wegen des leichteren Zugangs Fälle auswählt, die in methodologischer Hinsicht gar nicht die geeignetsten sind. Zweitens lassen sich die Erfahrungen mit dieser Art der Fallauswahl so zusammenfassen: Je leichter der Zugang, desto schwieriger wird das Interview (Seidman 1991: 31). Bereits vorhandene persönliche Beziehungen verändern die Interviewsituation. Der Interviewer wird anders fragen, und der Interviewte wird die Fragen anders interpretieren und beantworten, als das beim Interviewen von Fremden der Fall ist. Freunde neigen z.B. dazu zu glauben, dass sie einander verstünden. Das wird wahrscheinlich dazu führen, dass der Interviewer nicht in allen Fällen nachfragt und ihm deshalb am Ende Informationen fehlen. Zwischen Interviewer und Interviewpartner ist eine Distanz nötig, damit nichts als selbstverständlich angenommen wird (Seidman 1991: 33). Außerdem werden wir später noch sehen, dass im Verlauf eines Interviews auch für beide Partner unbequeme Situationen entstehen können. Kennen die Partner einander persönlich, dann werden sie bestrebt sein, die Beziehung außerhalb des Interviews nicht zu beeinträchtigen.[17] Das führt wiederum zu fehlenden oder verzerrten Informationen.

Wie viele Interviewpartner einbezogen werden, hängt auch von der verfügbaren Zeit ab. Es hat schließlich keinen Sinn, Interviews zu führen, die man anschließend aus Zeitgründen nicht auswerten kann. Da man seine Interviewpartner zunächst nach dem Gesichtspunkt auswählen wird, dass man alle notwendigen Informationen erhält, wird die Verfügung über Zeit vor allem das Ausmaß der Triangulation beeinflussen, also das Ausmaß, in dem man durch die Einbeziehung zusätzlicher Interviewpartner die empirische Absicherung der Rekonstruktion verbessert.

Die Auswahl von Interviewpartnern muss nicht vor dem Beginn der Erhebung abgeschlossen sein. Es kann durchaus geschehen, dass man in Interviews auf weitere wichtige Gesprächspartner hingewiesen wird, mit denen man dann zusätzliche Interviews vereinbart. Gegebenenfalls müssen auch spezifische Interviewleitfäden ‚nachentwickelt' werden. Dabei wird es sich aber um Einzelfälle handeln. Die Vorüberlegungen zur Auswahl der Interviewpartner sollten sichern, dass die wichtigen Typen von Informanten feststehen und für die Gespräche mit ihnen Interviewleitfäden entwickelt werden können.

17 Besonders problematisch wird es, wenn der Interviewpartner ein Unterstellter ist (z.B. in einem Lehrer-Schüler-Verhältnis), weil er dann nicht offen sprechen wird. Jegliche hierarchischen Verhältnisse sollten daher vermieden werden. (Seidman 1991: 32)

Im SFB-Projekt gab es eine Vielzahl von Akteuren, für die aufgrund ihrer spezifischen Position auch unterschiedliche Leitfäden entwickelt werden mussten. Innerhalb eines SFB war zwischen Teilprojektleitern und den Mitarbeitern, die die Experimente durchführten (meist Doktoranden), zu unterscheiden. Unter den Teilprojektleitern nahmen die Initiatoren (diejenigen Wissenschaftler, die gemeinsam das Konzept für den SFB entwickelt haben) und der Sprecher des SFB noch einmal eine besondere Stellung ein, derentwegen sie mit einem anderen Leitfaden befragt werden mussten. Akteure außerhalb des SFB, für deren Befragung wiederum andere Leitfäden benötigt wurden, waren die Gutachter und die Referenten in der Geschäftsstelle der DFG. Tabelle 4-1 gibt einen Überblick über die verschiedenen Interviews.

Tab. 4-1 Art und Anzahl der durchgeführten Leitfadeninterviews im SFB-Projekt (Quelle: Laudel 1999: 69)

Interviewpartner	Durchgeführte Interviews SFB I	Durchgeführte Interviews SFB II
Sprecher des SFB	1	1
Teilprojektleiter	25 (von 25)	20 (von 22)
wissenschaftliche Mitarbeiter	28	21
Projektleiter, deren Teilprojekt nicht bewilligt wurde	1	2
Projektleiter, deren Teilprojekt nicht mehr weitergefördert wurde	1	1
DFG-Gutachter	5	
Mitarbeiter der DFG-Geschäftsstelle	2 (ein Fachreferent, ein SFB-Verfahrensreferent)	
Gesamtzahl der Interviews	108	

Im Projekt ‚Sportlerbiographien' gab es drei unterschiedliche Informationsquellen für jeden ‚Fall', das heißt für jede Biographie: Den Athleten selbst, seine Eltern und seinen Trainer. Jeder dieser Akteure hat eine spezifische Perspektive auf die Biographie des Athleten und auf die anderen Akteure, so dass für jeden Akteurtyp ein eigener Interviewleitfaden entwickelt wurde. Tabelle 4-2 gibt eine Übersicht über die Interviews, die im Projekt geführt wurden. Als ein vierter Typ von Akteuren wurden sogenannte ‚drop outs' einbezogen – das sind Athleten, die ihre Karriere bereits vor dem Erreichen der Leistungsspitze beendet hatten.

Tab. 4-2 Art und Anzahl der durchgeführten Leitfadeninterviews im Projekt ‚Sportlerbiographien'

	Athlet	Eltern	Trainer
Zehnkampf	5	5	5
Gewichtheben	5	4	7
Rhythmische Sportgymnastik	5	5	2
Tennis	5	5	3
Summe	20	19	17
Drop-outs	13		
Interviews gesamt		69	

Da sich die Informationen, über die ein potentieller Interviewpartner verfügt, aus seiner Position in dem zu rekonstruierenden Prozess ergeben, kann es auch vorkommen, dass eine Person mehrere für die Untersuchung wichtige Rollen innehat. Um die sich aus diesen Rollen ergebenden Informationen zu erfassen, müsste diese Person mehrmals mit unterschiedlichen Leitfäden befragt werden. Das kann problematisch werden, da die Bereitschaft dazu nicht vorausgesetzt werden kann (siehe 4.4.4).

In der SFB-Untersuchung waren die Sprecher der beiden SFB gleichzeitig Teilprojektleiter, gehörten jeweils zu den Initiatoren ihres SFB und waren außerdem Gutachter für den jeweils anderen SFB. Deshalb hätten sie strenggenommen viermal befragt werden müssen. Da die Fragen zur Entstehungsgeschichte in den Leitfaden für Sprecher aufgenommen werden konnten und nicht alle Gutachter befragt werden mussten, wurden mit einem der Sprecher drei und mit dem anderen Sprecher zwei Interviews geführt. Das war nur aufgrund einer außerordentlich großen, für Wissenschaftler eher untypischen Bereitschaft der beiden Sprecher möglich.

Wenn solche Überschneidungen auftreten und die Personen nicht bereit sind, sich mehrmals interviewen zu lassen, dann muss ein spezifischer Leitfaden für diese Personen entwickelt werden, der die wichtigsten Fragen an die verschiedenen Rollen des Gesprächspartners kombiniert.

4.2 Die Kunst des Fragens

4.2.1 Das Problem

Mit der Art und Weise, in der Sie fragen, haben Sie großen Einfluss auf die Antworten, die Sie erhalten. Die Fähigkeit, im Interview spontan so zu fragen, dass man eine adäquate Antwort erhält, erwirbt man nur durch Versuch und Irrtum im Laufe der Jahre. Deshalb gilt das Führen von Interviews zu

Recht als eine Kunst, die durch Methodenlehrbücher nur unzureichend vermittelt werden kann.

Wir haben bereits festgestellt, dass sich das Interview grundsätzlich von der Alltagskommunikation unterscheidet. Das gilt auch für die Reaktion auf Fragen. Wenn wir uns im Alltag unterhalten, dann interpretieren wir das von unserem Gesprächspartner Gesagte sehr frei. Wir erzählen, wenn wir erzählen wollen, das heißt relativ unabhängig von der Art und Weise, in der unser Gesprächspartner Fragen und Aussagen formuliert. Wir wissen aus dem Kontext des Gesprächs, aus unserer Kenntnis des Gesprächspartners und vielleicht aus früheren Gesprächen, was unser Gesprächspartner meint. Außerdem wissen wir, in welchem Maße wir die Erwartungen durchbrechen dürfen und in welchem Maße dies zweckmäßig ist.

Das Interview ist anders. Die entscheidenden Bedingungen sind hier Fremdheit, begrenzte Zeit und Rollenfestlegungen. Wir als Interviewer möchten innerhalb kurzer Zeit etwas herausbekommen, und unser Interviewpartner will uns dabei helfen. Da wir ihm fremd sind und er meist keine Erfahrungen mit sozialwissenschaftlichen Interviews haben wird, sind unsere Fragen seine einzige Informationsquelle darüber, was wir wissen wollen. Er achtet deshalb ganz genau auf unsere Fragen und versucht, aus ihnen unser Informationsinteresse zu entschlüsseln. Deshalb ist es so außerordentlich wichtig, Fragen sorgfältig zu formulieren. Bei der Konstruktion des Interviewleitfadens hat man dafür genügend Zeit und kann sich jede Frage lange überlegen, lange am Leitfaden basteln, ihn immer wieder kontrollieren usw. Das größere Problem ist das Interview selbst, denn hier müssen wir auch spontan innerhalb weniger Sekunden Fragen formulieren, die den Interviewpartner zu einer von uns gewünschten Antwort veranlassen. Das ist es, was am Interviewen zu recht als ‚Kunst' bezeichnet wird. Um diese Kunst zu erlernen, müssen Sie die Grundregeln beherrschen, Ihre eigene Fragetechnik immer wieder kritisch analysieren und üben, üben, üben.[18] Eine kleine Übung, die wir selbst als sehr nützlich empfinden und weiterempfehlen möchten, ist folgende: Analysieren Sie die zahlreichen Interviews im Radio und im Fernsehen unter dem Gesichtspunkt der Interviewtechnik: Stimmten Frage und (wahrscheinliches) Informationsinteresse überein? Welche Reaktion hat die Frage ausgelöst? Wie hätte man besser fragen können?

18 Im Anhang 5 finden Sie ein Interviewtranskript aus dem SFB-Projekt, das bezüglich der Fragetypen, der Funktionen von Fragen im Interview und bezüglich der Fehler der Interviewerin kommentiert wurde. Dass die Interviewerin relativ viele Fehler macht, soll Sie nicht erschrecken. Sie war zum Zeitpunkt des Interviews noch unerfahren. Außerdem wird an dem Text deutlich, dass Fehler im Interview normal sind und nur durch Üben und Selbstkontrolle allmählich abgebaut werden können. Die in diesem Buch zitierten Fehler haben sich nicht so stark ausgewirkt, weil sowohl die interviewten Naturwissenschaftler als auch die interviewten Sportler sehr ‚fehlertolerant' waren. In anderen Interviewsituationen können die Folgen gravierend sein – dem müssen wir vorbeugen.

In der Vorbereitung des Experteninterviews treffen die methodologischen Prinzipien der Sozialforschung aufeinander. Wonach Sie fragen, ergibt sich aus den theoretischen Vorüberlegungen und aus den Reaktionen des Gesprächspartners im Interview. Wie Sie fragen, ergibt sich vor allem aus dem Prinzip der Offenheit und aus dem Prinzip des Verstehens als Basishandlung. Patton hat für das qualitative Interview die Forderung formuliert, dass die Fragen mindestens offen, neutral, einfach und klar formuliert sein müssen (Patton 1990: 295). Wir werden im folgenden Abschnitt zunächst Typisierungen von Fragen vorstellen und daran die verschiedenen inhaltlichen und technischen Funktionen einer Frage verdeutlichen. Anschließend werden wir die vier von Patton erhobenen Forderungen behandeln und zeigen, wie sie erfüllt werden können. Wir müssen uns dabei auf das Formulieren von Fragen beschränken, obwohl die Betonung häufig ebenso wichtig ist. Wie wir an einem Beispiel zeigen werden (4.2.4), kann die spezielle Betonung einer Frage ihren Charakter völlig verändern. Dieser Aspekt kann aber nur in Seminaren und Übungen angemessen behandelt werden.

4.2.2 Inhalt und Funktionen von Fragen

Bevor wir die genannten Anforderungen an Fragen behandeln, stellen wir hier vier wichtige Typisierungen von Fragen vor. Diese Typisierungen geben eine grobe Orientierung darüber, welche Frage für welchen Einsatzzweck geeignet ist. Zwei Typisierungen beziehen sich auf inhaltliche Aspekte: auf den eigentlichen Inhalt der Frage (die Wissenslücke, die geschlossen werden soll) und auf den Realitätsbezug des Gegenstandes, der mit der Frage berührt wird. Die anderen beiden Typisierungen beruhen auf Steuerungsfunktionen von Fragen im Interview. Hier kann man zwischen der Steuerung einer einzelnen Antwort und der Steuerung des Gesprächsverlaufs unterscheiden und danach typisieren.

1. Typisierung nach dem Inhalt der Frage

Bezogen auf den Inhalt der Frage kann man grundsätzlich zwischen Faktfragen und Meinungsfragen unterscheiden. „Faktfragen richten sich auf prinzipiell nachprüfbare Tatsachen" (Mayntz/Holm/Hübner 1978: 103). Meinungsfragen sollen Einstellungen des Interviewten, seine Bewertung von Personen, Situationen, Prozessen usw. ermitteln, indem sie eine subjektive Stellungnahme verlangen.[19]

19 Der Unterschied zwischen Fakt- und Meinungsfragen darf nun nicht so verstanden werden, dass Faktfragen nichts mit Bewertungen und Meinungsfragen nichts mit Fakten zu tun haben. Ein großes Problem der Befragungsmethoden liegt ja gerade darin, dass wir in einer Welt von bewerteten Fakten leben und dass unsere Bewertungen Einfluss darauf haben, wie wir Fakten konstruieren. Antworten auf Faktfragen werden durch Be-

Faktenfragen auf Informationsziel ausrichten

Experteninterviews sollen das Wissen des Interviewpartners über bestimmte Sachverhalte erheben und bestehen deshalb überwiegend aus Faktfragen. Bei den Faktfragen lassen sich anhand des Informationsziels noch einmal folgende Typen unterscheiden:

– Fragen nach Erfahrungen beziehen sich auf frühere Beobachtungen oder Handlungen des Interviewpartners, die der Interviewer prinzipiell hätte beobachten können, wenn er anwesend gewesen wäre.

> F: Und wie bist du zu deinem Thema gekommen?
> A: Da muß ich ein bißchen ausholen. Ich habe die experimentelle Biophysik-Vorlesung bei Herrn T. gehört und da hat mich schon [das Gebiet] fasziniert und die Möglichkeiten der Anwendung der Theorie, der statistischen Mechanik […]

– Wissensfragen beziehen sich auf durch den Interviewpartner akkumuliertes Wissen, genauer: auf Wissen des Interviewpartners, das nicht eigenes Erleben zum Gegenstand hat.

> F: Das Verhältnis von Grundausstattung und Ergänzungsausstattung soll ja ungefähr 50% betragen. Worauf beziehen sich eigentlich diese 50%: auf das einzelne Projekt?
> A: Nein, auf den gesamten SFB.

– Hintergrundfragen bzw. demographische Fragen sollen die für die Untersuchung notwendigen Informationen über die Person des Interviewpartners ermitteln.

> F: Und Sie waren zu der Zeit dann auch berufstätig?
> A: Ja, ja, ich war ja immer berufstätig.

Meinungsfragen werden in Experteninterviews benötigt, wenn der Interviewpartner ein Akteur im zu rekonstruierenden Prozess war und seine Bewertungen, Handlungsziele oder Motive ermittelt werden müssen.

> F: Haben Sie dann auch Angst gehabt, daß [Ihre Tochter] [durch den Leistungssport] wichtige Dinge verpaßt?
> A: Ne, aber man hat manchmal schon ein schlechtes Gewissen gehabt ...

Meinungsfragen sind schwieriger zu handhaben, weil die Antworten kaum überprüfbar sind. Meinungen und Einstellungen sind persönliche Konstruktio-

---

wertungen beeinflusst, und Meinungen entstehen auf der Grundlage bewerteter Fakten. Dennoch gibt es einen wichtigen Unterschied, und Sie müssen sich beim Formulieren einer Frage darüber im Klaren sein, ob Sie einen Fakt oder eine Wertung mitgeteilt bekommen wollen.

nen, die man allein in der Verarbeitung seiner Erlebnisse generiert. Deshalb geben die Antworten auch viel mehr von der eigenen Persönlichkeit preis, was wiederum zur Folge hat, dass Interviewte bei Meinungsfragen stärker dazu neigen, ihre Antworten an das anzupassen, was sie für die Erwartungen des Interviewers oder für allgemeine gesellschaftliche Erwartungen halten. Die Gefahr ‚sozial erwünschten' Antwortens ist deshalb größer (siehe 4.2.4).

2. Typisierung nach dem Gegenstand der Frage

Fakt- und Meinungsfragen können einen realen oder einen angenommenen Gegenstand haben und entsprechend als realitätsbezogene oder als hypothetische Fragen gestellt werden. Hypothetische Fragen beziehen sich auf einen angenommenen Sachverhalt und verlangen eine Meinung oder Prognose vom Interviewpartner (Haller 2001: 255). Es wird also eine subjektive Stellungnahme abgefordert, die allerdings nicht unbedingt eine Bewertung beinhalten muss. Hypothetische Fragen werden im Konjunktiv gestellt. In der speziellen Form der Simulationsfrage können sie als Faktfragen verwendet werden, um starke Erzählanregungen zu schaffen oder Antworten auszulösen, die man auf direkte Fragen nicht erhalten würde (siehe unten). Darüber hinaus ist die Leistung hypothetischer Fragen begrenzt. Sie gestatten es, die subjektiven Theorien der Interviewpartner zu erheben, und können unter Umständen ein geeignetes Mittel sein, um Einstellungen zu erfragen. Allerdings ist der Wert der Antworten deshalb eingeschränkt, weil die Frage den Interviewpartner nicht an irgendeine Realität bindet. Die Frage bezieht sich ja weder auf eine erlebte Realität noch auf Einstellungen, deren man sich bewusst ist. Der Interviewpartner kann vielmehr frei spekulieren. Wenn es um die erwähnten subjektiven Theorien geht, das heißt um Annahmen des Interviewpartners über Kausalzusammenhänge im Untersuchungsfeld, dann können solche Spekulationen auch wertvolle Aufschlüsse geben. In rekonstruierenden Untersuchungen sind solche subjektiven Theorien aber nur dann wichtig, wenn die Handlungsgründe von Interviewpartnern aufgeklärt werden sollen. Um das tatsächliche Handeln von Interviewpartnern zu ermitteln, sind sie dagegen völlig ungeeignet. Selbst wenn der Interviewpartner hypothetische Fragen nach bestem Wissen beantwortet, lassen seine Antworten kaum Schlüsse auf das Verhalten in realen Situationen zu. Man kann völlig davon überzeugt sein, dass man in einer bestimmten Situation auf eine bestimmte Weise reagieren würde, und trotzdem anders reagieren, wenn die Situation tatsächlich eintritt. Deshalb wäre es falsch, Faktfragen durch hypothetische Fragen ersetzen zu wollen. In diese Falle kann man insbesondere dann tappen, wenn man an der Reaktion des Interviewpartners in einer bestimmten Situation interessiert ist, er sich aber in dieser Situationen noch nicht befunden hat. Es ist dann verführerisch, die Situation durch eine hypothetische Frage zu konstruieren und die Antwort als Ersatz für die erlebte Reaktion zu nehmen. Eine hypothetische Frage, die keine auswertbare Antwort erbracht hatte, war z.B. die folgende:

F: Könntest Du Dir Bedingungen vorstellen, unter denen Du als Trainer auf jeden Fall nicht mehr weiterarbeiten wolltest?
A: Sicher könnte ich mir die vorstellen.
F: Was wären das für Bedingungen?
A: Das wären zum Beispiel Bedingungen wahrscheinlich, wie sie früher in der DDR vorgeherrscht haben, daß hier also absolutes Leistungsstreben .., wo praktisch das Individuum total neben runter ging, ja, wo praktisch nur noch die Zweikampfleistung im Vordergrund steht. Das wär' also mit Sicherheit, also wenn das der Fall wär'. Oder wenn jetzt zum Beispiel jemand verletzt wär' oder so, daß er sofort praktisch ganz weg ist. Oder wenn zum Beispiel der Verband mir vorschreiben würde, welche Leute ich zu fördern hätte und welche nicht.

Alle drei vom Interviewpartner angegebenen Bedingungen können in der Praxis in beliebigen Abstufungen auftreten. Die dann nötige Interpretation, dass die Bedingungen für ein weiteres Arbeiten als Trainer unzumutbar sind, würde durch die zum konkreten Zeitpunkt existierenden Handlungsbedingungen, Ziele und Interessen des Trainers modifiziert. Deshalb gibt die Antwort lediglich Hinweise auf die Wertvorstellungen des Trainers zum Zeitpunkt des Gesprächs. Um solche Wertvorstellungen in auswertbarer Form zu erheben, hätte man vertiefend nachfragen müssen. Was bleibt, ist der Hinweis, dass der Trainer zum Zeitpunkt des Interviews Leistung um jeden Preis ablehnt und seine Autonomie hoch schätzt.

3. Typisierung nach der angestrebten Form der Antwort

Fragen lassen sich anhand der angestrebten Form der Antwort in Erzählanregungen und Detailfragen unterscheiden. Erzählanregungen sollen längere Beschreibungen oder Erklärungen auslösen, während Detailfragen zu kurzen Antworten führen sollen. Wenn erstere als Frage formuliert werden, dann meistens mit den Fragepronomen „wie“, „warum/weshalb“, „wodurch“, „wozu“ usw. eingeleitet.

F: Und warum bist Du ausgerechnet hierher [in das Leistungszentrum] gekommen?
A. Ich bin hier, ja unter anderem, der eine Grund war, weil es mein Trainer ... also ich bin dann auch ein Jahr bevor ich hierher bin, hat er mir schon Trainingspläne geschrieben mit dem Hintergrund, daß ich dann auch hierher komm', also das war die Voraussetzung, daß er mich dann auch seh'n muß, weil, es bringt ja nichts, wenn er mir die Trainingspläne nur faxt. Das war dann die Voraussetzung, also dass ich dann hierher komm', das eine, und dann halt die besseren Trainingsbedingungen, [die] ich im Leistungszentrum hab.

Der Befragte soll erklärend, erzählend oder begründend antworten. Erzählanregungen können auch als eine direkte Aufforderung, etwas zu beschreiben oder zu erklären, formuliert werden. Ob die Fragen diesen gewünschten Effekt auch tatsächlich haben, hängt nicht zuletzt vom jeweiligen Interviewpartner ab.

F: Könntest Du einfach mal schildern, wie es bei Dir verlaufen ist? Also wie Du angefangen hast, der Karriereverlauf.

A: Das ist schnell passiert. Also ich beginn' mit zwölf Jahren, dann Berufsausbildung mit fünfzehn zum Elektroinstallateur und dann Wehrdienst in [Trainingsort 1] in der Sportfördergruppe. Achtzehn Monate damals noch. Dann praktisch ab 19xx war ich im öffentlichen Dienst, Kreisverwaltung ..., bin dann [sechs Jahre später] nach [Trainingsort 2] gezogen wegen den günstigeren Trainingsbedingungen. Ich hab mir also meine Situation auch selbst geschaffen dann. Das BLZ wurde gebaut [ein Jahr zuvor]. War beschäftigt bei der Stadt [Trainingsort 2], das hat der Oberbürgermeister in die Wege geleitet, der unser Präsident ist in [Trainingsort 2]. Also wie gesagt hatte ich halbtags Freistellung, also waren schon gute Bedingungen. Und dann Olympische Spiele, da war ich also 28, war sozusagen auch mein sportlicher Höhepunkt dort ... Das ist auch der sportliche Höhepunkt gewesen und dann gab es ein paar private Tiefschläge und dann hatte ich mit 29 bin ich, ach so dann hab ich zuerst den Verwaltungsabschluß gemacht in [Trainingsort 2].

Eine besonders starke Erzählanregung, die Patton vorschlägt, ist die Simulation einer Beobachtungssituation.

Stellen Sie sich vor, Sie würden mich mit an Ihren Arbeitsplatz nehmen, und wir würden morgens 15 Minuten vor Beginn der Arbeitszeit dort sein. Was würde der Reihe nach passieren? Was würde ich sehen und erleben?

Diese Frage ist ein starker Stimulus für den Interviewpartner, eine ihm bekannte Situation zu beschreiben. Simulationsfragen bewähren sich auch dann als Erzählanregungen, wenn Fragen explizit schwer beantwortet werden können.

Es ist z.B. sehr schwierig, ein Kind nach informellen Regeln in einer Gruppe zu fragen. Eine Simulationsfrage bietet hier einen Zugang: „Angenommen, ich wäre ein neues Kind in dieser Gruppe und hätte keine Ahnung, was eigentlich abläuft. Was würdest Du mir über die Regeln sagen, die ich zu befolgen habe?" (Patton 1990: 319, unsere Übersetzung)

Beiden Simulationsfragen ist gemeinsam, dass sie die Rolle des Interviewpartners als Experte, von dem der Interviewer etwas lernen will, noch einmal hervorheben.

Eine andere starke Erzählanregung ist die indirekte Provokation, die den Interviewpartner mit Problemen oder mit seinen eigenen Ansichten widersprechenden Positionen konfrontiert (Haller 2001: 250). Am einfachsten geschieht das dadurch, dass man Dritte zitiert.[20]

20 Dabei muß man sorgfältig darauf achten, dass die Anonymität der Zitierten gewahrt bleibt! Das ist aber kein Problem, weil sich diese Quellen leicht verfremden lassen.

F: Ein bißchen bin ich doch erstaunt .. also, Sie sind mein erster Gesprächspartner, der sagt, er wollte eigentlich nicht in den SFB.
A: Ja, aus diesen Gründen .. es ist eben rein eine politische Entscheidung. Ich habe dann einfach mitgemacht, .. ich war immer sicher, daß ich reinkommen würde, weil ich perfekt da reinpasse und ich auch wissenschaftlich soviel vorzuweisen hatte zu dem Zeitpunkt, daß man mich gar nicht hätte umgehen können. Also ich war hundertprozentig sicher, daß ich, wenn ich wollte ... Aber ich wollte, weil ich eben der Meinung bin, wie so ein SFB abgesehen von der wissenschaftlichen Seite eben auch auf menschlicher Basis .. da gibt es Leute, die dominieren das, zum Teil gerechtfertigt, weil die wissenschaftlich soviel vorzuweisen haben, zum Teil war es aber nur, weil die lange schon Hochschullehrer sind und im Establishment von so einer Hochschule sind. Und das finde ich nicht gut [...]

Man kann auch den Stand der Forschung als Provokation verwenden: „Frühere Untersuchungen haben gezeigt, dass ...". Indirekte Provokationen erzeugen Erklärungs- und Rechtfertigungsdruck. Sie können deshalb benutzt werden, um den Befragten zur Wertung eines Sachverhaltes zu veranlassen. Jede Provokation im Interview birgt aber ein Risiko, da man nicht sicher ist, wie der Befragte sie aufnimmt.

Obwohl die Forderung nach einer großen Reichweite des Interviews Erzählanregungen als die geeignetere Form erscheinen lassen, müssen in Interviews häufig auch kleine Detailfragen gestellt werden (z.B. bei Hintergrundfragen). Die Unterscheidung in Erzählanregungen und Detailfragen steht in einer gewissen Verwandtschaft mit der Offenheit von Fragen, ist aber nicht mit ihr identisch: Erzählanregungen sind immer offene Fragen, während Detailfragen offene oder geschlossene Fragen sein können.

4. Typisierung nach der Steuerungsfunktion im Interview

Interviewfragen sollen häufig nicht nur eine bestimmte Antwort hervorbringen, sondern zugleich den Verlauf des Gesprächs steuern. Anhand dieser Steuerungsfunktion kann man folgende Typen von Fragen unterscheiden (vgl. Ullrich 1999: 437):

- Einleitungsfragen beginnen die Behandlung eines neuen Themas. Ein Spezialfall ist hier die erste Frage des Interviewleitfadens, die das gesamte Gespräch einleitet (vgl. 4.3.2). Im Verlauf des Interviews werden häufig Fragen benötigt, die eine Überleitung zwischen verschiedenen Themen herstellen, also den Abschluss eines Themas und die Hinwendung zu einem neuen signalisieren. Auch kann es vorkommen, dass Themen wieder aufgenommen werden müssen, die vorher schon einmal behandelt wurden. Einleitungsfragen können deshalb auch als Überleitungs- oder Wiederaufnahmefragen gestellt werden. Dazu je ein Beispiel:

F: Schön, jetzt habe ich eine Vorstellung von Ihrem Forschungsgebiet. Nun möchte ich gern wissen, wie Sie eigentlich Ihre Forschungen finanzieren.

> F: Sie sprachen vorhin noch von anderen SFB. Also ich habe das so verstanden, daß Sie auch schon andere SFB miterlebt haben außer diesen beiden?

Das folgende Beispiel ist eine misslungene Überleitung, die den ‚Verhörcharakter' des Interviews betont:

> A: Oder jetzt fällt mir ein, zum Beispiel in der Jugend, wo ich Wettkampf hatte, bei uns ist ja noch in der Jugend Leichtathletik mit drin beim Wettkampf, also so ein Mehrkampf, da muss man Sprint machen und Dreierhopp und so was. Da fällt mir bloß was ein, da hatte ich, das war zu diesem Zeitpunkt noch nicht verboten, Spikes genommen für den Laufwettkampf – das ist jetzt, in der Regel darf man die nicht nehmen –, und da hat sich ein Elternteil, ein Vater von meinem Gegner hat da einen Aufstand gemacht und ich denk mal das war auch so eine Situation.
> F: Jetzt wieder was anderes: Hast Du eine Freundin?

– Filterfragen beschaffen Informationen, anhand derer der Interviewer entscheidet, welche Teile des Leitfadens für das Interview relevant sind. Bevor Sie nach Beobachtungen und Bewertungen eines bestimmten Prozesses fragen, wird es mitunter sinnvoll sein zu klären, ob der Interviewpartner überhaupt an dem Prozess beteiligt war und über die Informationen verfügt. War er nicht beteiligt, dann müssen Sie die entsprechenden Fragen nicht stellen. Filterfragen sind also ein wichtiges Mittel, um die wertvolle Interviewzeit effektiv auszunutzen.

> F: Nun ist ja nicht jeder Drittmittelantrag erfolgreich. Ist Ihnen eigentlich auch schon mal ein Antrag abgelehnt worden?
> A: Gott sei Dank noch nicht.

– Hauptfragen bilden das Gerüst des Leitfadens. Sie sind darauf gerichtet, vom Interviewpartner komplexe, umfassende Antworten zu den benannten Sachverhalten zu erhalten.
– Nachfragen werden gestellt, um die Antwort des Interviewpartners auf eine Hauptfrage zu vervollständigen bzw. zu erweitern. Nachfragen können als Erzählanregungen gestellt werden, wenn der Interviewpartner die als Antwort auf die Hauptfrage begonnene Erzählung fortsetzen soll (oder noch gar nicht begonnen hat).

> F: Haben Sie dann auch Angst gehabt, daß [Ihre Tochter] [durch den Leistungssport] wichtige Dinge verpaßt?
> A: Ne, aber man hat manchmal schon ein schlechtes Gewissen gehabt, weil man gesagt hat, du kannst da einfach nicht mitgehen. Das haben wir schon gehabt. Also ich habe mir manchmal gedacht, ja, war es jetzt wirklich richtig, daß wir gesagt haben, das auf gar keinen Fall? Weil ich jetzt halt merke, wo sie sich etwas mehr ausgeklinkt hat, wie stark sie sich in anderen Bereichen engagiert hat. Und wie sehr sie es ge-

nossen hat, daß sie jetzt dies oder das machen kann. Daß sie jetzt sagen kann, ich kann heute in die Stadt oder am Abend fortgehen. Das ging ja einfach nicht, weil die Trainingsintensität und es war ja auch kaum ein Wochenende frei. Wir haben also diese halben Tage uns genommen, wo wir zusammen einkaufen gehen konnten.

F: Was waren das für Sachen, wo sie sich reingekniet hat?

A: Sie war letztes Jahr bei einem Zeltlager von der Kirche dabei. Und das hat ihr sehr gut gefallen. Und da haben sie sie jetzt gefragt, ob sie jetzt in das Leiterteam will, obwohl sie die Jüngste war von diesen Leuten. Und da hat sie sofort gesagt, das findet sie gut, das macht sie jetzt. Also sie versucht sich jetzt schon anderweitig einzubringen. Oder auch mit den Mädchen mehr wegzugehen. Das ist ja das größte Problem in dem Alter. Oft hat sie gesagt, ich kann zu dem Fest nicht gehen. Die hätten mich eingeladen, aber ich kann ja nicht. Das sind so Dinge, wo sie geknapst haben.

Nachfragen können aber auch als Fragen nach ergänzenden Informationen gestellt werden, wenn in der ersten Antwort nicht alle Informationen enthalten waren.

A: Das war also so: Der Heimtrainer war immer der gleiche und der Bundestrainer ..., der hat mich mit 17 entdeckt bei einem Turnier und hat seitdem die Trainingsplanung für mich gemacht. Damals war es also so, er hat mich vielleicht alle zwei bis drei Monate nur gesehen und hat mir die Trainingspläne nicht wie heute zugefaxt, sondern richtig noch mit der Post geschickt und ich hab sie ihm immer zurückgeschickt. Das hat also auch ganz gut funktioniert.

F: Was heißt zurückgeschickt? Also quasi bestätigt?

A: Ja, die Trainingspläne wurden korrigiert von mir, was ich geschafft hab, war's zu leicht, war's zu schwer usw.

Die Anwendung dieser vier Typisierungen, die in Abbildung 4-1 zusammengefasst werden, soll es Ihnen erleichtern, für den Interviewleitfaden und im Interview die richtigen Fragen auszuwählen. Ausgangspunkt für das Formulieren von Fragen ist immer die Überlegung, was man wissen und was man steuern will. Daran anschließend kann man einen Fragetyp auswählen und schließlich die Frage formulieren. Jedenfalls ist das bei der Konstruktion des Leitfadens so möglich: Im Interview müssen Sie häufig schnell reagieren und haben keine Zeit für solche systematischen Überlegungen. Die ‚schriftlichen Übungen' (das Konstruieren von Interviewleitfäden) werden jedoch auch ihre ‚mündlichen Fähigkeiten' mit der Zeit verbessern.

Abb. 4-1 Typisierung von Interviewfragen

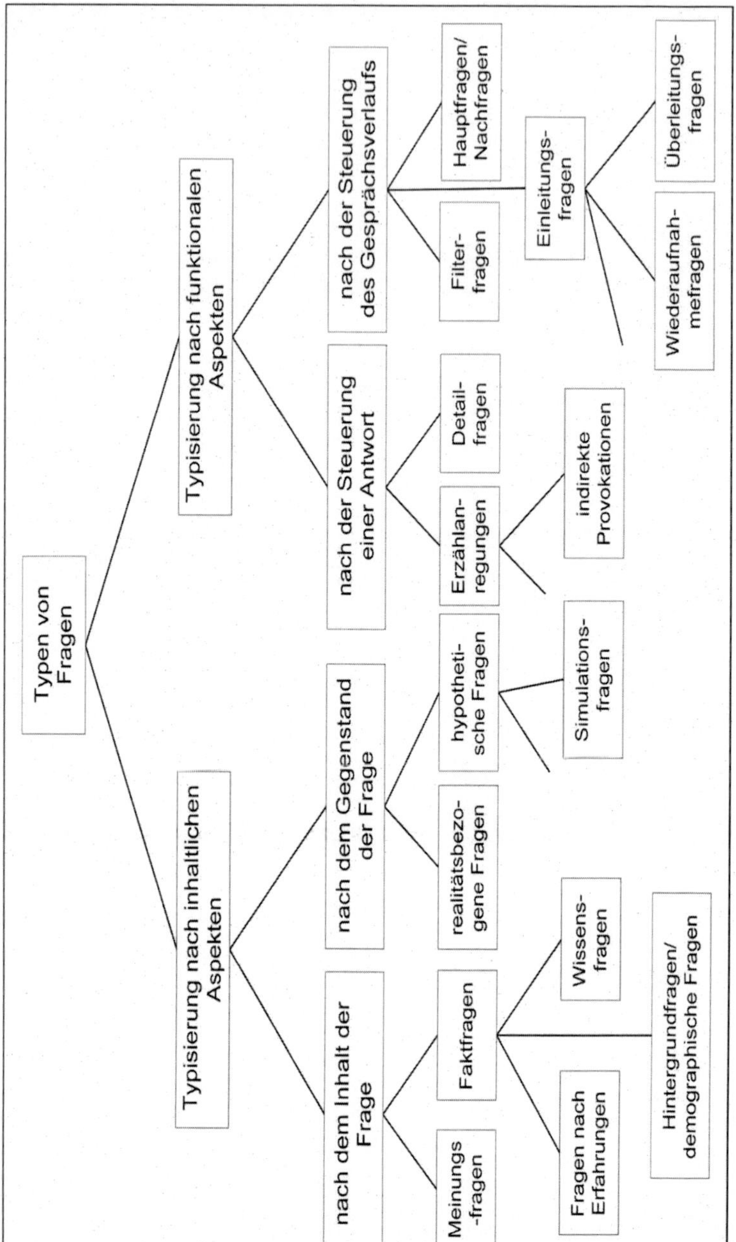

4.2.3 Die Offenheit von Fragen als zentrales Problem des Leitfadeninterviews

Eine der großen Herausforderungen nichtstandardisierter Interviews ist die Offenheit des Fragens. Offene Fragen zu stellen ist eine Aufgabe, die direkt aus dem methodologischen Prinzip der Offenheit folgt. Sie ist durch das Anliegen begründet, das Wissen des Interviewpartners und die Bedeutungen, die er diesem Wissen gibt, im Interview zu erfassen. Maximale Offenheit bedeutet, dass die Frage so wenig Einfluss wie möglich auf den Inhalt der Antwort ausübt. Offene Fragen überlassen dem Gesprächspartner die Entscheidung über den Inhalt der Antwort. Das Ausmaß, in dem sie das tun, hängt von der Formulierung der Frage ab. Es gibt nicht schlechthin offene Fragen, sondern einen Grad an Offenheit, den wir jeweils mit der Formulierung festlegen. Völlig offene Fragen und Ja/Nein-Fragen (das sind die am weitesten geschlossenen Fragen) bilden die Pole eines Spektrums.

Die Forderung nach Offenheit steht in einem gewissen Widerspruch zu der Aufgabe des Leitfadeninterviews, in begrenzter Zeit spezifische Informationen zu mehreren verschiedenen Themen zu beschaffen. Außerdem wird eine Frage ja auch um so ungenauer, je offener sie formuliert wird. Erfahrungsgemäß wird der Interviewpartner verunsichert, wenn die Frage zu unbestimmt ist und er nicht mehr genau weiß, worauf eine Antwort erwartet wird. Er möchte den Gegenstand der Frage genau kennen und fragt unter Umständen zurück. Diese Reaktion ist noch die günstigere. Im schlimmsten Fall interpretiert der Interviewpartner die Frage anders, als er sollte, und gibt eine irrelevante Antwort. In beiden Fällen kann der Interviewer den Eindruck von Inkompetenz erwecken, da er anscheinend nicht weiß, welche Informationen er benötigt. Diese Gefahr besteht vor allem zu Beginn des Interviews. Die Offenheit der Fragen muss deshalb ausbalanciert werden.

Obwohl es einfach scheint, ist das offene Formulieren von Fragen eine schwierige Kunst, wie insbesondere Patton (1990: 295-305) eindrucksvoll gezeigt hat. Wie bereits in 4.2.1 beschrieben, ist unsere Alltagskommunikation nicht durch offene Fragen geprägt, sondern durch beliebige Fragen, die der Gesprächspartner je nach Situation als offene Erzählanregung interpretiert oder nicht. Verwendet man solche Formulierungen im Interview, dann kann ihre unzureichende Offenheit nachteilig wirken. Das gilt insbesondere für dichotome Fragen. Dichotome Fragen konfrontieren den Interviewten mit einer grammatikalischen Struktur, die eine Antwort mit „Ja" oder Nein" nahe legt, ohne dass sie eindeutig als Alternativfragen formuliert sind. Unsere informelle Alltagskommunikation ist durchsetzt mit dichotomen Fragen, die wir als offene Fragen, das heißt als Erzählanregungen, interpretieren. In der stärker formalen Situation des Interviews nimmt der Interviewte aber die grammatikalische Struktur dieser Fragen stärker wahr und kann sie nicht so leicht ignorieren. Er wird deshalb durch die dichotome Frage mit einem Dilemma konfrontiert: Er kann nicht entschlüsseln, ob er tatsächlich mit „Ja" oder „Nein" antworten soll oder ob eine längere Erklärung von ihm erwartet wird. Im folgenden Beispiel antwortet die interviewte Sportlerin so, wie es die grammatikalische Struktur vorgibt, und die Interviewerin muss eine offene Frage ‚nachschieben'.

> F: Hast Du mal das Gefühl gehabt, daß Du wegen der Rhythmischen Sportgymnastik etwas verpaßt?
> A: Ja, auf jeden Fall.
> F: Was war das so?

Dichotome Fragen sind geeignete Filterfragen und als solche zulässig. Im obenstehenden Beispiel sollte jedoch keine Filterfrage gestellt werden. Die Ansichten der Sportlerin zu diesem Thema mussten in jedem Fall ausführlich erfasst werden. Deshalb wäre auch bei einer Verneinung eine offene Nachfrage erforderlich gewesen.

Das dichotome Fragen kann im Interview zu einer Kettenreaktion führen, weil die durch die dichotome Frage nahegelegte bejahende oder verneinende Antwort den Interviewer veranlasst, weitere dichotome Fragen mit immer spezifischerem Inhalt anzuschließen. Außerdem können dichotome Fragen leicht zu Suggestivfragen werden (vgl. 4.2.4). Wenn der Interviewer anfängt, sich auf einen scheinbar zurückhaltenden oder unsicheren Interviewpartner einzustellen, indem er immer detailliertere dichotome Fragen stellt, kann es passieren, dass er dazu übergeht, die möglichen Antworten zu raten und sie dadurch dem Interviewten nahezulegen. Ein sicheres Zeichen dafür ist, dass der Interviewer beginnt, mehr zu reden als der Interviewte. Das ist in dem folgenden Beispiel aus einem wissenschaftssoziologischen Projekt von Jochen Gläser geschehen:

> F: Und wie funktioniert das eigentlich mit den Experimenten? Also diese Arbeitsteilung bei dem Bau kann ich mir irgendwie sehr gut vorstellen. Aber dann ist das Ding also da angebracht an diesem Schwerionensynchrotron und nun macht auch tatsächlich jede Gruppe andere Experimente?
> A: Nein.
> F: Oder ist das ein und dasselbe Experiment und man teilt sich die Auswertung?
> A: Man teilt sich die Auswertung.
> F: Aha. Es gibt also so lange Meßreihen und da wird irgendwie aufgeteilt?
> A: Ja.
> F: Und das heißt also, daß die Zusammenarbeit auch bei der Auswertung fortgesetzt wird?
> A: Ja, ja.
> F: Und daß Sie dann die Ergebnisse erst wieder zusammenfügen müssen der Auswertung und dann erscheint eine dieser schönen Publikationen mit den hundert Namen?
> A: Ja, so ungefähr, ja.

Die Passage beginnt mit einer offenen Frage, die aber zu unpräzise war: Nicht „wie das mit den Experimenten funktioniert", sondern wie die Arbeitsteilung zwischen den Wissenschaftlern gestaltet wird, sollte erfragt werden. In dem Bemühen um Präzisierung schließt der Interviewer eine dichotome Frage an und gerät in eine Kette dichotomer, teils suggestiver Fragen.

Eine nützliche Einschränkung der Offenheit besteht in den Unterstellungen, die in nahezu jeder Frage implizit enthalten sind. Fast alle Fragen sind unterstellende Fragen, in denen der Interviewer sein Wissen über den Gegenstand der Frage oder seine Vermutungen als implizite Voraussetzung formuliert.[21] Solche unterstellenden Fragen sind meist dem natürlichen Gesprächsverlauf viel angemessener als ein völlig offenes uninformiertes Fragen. Wenn man sich bestimmter Informationen sicher ist, dann kann man mit unterstellenden Fragen viel Zeit sparen, weil man den Kenntnisstand benennt, von dem Interviewer und Interviewter ausgehen können. Die benutzten Unterstellungen geben eine sehr starke thematische Orientierung, das heißt der Befragte wird nicht so schnell vom Thema abschweifen. Außerdem können sie als Erzählanregung fungieren, die den Befragten dazu anregen, freiwillig Zusatzinformationen zu geben. Schließlich entlasten Unterstellungen in der Frage den Interviewpartner von Entscheidungen und vermeiden umständliche und den Gesprächsfluss zerstörende Filterfragen.

So könnte man z.B. fragen: „Hat sich nach der Umstrukturierung in Ihrer Firma Ihre Arbeit verändert?" Das wäre eine dichotome Frage, die als Filterfrage fungieren würde, wenn der Interviewpartner sie bejaht oder verneint. Dann müsste man anschließend fragen, „Was hat sich in Ihrer Arbeit verändert?" Die Alternative liegt darin, eine unterstellende Frage zu formulieren: „Wie hat sich nach der Umstrukturierung in Ihrer Firma Ihre Arbeit verändert?" Diese Frage setzt voraus, dass sich etwas in der Arbeit verändert hat, und geht gleich zum Inhalt der Veränderung über.

Mit unterstellenden Fragen kann man auch Peinlichkeiten umgehen und Antworten natürlicher und angenehmer machen. Die Unterstellung kann so formuliert werden, dass sie das Unterstellte als den natürlichen Gang der Dinge behandelt. Die Unterstellungen, die mit der Frage formuliert werden, werden damit zugleich einem Test unterzogen. Der Interviewpartner kann die in der Frage enthaltenen Unterstellungen jederzeit zurückweisen. Eine Ablehnung der Unterstellungen liegt meist im Spektrum der normalen Antwortmöglichkeiten und erfordert keinen zusätzlichen Aufwand.

21 Reuband hat in einem Aufsatz über das Problem der Meinungslosigkeit im (standardisierten) Interview darauf hingewiesen, dass jede Frage eine Unterstellung enthält: die Unterstellung nämlich, der Befragte könnte antworten. Er zeigt für standardisierte Befragungen, dass das Stellen einer Frage einen Druck aufbauen kann, der den Befragten dazu bringt, eine Antwort zu geben, obwohl er keine Meinung hat (Reuband 1990). Es handelt sich hier um einen Spezialfall des ‚sozial erwünschten' Antwortens.

> Einen solchen Gebrauch von Unterstellungen haben Kinsey und Kollegen propagiert: „Der Interviewer sollte es einem Befragten nicht leicht machen, jegliche Art von sexueller Betätigung abzuleugnen. Es ist sehr leicht, nein zu sagen, wenn man einfach gefragt wird, ob man sich jemals in einer bestimmten Weise sexuell betätigt hat. ... Folglich beginnen wir immer mit der Frage, wann sich jemand zum ersten Male derart betätigt hat ..., so daß schon aus der Formulierung der Frage hervorgeht, dass wir keineswegs überrascht wären, wenn jemand derartige Erfahrungen gemacht hätte, und so der Befragte kaum Anlaß hat, dies zu bestreiten. Man könnte denken, daß ein solches Vorgehen die Antwort verfälscht, aber es gibt keinerlei Anzeichen dafür, dass jemand bestimmte Formen sexuellen Verhaltens eingesteht, wenn er diese nicht auch tatsächlich praktiziert hätte.“ (Kinsey et al. 1948: 53f., zitiert nach Richardson/Dohrenwend/Klein 1993: 225)

Ein weiterer Vorzug unterstellender Fragen ist, dass der Interviewer mit ihnen die eigene Autorität im Interview erhöhen kann. Er verstärkt den Eindruck, dass er über den Befragungsgegenstand Bescheid weiß. Dieser Einsatz von unterstellenden Fragen kann vor allem am Anfang des Interviews von Nutzen sein.

Die Einbeziehung von Unterstellungen in die Frage kann einen sehr starken Einfluss auf die Antwort haben. Man muss sich immer vergegenwärtigen, dass man in eine Frage Voraussetzungen so einbauen kann, dass jede Antwort diese Voraussetzungen bestätigt. Ein drastisches Beispiel ist die einfache Alternativfrage „Haben Sie aufgehört zu stehlen?“ Durch die Wahl des Wortes „aufgehört“ ist als Voraussetzung in die Frage aufgenommen worden, dass der Befragte früher gestohlen hat. Wenn er mit „Ja“ oder „Nein“ antwortet, so folgt daraus jeweils, dass diese Voraussetzung stimmt. Deshalb wird wohl energischer Protest zu erwarten sein, wenn die Voraussetzung nicht stimmt. Voraussetzungen können aber auch so versteckt formuliert werden, dass sie dem Befragten in ihrer Tragweite gar nicht bewusst werden. Es kann sogar sein, dass sie dem Interviewer nicht bewusst sind, wenn der die Frage formuliert. Es ist deshalb wichtig, die Fragen, die man formuliert, auf solche Voraussetzungen und orientierenden Wirkungen hin zu prüfen. Außerdem ist es manchmal besser, die Voraussetzungen mit einer Filterfrage zu prüfen („Sind Sie zur Vorlesung gegangen?“ vor „Wie hat Ihnen die Vorlesung gefallen?“).

Wir haben in unseren Interviews mit Naturwissenschaftlern gute Erfahrungen mit unterstellenden Fragen gemacht. Trafen unsere Unterstellungen zu, dann haben die Fragen geholfen, schnell eine gemeinsame Informationsbasis zu definieren und die Autorität des Interviewers zu festigen.

F: Wenn ich mal ganz konkret auf diesen Punkt noch eingehen kann, ich habe vorhin gerade im Bewilligungsschreiben gelesen, daß genau das, was Sie gerade erzählt haben, im Bezug auf dieses [Forschungsgerät] der Fall ...

A: Genau, da sind Sie sehr gut informiert, das ist z.B. eine Sache. Ja, das ist wieder eine Sache, habe ich im letzten Antrag ein [Forschungsgerät] beantragt, ...

Allerdings waren die Wissenschaftler selbstbewusst genug, falsche Unterstellungen deutlich zu benennen und zu widersprechen.

F: Gab es vielleicht auch Dinge, die nicht so reibungslos verlaufen sind? Kooperation ist ja immer eine zweischneidige Sache, man macht es, weil man sich etwas davon verspricht, auf der anderen Seite muss man auch Beziehungen eingehen ..
A: ... und Rücksichten nehmen. Jaja. Sie meinen jetzt konkret die Kooperation mit [X]?
F: Sie sagten ja vorhin, das war eher auf Doktorandenebene bei Ihnen?
A: Ja. Aber mein Verhältnis zu ihm war wunderbar, zu der Zeit schon. Nicht umsonst bin ich jetzt direkt in seiner Arbeitsgruppe.
F: Ich meine es auch vom Inhaltlichen her, daß es da vielleicht unterschiedliche Interessen gab.
A: Nö, eigentlich gar nicht. das lag vielleicht auch daran, daß es immer wohl getrennt war. Wenn eine Kooperation zwischen mir und der Arbeitsgruppe B. zustande kam, dann deshalb, weil ich die Blitzlichtspektroskopie machte. Und da konnte mir auch keiner reinreden. Die haben mir eben die Proben gegeben. Und ich verstehe wenig von Molekularbiologie und kann da wenig reinreden. Und genauso wenig verstanden die von dieser Blitzlichtspektroskopie. Und deswegen konnten die mir da nicht reinreden. Von dem her gab es keine Reibungspunkte. Wenn ich denen gesagt habe, ja, die Probe ist gut, die zeigt ein schönes Signal, dann waren die zufrieden. und ich war auch zufrieden, daß endlich mal eine anständige Probe kam. Das war nicht so simpel ...

Wissenschaftler sind allerdings daran gewöhnt, in Diskussionen die Argumentation ihres Gesprächspartners zu analysieren und ihre eigene Position zu behaupten. Andere Interviewpartner erkennen möglicherweise falsche Unterstellungen nicht oder wagen nicht, sie zu korrigieren. Deshalb ist beim Umgang mit Unterstellungen stets grosse Vorsicht geboten.

4.2.4 Die Neutralität von Fragen

Eine Grundregel für das Formulieren von Fragen in der Sozialforschung ist das Gebot der Neutralität: Fragen dürfen nicht so formuliert werden, dass sie dem Befragten eine bestimmte Antwort nahe legen. Das wird besonders an einem in der Methodologie der Befragung prinzipiell abgelehnten Fragetyp deutlich: an der Suggestivfrage.[22] Eine Suggestivfrage ist eine Frage, die „entweder explizit oder implizit die Antwort enthält, die der Interviewer vom

22 Richardson/Dohrenwend/Klein (1993) versuchen zwar, die Suggestivfrage zu rehabilitieren. Das gelingt ihnen aber nur, indem sie sie mit unterstellenden Fragen in einen Topf werfen und die positiven Effekte, die man mit letzteren erreichen kann, auch der Suggestivfrage zuschreiben. Sortiert man ihre Argumente zu Vor- und Nachteilen von Suggestivfragen nach ‚echten' Suggestivfragen und unterstellenden Fragen, dann bleiben nur wenige Argumente für den Einsatz eines so gefährlichen Instruments wie der echten Suggestivfrage, während unterstellende Fragen wesentlich besser abschneiden.

Befragten erwartet. Gemeint sind solche Erwartungen, die sich nicht allein auf die im Interview vom Befragten bis dahin gemachten Angaben stützen." (Richardson/Dohrenwend/Klein 1993: 217) Suggestivfragen sind in der Alltagskommunikation sehr häufig. Deshalb vermitteln sie dem Interviewpartner auch den Eindruck von Interesse, Freundlichkeit und Bestärkung – vorausgesetzt natürlich, die suggerierten Antworten stimmen mit den Antworten überein, die ohnehin gegeben worden wären.

F: Kannst Du dir eine Situation vorstellen, in der Du einfach aufhören würdest mit dem Leistungssport? Wie müßte so eine Situation sein oder gibt es mehrere Situationen?
A: Mit dem Leistungssport aufhören? Ich denk' mal, wenn es beruflich nicht mehr ... – sagen wir mal, wenn ich mit dem Studium fertig bin und geh' ins Berufsleben und es läßt sich einfach nicht damit vereinbaren, Leistungssport zu machen. Dann müßte ich das akzeptieren. Ich denk' mal, daß ich es dann weiterhin als Hobby machen würde, aber wenn Leistungssport sagen wir mal aus beruflichen Gründen nicht mehr möglich ist, dann müßte ich das auch akzeptieren.
F: War das das Einzige oder kannst Du dir auch noch andere Sachen vorstellen?
A: Was kann noch sein?
F: Beim Zehnkämpfer haben wir beispielsweise oft gehört, daß wenn sie davon ausgehen müßten, daß sie dopen müßten um in ihrem Sport vorne dabei zu sein, daß das ein Grund wäre.
A: Klar. Das wäre auch ein Grund. Bei mir, ich war immer nur national dabei, und wenn ich jetzt sehe, wenn welche wirklich an der internationale Spitze dabei sind und trainieren und wissen, daß genau jetzt bei uns in Deutschland kann man nicht dopen, aber jetzt im Ostblock, die können dopen, weil da das System nicht so ausgeprägt ist mit den Kontrollen und daß man dann in Konflikt kommt, sagen wir mal, ich hab gar keine Chance mehr, ich muß dopen oder ich hab keine Chance. Ich denke es schon, daß es dann... – also ich war jetzt nie in der Situation, daß ich so weit vorne mitmischen konnte, aber ich denke, daß es dann ein Problem für mich wär, wenn ich seh, daß andere dopen und ich müßte auch dopen, daß ich mitmischen kann, daß das ein Grund wäre aufzuhören.

Diese Interviewpassage ist unter drei Aspekten problematisch: Erstens wird eine hypothetische Frage gestellt, zweitens wird dem Interviewpartner eine Antwort suggeriert, nachdem ihm eindeutig nichts mehr einfiel, und drittens ist die Frage nicht neutral, weil Doping den allgemeinen gesellschaftlichen Normen widerspricht. Die letzte Antwort ist deshalb kaum auswertbar.

Auch wenn eine Frage eigentlich neutral formuliert ist, kann sie sich in eine Suggestivfrage verwandeln. Man ‚erreicht' das, wenn man die Betonung verändert, wie das folgende Beispiel zeigt:

Stellt man die Frage „Haben Sie dieser Entscheidung zugestimmt?" und betont kein Wort in dieser Frage besonders, dann steht keine bestimmte Erwartungshaltung dahinter. Fragt man dagegen: „Haben Sie dieser Entscheidung *zugestimmt*?" oder „Haben *Sie* dieser Entscheidung zugestimmt?" und drückt dabei Überraschung oder Ungläubigkeit aus, so lässt man den Befragten erkennen, dass man von ihm erwartet, dass er nicht zugestimmt hat. (Richardson/Dohrenwend/Klein 1993: 207)

In der Lehre von der Fragebogenkonstruktion der quantitativen Sozialforschung gelten Suggestivfragen als unzulässig, und auch in der Diskussion qualitativer Sozialforschung haben sie einen schlechten Ruf, weil sie dem Prinzip der Offenheit klar widersprechen. Das ist ohne weiteres erklärlich, denn die Suggestivfrage erzeugt dort, wo sie erfolgreich ist, eine vom Interviewer geplante Antwort, ohne dass man weiß, ob der Interviewpartner auf eine neutrale Frage ebenso geantwortet hätte. Die Antwort auf eine Suggestivfrage kann also als Artefakt betrachtet werden, das heißt als ein Ergebnis, dass durch die Erhebungsmethode erzeugt wurde und dessen Zusammenhang zum Untersuchungsobjekt unbekannt ist.

Trotz dieser großen Probleme mit Suggestivfragen gibt es einige wenige Gründe, sie zu verwenden. Man kann heikle Fragen (siehe unten) als Suggestivfragen formulieren, um einen Gegendruck zum sozial erwünschten Antworten aufzubauen:

> „Wenn der Interviewer ... eine peinliche, diskriminierende oder ein Tabu berührende Antwort in ruhiger, zustimmender und vertrauenerweckender Weise suggeriert, so deutet er damit an, daß er auf Antworten, die abweichende oder verbotene Einstellungen oder Verhaltensweisen zugeben, nicht kritisch oder schockiert reagieren wird.“ (Richardson/Dohrenwend/Klein 1993: 223)

Dieses Vorgehen stellt hohe Anforderungen an den Interviewer, der den allgemeinen gesellschaftlichen Druck mit dem von ihm in der Interviewsituation erzeugten lokalen Gegendruck ausbalancieren muss. Außerdem setzt es einen hervorragend informierten Interviewer voraus, denn der Interviewer muss antizipieren, ob eine Frage für den Interviewpartner heikel ist, wie der Interviewpartner den gesellschaftlichen Druck wahrnimmt usw.

Eine zweites Ziel, dem Suggestivfragen dienen können, besteht in der Hervorlockung extremer Ansichten. Wenn man weiß, dass der Interviewpartner zu einer bestimmten Frage extreme Ansichten hat, dann kann man ihn dazu provozieren, diese zu äußern, indem man die gegenteilige Antwort suggeriert.

Es gibt also zwei eng begrenzte Anwendungsfälle für die Suggestivfrage, und selbst in diesen Fällen wird es meist Alternativen zu diesem problematischen Instrument geben. Die Nachteile der Suggestivfrage überwiegen bei weitem. Es kann passieren, dass ‚schwache‘ (wenig selbstbewusste) Interviewpartner den Erwartungen folgen und damit zum Medium degradiert werden, durch das die Erwartungen des Interviewers von der Frage in die Antwort transportiert werden. Man erhält auf diese Weise ein scheinbar gelungenes Interview, das noch dazu die eigenen Erwartungen über das Untersuchungsfeld bestätigt.

Das Problem der Neutralität erschöpft sich jedoch nicht in der Vermeidung von Suggestivfragen. Selbst wenn wir eine Frage neutral formuliert haben, muss sie für den Interviewpartner noch lange nicht neutral sein. Auch eine neutrale Frage kann den Interviewten nämlich nach seinen oder nach allgemeinen gesellschaftlichen Bewertungsmaßstäben in ein schlechtes Licht rücken. Diese Möglichkeit sollte man sorgfältig prüfen. Eine Frage, die den Interviewpartner nötigt, ihm unangenehme Fakten oder Bewertungen mitzuteilen, ist eine sogenannte heikle Frage.[23] Das zentrale Problem im Umgang mit heiklen Fragen ist das sozial erwünschte Antworten: Der Interviewpartner gibt nicht die Antwort, die er für zutreffend hält, sondern die, von der er annimmt, dass sie mit den Erwartungen des Interviewers oder mit allgemeinen gesellschaftlichen Erwartungen übereinstimmt.

Die Frage „Wie beurteilen Sie den Handel mit pornographischen Bildern im Internet?" wird in den allermeisten Fällen dazu führen, dass die Befragten den Handel verurteilen – entweder, weil es ihre Meinung ist, oder, weil sie wissen, dass von ihnen eine negative Beurteilung erwartet wird.

Meinungsfragen sind häufiger heikel als Faktfragen. Das drastische Beispiel sollte verdeutlichen, dass man bestimmte Fragen nicht stellen kann, ohne sich sozial erwünschte Antworten einzuhandeln. Hier wirkt sich nachteilig aus, dass ein Interview nie völlig anonym ist: Der Interviewte muss seine Antwort immer in einer sozialen Situation einem Gesprächspartner ‚ins Gesicht sagen'. Die Tendenz zur sozial erwünschten Antwort ist deshalb auf keinen Fall geringer als bei der schriftlichen Befragung. Der Interviewer hat aber mehr Möglichkeiten, durch die Formulierung der Frage und die Gestaltung der Interviewsituation die Tendenz zur sozial erwünschten Antwort abzumildern, das heißt, die Fragen zusätzlich zu ‚neutralisieren'.

1) Eine erste Strategie der Neutralisierung besteht darin darzustellen, dass es in der Öffentlichkeit unterschiedliche Auffassungen gibt, dass also eine Vielzahl von Handlungen oder Bewertungen (und damit auch die Ansicht des Gesprächspartners, wie immer sie sei) gesellschaftlich anerkannt sind oder doch zumindest öffentlich geäußert werden. Das kann durch den Bezug auf mediale Berichterstattung oder eine anonyme öffentliche Meinung geschehen: „Viele Leute sagen ja, ...". Mit dieser Strategie versucht man, die Geltung oder die Wirkung der gesellschaftlichen Normen zu bestreiten, die die Frage zu einer heiklen Frage machen. Allerdings können solche Formulierungen leicht eine suggerierende Wirkung haben, deshalb ist große Sorgfalt angebracht. Im folgenden Beispiel musste berücksichtigt werden, dass eine starke gesellschaftliche und politische Erwartung bezüglich der Nützlichkeit von Forschung besteht und Forscher deshalb dazu tendieren, den Anwendungscharakter ihrer Arbeiten überzubetonen.

---

23 Solche Fragen können den gesamten weiteren Gesprächsverlauf beeinflussen. Ihre Position in einem Interview muß deshalb sehr gut überlegt werden (siehe 4.3.2).

F: Jetzt sagten Sie vorhin schon, daß Sie überwiegend erkenntnisorientierte Grundlagenforschung betreiben.
A: Ja, überwiegend.
F: Das ist nun eine Sache, die für mich eine ganz zentrale Frage ist. Ich muss sagen, ich habe in meine Gesprächen die unterschiedlichsten Dinge erlebt. Ich habe auch schon Theoretiker erlebt, die mir sagten: „Es gibt überhaupt keine reine Grundlagenforschung. Es gibt immer eine Verbindung zur Anwendung.
A: Ja.
F: Und andererseits wird gerade von Soziologen auch in den Diskussionen so etwas wie Elementarteilchenphysik, oder, oder, also solche Kernphysik gern als Beispiel dafür angeführt, daß es eine solche erkenntnisorientierte Grundlagenforschung doch gibt. Weil Anwendungen eben nicht mal absehbar sind.
A: Natürlich, das ist völlig richtig. Also es ist auf jeden Fall in erster Linie eine erkenntnisorientierte Grundlagenforschung, die wir hier betreiben, die nicht zum Ziel hat, daß übermorgen das Ergebnis, was ich heute produziere, in eine Anwendung überführt wird, sondern wirklich Erkenntnisgewinn für die Menschheit die Zielstellung ist. ... und die Leute, die sagen, es gibt keine reine Grundlagenforschung, haben insofern auch recht: irgendwann fließt auf jeden Fall aus der Arbeit der Grundlagenforschung betreibenden Physiker sage ich jetzt mal, Know-how in die Anwendung. Das ist, bei uns in der Kernphysik ist das auf jeden Fall über Jahre nachvollziehbar, über die Jahrzehnte nachvollziehbar, daß insbesondere Nachweistechniken, Rechentechniken, Auswertetechniken, Detektorentwicklungen, daß solche Dinge sehr schnell dann auch in anderen Wissenszweigen ihren Platz finden und angewendet werden ...

2) Man kann in der Frage darstellen, dass man in anderen Interviews auch die sozial unerwünschten oder problematischen Antworten schon bekommen hat. Mit dieser Strategie versucht man dem Interviewpartner deutlich zu machen, dass er mit seinen Erfahrungen und Ansichten nicht allein dasteht, sondern einer Gruppe angehört, und dass es üblich ist, im Interview auch unangenehme Wahrheiten zu sagen. Patton beschreibt diese Form als „Benutzung illustrierender Beispiele“:

> When phrasing questions in this way I want to let the person I'm interviewing know that I have pretty much heard it all – the bad things and the good things – and so I'm not interested in something that is particularly sensational, particularly negative, or especially positive. I'm really only interested in what that person's experience has been like. (Patton 1990: 317)

Patton führt ein Beispiel aus Interviews mit straffällig gewordenen Jugendlichen in einem Projekt zum betreuten Wohnen an. Diese Jugendlichen sollten darüber berichten, wie sie durch ihre Betreuer behandelt werden:

Okay, now I'd like to ask you to tell me how you were treated in the group home by the parents. Some kids have told us that they felt that they were treated like one of the family in the group home; some kids have told us that they got knocked around and beat up by the group home parents; some kids have told us about sexual things that were done to them; some of the kids have told us about a lot of recreational and hobby kinds of things; some kids have felt they have been treated really good and some kids have been treated really bad. What about you – how were you treated in the group home? (Patton 1990: 317-318)

Wenn die Antwortmöglichkeiten nicht derart vielfältig sind, sondern sich auf eine Dimension beschränken, dann reichen die extremen Antwortmöglichkeiten als illustrative Beispiele aus. In dem folgenden Beispiel geht es um den Umfang des Drogengenusses:

How much dope did you use while you were in the group home? I know that some kids have told me they were doped up the whole time they were in the home, they smoked or dropped stuff every day and every night, while other kids have said that they decided to stay completely straight while they were in the home. How about you? (Patton 1990: 318)

Um die Neutralität dieser Fragen zu sichern, muss unbedingt darauf geachtet werden, dass die Beispiele die Antwort nicht in eine bestimmte Richtung lenken. Die Beispiele müssen mehrere Dimensionen abdecken und zwischen dem, was der Befragte als positive und negative Beispiele wahrnimmt, ausbalanciert sein.

3) Um den Interviewpartner zur Äußerung von Meinungen (Einstellungen, Wertungen) zu heiklen Fragen zu veranlassen, kann man auf zwei Wegen indirekt fragen: Entweder man benutzt hypothetische Fragen, die den Interviewpartner teilweise vom Druck der aktuellen Gesprächssituation entlasten, oder man fragt nicht explizit nach Bewertungen, sondern nach Gründen für Handlungen oder Entscheidungen.

4.2.5 Die Klarheit von Fragen

Generell sollte bei allen Fragen darauf geachtet werden, dass sie klar und unmissverständlich formuliert werden.

> „Einer der wichtigsten Grundsätze ist, daß eine Frage so einfach formuliert sein soll, wie noch eben mit dem sachlichen Zweck der Fragestellung vereinbar ist. Dies impliziert, daß Fragen möglichst kurz sein sollen, grammatikalisch schwierige Konstruktionen zu vermeiden sind (wie doppelte Verneinung), man sich der Alltagssprache möglichst anzunähern habe und sehr vorsichtig bei Unterstellungen über den Wissensstand der Befragten sein müsse." (Scheuch 1967: 115)

Insbesondere die Präsentation von Informationen (z.B. Voraussetzungen oder illustrative Beispiele) in einer Frage kann in Konflikt mit der Forderung geraten, die Fragen so kurz und einfach wie möglich zu formulieren. Versucht man, alle Informationen in den Fragesatz zu stopfen, kann die Frage schnell völlig unverständlich werden.

Wie war das eigentlich mit Herrn X, der zwar nicht in den SFB gekommen war, aber wo was sowohl von Ihrer Seite als auch von seiner Seite geplant war, ganz am Anfang?

Dieses Problem lässt sich durch die sogenannte Plattformfrage lösen: Sie besteht aus der Plattform – einem oder mehreren Aussagesätzen –, die die gemeinsame Wissensbasis enthält, und einer inhaltlich anschließenden Frage. Der Gegenstand der Frage wird dadurch eindeutig und muss nicht mit erklärenden Informationen überfrachtet werden.

Ein sehr schönes Beispiel für dieses Vorgehen sind die beiden Fragen von Patton, die wir oben zitiert haben. Sie enthalten jeweils einen Einleitungssatz, der die Frage schon benennt und dem Interviewpartner die Möglichkeit gibt, die folgenden Informationen einzuordnen. Dann folgen die Informationen (die illustrativen Beispiele) und danach eine kurze, einfache Frage.

Neben der einfachen grammatikalischen Struktur kann die Wortwahl sehr viel zur Verständlichkeit beitragen. Prüfen Sie bei der Formulierung der Frage sorgfältig, ob Sie Wörter verwenden, die

- nicht der Alltagssprache angehören und dem Interviewpartner deshalb möglicherweise nicht bekannt sind,
- in der Alltagssprache möglicherweise eine andere Bedeutung haben als in Ihrem sozialwissenschaftlichen Kontext,
- aus dem untersuchten Feld stammen, dem Befragten aber dennoch möglicherweise unbekannt oder in einer anderen Bedeutung bekannt sind.

Ein spezielles Problem der Klarheit, auf das Patton hinweist, ist das der „Warum?"-Fragen. Diese Fragen enthalten eine große Unschärfe, da Handlungen und Prozesse zahlreiche Ursachen haben. Die geringe Spezifität des einfachen „Warum?" führt dazu, dass wir aus dem Universum von Ursachen eine oder wenige genannt bekommen, die in der konkreten Interviewsituation am nächsten liegen, das heißt dem Befragten zuerst einfallen. Deshalb sollten Fragen nach Ursachen bzw. Gründen nach Möglichkeit spezifiziert werden, z.B. als Fragen nach Personen, die Einfluss genommen haben, nach ökonomischen Gründen, nach Überzeugungen des Interviewpartners, die ihn zu Handlungen veranlasst haben usw.

4.2.6 Einfache Fragen

Einfache Fragen zu stellen heißt, mit jeder Frage nur einen Gegenstand zu behandeln und nur ein Informationsbedürfnis zu äußern. Es ist erstaunlich, wie oft gegen diesen elementaren Grundsatz verstoßen wird. Sehr häufig trifft man statt auf einfache auf multiple Fragen, das heißt auf mehrere Fragen in einem Satz oder auf mehrere aufeinanderfolgende Fragesätze. Auch das scheint eine unbewusste Übernahme aus der Alltagskommunikation zu sein.

Leitfaden stellt keinen standardisierten Fragebogen, sondern ein Gerüst dar

„Wie gut kennen und mögen Sie die Mitarbeiter in Ihrer Projektgruppe?" ist eine multiple Frage. Viele Antworten auf diese Frage dürften gar nicht auswertbar sein, weil man gar nicht weiß, auf welche der beiden enthaltenen Fragen der Interviewpartner geantwortet hat.

Als Argument für die multiplen Fragen wird manchmal angeführt, dass der Interviewte sich die Frage, die er beantwortet, entsprechend seinen Prioritäten auswählen kann. Die praktische Erfahrung ist aber eher, dass Unsicherheit und Stress entstehen. Der Interviewer, der ein Bündel von Fragen auf den Interviewten abschießt, um zu sehen, welche davon trifft, lädt dem Interviewten eine unnötige Last auf.

F: So, die erste Frage ist, klingt sehr allgemein. Das wäre einfach die Frage, woran Sie zur Zeit arbeiten. Und das würde ich aber also gerne noch in drei Hinsichten spezifizieren. Also welche Probleme wollen Sie lösen, was sind Ihre Untersuchungsobjekte und welche Methoden wenden Sie an? Soweit ich das aus einigen Übersichten, die ich mitgekriegt habe, entnommen habe, arbeiten Sie ja auch experimentell? Oder messen zumindest?
A: In der Arbeitsgruppe, ja.
F: Sie selbst gehören nicht dazu?
A: Ich selbst experimentiere im Augenblick nicht. Ist also auch nicht, also ich habe fast immer nur theoretisch gearbeitet. Also sprich mit Computern, hier Simulationen, Theorien, die man dann im Computer auswertet. Ja, also wie waren Ihre drei Fragen? Woran ich arbeite.

Außerdem verliert man bei multiplen Fragen die Kontrolle über das Interview, weil die Antworten – je nach gewählter Frage – in alle möglichen Richtungen gehen können.

4.3 Konstruktion des Interviewleitfadens

4.3.1 Funktionen des Leitfadens im Interview

Was ist ein Interviewleitfaden? Der Interviewleitfaden ist ein Blatt Papier, auf dem die Fragen stehen, die man dem Interviewpartner im Verlauf des Interviews stellen will. Er ist also ein ‚Erhebungsinstrument'. Im Unterschied zum standardisierten Fragebogen bildet der Leitfaden lediglich eine Art Gerüst, das heißt, er belässt dem Interviewer weitgehende Entscheidungsfreiheit darüber, welche Frage wann in welcher Form gestellt wird. Mit dem Fragebogen des standardisierten Interviews hat der Leitfaden gemeinsam, dass er Ergebnis einer Operationalisierung ist. Im Falle des Leitfadens besteht die Operationalisierung darin, die Leitfragen in Interviewfragen zu übersetzen, die an den Alltag des Interviewpartners anschließen. Die Antworten auf diese Fragen enthalten die Informationen, anhand derer wir den uns interessierenden sozialen Prozess rekonstruieren können, um so zu der von uns letztlich angestrebten Erklärung zu gelangen.

Die im vorangegangenen Kapitel beschriebenen Vorüberlegungen haben zu einer präzisen Formulierung des Erkenntnisinteresses (in Form der Forschungsfrage, der Variablen/Einflussfaktoren und ihrer Verknüpfung in einem hypothetischen Modell) und einer Strategie der empirischen Untersuchung (in Form der Leitfragen für die empirische Untersuchung, der zu untersuchenden Fälle und der einzusetzenden Methoden) geführt. Damit verfügen wir nun über alle Voraussetzungen, um Leitfäden für unsere Interviews entwickeln zu können. Dieser Schritt verdient deshalb große Aufmerksamkeit, weil der Leitfaden im Interview Ihre einzige schriftliche Unterstützung ist. Man kann nicht gleichzeitig ein möglichst ungezwungenes Interview führen und dabei in seinen Unterlagen blättern und nach einer Information suchen, die man für das Gespräch noch braucht. Natürlich müssen Sie Ihre Forschungsfrage und die Leitfragen der Untersuchung im Kopf haben, um im Interview richtig reagieren zu können. Dieses Wissen allein kann aber kaum sicherstellen, dass Sie im Interview alle benötigten Informationen erfragen. Die schriftliche Anleitung dafür ist der Interviewleitfaden. Er stellt sicher, dass in einer größeren Zahl von Interviews gleichartige Informationen erhoben werden, und dass in jedem Interview alle Informationen erhoben werden, von denen man sich vorher überlegt hat, dass man sie braucht. Diese Art von Unterstützung benötigt man nicht nur zu Beginn einer Untersuchung. Leitfäden wirken auch Gewöhnungsprozessen und impliziten Wandlungen des Erkenntnisinteresses während der Untersuchung entgegen. Der Interviewer wird nach einigen Interviews eine subjektive Theorie über sein Forschungsproblem entwickeln, das heißt eine Vermutung, wie die Antwort oder zumindest doch der zu rekonstruierende Prozess aussehen. Solche Vermutungen werden durch besonders prägnante und überzeugende Beschreibungen befördert, die man in einzelnen Interviews hört und sich einprägt. Besitzt man einmal eine solche subjektive Theorie (und es ist ganz natürlich, dass sie im Verlauf des Forschungsprozesses entsteht), dann neigt man dazu, anders zu fragen. Es wird gewissermaßen langweilig, noch einmal abzufragen, was man schon weiß. Man neigt dann dazu, Fragen unbewusst so umzuformulieren, dass sie nur noch Bestätigungen für das einholen, was man schon zu wissen glaubt. Dadurch verändern sich die Interviews: ihr Informationsgehalt nimmt ab, und der suggestive Charakter nimmt zu. Das strikte Abarbeiten des Interviewleitfadens vom ersten bis zum letzten Interview schützt vor solchen vorzeitigen Schließungen.

Obwohl der Interviewleitfaden keine unumstößliche Vorschrift für die Interviewführung ist, beschreibt er doch ein ‚Beispielinterview', das heißt, er enthält Fragen, die bei erwartungsgemäßer Beantwortung ein an einen natürlichen Gesprächsverlauf angenähertes, alle erforderlichen Themen behandelndes Gespräch möglich machen. Abweichungen vom Interviewleitfaden werden sich immer dann ergeben, wenn zu verschiedenen Themen nachgefragt werden muss, wenn sich im Interview neue Themen ergeben oder wenn sich die Möglichkeit ergibt, Themen anders aneinander anzuschließen (siehe 4.5.1).

4.3.2 Auswahl, Formulierung und Anordnung von Fragen

Der Interviewleitfaden sollte nicht mit der ersten Frage beginnen. Den Fragen sollte eine Notiz vorausgehen, in der Sie für sich festhalten, was vor dem Interview gesagt werden muss. Das Prinzip der informierten Einwilligung fordert, dass Sie den Interviewpartner vor dem Interview über das Ziel der Untersuchung und über die Rolle, die das Interview für die Erreichung des Zieles spielt, unterrichten. Außerdem müssen Sie ihn darüber aufklären, wie seine persönlichen Daten geschützt werden und die Anonymität der Untersuchung gesichert wird. Wenn Sie das Gespräch aufzeichnen wollen (was wir dringend empfehlen, siehe 4.4.3), dann müssen Sie vorher die ausdrückliche Genehmigung des Interviewpartners einholen. Da diese vier Punkte vor jedem Interview unbedingt besprochen werden müssen, ist es zweckmäßig, sie sich als ‚Vorspann' des Interviewleitfadens zu notieren (siehe das Beispiel in Anhang 2).

Wie viele Fragen darf ein Interviewleitfaden enthalten? Die Zahl der Fragen richtet sich natürlich nach den zu erhebenden Inhalten. Sie müssen aber auch von vornherein die für das Interview zur Verfügung stehende Zeit kalkulieren. Die von uns interviewten Naturwissenschaftler gestanden uns ein bis zwei Stunden für ein Interview zu. Wenn man weiß, dass die Zeit so begrenzt ist, muss man sich mit der Formulierung und Anordnung der Fragen danach richten. Je nach Offenheit der Frage und Komplexität des Gegenstandes können Sie damit rechnen, in einer Stunde 8 bis 15 Fragen behandeln zu können.

Der Interviewleitfaden sollte übersichtlich gestaltet sein und möglichst nicht mehr als zwei Seiten umfassen, damit Sie sich während des Interviews schnell in ihm zurechtfinden. Darüber, ob die Fragen im Leitfaden ausformuliert sein sollen oder nicht, gibt es unterschiedliche Ansichten. Wir plädieren für das Ausformulieren der Fragen. Das bietet den Vorteil, dass alle Interviewpartner die Fragen in annähernd gleicher Form hören, was für die Vergleichbarkeit der Interviews von Vorteil ist. Außerdem verleiht die aufgeschriebene Frage Sicherheit im Interview, was vor allem in schwierigen Interviewsituationen hilfreich ist. Ein Nachteil vorformulierter Fragen besteht darin, dass sie zum ‚Festkleben' am Leitfaden verleiten (siehe 4.5.5). Auf jeden Fall ist jedoch ratsam, die Fragen wenigstens einmal vollständig aufzuschreiben, weil man auf diese Weise gezwungen ist, über die Formulierung der Frage nachzudenken.

Fasst man die Überlegungen zu Fragetypen und ihren Einsatzmöglichkeiten aus Abschnitt 4.2 zusammen, dann ergeben sich folgende allgemeine Grundsätze für die Auswahl von Fragen:

- Klare, leicht verständliche, einfache Fragen in der Alltagssprache stellen.
- Meinungsfragen sind nur sinnvoll, wenn die Bewertungen und Handlungsgründe des Interviewpartners in die Rekonstruktion der sozialen Prozesse einbezogen werden müssen.
- Hypothetische Fragen sind nur sinnvoll, wenn die subjektiven Theorien des Gesprächspartners in die Rekonstruktion der sozialen Prozesse einbezogen werden müssen.
- Simulationsfragen sind als Fragen nach schwer kommunizierbaren Sachverhalten (z.B. informellen Regeln) oder als starke Erzählanregungen (Simulation einer Beobachtung) sinnvoll.
- Die Faktfragen sollen als Erzählanregungen, das heißt als offene Fragen, gestellt werden.
- Erzählanregungen sind wichtiger als Detailfragen, sie sollten jeweils zuerst gestellt werden in der Hoffnung, dass sich Detailfragen erübrigen. Im Interviewleitfaden kann das so aussehen, dass Sie die ‚Erzählanregung' als Frage hervorheben (z.B. im Fettdruck) und die Detailfragen, die durch die Erzählung unbedingt beantwortet werden müssen, als Checkliste darunter schreiben. Sie müssen dann während der Erzählung nur noch gedanklich abhaken, ob die Details tatsächlich genannt werden.

Wie wurden Sie Mitglied im SFB?
- Wie erfuhren Sie von der Absicht, einen SFB zu gründen?
- Wie kam es zu Ihrer Aufnahme in den SFB?
- Welche Alternativen hätte es zur Mitarbeit im SFB gegeben?

- Die Klarheit der Frage ist wichtiger als ihre Offenheit. Der Interviewpartner muss der Frage entnehmen können, was der Interviewer wissen will.
- Provokationen sind für spezielle Zwecke nützlich, sollten jedoch wegen ihrer Risiken sparsam eingesetzt werden.
- Die Fragen müssen auf die in ihnen enthaltenen Voraussetzungen und auf die Antworttendenzen, die sie nahe legen, kontrolliert werden.
- Wenn Sie in Interviewfragen Informationen verwenden wollen, die Ihnen andere Untersuchte gegeben haben, müssen Sie die Anonymität Ihres Informanten sichern. Das bedeutet, dass sie seinen Namen nicht nennen dürfen. Also nicht: „Herr Schubert hat mir erzählt ....", sondern „Ich habe gehört, dass ..." oder „In anderen Interviews wurde gesagt, dass ...". Aber auch die Information selbst könnte die Identität des Informanten preisgeben, wenn nur wenige, dem Interviewpartner bekannte Personen überhaupt über sie verfügen. Das müssen Sie berücksichtigen. Im Zweifelsfall hat die Wahrung der Anonymität des Informanten Priorität.

Eine wichtige Regel für die Zulässigkeit von Fragen kommt aus der Forschungsethik: Da der wichtigste ethische Grundsatz lautet, dass den Teilnehmern an einer Untersuchung daraus kein Schaden entstehen darf, müssen wir alle Fragen daraufhin prüfen, ob sie einen solchen Schaden verursachen können. Es scheint zunächst unsinnig, dass man jemanden mit einer Frage Schaden zufügen kann. Das berühmte Sprichwort „Fragen kostet nichts" weist ja darauf hin, dass das Fragen als harmlos gilt. Schließlich kann der Gefragte ja jederzeit die Antwort verweigern. Und dennoch: Wir hatten festgestellt, dass eine Frage Gedächtnisinhalte aktiviert. Wenn Sie Fragen nach traumatischen Erlebnissen stellen, die der Interviewpartner bis zum Zeitpunkt des Interviews erfolgreich verdrängt hat, um sein Leben zu bewältigen, dann kann die bloße Frage zu schweren psychischen Schädigungen führen. Fragen können auch Ängste auslösen, indem sie auf mögliche Gefahren hinweisen. Diese Möglichkeiten werden zwar nicht sehr häufig auftreten, sind aber nicht ausgeschlossen. Auch Experteninterviews sind nicht vor solchen Problemen gefeit.

Die Reihenfolge der Fragen ist für den Erfolg eines Interviews nicht weniger wichtig als ihr Wortlaut. Sie entscheidet über den Umfang und die Genauigkeit, mit der ein Interviewpartner antwortet, und in manchen Fällen auch über die Inhalte der Antworten. Auch in qualitativen Interviews gibt es Ausstrahlungseffekte, wie sie aus der Fragebogenkonstruktion bekannt sind (Mayntz/Holm/Hübner 1978: 112). Der Interviewpartner wird ja mit jeder Frage veranlasst, bestimmte Gedächtnisinhalte zu aktivieren. Dadurch wird im Verlauf des Interviews ein bestimmter kognitiver Kontext erzeugt, der die Antworten beeinflusst. Fragen Sie z.B. einen Interviewpartner ausführlich nach allen politischen Skandalen, an die er sich erinnert, so wird er anschließend wahrscheinlich eine andere Bewertung politischer Parteien abgeben, als er das ohne diese Fragen getan hätte. Und wenn Sie einen Prozess rekonstruieren wollen, der bis in eine fernere Vergangenheit zurückreicht, dann wird der Informationsgehalt der Antworten wahrscheinlich geringer sein, wenn Sie ständig die Zeitebenen wechseln und abwechselnd nach gegenwärtigen und lange zurückliegenden Ereignissen fragen. Deshalb will auch die Anordnung von Fragen gut überlegt sein.

Die Fragen sollten so angeordnet werden, dass inhaltlich zusammengehörende Themen auch nacheinander behandelt werden. Das ermöglicht eine Annäherung an den natürlichen Gesprächsverlauf: Auch in der Alltagskommunikation ist es ja so, dass es einen Gesprächsfaden aus inhaltlich aneinander anschließenden Fragen und Antworten gibt. Es wird natürlich nicht ohne Brüche und deutliche Übergänge abgehen, weil sich nur selten alle in einem Experteninterview zu behandelnden Themen aneinander anschließen lassen. Man sollte die Zahl abrupter Übergänge aber so niedrig wie möglich halten. Ein zweites Argument für die Aufteilung des Interviewleitfadens in Themenkomplexe, die nacheinander behandelt werden, ist das Erinnerungsvermögen des Gesprächspartners. Wenn Sie nach zurückliegenden Ereignissen und Situationen fragen, dann muss Ihr Interviewpartner diese ja zunächst rekonstruieren. Das erfordert eine gewisse Zeit und wird durch die Kommunikation über den Gegenstand begünstigt. Wenn das Thema über eine längere

Zeit hinweg zusammenhängend behandelt wird, dann ist damit zu rechnen, dass dem Interviewpartner immer mehr einfällt, dass Sie also nach einiger Zeit zusätzliche Informationen erhalten. Überhaupt ist es häufig zweckmäßig, mit den Fragen nach einem zu rekonstruierenden Prozess dessen Chronologie zu folgen, das heißt, die Rekonstruktion von einem in der Vergangenheit liegenden Startpunkt an Schritt für Schritt in Richtung Gegenwart zu unternehmen.

Ein solches Vorgehen kann in einigen Fällen aber auch ungünstig sein. Wie wir bereits angedeutet haben, müssen Sie sich klarmachen, welche Gedächtnisinhalte Sie schon ‚aufgerufen' haben wollen, wenn Sie eine bestimmte Frage anschneiden. Die interviewten Experten werden immer darum bemüht sein, eine konsistente Darstellung zu geben, das heißt die im weiteren Verlauf des Interviews gegebenen Informationen so zu formulieren, dass sie zu den bereits gegebenen ‚passen'. Das ist ein unbewusster Prozess, auf den Sie mit ihren Fragen kaum Einfluss nehmen können. Er schließt sogenannte ‚retrospektive Rationalisierungen' ein. Retrospektive Rationalisierung nennt man die Konstruktion von rationalen Beweggründen für früheres Handeln oder von rationalen Erklärungen für frühere Situationen oder Prozesse – Beweggründe bzw. Erklärungen, die zum Zeitpunkt des Geschehens unter Umständen gar keine Rolle gespielt haben. Was damals spontan oder vielleicht aus ungewöhnlichen Gründen getan wurde, wird aus der Perspektive, die der Befragte zum Zeitpunkt des Interviews hat, in ein rationales Verhalten umgedeutet. Das heißt nicht, dass der Interviewpartner die Unwahrheit sagt, also wider besseres Wissen falsche Handlungsgründe angibt. Er ist vielmehr in solchen Fällen selbst davon überzeugt, damals aus den Gründen gehandelt zu haben, die er im Interview angibt. Um hinter solche Konstruktionen schauen zu können, kann es mitunter zweckmäßig sein, mehrmals in unterschiedlichen Gesprächskontexten auf ein Thema zurückzukommen. Da die Tendenz zu retrospektiven Rationalisierungen bei zusammenhängenden Erzählungen am stärksten ist, kann es auch nützlich sein, zunächst Detailfragen zu behandeln und erst anschließend eine zusammenhängende Darstellung anzuregen.

Neben diesen allgemeinen Regeln für die Anordnung von Fragen gibt es einige spezielle Regeln, die bei der Konstruktion eines Interviewleitfadens berücksichtigt werden sollten. Eine erste Regel betrifft den Beginn des Interviews. Diese Phase ist besonders wichtig, weil sich zu Beginn das Klima des Interviews herausbildet, die Rollen der Gesprächspartner definiert werden und sich ein bestimmtes Niveau der Kommunikation einstellt. Als erste Frage sollte immer eine ‚Anwärmfrage' gestellt werden, das heißt eine Frage, die für den Interviewpartner leicht zu beantworten ist und einen ihm angenehmen Gegenstand betrifft. Dadurch können eventuelle Spannungen gelöst werden, die sich möglicherweise beim Interviewpartner wegen der ungewohnten Situation aufgebaut haben. Die meisten Ihrer Interviewpartner werden das erste Mal in ihrem Leben in dieser Rolle agieren. Sie wissen nicht, was sie erwartet, und ob sie den Erfordernissen der Interviewsituation gerecht werden können. Deshalb ist es wichtig, dass die Interviewpartner zu Beginn des Interviews das Gefühl gewinnen, die Situation zu meistern. Das ist so wichtig, dass man auf jeden Fall eine Anwärmfrage stellen sollte. Finden Sie unter den ohnehin zu stellenden Fragen keine, die sich als Anwärmfrage eignet, dann lohnt es sogar, eine Frage zu ‚verschwenden', das heißt, eine Anwärmfrage zu wählen, deren Beantwortung für die Untersuchung weniger wichtig ist.

> Im Projekt ‚Sportlerbiographien' konnte als Anwärmfrage in den Interviews mit Athleten die Frage nach der ersten interessanten Phase der Biographie gewählt werden: „Bitte beschreibe, wann und wie Du zu Deinen allerersten Sporterfahrungen gekommen bist! Dabei meine ich nicht den Leistungssport, den Du heute betreibst, sondern Sport ganz allgemein." Es konnte davon ausgegangen werden, dass durch diese Frage angenehme Erinnerungen an ein in der Kindheit verfolgtes Hobby ausgelöst werden.

> Im SFB-Projekt lautete die Anwärmfrage in den Interviews mit Wissenschaftlern des SFB „Was ist Ihr Forschungsgebiet?" Wissenschaftler sind in der Regel intrinsisch motiviert, das heißt, sie arbeiten gern und sprechen gern und begeistert über ihr Arbeitsgebiet. Deshalb hat sich eine auf das Arbeitsgebiet mit Wissenschaftlern gerichtete Anwärmfrage bewährt.

Die beiden anderen Funktionen der ersten Interviewphase werden nicht unbedingt mit der Anwärmfrage, aber auf jeden Fall bald danach erfüllt. In manchen Untersuchungen muss zu Beginn des Interviews deutlich werden, wie gut der Interviewer über den zu rekonstruierenden Prozess informiert ist. Es geht dabei nicht in erster Linie darum, dem Befragten klarzumachen, dass es keinen Sinn hat, ausweichende oder unrichtige Antworten zu geben, obwohl auch das manchmal nötig sein kann. Viel wichtiger ist es, dem Interviewpartner zu signalisieren, was er an Wissen voraussetzen kann, das heißt, wie schwierig seine Antworten sein dürfen, inwieweit Sie die im Untersuchungsfeld gesprochene Sprache verstehen und welcher Grad an Detailliertheit erwünscht ist. Dieses Problem stellt sich generell in Interviews mit Eliten, besonders scharf sicherlich bei Interviews mit Naturwissenschaftlern, aber auch bei Politikern, Managern und anderen Interviewpartnern. Wir werden im folgenden Abschnitt noch einmal darauf zurückkommen. Generell ist es ratsam, zu Beginn des Interviews (als Anwärmfrage oder unmittelbar danach) eine Frage zu stellen, die Ihr Wissen und Ihre Aufnahmefähigkeit signalisiert. Es ist auch möglich, diesen Punkt im Vorspann explizit anzusprechen, wenn Sie das Ziel des Interviews beschreiben. Auch dann wird es aber so sein, dass zu Beginn des Interviews das Kommunikationsniveau ‚eingestellt' wird.

So wie die erste sollte auch die letzte Frage angenehm sein, also weder besonders schwierig noch heikel. Anderenfalls bestünde die Gefahr, dass das Interview einen unangenehmen Eindruck hinterlässt. Eine in vielen Fällen geeignete Abschlussfrage ist die, ob der Interviewpartner aus seiner Sicht noch ihm wichtige Aspekte des Themas nennen möchte, die seinem Gefühl nach im Interview zu wenig berücksichtigt wurden. Diese Frage hat zwei Vorteile: Sie überlässt es dem Interviewpartner, über den Inhalt der Antwort zu entscheiden, und ist deshalb wahrscheinlich angenehm für ihn. Außerdem erhöht sie die Offenheit des Interviews, indem sie noch einmal die Generierung von Informationen anregt, die in der Vorbereitung nicht vorhergesehen wurden.

Heikle und provozierende Fragen sollte man erst gegen Ende des Interviews stellen. Beide Arten von Fragen bergen die Gefahr, dass sie die Interviewsituation nachhaltig verändern. Sie können sogar das aufgebaute Vertrauen zerstören. Der Interviewpartner ist dann unter Umständen nicht mehr kooperativ und beantwortet die folgenden Fragen nicht mehr oder nur noch pro forma.

Nachdem Sie den Interviewleitfaden fertig entwickelt haben, sollten Sie ihn noch einmal einer expliziten Kontrolle unterziehen. Wir raten Ihnen, den fertigen Leitfaden dadurch zu überprüfen, dass Sie für jede Frage noch einmal klären (Ullrich 1999: 436-437):

1) Warum wird die Frage gestellt? Hier geht es um die theoretische Relevanz oder die technische Funktion der Frage.
2) Wonach wird gefragt/Was wird erfragt? Damit werden die inhaltliche Dimension und das Spektrum der möglichen Antworten geprüft.
3) Warum ist die Frage so (und nicht anders) formuliert? Sie sollten sich noch einmal den Fragentyp und die verschiedenen Formulierungsprobleme vergegenwärtigen, die wir behandelt haben.
4) Warum steht die Frage/der Fragenblock an einer bestimmten Stelle? Die Antwort auf diese Frage ist die Begründung für die Grob- und Feinstruktur des Leitfadens. Sie bietet zugleich eine Möglichkeit, die Verteilung von Fragetypen im Leitfaden und das Verhältnis zwischen einzelnen Fragen zu prüfen.

Der nach diesen Regeln entwickelte Interviewleitfaden bildet die Grundlage für die Interviews.[24] Anders als der standardisierte Fragebogen wird der Leitfaden aber im gesamten Untersuchungsverlauf ständig verändert. Zur inhaltlichen Vorbereitung jedes Interviews gehört es, sich möglichst viel Wissen über den Gegenstand des Interviews zu verschaffen und mit diesem Wissen den Interviewleitfaden an die spezifische Situation (an das spezifische Ziel des Interviews, an den Gesprächspartner) anzupassen (siehe den folgenden Abschnitt).

---

24 Beispiele für Interviewleitfäden finden Sie im Anhang 2. Diese Leitfäden entsprechen nur teilweise den in diesem Kapitel aufgestellten Regeln und sollten deshalb durchaus kritisch gelesen werden.

Veränderungen am Leitfaden können auch dann vorgenommen werden, wenn sich bei seiner Anwendung bestimmte Fragen, Frageformulierungen oder die Reihenfolge von Fragen als ungünstig erweisen. Wie die Fragebögen der quantitativen Befragungen ist ja auch der Interviewleitfaden zunächst ein Instrument, das teilweise auf noch ungeprüften Annahmen über das Untersuchungsfeld basiert. Es kann sein, dass die entworfenen Fragen nicht das bewirken, was sie bewirken sollen. Deshalb sollte man den Leitfaden vor der eigentlichen Untersuchung testen, indem man ein oder mehrere Probeinterviews mit Menschen führt, die den späteren Interviewpartnern vergleichbar sind. Ist das nicht möglich, dann muss nach jedem der ersten Interviews geprüft werden, ob die Fragen in der erwarteten Weise verstanden, die durch die Leitfragen vorgegebenen Themen erschöpfend behandelt und ob die gewünschten Erzählungen angeregt werden. Gegebenenfalls muss der Leitfaden korrigiert werden. Das ist in der Regel unproblematisch, da es nicht um inhaltliche Veränderungen geht, sondern um eine bessere Formulierung der Fragen. Da außerdem neue Erkenntnisse aus den Interviews auch neue Fragen mit sich bringen können, ist die Arbeit am Interviewleitfaden eigentlich nie abgeschlossen, sondern dauert bis zum letzten Interview an.

4.3.3 Anpassen des Interviewleitfadens

Wie wir bereits im vorangegangenen Abschnitt erwähnt haben, werden Sie den Interviewleitfaden nur selten so benutzen, wie er entwickelt wurde. Zur Vorbereitung des Interviews gehört es, so viele Informationen über den Gegenstand des Interviews zu beschaffen wie möglich. Die Gründe dafür hatten wir bereits genannt: Sie sollen so wenig wie möglich fragen müssen, so genau wie möglich fragen können und dem Interviewpartner signalisieren, dass Sie sich intensiv mit dem Gegenstand des Interviews beschäftigt haben. Gegen die Anpassung der Interviewleitfäden könnte eingewendet werden, dass sie einen weiteren Teil der Standardisierung preisgibt. Dieser Einwand wäre berechtigt, wenn der Interviewleitfaden die Aufgabe hätte, zur Standardisierung der Interviewsituation beizutragen. Das ist aber gar nicht der Fall. Der Interviewleitfaden soll vielmehr sicherstellen, dass in allen Interviews bestimmte Informationen erhoben werden. Dafür, wie die Informationen erhoben werden sollen, gibt der Leitfaden lediglich Hinweise – daher auch sein Name.

Die Forderung, den Interviewleitfaden an den jeweiligen Interviewpartner und an die Interviewsituation anzupassen, lässt sich mit dem Prinzip der Offenheit und mit dem Prinzip des Verstehens begründen. Das Ziel der Anpassung besteht ja darin, den Informationen über den Untersuchungsgegenstand bei der Vorbereitung des Gesprächs einen höheren Stellenwert einzuräumen und die abstrakten theoretischen Vorüberlegungen zu konkretisieren. Die Arbeit mit einem spezifizierten Interviewleitfaden hat folgende Vorteile:

1. Sie kann den Interviewleitfaden von Detailfragen entlasten. Wenn Detailinformationen mit vertretbarem Aufwand anders als durch das Interview beschafft werden können und nicht durch ein Interview bestätigt werden müssen, dann sollten sie auf diese andere Weise beschafft werden. Hier ist allerdings sorgfältig abzuwägen, ob man tatsächlich auf die Beschreibung durch den Interviewpartner verzichten kann (siehe unten).
2. Die Kenntnis von Lebens- und Arbeitswelten der Interviewpartner ermöglicht es meist, die Fragen bezogen auf diese Welten und damit leichter aufnehmbar zu formulieren. Außerdem kann so den Forderungen nach Spezifität und nach Erfassung des personalen Kontexts nachgekommen werden (vgl. 4.1.2).
3. Die spezifische Formulierung von Fragen führt dazu, dass man sich beim Interviewpartner Respekt verschafft:

   > „Your informed questions signal the interviewees that you have done your homework, made an effort, and have not just come to pick their brain. You have gone as far as you can go with the available material and now you need some help.“ (Rubin/Rubin 1995: 198)

4. Viel wichtiger als die Standardisierung von Gesprächssituationen ist die Annäherung des Interviews an einen natürlichen Gesprächsverlauf. Das gelingt mit einem an den jeweiligen Partner angepassten Leitfaden wesentlich besser als mit einem ‚neutralen‘ Instrument, das in bestimmten Situationen sogar deplaziert wirken kann.

Den Interviewleitfaden anzupassen wird nur selten bedeuten, Fragen aus dem Leitfaden zu entfernen, auf die man aus anderen Quellen eine Antwort erhalten hat. Das ginge nur bei Faktfragen, denn die Antwort eines Interviewpartners auf Meinungsfragen ist durch keine andere Quelle ersetzbar. Auch beim Entfernen von Faktfragen ist jedoch große Vorsicht geboten. Auf Beschreibungen eigener Handlungen, Interaktionen und Wahrnehmungen des Interviewpartners sollte man prinzipiell nicht verzichten. Die Perspektive eines Interviewpartners auf das eigene Handeln ist zwar nicht unbedingt ‚wahrer‘ als die Perspektive anderer Beteiligter, aber sie ist einzigartig und häufig auch reicher an Details.

Auch andere Faktfragen sind nur selten durch andere Quellen ersetzbar. Sie sind ja meist als Erzählanregungen entworfen worden, und sie zu entfernen bedeutet, eine bestimmte Erzählung auszusparen. Das will gut überlegt sein, da die ausgelassene Erzählung auch andere (nicht vorhersehbare) Informationen geben kann. Hinzu kommt, dass die anderen Quellen, aus denen man die benötigten Informationen gewonnen hat, nicht unbedingt zuverlässig sein müssen. Schließlich gibt es Untersuchungen, in denen die Reaktion aller Interviewpartner auf eine bestimmte Frage erhoben werden muss. Eine solche Frage darf dann natürlich unter keinen Umständen aus dem Leitfaden entfernt werden.

Sie sollten also nur dann Fragen aus dem Leitfaden entfernen, wenn es sich um spezielle, auf einen einzelnen Sachverhalt gerichtete Faktfragen handelt, die keine Erzählanregung sein sollen und auf die Sie aus anderen Quellen eine vollständige, eindeutige und hinreichend sichere Antwort bekommen haben.

In wissenschaftssoziologischen Untersuchungen müssen die Interviewpartner mitunter nach ihrer Mitgliedschaft in wissenschaftlichen Fachgesellschaften, Gremien der Universität u.ä. gefragt werden. Solche Informationen kann man immer häufiger aus den Internetseiten der Wissenschaftler entnehmen.

Verbreiteter als das Entfernen ist das Umformulieren von Fragen. Durch genauer formulierte Fragen beweist man Sachkenntnis und erspart dem Interviewpartner bestimmte Erläuterungen. Häufig kann das Wissen in die ‚Plattform' von Fragen integriert werden.

F: Ich weiß, daß eines Ihrer beiden Forschungsgebiete [Untersuchungsobjekt1] ist, das Sie hier im SFB bearbeiten. Ich hätte noch gerne gewußt, seit wann bearbeiten Sie dieses Thema etwa?

Schließlich können Sie dem Interviewleitfaden auch Fragen hinzufügen, wenn Sie bei Ihrer Vorbereitung auf interessante Aspekte stoßen, zu denen Sie zusätzlich Informationen einholen wollen.

Aus der Anpassung durch Vorwissen entstehen spezifische Interviewleitfäden, bei denen einige Fragen für jeden Interviewpartner anders formuliert sein können. Dabei muss aber stets auf die Vergleichbarkeit und auf die Vollständigkeit der Informationen geachtet werden. Die spezifizierten Interviewleitfäden müssen noch immer sicherstellen, dass die benötigten Informationen erhoben werden, und dass im für die Untersuchung erforderlichen Ausmaß vergleichbare Angaben erhoben werden.

Für die Beschaffung der zusätzlichen Informationen, mit denen man den Leitfaden anpassen kann, stehen mehrere Quellen zur Verfügung. Die ergiebigste Quelle sind meist andere Interviews, die über denselben Gegenstand geführt wurden. Will man Informationen aus diesen Interviews nutzen, muss man sorgfältig darauf achten, dass man nicht direkt (durch Nennen) oder indirekt (durch den Inhalt der verwendeten Information) die Quelle preisgibt. Eine zweite wichtige Quelle sind Dokumente der Organisationen, die in den zu rekonstruierenden Prozess involviert sind. Häufig sind Selbstbeschreibungen der Organisationen, Jahresberichte, Hauszeitungen usw. zugänglich, aus denen wichtige Informationen entnommen werden können. Eine zunehmende Rolle spielt hier die Präsentation von Organisationen im Internet, da sie einen einfachen Zugang zu Informationen bietet. Zu den Dokumenten gehören schließlich auch die speziell für die Untersuchung gesammelten, möglicherweise internen Dokumente. Bei deren Benutzung muss man ebenfalls darauf achten, die Anonymität der Quelle zu wahren. Eine weitere nicht zu unterschätzende Quelle ist schließlich die Presse, die gerade bei Untersuchungen von politischen Prozessen wichtige Informationen liefern kann.

Wenn Sie Ihren Interviewleitfaden anpassen, dann sollten Sie auf jeden Fall auch über die Prioritäten Ihrer Fragen nachdenken. Es kann Ihnen vor oder während des Interviews leicht passieren, dass die Zeit nicht ausreicht, um alle (verbliebenen) Fragen zu stellen. Sie müssen deshalb darauf vorbereitet sein, die Fragen in der Reihenfolge ihrer Wichtigkeit zu stellen.

4.4 Die praktische Vorbereitung des Interviews

4.4.1 Face to face, Telefon oder email?

Der Abschnitt 4.4 bezieht sich auf die Vorbereitung (und die folgenden auf die Durchführung) von face-to-face Interviews. Dazu gibt es zwei Alternativen, und zwar Telefoninterviews und als eine neuere Variante email-Interviews. Die bisherigen Ausführungen zur Formulierung von Fragen und zur Konstruktion von Interviewleitfäden gelten auch für diese beiden Varianten. In der praktischen Vorbereitung und Durchführung gibt es jedoch erhebliche Unterschiede. Wir begründen hier kurz, warum wir beide Alternativen für weniger gut geeignet halten, und konzentrieren uns dann im Weiteren auf die face-to-face Interviews.

Telefoninterviews werden vor allem wegen ihrer Zeit- und Kostenersparnis eingesetzt. Der Interviewer muss nur die tatsächliche Interviewzeit aufbringen und nicht etwa für eine Stunde Interview einen Tag quer durchs Land fahren. Man spart auch die Reise- und gegebenenfalls Übernachtungskosten. Telefoninterviews sind auch für manche Interviewpartner angenehmer, da sie eine größere Flexibilität gewähren können als ein fest vereinbarter Termin.

Für diese Vorteile muss man aber auch einen hohen Preis bezahlen. Bei Telefoninterviews hat man eine deutlich geringer Kontrolle über das Gespräch und eine geringere Ausbeute an Informationen. Die Kontrolle ist eingeschränkt, weil man die Situation, in der der Gesprächspartner seine Antworten gibt, nicht kennt und auch nicht beeinflussen kann. Sie können Störungen oder ‚Nebentätigkeiten' des Interviewpartners weder erkennen noch verhindern. Ihnen entgehen außerdem alle visuellen Informationen, die Sie beim face-to-face Interview vielleicht den Gesprächsverlauf anders hätten steuern lassen.

Die Informationsverluste sind ebenso bedeutsam. In manchen face-to-face Interviews wird Ihr Gesprächspartner Ihnen Dokumente übergeben, die wertvolle zusätzliche Informationsquellen sind. Finden die Interviews am Arbeitsplatz statt, liefert der Besuch des Arbeitsplatzes meist wertvolle Hintergrundinformationen. Schließlich kommt hinzu, dass Sie beim Telefon ausschließlich auf die akustische Information angewiesen sind, und Ihnen alle Hinweise der Körpersprache entgehen. Es kann auch angenommen werden, dass sich eine vertrauensvollen Gesprächsatmosphäre, die für die Ergiebigkeit des Interviews so wichtig ist, im unmittelbaren persönlichen Kontakt besser herstellen lässt als am Telefon.

Mit der zweiten Alternative, per email oder Internet-Chatroom durchgeführten Interviews, liegen noch relative wenige Erfahrungen vor. Die Vor- und Nachteile dieser Form sind ähnlich denen des Telefoninterviews. Allerdings verschärft sich das Problem der Informationsverluste noch einmal, weil Ihnen nicht einmal mehr die akustische Information zur Verfügung steht. Noch schwerer wiegt, dass die Interviewpartner ihre Antworten aufschreiben müssen. Das bedeutet, sie werden sich bewusst so kurz wie möglich fassen. Ein email-Interview ist deshalb wenig geeignet, ausführliche Erzählungen anzuregen.

Aus all diesen Gründen empfehlen wir face-to-face Interviews, wann immer diese Form möglich ist. Sie bieten enorme methodische Vorteile in der Kontrolle des Gesprächsverlaufs und im Reichtum der erhaltenen Informationen. Billiger heißt im Falle von Interviews leider auch schlechter.

4.4.2 Eine umstrittene Entscheidung: Ein oder mehrere Interviewer?

Eine Entscheidung, die Sie in manchen Projekten[25] vor Beginn der Interviews treffen müssen, ist die Entscheidung über die Zahl der Interviewer. Diese Entscheidung berührt komplizierte methodische Probleme.

Für ein Interview mit zwei Interviewern spricht vor allem, dass der Mensch ein in vielerlei Hinsicht unvollkommenes ‚Erhebungsinstrument' ist. Deshalb scheint es günstig, die Last der Interviewführung auf zwei Interviewer zu verteilen. Im Einzelnen verspricht das folgende Vorteile:

a) Wahl des Gesprächspartners: Da die Interviewer sehr unterschiedlich auf den Interviewpartner wirken können, kann man versuchen, den Interviewten zu Beginn des Interviews implizit den ihm angenehmeren Gesprächspartner wählen zu lassen. Derjenige Interviewer, dem sich der Interviewte zuwendet, übernimmt es, das Interview zu führen.
b) Entlastung: Der zweite, nicht aktive Interviewer kann die Bedienung und Überwachung der Technik übernehmen oder, falls keine Aufzeichnung er-

25 Viele sozialwissenschaftliche Projekte sind nach wie vor Projekte einzelner Wissenschaftler, obwohl das angesichts des Aufwandes, den sowohl quantitative als auch qualitative Methoden erfordern, eigentlich nicht gerechtfertigt ist. In solchen Projekten steht die Entscheidung über einen zweiten Interviewer gar nicht an.

folgt, das handschriftliche Protokoll. Das ermöglicht es dem ersten Interviewer, sich voll auf die Gesprächsführung zu konzentrieren.

c) Vier Ohren hören mehr als zwei: Eine wichtige Aufgabe der Interviewführung besteht darin, die Antworten auf Vollständigkeit und auf Hinweise auf interessante Informationen zu analysieren und gegebenenfalls Nachfragen zu stellen, um bestimmte Themen vertiefend zu behandeln. Wenn zwei Interviewer das parallel tun, dann erhöht sich die Wahrscheinlichkeit, dass die notwendigen Nachfragen gestellt werden. Das kann bis zur Verwandlung des Interviews in eine Gruppendiskussion führen, die den Interviewten anregen kann, zusätzliche Informationen zu geben.

d) Vier Augen sehen mehr als zwei: In die Auswertung der Interviews fließen auch eine Beurteilung der Interviewsituation und des Interviewten mit ein. Die beiden Interviewer werden hier unterschiedliche Perspektiven entwickeln, was der Qualität dieser ganzheitlichen Einschätzungen dienlich ist.

e) Triangulation des ‚Erhebungsinstruments‘: Nur wenn ein zweiter Wissenschaftler im Interview anwesend ist, gibt es überhaupt eine Chance, diesen wichtigen und methodisch anspruchsvollen Prozess der Erhebung qualitativer Daten methodisch zu kontrollieren.

Diesen gewichtigen Argumenten wird von den Verfechtern der Interviewführung durch einen Interviewer nur eines entgegengehalten, das aber nicht minder schwer wiegt als die fünf genannten Argumente zusammen: Die Anwesenheit einer dritten Person verändert die Gesprächssituation grundsätzlich. Ein Gespräch ‚unter vier Augen‘ ist etwas völlig anders als ein Gespräch in einem größeren Kreis, auch wenn der größere Kreis nur eine zusätzliche Person enthält. Der Interviewte wird dem Interviewer mehr anvertrauen (vertrauliche Informationen, Antworten auf ‚heikle Fragen‘ o.ä.), wenn die beiden allein sind, als in Anwesenheit eines Dritten, der unausweichlich die Rolle des Zeugen spielt. Der zweite Interviewer hat einen viel stärkeren Einfluss als das Aufzeichnungsgerät: Er ist ein Mensch, dem man alles, was man sagt, ‚ins Gesicht sagt‘, und er ist unübersehbar.

Die oben angeführten Vorteile relativieren sich angesichts dieses Arguments sehr stark, zumal sie einander teilweise ausschließen. Um die Frage systematischer zu behandeln, müssen wir zunächst unterscheiden, welche Rolle der zweite Interviewer einnehmen soll: Entweder er wird zum ‚stummen Beobachter‘, der möglichst weit in den Hintergrund tritt, oder er nimmt aktiv am Gespräch teil, indem er selbst Fragen stellt.

Betrachten wir zunächst die Variante ‚stummer Beobachter‘. Diese Variante hat die Vorteile Wahlmöglichkeit des Interviewten (a), Entlastung von Hilfsprozessen (b) und Anwesenheit eines Beobachters (d, e). Die Hoffnung ihrer Befürworter besteht darin, dass der Beobachter im Interview so weit zurücktritt, dass er als Gesprächspartner gar nicht mehr wahrgenommen wird. Das scheint jedoch wenig plausibel, denn der ‚stumme Beobachter‘ wird im

Blickfeld des Interviewten sitzen. Ausnahmen davon sind eigentlich nur denkbar, wenn der zweite Interviewer von vornherein als Protokollant vorgestellt und am Rande der Situation plaziert wird, wenn also keine Aufzeichnung beabsichtigt ist. In allen anderen Fällen kann bezweifelt werden, dass der Interviewer einen ihm fremden Menschen, der in seinem Blickfeld sitzt und ihn während des Interviews anschaut, ignorieren kann.

Die Variante ‚aktiver Gesprächsteilnehmer' beruht von vornherein nicht auf der Hoffnung, der zweite Interviewer könnte in Vergessenheit geraten. Da beide Interviewer eine aktive Rolle spielen, kommen die Vorteile a) und b) nur noch begrenzt zur Geltung: Der zweite Interviewer kann nicht mehr völlig ‚abgewählt' werden, und er kann sich auch nicht mehr auf die Hilfsprozesse konzentrieren, da er das Gespräch genauso verfolgen muss wie der erste Interviewer. Die aktive Rolle des zweiten Interviewers bringt darüber hinaus einen zusätzlichen Nachteil: Noch immer muss ja einer der Interviewer das Gespräch führen, das heißt, während des Interviews einen Plan entwickeln, nach dem der Leitfaden angewendet wird. Über diesen Plan ist der zweite Interviewer nicht informiert. Seine Interventionen können also nur zufällig den Intentionen des Gesprächsführers entsprechen. Viel wahrscheinlicher ist, dass er den Plan durch seine Interventionen zunichte macht. Das führt dazu, dass bei zwei aktiven Interviewern keiner von beiden mehr die Kontrolle über die Gesprächsführung hat. Es ist wahrscheinlich, dass jeder unwissentlich die Pläne des anderen zunichte macht, indem er ‚falsche' Nachfragen stellt, unerwartet zu ‚falschen' Themen überleitet usw.

Angesichts dieser Relativierung der Vorteile und des deutlichen Nachteils der veränderten Gesprächssituation plädieren wir dafür, Interviews grundsätzlich allein zu führen. Dic Methodenliteratur gibt uns darin indirekt recht, wenn sie diese Entscheidung nicht explizit behandelt, sondern implizit ganz selbstverständlich davon ausgeht, dass es nur einen Interviewer gibt. Es sind jedoch Ausnahmen von der Regel vorstellbar: Wenn Sie statushohe Interviewpartner haben, von denen angenommen werden muss, dass sie das Interview zu dominieren versuchen und den Interviewer nicht ernstnehmen, dann könnte eine Lösung darin bestehen, dass man solche Personen zu zweit, gewissermaßen in Überzahl, interviewt. Auch wenn es von vornherein günstig scheint, die Atmosphäre einer Gruppensituation zu erzeugen, z.B. wenn Interviewpartner darauf bestehen, zu mehreren interviewt zu werden, kann es günstig sein, mit zwei Interviewern zu erscheinen. Schließlich kann es auch geraten sein, einen zweiten Interviewer als Protokollanten mitzunehmen, wenn man weiß, dass eine Aufzeichnung nicht möglich sein wird. Entscheidend ist in jedem Fall, inwieweit die Befragung heikle oder vertrauliche Themen berühren wird. Bei dieser wie auch bei anderen ‚technischen' Entscheidungen über die Interviewführung ist es ratsam, sich zu überlegen, wie man selbst als Interviewter reagieren würde.

4.4.3 Unumgänglich: die Tonaufzeichnung

> I make it a practice to tape record and fully transcribe all interviews. I explain this honestly: I have great difficulty listening, writing, and thinking all at the same time. (Thomas 1995: 16)

Vor Beginn der Interviews ist zu entscheiden, ob das Gespräch auf Tonband bzw. digital aufgezeichnet und anschließend transkribiert wird, oder ob sich der Interviewer handschriftlich Notizen macht und anschließend anhand der Notizen eine Gedächtnisprotokoll anfertigt. Auch für diese Entscheidung haben wir einen eigenen Abschnitt reserviert, denn sie wird in der Forschungspraxis häufig unterschätzt und als eine rein ‚technische' Entscheidung behandelt. Jeder ‚Praktiker', der Experteninterviews führt, hat eine festgefügte Ansicht über die Art und Weise der Protokollierung.

Gedächtnisprotokolle sind natürlich in all den Untersuchungen von vornherein unakzeptabel, in denen auch wichtig ist, wie etwas gesagt wird. Nur wenn das ‚Wie' von untergeordneter Bedeutung ist, kann die Tonaufzeichnung überhaupt in Frage gestellt werden. Für Untersuchungen dieses Typs (zu denen wir auch die rekonstruierenden Untersuchungen rechnen) behaupten die Gegner der Tonaufzeichnung, dass man die für die Beantwortung der Untersuchungsfrage wichtigen Informationen auch ohne Aufzeichnung protokollieren kann.

Was spricht eigentlich gegen die Tonaufzeichnung? In erster Linie, dass sie gegen die Regel verstößt, das Interview so weit wie möglich an eine natürliche Gesprächssituation anzunähern. Es ist eben keine natürliche Gesprächssituation, wenn bei der Unterhaltung zweier Menschen ein Gerät mitläuft, das jedes Wort aufzeichnet. Es ist möglich und unter bestimmten Bedingungen sogar wahrscheinlich, dass der Interviewte angesichts der Aufzeichnung Informationen zurückhält bzw. dass sich seine Tendenz, sozial erwünscht zu antworten, verstärkt.

Für die Tonaufzeichnung spricht vor allem, dass jede handschriftliche Protokollierung mit gewaltigen Informationsverlusten und -veränderungen verbunden ist. Die Anfertigung eines Gedächtnisprotokolls auf der Grundlage von Notizen, die man sich während des Interviews gemacht hat, ist ja eine Rekonstruktion, bei der das Gedächtnis des Interviewers die entscheidende Rolle spielt. Diese Rekonstruktion ist – wie alle anderen Rekonstruktionen auch – durch Auslassungen, Umdeutungen und Interpretation, retrospektive Rationalisierungen usw. belastet. Gedächtnisprotokolle führen einen zusätzlichen Interpretationsschritt in die Untersuchung ein, der den Zugang zu dem zu rekonstruierenden Prozess erschwert. Nur sehr gute Stenographen sind in der Lage, ein Gespräch zu protokollieren, ohne dass die Aussagen des Interviewpartners verflacht oder simplifiziert werden. Die Art und Weise, in der die Fragen formuliert wurden, geht vollständig verloren – man kann ja nicht gleichzeitig sprechen und schreiben.

Hinzu kommt, dass die zusätzliche Aufgabe der Protokollierung den Interviewer belastet. Dessen Hauptaufgabe ist es ja, während des Gesprächs die Antworten inhaltlich zu analysieren, zu prüfen, ob die Fragen ausreichend beantwortet wurden, über Nachfragen zu entscheiden usw. Das kann er eigentlich nicht mehr schaffen, wenn er nebenbei noch unaufhörlich die Aussagen des Interviewpartners protokolliert. Deshalb schlagen die Gegner der Tonaufzeichnung gelegentlich vor, einen zusätzlichen Protokollanten mit in das Interview zu nehmen. Das verändert aber wiederum die Gesprächssituation.

Bilanziert man die Argumente, dann wiegt die Wahrscheinlichkeit bedeutender Informationsverluste schwerer als das Risiko einer befangenen Gesprächssituation. In der Methodenliteratur zur Interviewführung besteht mittlerweile weitgehend Einigkeit darüber, dass die Tonaufzeichnung unverzichtbar ist.

Die Erfahrungen mit Tonaufzeichnungen haben gezeigt, dass das Aufzeichnungsgerät und der Fakt des Mitschneidens im Laufe des Interviews meist in Vergessenheit geraten. Die meisten Interviewpartner sind nicht in der Lage, die von ihnen gegebenen Informationen permanent auch unter dem Aspekt ‚Aufzeichnung' zu bewerten.[26] Die heute üblichen kleinen digitalen Aufzeichnungsgeräte werden bald übersehen.[27] Um die Tonaufzeichnung so weit wie möglich aus dem Interview ‚herauszuhalten' sollte man seine Technik außerdem so vorbereiten, dass während des Interviews nichts am Aufnahmegerät getan werden muss. Die Aufzeichnungskapazität sollte auch für überraschend lange Interviews ausreichen, und ein Batteriewechsel während des Interview muss schon deshalb vermieden werden, weil sie eine unnötige Unterbrechung des Gesprächs wäre. Weitere Strategien, die dem Interviewpartner den Umgang mit der Tonaufzeichnung erleichtern, werden in 4.4.5 beschrieben.

4.4.4 Kontaktaufnahme und Terminvereinbarung

> „In interviewing research, paying attention to the details of access and contact before the interviewing begins is the best investment interviewers can make as they select their participants and prepare to begin the interviews." (Seidman 1991: 41)

Kontaktaufnahme bedeutet, dass Sie damit beginnen, eine persönliche Beziehung zu Ihrem Interviewpartner aufzubauen. Wie Sie diese Beziehung vor

26 Wahrscheinlich ist es ohnehin so, dass Interviewpartner, die sich wegen der Aufzeichnung über ein gesamtes Interview hinweg strategisch verhalten, dies auch ohne Aufzeichnung tun würden.

27 Achten Sie bei der Auswahl der Technik unbedingt auf eine gute Aufnahmequalität. Gerade kleine Geräte mit eingebauten Mikrofonen müssen auf ihre Empfindlichkeit und auf die Aufzeichnung von Störgeräuschen (Eigenrauschen, Laufgeräusche usw.) geprüft werden. Schlechte Aufnahmen kosten beim Transkribieren viel Zeit oder Geld.

dem Interview gestalten, entscheidet mit über die Atmosphäre im Interview und damit über dessen Ergiebigkeit. Im Grunde müssen Sie in der Phase von der Kontaktaufnahme bis zum Interview zwei miteinander verbundene Aufgaben lösen: Sie müssen den Interviewpartner davon überzeugen, an der Untersuchung teilzunehmen, und Sie müssen erreichen, dass er Ihnen vertraut. Beides ist nicht einfach. Was für Sie eine Arbeit ist, die Ihnen Spaß macht (das Führen von Interviews), ist für jeden Interviewpartner zunächst einmal eine zusätzliche Belastung. Warum soll er mit Ihnen kommunizieren, warum soll er Zeit für ein Interview opfern, und warum soll er Ihnen Dinge mitteilen, die er sonst nur wenigen oder niemandem erzählt? Die Gründe dafür müssen Sie ihm überzeugend darlegen und durch Ihr Verhalten vermitteln.

Ein ethischer Grundsatz, der die Kontaktaufnahme mit potentiellen Interviewpartnern leitet, ist das Prinzip der informierten Einwilligung: Menschen, die sich für die Teilnahme an einer sozialwissenschaftlichen Untersuchung entscheiden sollen, müssen über Ziele der Untersuchung, über die Art und Weise ihrer Mitwirkung und über mögliche Folgen dieser Mitwirkung informiert werden (vgl. 2.3.2). Potentielle Interviewpartner über all das ins Bild zu setzen ist nicht nur aus forschungsethischen Gründen notwendig, sondern auch ein geeignetes Mittel, um Menschen zur Teilnahme an einer Untersuchung zu bewegen: Wenn Sie überzeugend darlegen können, dass Sie an einer wissenschaftlich oder praktisch wichtigen und interessanten Frage arbeiten, dann motiviert das die potentiellen Interviewpartner zur Mitarbeit. Je besser jemand das Ziel der Untersuchung versteht, desto eher ist er zur Kooperation bereit (Gorden 1975: 156). Sie müssen dabei allerdings vermeiden, nicht einlösbare Versprechungen zu machen. Manchmal neigt man dazu, alles Mögliche zu versprechen, um jemanden für ein Interview zu gewinnen. Hier ist insbesondere dann große Vorsicht geboten, wenn sich die potentiellen Interviewpartner von der Untersuchung eine Verbesserung ihrer Situation erwarten. Solche Hoffnungen zu wecken oder zu verstärken, ohne sie einlösen zu können, hieße den potentiellen Interviewpartner mit falschen Versprechungen zum Interview zu überreden – eine Lüge und ein klarer Verstoß gegen das Prinzip der informierten Einwilligung. Viel besser als überzogene Versprechungen sind klare Erläuterungen über die Untersuchung und die Rolle des potentiellen Interviewpartners, die in einer einfachen, dem Interviewpartner verständlichen Sprache gegeben werden.

Das Prinzip der informierten Einwilligung bringt ein methodisches Problem mit sich. Die Informationen für den potentiellen Interviewpartner sollen ja sein Antwortverhalten möglichst nicht beeinflussen. Das wirft die Frage auf, wie dies überhaupt erreicht werden kann. Aus unserer bisherigen Darstellung ließe sich die Antwort ableiten, dass man aus methodischen Gründen gar nichts mitteilen sollte, weil jede gegebene Information das Antwortverhalten beeinflusst. Das ist richtig, aber aus ethischen und praktischen Gründen nicht möglich. Wir befinden uns hier in einem Dilemma, das wir lediglich mildern, aber nicht beseitigen können. Eine wichtige Regel lautet, das Untersuchungsziel als offene Frage zu formulieren und nicht etwa in Form von Annahmen darüber, wie es sein könnte. Ob Ihr Interviewpartner solche Annahmen teilt oder nicht – es besteht die Gefahr, dass er seine Antworten im Interview an seiner Bewertung Ihrer Annahmen ausrichtet. Wenn es um das Ziel des Interviews, das heißt um die Rolle des Interviewpartners geht, dann sollte man sich darauf beschränken, das ‚Zwischenziel' – die Rekonstruktion eines bestimmten Prozesses – zu beschreiben. Eine solche Darstellung entspricht der Wahrheit, ist neutral, macht die Auswahl des Interviewpartners plausibel und stimuliert in der richtigen Weise. Wenn Sie weitergehende Erwartungen äußern, etwa zum Einfluss des Interviews auf das Gesamtergebnis der Untersuchung, dann belasten Sie unnötig die Interviewsituation.

Wie der ‚Erstkontakt' aussieht, hängt von dem zu rekonstruierenden Prozess und der damit zusammenhängenden Art und Weise ab, in der man die Experten lokalisiert. Häufig werden Prozesse in Organisationen oder Prozesse, an denen Organisationen beteiligt sind, zu rekonstruieren sein. In diesem Fall wird man die potentiellen Interviewpartner wahrscheinlich in einer Organisation lokalisieren und ihnen einen Brief schicken. Dabei kann es mitunter erforderlich sein, zunächst die Führung der Organisation bzw. Schlüsselpersonen in der Führung einer Organisation um die Erlaubnis zu bitten, die Untersuchung durchführen zu dürfen (vgl. 3.3.2 Fallauswahl). Dieser Kontakt wird immer am Anfang und immer schriftlich erfolgen. In dem Brief müssen das Ziel der Untersuchung beschrieben und allgemeine Angaben zu in Aussicht genommenen Interviewpartnern (ohne Namen zu nennen!) gemacht werden. Diese Informationen sollen lediglich eine Grundlage für die prinzipielle Entscheidung über den Zugang zur Organisation und die Durchführung der Untersuchung dienen, sie sollen jedoch nicht durch die Schlüsselperson an die potentiellen Interviewpartner weitergegeben werden. Diese müssen stets direkt durch den Interviewer kontaktiert und informiert werden.

Neben solchen organisationsbezogenen Untersuchungen kann es auch solche geben, in denen die Interviewpartner nicht über ihre Bindung an Organisationen ausgewählt werden. Interviewpartner werden mitunter auch über Zeitungsannoncen, durch Kontaktaufnahme auf Veranstaltungen o.ä. ausgewählt (vgl. 4.1.3.). In diesen Fällen erfolgt der Erstkontakt unter Umständen mündlich. Der Inhalt der Kommunikation wird aber der gleiche sein.

Im SFB-Projekt erfolgte der erste Kontakt mündlich auf einer Veranstaltung mit Wissenschaftlern des SFB. Dem schloss sich ein Vortrag in einem Institut des SFB und anschließend eine kurze Vorstellung des Projektes vor dem gesamten SFB an. Von da an gab es einen ständigen persönlichen Kontakt mit mehrfacher Anwesenheit im SFB. Der Sprecher des zweiten untersuchten SFB war Gutachter des ersten, dessen Sprecher den Kontakt vermittelte. Auch hier gab es anfangs persönliche Kontakte und eine kurze Vorstellung des Projekts vor den Wissenschaftlern des SFB. Eine briefliche Kontaktaufnahme gab es nur zu Akteuren außerhalb des SFB (den Referenten der DFG und den Gutachtern).

Im Projekt ‚Sportlerbiographien' wurde der erste Kontakt zu den Athleten entweder persönlich am Trainingsort oder telefonisch hergestellt. Die Athleten vermittelten dann häufig die Interviews mit ihren Eltern und Trainern. Der Erstkontakt des Interviewers mit den Eltern war in der Regel der telefonische Kontakt. Mit einigen Trainern wurde brieflich Kontakt aufgenommen. In der Rhythmischen Sportgymnastik wurde der persönliche Kontakt mit einigen Trainerinnen und Gymnastinnen während eines Kaderlehrganges hergestellt. Wenn der Erstkontakt mit dem Interviewpartner der persönliche Kontakt war, dann wurde ihm eine schriftliche Information über das Anliegen des Projektes übergeben.

Der Erstkontakt mittels eines Briefes hat mehrere Vorzüge. Er unterstreicht die Seriosität Ihres Anliegens, da sie mit dem Brief ihre eigene Organisation, ihre Position und Ihre Erreichbarkeit in einer nachprüfbaren Form bekannt geben.[28] Außerdem wird deutlich erkennbar, dass es sich nicht um ein Presseinterview handelt. Mit einem Brief gehen Sie sicher, dass alle für den ersten Kontakt wichtigen Informationen enthalten sind. Außerdem verringern Sie den Druck auf den potentiellen Interviewpartner, der sich seine Teilnahme in Ruhe überlegen kann und nicht spontan reagieren muss.[29]

Allerdings sollte man berücksichtigen, dass auch die Form des Erstkontaktes den typischen Interaktionen des Untersuchungsfeldes nicht völlig zuwiderlaufen sollte. Es kann durchaus Untersuchungen geben, in denen ein formeller Brief mit Briefkopf der Institution den Kontakt eher erschwert. Wichtig ist in erster Linie, dass Sie die beim Kontakt wichtigen Inhalte vermitteln. In welcher Form Sie das tun, hängt von der konkreten Situation im Feld (und von ihrer Position in diesem Feld) ab. Das gilt auch für die im deutschen Sprachraum immer etwas komplizierte Frage, ob man seine Interviewpartner duzen sollte. Hier müssen Sie einfach auf Ihre allgemeine soziale Kompetenz vertrauen und den richtigen Kommunikationsstil finden. Generell sollten Sie nicht versuchen, einen Kommunikationsstil zu etablieren, der deutlich von dem abweicht, der normalerweise, das heißt ohne sozialwissenschaftliche Untersuchung, vorherrscht.

28 Wir hatten schon Interviewpartner, die mit einem ‚Kontrollanruf' die Identität des Absenders überprüften.

29 Im Zeitalter allgegenwärtiger email-Kommunikation stellt sich natürlich auch die Frage, ob man den Erstkontakt auch per email realisieren kann. Diese Entscheidung hängt vor allem von den Kommunikationspraktiken des untersuchten Feldes ab. Die email ist ein eher informelles Kommunikationsmittel, das noch dazu von ‚Spammern' aller Art überflutet wird. Sie müssen damit rechnen, weniger ernst genommen zu werden oder bei manchen Interviewpartnern einfach in der Flut erhaltener emails verloren zu gehen. Ein Brief ist formeller, betont Ihre Zugehörigkeit zu einer seriösen Organisation und unterstreicht, wie wichtig Ihnen das Gespräch ist. Er kann aber auch altmodisch wirken und seinen Adressaten schlechter erreichen als eine email.

> Im SFB-Projekt führte die Doktorandin Grit Laudel zahlreiche Interviews mit Doktoranden in den SFB. Es hätte den allgemein üblichen Kommunikationsmustern deutlich widersprochen und die Alltagskommunikation bei der Kontaktaufnahme, bei Beobachtungen usw. belastet, die Doktoranden zu siezen.

Aus der bisherigen Diskussion können wir festhalten, dass der erste Brief an den potentiellen Interviewpartner über das Ziel der Untersuchung (und gegebenenfalls deren Auftraggeber), über die Vorgehensweise und über die Gründe für die Auswahl des Angeschriebenen als Interviewpartner informieren muss. Die Zielstellung der Untersuchung sollte in wenigen Sätzen so formuliert werden, dass sie für den Adressaten nachvollziehbar wird, dass er Verständnis und günstigenfalls sogar Interesse für das Anliegen des Interviewers entwickelt. Aus der Beschreibung des Ziels der Untersuchung muss sich ergeben, warum der Angeschriebene für ein Interview ausgewählt wurde, und worüber mit ihm ein Interview geführt werden soll. Gegenstand und thematische Schwerpunkte des Interviews werden grob umrissen, damit der Interviewpartner eine Vorstellung davon entwickeln kann, was von ihm im Interview erwartet wird. Ein typischer Fehler im Anschreiben ist die Verwendung von Fachbegriffen. Die wissenschaftliche Formulierung des Untersuchungsziels ist für die Angeschriebenen meist nicht verständlich. Das Anschreiben sollte deshalb auf jeden Fall noch einmal auf seine Verständlichkeit hin kontrolliert werden.

Am Schluss des Briefes kündigen Sie an, wann und wie Sie sich mit dem potentiellen Interviewpartner in Verbindung setzen werden (meist telefonisch). Insgesamt sollte das Anschreiben so knapp wie möglich gehalten werden. Beispiele für Anschreiben finden Sie im Anhang 3.

Kurze Zeit nachdem der potentielle Interviewpartner Ihren Brief erhalten haben müßte, werden Sie ihn anrufen und ein Telefongespräch mit ihm führen. Das Telefonat kann auch der erste Kontakt zum Interviewpartner sein, wenn die Kontaktaufnahme nicht über einen Brief erfolgt (siehe oben) oder wenn der Interviewpartner Ihren Brief nicht erhalten oder nicht beachtet hat. In diesem Fall müssen Sie in der Lage sein, zuerst genauso kurz und klar wie im Brief die genannten Informationen zu geben. Das Telefongespräch dient außerdem dazu,

- dem Interviewpartner Nachfragen zum besseren Verständnis der Untersuchung und des Interviews zu ermöglichen,
- sein Einverständnis einzuholen, sich interviewen zu lassen, und
- Zeit und Ort für ein Interview zu vereinbaren.

Wichtig ist es, über die Dauer des Interviews zu informieren. Sie sollten hier nicht zu knapp kalkulieren, aber auch nicht gerade die Obergrenze nennen, weil das eher abschrecken dürfte. Nach unseren Erfahrungen ist es nicht problematisch, eine Interviewdauer von ein bis eineinhalb Stunden anzukündigen, während eine wesentlich längere Dauer schnell die grundsätzliche Bereitschaft zum Interview in Frage stellen kann. Diese Erfahrungen beziehen sich auf die Interviews mit Wissenschaftlern, bei denen die Interviews während der Arbeitszeit stattfanden und die ständig unter einem Zeitdruck standen. Für andere Menschen kann das Interview auch eine interessante Bereicherung ihrer Freizeit sein, für die sie keine Zeitbegrenzung setzen.[30]

Das erste Gespräch mit dem potentiellen Interviewpartner ist vor allem deshalb wichtig, weil er in ihm seine Zustimmung zum Interview geben muss. Wenn ein Interview verweigert wird, dann wird das meist nicht dadurch geschehen, dass Sie einen Antwortbrief erhalten. Der Interviewpartner wird Sie vielmehr am Telefon mit einer Absage oder mit Einwänden gegen das Interview konfrontieren und als Kommunikationsergebnis anstreben, dass das Interview nicht stattfindet. Darauf müssen Sie vorbereitet sein. Folgende Varianten einer ablehnenden Haltung lassen sich unterscheiden:

a) Der Interviewpartner fühlt sich nicht kompetent oder schätzt die Bedeutung seiner eigenen Meinung als gering ein. („Ich weiß gar nicht, ob ich der Richtige für Sie bin.“, „Ich sage Ihnen auch nichts anderes als Herr P.“) In dieser Situation sollte vor allem die Bedeutung des Interviewpartners für die Untersuchung hervorgehoben werden. Das geschieht bei der Kontaktaufnahme ohnehin, muss aber im Falle der Selbstunterschätzung noch einmal verstärkt und begründet werden. Man kann dazu in allgemeiner Form auf Referenzen verweisen: „Sie sind mir von mehreren empfohlen worden“. Das Nennen konkreter Referenzpersonen („X hat Sie mir empfohlen“) sollte vermieden werden, um die Anonymität der Referenzpersonen zu wahren, und weil man nicht weiß, in welchem Verhältnis der Interviewpartner zur Referenzperson steht. Um dem Interviewpartner die Scheu vor dem Interview zu nehmen, kann man anbieten, eine Liste mit Gesprächsthemen zuzusenden, um eine genauere Information über das Interview und eine inhaltliche Vorbereitung zu ermöglichen. Der Interviewleitfaden sollte jedoch möglichst nicht mitgeschickt werden, weil die Gefahr besteht, dass das Antwortverhalten sich verändert. Ein Beispiel, in dem das Zusenden des Leitfadens die erhoffte Wirkung hatte, beschreibt der folgende Interviewbericht:

> Im Vorfeld des Interviews gab es einige Schwierigkeiten, die wahrscheinlich auch etwas über das allgemeine ‚Klima‘ in der Abteilung aussagen. Prof. R., der Abteilungsleiter, delegierte die Aufgabe eines Interviews aus Gründen „seiner begrenzten Zeit“ an seinen Stellvertreter, Dr. Q. Dieser schien darüber alles andere als glücklich und hätte am liebsten jedes Gespräch abgelehnt. Er beschwerte sich mehr oder weniger deutlich über die scheinbar übliche Praxis von Prof. R., ungeliebte Arbeiten an ihn weiterzureichen. Außerdem äußerte er Bedenken, etwas Falsches sagen zu können. Um die Situation zu entspannen und das Interview zu ermöglichen, wurde ihm zugesagt, die Inter-

30 Weiss sagt, ein Interview von eineinhalb bis zwei Stunden Dauer wäre eine „vernünftige Erwartung“, ohne nähere Angaben zum Typ des Interviews zu machen (Weiss 1994: 56).

viewfragen zuvor zuzuschicken, damit er sich in ‚problematischen Fällen' bei seinem Vorgesetzten rückversichern kann, was er offensichtlich auch getan haben muss.

Das Interview fand dann in einer wesentlich entspannteren Atmosphäre statt. Dr. Q. lehnte auch mögliche spätere Gesprächstermine nicht ab.

Das „Rückversichern beim Abteilungsleiter" war hier insofern nicht problematisch, als dieser ja ohnehin der eigentlich gewünschte Gesprächspartner war. In anderen Fällen kann ein solches Verhalten des Interviewpartners dazu führen, dass man ein von unbekannten Dritten ‚ferngesteuertes' Interview führen muss.

b) Der Interviewpartner hat kein Interesse oder zweifelt grundsätzlich an der Relevanz der Untersuchung. Die Ablehnung kann auch dadurch hervorgerufen werden, dass der Interviewer nicht in seiner Rolle als Forscher wahrgenommen wird, sondern z.B. als Journalist, das heißt in einer Rolle mit einem geringen Sozialprestige oder gar dubiosem Image (vgl. Rubin/Rubin 1995: 115). Wegen der großen Ähnlichkeit auf der methodisch-technischen Seite ist es oft nicht leicht, den Unterschied zwischen dem Sozialwissenschaftler und dem Journalisten zu erklären. Für diesen Ablehnungsgrund gibt es oft nur indirekte Hinweise, denn die Ablehnungen werden meist mit ‚konfliktärmeren' Begründungen wie mangelnde Zeit oder mangelnde Kompetenz versehen.

Wenn man das Gefühl hat, dass der Gesprächspartner die Untersuchung aus inhaltlichen Gründen ablehnt oder mit einem journalistischen Interview verwechselt, dann sollte man zunächst eine zusätzliche inhaltliche Information geben. Man kann auch dem Interviewpartner anbieten, einen zweiten Brief zu schicken, in welchem die zentralen Themen des Interviews ausführlicher beschrieben werden. Der Interviewleitfaden sollte jedoch nur mitgeschickt werden, wenn das ausdrücklich zur Vorbedingung für ein Interview gemacht wird. Darüber hinaus hilft es nur, zu betonen, wie wichtig gerade dieser Interviewpartner für die Untersuchung ist.

c) Der Interviewpartner verweist auf seinen Zeitmangel. Das wird vor allem bei statushohen Personen häufig auftreten, z.B. bei Politikern, Künstlern oder Spitzenmanagern. Diese Personen werden auch den Zeitrahmen für das Interview häufig stark begrenzen (Richards 1996: 200).

In diesem Fall hilft nur größtes Entgegenkommen bei der Terminplanung: Man sollte dem Interviewpartner die freie Wahl des Interviewtermins und -ortes anbieten. Thomas weist darauf hin, dass vielbeschäftigte Personen viel eher Zeit für ein Interview einräumen, wenn man einen Termin vorschlägt, der weiter in der Zukunft liegt, das heißt etwa einen Monat (Thomas 1995: 9). Wenn das nicht hilft, kann man notfalls auch anbieten, die Interviewdauer zu reduzieren. Bei statushohen Personen ist es ratsam, den eigenen Status und institutionellen Hintergrund deutlich zu machen, um im Gespräch die Differenz möglichst zu vermindern.

Bietet man ein zeitlich reduziertes Interview an, dann sind die inhaltliche Vorbereitung und die Entscheidung über Prioritäten in der Liste der Fragen besonders wichtig. Hier sollte keine Mühe gescheut werden. In diesem Zusammenhang bietet es sich an, Untersuchungen mit statushohen Interviewpartnern in einem späteren Stadium der empirischen Erhebung zu führen.

> Im SFB-Projekt fanden die Interviews mit den SFB-Sprechern erst statt, nachdem alle anderen Wissenschaftler der SFB befragt worden waren. Auf diese Weise konnten auf der Grundlage der bereits geführten Interviews sehr gezielte Fragen gestellt werden.

In jedem Fall muss der Interviewer zwischen dem schnellem Akzeptieren einer Ablehnung durch den Interviewpartner und seinen Überredungsversuchen ausbalancieren (Seidman 1991: 44). Ein wenig motivierter Interviewpartner ist dann auch im Interview eine Plage. Deshalb sollte geprüft werden, ob die Einbeziehung eher ablehnend eingestellter Interviewpartner für die Beantwortung der Untersuchungsfrage zwingend ist.

Interviewtermin und -ort sollten so vereinbart werden, dass der Aufwand für den Interviewpartner möglichst gering ist, dass er sich wohl und sicher fühlt und dass Störungen minimiert werden. Diese Anforderungen widersprechen einander teilweise, weil der Interviewpartner sich möglicherweise am wohlsten und sichersten in seinem Arbeitszimmer fühlt, dort aber ständig das Telefon klingelt. Auf jeden Fall sollte das Interview an einem für den Interviewpartner vertrautem Ort stattfinden, um ihm ‚Heimvorteil' zu gewähren (Haller 2001: 219). Bei den Entscheidungen über Ort und Zeit muss man den Wünschen des Interviewpartners so weit wie möglich entgegenkommen.

> Im SFB-Projekt fanden die Interviews am Arbeitsplatz des Interviewpartners oder – wenn mehrere Personen in einem Raum arbeiteten – im Arbeitszimmer eines Kollegen statt. Das reduzierte den Zeitaufwand für den Interviewpartner und ermöglichte ihm, erreichbar zu sein. Die Umgebung passte zum Gegenstand des Interviews, in dem es ja um seine Arbeitstätigkeit ging.

> Im Projekt ‚Sportlerbiographien' wurden die Eltern und einige Athleten in den Wohnungen der Familien interviwt. Andere Athleten-Interviews wurden in den Arbeitsräumen des Sportinstitutes der Universität durchgeführt. Schließlich fanden Interviews mit Athleten und Trainern auch in Räumen der Sportverbände statt.

Eine interessante Empfehlung für Interviews mit Eliten, die sich generell auf Interviews am Arbeitsplatz des Interviewpartners anwenden lässt, stammt von Thomas:

> Interviews need not be limited to the amount of time negotiated if you are careful in the way you set them up. For example, I try whenever possible (or appropriate)

> to schedule interviews for the time immediately preceding lunch. That way I increase the chances of extending the interview into lunch or, alternatively, use the lunch to be introduced to others in the organization. Lunchtime conversation tends to be less formal and therefore more free flowing; if the interviewee had been unwilling to come out from behind her organizational persona, lunch can be a vehicle for lowering inhibitions. (Thomas 1995: 12)

Wenn schriftliche Ankündigung, Terminvereinbarung und Termin zeitlich dicht aufeinanderfolgen, hat das den Vorteil, dass der Interviewpartner das Anliegen der Untersuchung noch im Gedächtnis hat. Auch ist die Gefahr von ‚Rückziehern' geringer. Es kann jedoch sein, dass man weiter in der Zukunft liegende Termine leichter erhält.

Die Vereinbarung von Interviewterminen muss sich auf Seiten des Interviewers in eine Terminplanung der gesamten Interviewphase einfügen. Diese Terminplanung muss auch die Arbeitsbedingungen und -belastungen des Interviewers berücksichtigen. Interviews zu führen ist harte Arbeit, die höchste Konzentration erfordert und müde macht. Trifft man noch dazu auf einen „schwierigen" Interviewpartner, benötigt der Interviewer eine Pause, um die Interviewsituation psychologisch zu verarbeiten. Das mehrmalige Abarbeiten ein- und desselben Leitfadens an einem Tag birgt außerdem die Gefahr, dass die Aufmerksamkeit sinkt. Deshalb sollte man nicht allzu viele Interviews an einem Tag führen. Empfohlen werden maximal drei Stunden Interviews, optimal seien zwei Stunden (King 1994: 34) bzw. zwei Interviews pro Tag (Rubin/Rubin 1995: 109). Zwischen zwei Interviews sollte eine mehrstündige Pause eingeplant werden.

Für die Terminplanung ist außerdem zu berücksichtigen, an wie viel unterschiedlichen Orten Interviews geführt werden müssen. Sie müssen Reisezeiten, Pannen usw. einkalkulieren. Planen Sie die Interviews immer so, dass Sie auf jeden Fall rechtzeitig und ausgeruht am vereinbarten Ort ankommen. Führen Sie ein Interview in einer anderen Stadt, dann sollten Sie bereits über Fahrpläne informiert sein, wenn Sie den Termin vereinbaren.

Die wiederholte Anwendung desselben Leitfadens kann dazu führen, dass ein und dieselbe Information über ein bestimmtes Ereignis von mehreren Interviewpartnern berichtet wird. Es entsteht die Gefahr, dass die Aufmerksamkeit des Interviewers sinkt, da er sowieso die Antwort bereits zu kennen meint. Eine Möglichkeit, dieser Gefahr zu begegnen, besteht darin, das Interviewen durch andere Projekttätigkeiten gezielt zu unterbrechen (Gorden 1975: 150-151). All das spricht gegen den Versuch, eine sehr kurze, intensive Interviewphase zu planen, um auf diese Weise die Erhebung ‚rasch und effizient hinter sich zu bringen'. Sie sind das Erhebungsinstrument, und auch das Instrument will pfleglich behandelt werden, sonst funktioniert es nicht richtig.

4.4.5 Unmittelbar vor dem Interview

Nun wird es ganz praktisch: Wir stellen uns vor, Sie fahren zum Interview, und versuchen darzustellen, was alles passieren kann und worauf Sie achten sollten. Wir beginnen mit der Auswahl der Kleidung. Was für Feiern, Besprechungen usw. als allgemeine Regel bekannt ist, gilt auch für das Interview: Sie sollten Ihre Kleidung so wählen, dass die soziale Distanz zwischen Ihnen und Ihrem Interviewpartner möglichst gering ist. Das heißt, Sie sollten sich seiner Kleidung annähern, ohne ihn zu imitieren (Gorden 1975: 222). Wer z.B. Naturwissenschaftler interviewt, sollte wissen, dass der Bekleidungsstil im Labor ausgesprochen lässig ist – Jeans und T-Shirt dominieren. Der Sozialwissenschaftler im schwarzen Anzug oder Kostüm würde sich in dieser Umgebung zum Fremdkörper machen. Umgekehrt gibt es bei Managern in der Wirtschaft informelle Bekleidungsregeln, die bis zur Korrespondenz von Hierarchieebene, Anlaß der Begegnung und Anzugfarbe reichen können. In diesem Milieu ist eine eher formelle Kleidung wichtig.

Rechtzeitig bevor Sie zum Interview fahren, müssen Sie die Aufzeichnungstechnik kontrollieren und einsatzbereit machen. Prüfen Sie spätestens einen Tag vor dem Interview, ob die Aufzeichnungskapazität ausreicht und ob Sie neue Batterien brauchen. Wenn Sie sich über den Ladezustand der Batterien im Unklaren sind, setzen Sie besser neue Batterien ein. Sie würden sich über nichts mehr ärgern als über ein Interview, das eine schöne Erinnerung bleiben muss, weil Sie die Aufzeichnung vermasselt haben.

Es ist selbstverständlich, dass Sie zum Interview rechtzeitig kommen. Kalkulieren Sie ein, dass Sie Ihren Interviewpartner nicht gleich finden, z.B. weil Sie sich zum richtigen Gebäudeteil durchfragen müssen. Sind Sie zur vereinbarten Zeit am vereinbarten Ort, dann kann kaum noch etwas schiefgehen. Allerdings kommt es auch vor, dass Interviewpartner den Termin vergessen haben oder aus anderen Gründen nicht wahrnehmen können. Das kann zu ganz unterschiedlichen Situationen führen:

1. Der Interviewpartner ist nicht da. Sie können versuchen, ihn – mit Hilfe seiner Kollegen, Verwandten oder Freunde – ausfindig zu machen. Bleibt das erfolglos, hilft nur warten. Eventuell müssen Sie unverrichteter Dinge wieder abziehen und einen neuen Termin vereinbaren.
2. Der Interviewpartner ist anwesend, hat aber wegen anderer Verpflichtungen deutlich weniger Zeit als ursprünglich abgesprochen. In einer solchen Situation müssen Sie sorgfältig abwägen. Je nach Interpretation der Situation gibt es drei mögliche Strategien. Es kann sein, dass die Zeitbegrenzung eindeutig nicht durch Ihren Interviewpartner beeinflusst werden kann, z.B. weil ein weiterer Besucher erwartet wird oder eine Besprechung bevorsteht. Unter diesen Bedingungen haben Sie die Wahl zwischen einem reduzierten Interview (entsprechend Ihrer Fragen-Prioritätenliste) und dem Angebot, einen neuen Termin zu vereinbaren.

Letzteres wird Ihrem Interviewpartner meist peinlich sein, und er wird deshalb versuchen, das Interview irgendwie (in reduzierter Form) doch gleich durchzuführen. Sie müssen dann deutlich machen, dass Ihnen eine Terminverschiebung nichts ausmacht und lieber ist als ein verkürztes Interview. Um die Hemmschwelle für eine Terminverlegung zu senken, können Sie zu der Notlüge greifen, dass Sie ohnehin noch einmal in der Nähe zu tun haben, dass der Aufwand für Sie also eher gering ist. Das verkürzte Interview sollten Sie nur wählen, wenn die Anreise sehr aufwändig ist oder wenn Sie das Gefühl haben, dass ein zweiter Termin gar nicht zustande kommt, weil Ihr Interviewpartner sich eigentlich überhaupt nicht interviewen lassen will. In beiden Fällen ist zum ‚Spatzen in der Hand' zu raten. Von der Fortsetzung begonnener Interviews am Telefon raten wir ab. Das Interview wurde für längere Zeit unterbrochen, und Sie wissen nicht, in welcher Situation Sie den Interviewpartner sprechen. Deshalb ist die ‚Fortsetzung' ein eigenes Interview, das völlig eigenständig konzipiert werden müsste. Das Telefon ist deshalb nur für eventuell notwendige Nachfragen geeignet.

Haben Sie das Gefühl, dass die Zeitbegrenzungen eigentlich keinen konkreten Anlaß haben, sondern mehr dem Bedürfnis des Interviewpartners entspringen, angesichts allgemeinen Zeitdrucks das Gespräch kurz zu halten, dann können Sie auch eine andere Strategie wählen: Sie können darauf setzen, dass Ihr Interviewpartner das Interview dann doch weniger schlimm finden und deshalb die Zeit nicht kontrollieren wird. Diese Strategie ist riskant, weil Sie sich ja irren können und der Interviewpartner das Interview nach 30 Minuten für beendet erklärt. Auf jeden Fall sollten Sie bei dieser Strategie Ihre Prioritätenliste einsetzen, um sicher zu gehen, dass auch bei einem ‚vorzeitigen' Abbruch des Interviews die wichtigsten Fragen beantwortet sind.

Ein zweites Problem, auf das Sie unmittelbar vor dem Interview treffen können, ist die Anwesenheit dritter Personen, die am Interview teilnehmen sollen. Sie kann auf Initiative der anderen Person oder Ihres Interviewpartners zurückgehen. Für die Entscheidung, Dritte zuzulassen oder zu versuchen, sie ‚hinauszukomplimentieren', ist entscheidend, wer die dritte Person ist:

1. Die dritte Person ist ein zusätzlicher Interviewpartner, das heißt jemand, der nach eigener Ansicht oder nach Ansicht des ursprünglichen Interviewpartners ebenfalls kompetent für den Gegenstand des Interviews ist und deshalb auch interviewt werden will bzw. soll. Handelt es sich dabei um statusgleiche Personen, dann kann ein Interview mit zwei Partnern den positiven Effekt von Gruppeninterviews haben: die Aussagen eines Interviewpartners werden zu Erzählanregung für den anderen, es entstehen Diskussionen zwischen den Interviewpartnern, einer kann die Erinnerungsprobleme des anderen kompensieren, und man gelangt zu einer größeren

Tiefe bei der Auslotung von bestimmten Problemen. Das Gruppeninterview ist eine Methode, die genau diese Effekte ausnutzen will. Die Situation stellt natürlich zugleich höhere Anforderungen an den Interviewer, der nun ein Gespräch mit zwei Menschen steuern muss. Ungeeignet sind Gruppeninterviews, wenn die beiden Personen einen unterschiedlichen Status haben (z.B. Chef und Mitarbeiter). Die asymmetrische Beziehung der beiden im Alltag wird auf das Interview durchschlagen und das Antwortverhalten beider (nicht etwa bloß des statusniederen) beeinflussen.

2. Die dritte Person ist ein Mensch, der auch, aber getrennt interviewt werden sollte. Die Situation ist hier ähnlich wie im ersten Fall. Der Interviewer muss sich aber überlegen, ob er von beiden Interviewpartnern Antworten auf alle Fragen benötigt, ob er also zwei komplette Interviews in einem durchführen muss. Ist das der Fall, dann wachsen die Anforderungen an die Steuerung des Gesprächs beträchtlich: Der Interviewer muss nun auch ständig prüfen, ob beide Interviewpartner seine Fragen beantwortet haben.
3. Die dritte Person ist nicht als Experte anwesend, sondern als ein dem Interviewpartner vertrauter Mensch, den dieser gern dabeihaben möchte. Das kann durchaus positiv wirken, da solche vertrauten Personen dem Interviewpartner Rückhalt geben, seine Sicherheit und damit wahrscheinlich seine Offenheit im Interview vergrößern. Allerdings wird die Anwesenheit Dritter in der Regel das Antwortverhalten des Interviewpartners beeinflussen. Ob und in welchem Maße das der Fall ist, weiß man leider nicht, wenn man über seine Reaktion zu Beginn des Interviews entscheidet.

Wie kann man nun in dieser Situation reagieren? Leider hat man als Interviewer nur einen begrenzten Handlungsspielraum, weil man vor vollendete Tatsachen gestellt wird. Stehen plötzlich zwei Interviewpartner vor Ihnen, die Sie getrennt interviewen wollen, dann ist zunächst wichtig, ob die beiden Interviews überhaupt den selben Gegenstand haben sollen. Wenn das nicht so ist, wenn Sie also unterschiedliche Themen und damit unterschiedliche Leitfäden für die beiden Interviewpartner haben, dann sollten Sie dieses praktische Problem in den Vordergrund rücken und um getrennte (möglicherweise direkt aufeinanderfolgende) Interviews bitten. Sie sollten dieses Argument auch benutzen, wenn statusungleiche Personen gemeinsam zum Interview erscheinen, oder wenn Personen teilnehmen wollen, die Sie gar nicht um ein Interview gebeten haben. Wenn Sie kein gemeinsames Interview durchführen wollen, sollten Sie versuchen, der dritten Person ein zusätzliches Interview vorzuschlagen. Handelt es sich bei der dritten Person nicht um einen Experten, sondern um einen Menschen, dessen Anwesenheit der Interviewpartner wünscht, dann haben Sie keine große Wahl. Der Versuch, den beiden Anwesenden diese Idee auszureden, würde in den meisten Fällen eine solche Belastung für das Interview bedeuten, dass der aus der Anwesenheit der dritten Person entstehende Schadenkaum größer sein kann.

Wenn eine dritte Person anwesend ist, dann kann es geschehen, dass Ihr eigentlicher Interviewpartner kaum zu Wort kommt, weil die dritte Person ständig versucht, die Fragen zu beantworten. In diesem Fall sollten Sie dazu übergehen, in den Fragen den Namen des Interviewpartners zu nennen und ihn direkt anzusprechen: „Herr Meier, wie haben Sie damals an der Gründung der Organisation mitgewirkt?"

Wenn nicht die gesamte Atmosphäre Ihrer Ankunft und ersten Begegnung mit dem Interviewpartner von Zeitnot geprägt ist, dann sollten Sie sich vor Beginn des Interviews unbedingt auf eine ‚warming up'-Phase einlassen, das heißt auf ein kurzes Gespräch im Plauderton. Der Interviewer sollte dabei freundlich und zurückhaltend reagieren. Betreten Sie dann den Raum, in dem das Interview stattfinden soll, sind noch einmal eine schnelle Analyse und einige Entscheidungen erforderlich. Da Sie für das Interview Ruhe brauchen, müssen Sie die Geräuschkulisse und die Wahrscheinlichkeit von Störungen abschätzen. Wenn es sehr laut ist oder zahlreiche Störungen drohen, dann sollten Sie den Interviewpartner fragen, ob nicht ein ruhigerer Ort gefunden werden kann. Grundsätzlich sollten Sie bei Störungen des Interviews durch Dritte das Aufzeichnungsgerät jeweils ausschalten. Wenn Sie Einfluss auf die Sitzordnung beim Interview haben, sollten Sie eine ‚distanzierte Nähe' zum Interviewpartner herstellen.

Mit Beginn des Interviews muss der Interviewer die Übernahme der Gesprächsleiterrolle deutlich machen. Das geschieht am besten dadurch, dass mit einem formellen Überleitungssatz auf die Vorbemerkung hingelenkt wird, z.B.: „Ja, ich möchte am Anfang noch einmal kurz erklären, warum ich dieses Interview mit Ihnen führen möchte....". Hier geht es noch einmal darum, die informierte Einwilligung des Interviewpartners zu erlangen. Auch zur Erinnerung des Gesprächspartners werden Untersuchungsziel und Ziel des Interviews noch einmal genannt. Da diese Informationen dem Interviewpartner nur noch einmal in Erinnerung gerufen werden sollen, kann und sollte man sich dabei knapp fassen. Wichtig ist die Zusicherung der Anonymität. Hierfür sollten Sie sich gut überlegt haben, was genau Sie Ihren Interviewpartnern versprechen können (zum Problem der Anonymisierung siehe Kapitel 6.3). In einigen Fällen hat es sich bewährt, den Interviewpartnern die Datenschutzverpflichtung zuzusenden, die man für gewöhnlich bei Eintritt in eine öffentlich geförderte Forschungseinrichtung unterschreibt. Dem Interviewpartner sollte auch noch einmal klargemacht werden, dass er nicht auf alle Fragen antworten muss, wenn er nicht möchte. Die Erklärung könnte z.B. so aussehen:

„Was Sie mir erzählen, wird vertraulich behandelt. Alles bleibt anonym, auch wenn wir nachher etwas darüber schreiben, kann niemand daraus auf eine bestimmte Person schließen... Wenn Ihnen eine Frage unangenehm sein sollte, brauchen Sie natürlich nicht zu antworten." (Hopf/Schmidt 1993: A2)

Schließlich wird der Interviewpartner darum gebeten, die Aufzeichnung des Interviews zu gestatten. Als Begründung für die Aufzeichnung kann angeführt werden, dass nur so keine Information verloren geht (Patton 1990: 348), dass eine präzise Auswertung möglich ist und man sich dem Gespräch mit voller Aufmerksamkeit widmen kann (Froschauer/Lueger 2003: 68). Gibt der Interviewpartner seine Zustimmung nicht, dann muss das Interview handschriftlich protokolliert und nach dem Interview durch ein Gedächtnisprotokoll ergänzt werden.[31] Überredungsversuche helfen bei einem strikten „Nein" meist nicht, sondern würden eher die Vertrauensbeziehung und somit das gesamte Interview gefährden. Nur wenn der Interviewpartner sich schwankend zeigt, dann können Sie versuchen, seine Zustimmung dadurch zu erhalten, dass Sie auf Kompromisse hinweisen: Erst einmal mit der Aufzeichnung beginnen und prüfen, ob es problematisch ist, das Aufzeichnungsgerät auf Wunsch des Interviewpartners zeitweise ausschalten usw.[32]

All dies müssen Sie freundlich und sehr knapp – in wenigen Sätzen – vor dem eigentlichen Interview unterbringen. Knapp deshalb, weil Sie damit rechnen müssen, dass die Zeit für die Vorbemerkung von Ihrer Interviewzeit abgeht. Der Übergang von der ‚warming up'-Phase zur Vorbemerkung ist nicht immer leicht. Nicht selten geschieht es, dass die Interviewpartner sofort über den Gegenstand des Interviews zu reden beginnen, ohne dass der Interviewer die Vorbemerkung unterbringen kann. Man schielt dann sehnsüchtig nach dem Aufnahmegerät und würde am liebsten einfach die Aufnahmetaste drücken. Das darf man aber nicht ohne die explizite Einwilligung des Interviewpartners tun. In solchen Situationen sind Sie zu einer Unterbrechung gezwungen, die beispielsweise so aussehen kann: „Das ist genau das, was ich wissen will. Ich muss nur vorher noch ein, zwei Sätze sagen ...". Oder als begeisterter Ausruf: „Jetzt sind wir ja schon mittendrin...". Hier kann man die Vorbemerkung auf die Anonymisierung und die Erlaubnis zum Mitschneiden reduzieren, da das spontane Reden über den Gegenstand des Interviews informierte Einwilligung signalisiert.

31 Auch wenn Sie das Gespräch auf aufzeichnen dürfen, sollten Sie sich während des Gesprächs einige Notizen machen. Antworten zu notieren ist eine wichtige nonverbale Bestärkung des Interviewpartners. Außerdem können Sie Stichpunkte für Nachfragen festhalten.

32 Um das Unbehagen des Gesprächspartners zu mildern, muss man natürlich als Interviewer selbst „entspannt und locker" und „mit allen Unvollkommenheiten der Sprache" zu sprechen beginnen (Herrmanns 2007: 362).

4.5 Experteninterviews führen

4.5.1 Allgemeine Regeln der Interviewführung

Lange Zeit dachte man, dass das Führen von Interviews nicht gelehrt werden könne, sondern eine Kunst sei, in der man sich nur durch Erfahrung verbessert. Das Erscheinen von immer mehr Büchern über dieses Thema, die Regeln und Tipps für die Interviewführung vermitteln, beweisen, dass das „Wenn Ihr's nicht fühlt, Ihr werdet's nicht erjagen!" nicht die ganze Wahrheit ist. Natürlich sind die eigenen Erfahrungen über günstige oder weniger günstige Reaktionen in bestimmten Interviewsituationen durch nichts zu ersetzen. Man kann sich aber auf die schwierigen Anforderungen des Leitfadeninterviews vorbereiten, indem man bestimmte Regeln der Interviewführung zu beherzigen versucht. Diese Regeln beschreiben Verhaltensweisen, die methodologischen Forderungen an ein Leitfadeninterview (vgl. 4.1.2) zu erfüllen gestatten.

Eine allgemeine Regel über die Beziehungen zwischen Interviewer und Interviewtem hat Seidman (1991: 31) formuliert: Sei gerecht! Respektiere den Interviewpartner und Dich selbst! Überlege bei der Entwicklung einer Interviewbeziehung, was Dir und dem Interviewpartner gegenüber fair ist! Die Entwicklung der Interviewbeziehung vollzieht sich in den persönlichen Kontakten vor dem Interview, vor allem aber in der Anfangsphase des Interviews. In dieser Phase formuliert man (bewusst oder unbewusst) seine Erwartungen an den Interviewpartner und präsentiert sich selbst zugleich als mit einem bestimmten Fachwissen und einer bestimmten Professionalität ausgestatteter Wissenschaftler. Diese beiden Positionierungen müssen ausbalanciert werden. Man muss sich gegenüber dem Interviewpartner respektvoll verhalten und vor allem dessen Expertenwissen respektieren, zugleich jedoch die eigene Expertise zeigen. Der Interviewer soll sich als Person präsentieren, die ein professionelles Anliegen hat. Er soll vom Interviewten in seiner Rolle als Forscher wahrgenommen und anerkannt werden. Dazu dienen die Vorbemerkungen und auch die ersten Fragen des Interviews. Ein zu lockerer Einstieg kann diese professionelle Rolle zerstören und eine Fehlwahrnehmung des Interviewers z.B. als eine Art Journalist erzeugen. Das kann zur Folge haben, dass der Interviewte im gesamten Interview nur kurze, allgemeine Antworten gibt, statt in die erwünschte Tiefe zu gehen (Rubin/Rubin 1995: 126). Auch zu starke Vertraulichkeit sollte vermieden werden.

Die gegenteilige Gefahr besteht darin, dass ein zu starkes Herauskehren des Professionellen den Interviewpartner einschüchtert. Die Gesprächssituation muss deshalb so natürlich wie möglich bleiben. Dieses Ziel hat Priorität vor allem gegenüber einem sturen Abarbeiten des Leitfadens (siehe 4.5.5). Wie Sie die Vertrauensbasis herstellen und aufrechterhalten sowie Professionalität und Natürlichkeit ausbalancieren, hängt in erster Linie davon ab, wer Ihnen im Interview gegenübersitzt.

Neben der allgemeinen Regel zur Gestaltung der Beziehungen im Interview gibt es einige spezielle Verhaltensregeln:

1. Zuhören! Der Interviewer will sich in erster Linie informieren lassen und muss das verbal und nonverbal deutlich machen (Rubin/Rubin 1995: 103; Froschauer/Lueger 2003: 60).

> „Listening is the most important skill in interviewing. The hardest work for most interviewers is to keep quiet and to listen actively.“ (Seidman 1991: 56)

Aktives Zuhören heißt:

- sich auf den Inhalt der Ausführungen des Interviewpartners konzentrieren,
- ihm zu verstehen geben, dass er verstanden wird und
- einschätzen, welche Informationen noch fehlen. (Seidman 1991: 56)

Die Rückkopplung zum Interviewpartner kann durch Blickkontakt und Kopfnicken erfolgen. Auch Bestärkungen paraverbaler Art („hm“) sind erlaubt, solange sie nicht störend in den Redefluss eingreifen. Dabei muss man jedoch darauf achten, nicht die Bewertungen des Interviewpartners zu bestätigen und damit zu verstärken (siehe Regel 6). Der Interviewpartner soll das Gefühl bekommen, dass seine Mitteilungen für den Interviewer interessant sind (auch wenn er beispielsweise Informationen über ein Ereignis bereits zum x-ten Male hört). Der Interviewer will vom Interviewpartner, dem Experten, etwas lernen, denn dieser verfügt über wertvolle Informationen (Rubin/Rubin 1995: 103).

1a) Nicht unterbrechen! Erzählungen des Interviewpartners sollten grundsätzlich nicht unterbrochen werden. Im folgenden Beispiel wird die Erzählung durch eine Detailfrage abgebrochen und das Interview in eine völlig andere Richtung gelenkt:

A: Dann, ja die Entwicklung war, ich bin dann dreimal Deutscher Vizemeister geworden in der Jugend. Also es hat angefangen mit den Bezirksmeisterschaften, die hatte ich gewonnen und hatte mich dann qualifiziert für die Landesmeisterschaften. Die hatte ich gewonnen und es ging dann so weit bis zur Deutschen Meisterschaft und dann bin ich drei mal Deutscher Vizemeister geworden. Ja, dann

F: Wie sind eigentlich die Altersklassen strukturiert? Das wissen wir auch nicht so genau.

A: Also Deutsche Meisterschaft, jetzt ist es neu, jetzt gibt es auch ab C-Jugend, das ist 13 bis 14 Jahre Deutsche Meisterschaft. Bei mir damals war es ab B-Jugend. Das war 15 bis 16 Jahre und A-Jugend ist 17 bis 18 Jahre.

F: Und danach kommen die Junioren?

Erkennt man die Notwendigkeit einer Nachfrage, dann sollte man sich die Frage merken und sie später stellen. Dabei empfiehlt es sich, mit ‚Wiederaufnahmefragen‘ an das Gesagte anzuknüpfen.

1b) Pausen zulassen! Das fällt uns allen besonders schwer, weil es den informellen Regeln der Alltagskommunikation zuwiderläuft. Besonders in der

Kommunikation mit fremden Personen ist man bemüht, das als drückend empfundene Schweigen aufzuheben. In Interviews gibt es aber Denkpausen. Erkennt man diese nicht und füllt die vermeintliche Leere durch die nächste Frage, dann bringt man sich um wichtige Informationen. Denken kostet Zeit, die Stille muss deshalb toleriert werden (Seidman 1991: 70).

2. Flexibel fragen! Diese Regel folgt aus der Forderung, eine möglichst natürliche Gesprächssituation aufrechtzuerhalten. Im Alltagsgespräch ergibt die Behandlung eines Themas Anknüpfungspunkte für das nächste. Die Antworten des Interviewpartners bieten viele solche Möglichkeiten, auf neue Themen überzuleiten. Solch Überleitungen auszunutzen und auf diese Weise genauso wie im Alltagsgespräch alle Themen in einer natürlichen Folge abzuarbeiten ist das Ideal des Leitfadeninterviews. Sie müssen nach jeder Antwort entweder nach ‚Plan' (das heißt nach dem Leitfaden) fortfahren oder eine Überleitung von der Antwort zu einem anderen Thema finden. Durch ein ‚stures', d.h. inflexibles Abarbeiten des Leitfadens zwingt man den Interviewpartner in die einmal festgelegte Reihenfolge von Fragen zurück und erzeugt mitunter abrupte Übergänge zwischen den einzelnen Themen (zu dieser ‚Leitfadenbürokratie' siehe 4.5.5). Plötzliche Themenwechsel sind eine Verhörtechnik, mit der der Verhörte überrumpelt werden soll (Haller 2001: 101). Eine solche Atmosphäre darf im sozialwissenschaftlichen Interview auf keinen Fall entstehen. Außerdem erzeugen abrupte Übergänge den Eindruck, dass der Interviewer gar nicht an dem Gesagten interessiert ist, sondern nur seinen Interviewplan abarbeiten will (Rubin/Rubin 1995: 123). Aus diesen Gründen ist es wichtig, die Reihenfolge der Fragen flexibel zu gestalten und elegante Übergänge zwischen den Themen zu finden. Die Art und Weise, in der die Fragen im Leitfaden formuliert sind, ist demgegenüber weniger wichtig. Stellen Sie die Fragen lieber in abgewandelter Form, als dass Sie unnatürliche Gesprächssituationen riskieren. Eine Technik, mit der man Übergänge weniger krass erscheinen lassen kann, ist das Aufgreifen von früheren Anknüpfungsmöglichkeiten (vgl. 1a).

3. Nicht Verstandenes klären! Wenn Sie etwas in den Ausführungen Ihres Interviewpartners nicht verstanden haben, so müssen sie Ihn um eine Erklärung bitten. Insbesondere bei unverständlichen Begriffen, ungenauen oder fehlenden Angaben (z.B. Zeitangaben) muss nachgefragt werden. Damit machen Sie deutlich, dass Sie daran interessiert sind, das Gesagte zu verstehen (siehe Regel 1). Außerdem haben Sie später kaum mehr Gelegenheit, Verständnisprobleme zu beseitigen. Wenn Sie bei der Auswertung vor dem Interviewtext sitzen und die Aussagen des Interviewpartners nicht verstehen, ist es zu spät.

Es ist ratsam, bei diesen Nachfragen das eigene Verständnis zu explizieren und geschlossene Ja/Nein-Fragen zu verwenden, das heißt die Form: „Habe ich Sie richtig verstanden, dass .... Bei dieser Frageform werden die Aussagen des Interviewpartners paraphrasiert, das heißt so wiederholt, wie der Interviewer sie verstanden hat (Froschauer/Lueger 2003: 72). Damit wird der Verständnisfrage der ‚Prüfungscharakter' genommen, der sonst leicht bei Fragen wie „Was ist ..?" oder „Wann war ...?" entstehen kann, und deutlich gemacht, dass es um ein Verständnisproblem des Interviewers geht. Der Interviewpartner wird entweder mit „Ja" antworten und deutlich machen, dass der Interviewer alles richtig verstanden hat, oder er wird eine Erklärung geben, um das falsche Verständnis zu korrigieren. Die geschlossene Ja/Nein-Frage soll hier also eine kurze Bejahung oder eine ausführliche, begründete Verneinung auslösen.

Man darf aber auch nicht zu viele Verständnisfragen stellen. Häufige Verständnisfragen wirken blockierend und können den Interviewer als pingelig oder begriffsstutzig erscheinen lassen. Der Interviewpartner kann häufige Verständnisfragen als bevormundend oder als Ausdruck von Misstrauen wahrnehmen. Es kann auch passieren, dass er zu ausholenden Erklärungen ansetzt und das Interview dadurch zerrissen wird. Deshalb sollte man vor allem am Anfang präzise Verständnisfragen stellen, damit der Interviewpartner weiß, welches Verständnis des Gegenstandes des Interviews er beim Interviewer voraussetzen kann. Er wird dann seine Erzählungen an dieses Niveau anpassen.

4. Details erfragen! Es ist illusorisch anzunehmen, dass offene Fragen automatisch zu dem gewünschten detailreichen Erzählfluss führen. Interviewpartner neigen häufig dazu, in ihren Ausführungen allgemein, mehrdeutig und vage zu bleiben (Rubin/Rubin 1995: 124). Besonders Interviewpartner mit einem hohen Bildungsgrad und einem hohen Status (Angehörige von Eliten) sind häufig bestrebt, selbst zu verallgemeinern. Von ihnen erhält man dann ihre subjektiven Theorien, nicht aber die eigentlich gesuchten Fakten oder Bewertungen.

Deshalb bedarf es mitunter besonderer Fragestrategien, um die für die Rekonstruktion von sozialen Prozessen benötigten Details zu beschaffen. Ein häufig anzutreffender Fehler ist die Frage „Können Sie mir mehr darüber erzählen?", weil sie zu unspezifisch ist (King 1994: 23) und wahrscheinlich weitere vage Erzählungen auslöst. Geeigneter sind dagegen folgende Hervorlockungsstrategien:

– Teile der Antwort wiederholen und um Präzisierung bitten:

A: [...] Und da haben wir viele Probleme. Ich habe einen Jungen, der hat dieses Jahr 8100 Punkte gemacht, der war bei den Olympischen Spielen. Der ist vielleicht der untalentierteste Athlet in der Zehnkampfgruppe. Da gibt es 10 andere, die viel talentierter sind. Aber dieser Junge, der studiert Medizin, dem habe ich vor zwei Jahren gesagt, daß ich nicht mit Medizinern trainiere, denn du kannst nicht Leistungssport und Medizin gleichzeitig gut machen. Und mache lieber deine Medizin, da geht es um Leben und Tod. Es sei denn, du organisierst dich. ... Und der Junge hat sich dann organisiert. ... Er hat es geschafft, das Physikum, und hat im selben Jahr

> noch das erste Staatsexamen gemacht. Und er wird jetzt in diesem Jahr, auch wenn es manchem nicht gefällt, das zweite Staatsexamen machen. Und weil er nicht so viel trainieren kann, weil er sehr unter Stress steht, werden wir im Winter jetzt gar nicht starten, damit ich ihn nicht bloßstelle. Und im Sommer werden wir es dann wieder packen. [...]
>
> F: Sie haben gesagt, daß er dieses Jahr sein 2. Staatsexamen macht, obwohl es manchem nicht gefällt?
>
> A: Man muss folgendes sehen: Ein Leistungssportler will gute Leistungen bringen. Das heißt, er muss gute Leistung bringen, weil er sonst nicht mehr im Kader ist. Bin ich nicht mehr im Kader, werde ich nicht mehr gefördert. Ich erhalte keine Sporthilfe, ich erhalte keine medizinische Versorgung. Im Verein überlegt man auch, ob man ihm soviel Fahrgeld zahlen kann, oder dieses Honorar, wie immer man das nennen will. [...]

- Bewusst falsche Unterstellungen benutzen, um zum Widerspruch und zu Erklärungen zu reizen,

> F: Nun weiß ich schon von anderen Kollegen aus dem SFB, daß der SFB damals entstanden ist auf Initiative der Universitätsleitung, ja?
>
> A: Nee. Was heißt auf Initiative der Universitätsleitung? Es ist immer so, daß die Universitätsleitungen das natürlich sehr gern haben, wenn SFB's gegründet werden und die Universität fördert das, indem sie Vorstufen fördert. [...] Die Initiative kann nicht von dem Präsidenten, der vielleicht ein Jurist ist, ausgehen. Die können nur sagen: Finden wir toll, macht mal.

- indirekte Provokationen nutzen (siehe 4.2.2.),
- Informiertheit zeigen, denn der Interviewpartner ist eher bereit, über Details zu sprechen, wenn er das Gefühl hat, dass der Interviewer mit dem Gegenstand vertraut ist. (Rubin/Rubin 1995: 76)

> A: Ja, Fünfter, genau. Und da war auch mein erster internationaler Einsatz, also nicht in der Jugend oder in der Juniorenklasse, sondern im Männerbereich und da war ich dann auch direkt eigentlich ganz gut und da habe ich dann...
>
> F: Was war das? 6026 Punkte...
>
> A: 6023. Ihr seid ja richtig informiert, mein lieber Schwan.

- nach Beispielen für bestimmte Erfahrungen und Situationen fragen.

> A: ... Finanzielles, die ganzen... da wird zu viel Geld einfach rausgeballert, für unnötige Sachen finde ich.
>
> F: Zum Beispiel?
>
> A: Zum Beispiel, weißt du. Nur mal ein Beispiel: Es wird drum geguckt, daß computermäßig alles immer .. Top-Computer immer, weißt Du: „ Der ist mir zu langsam, ich brauch' da jetzt einen neuen Pentium-Rechner, der hat mehr Leistung..." Da wird Geld ausgegeben dafür, aber daß vielleicht ein Masseur also mal da ist im

> Training oder eine neue Massagebank oder so was, das Geld so investiert wird, ne. Da würde ich mal zu denen sagen: „Was soll das?"

Sowohl für die indirekte Provokation als auch um Informiertheit zu zeigen, kann auf Aussagen anderer Interviewpartner zurückgegriffen werden, z.B. mit der Einleitung „In einem anderen Interview wurde mir gesagt ...". Dabei muss natürlich deren Anonymität gewahrt bleiben.

5. Kurze und eindeutige Nachfragen stellen! Diese Regel ist bereits für das Erstellen des Leitfadens wichtig. Sie gilt natürlich auch für die spontan zu stellenden Nachfragen während des Interviews. Ein typischer Fehler sind multiple Fragen, das heißt das Stellen mehrerer Fragen hintereinander oder gar in einem einzigen Fragesatz. Sie entstehen z.B. aus dem Bestreben heraus, keine Nachfrage zu vergessen. Auch das Bemühen, einer als drückend empfundenen Pause zu entfliehen (siehe Regel 1b), kann dazu führen, dass multiple Fragen gestellt werden.

6. Kompetenz zeigen! Der Interviewpartner muss spüren, dass seine Antworten verstanden werden und dass es sich lohnt, dem Interviewer Informationen zu geben. Bei Experteninterviews ist das besonders schwierig, da der Interviewer sich immer als informierter und interessierter Laie präsentieren wird, während sein Gesprächspartner der Experte für den Gegenstand des Interviews ist. Um wenigstens den Stand eines informierten Laien zu erreichen, müssen Sie Experteninterviews besonders sorgfältig vorbereiten (siehe 4.3.3.). Wiederholte Verständnisprobleme und daraus erwachsende Nachfragen können dazu führen, dass der Interviewer als inkompetent angesehen wird (siehe Regel 2). Wenn Sie über den Gegenstand des Interviews bereits sehr gut informiert sind, dann müssen Sie kontrolliert mit Ihrem Wissen umgehen. Zeigen Sie zuviel davon, dann besteht die Gefahr, dass Ihr Interviewpartner sich kontrolliert fühlt. Außerdem kann das Ziel des Interviews gefährdet werden, weil es schwerer wird, Informationen vom Interviewpartner zu erhalten.

7. Bewertungen vermeiden! Alle negativen oder positiven Wertungen dessen, was der Interviewpartner sagt, müssen unterbleiben (Gorden 1975: 383). Sie dürfen den Interviewpartner nur darin bestärken zu erzählen, nicht aber seine Erzählungen bewerten. Bewerten Sie Aussagen Ihres Interviewpartners, dann lösen Sie entweder ein Anpassungsverhalten (im Sinne sozial erwünschten Antwortens, siehe 4.2.4) oder ein Widerspruchsverhalten aus. In beiden Fällen antwortet der Interviewpartner Ihnen von nun an anders, als er seine Meinung in einer neutralen Situation dargestellt hätte. Interpretationen des Gesagten „wirken nur dann der postulierten Offenheit nicht entgegen, wenn sie sehr vorsichtig und fragend eingebracht werden, z.B. „also, verstehe ich das richtig, dass Sie ..." (Schmidt 1993: 29).

4.5.2 Einstellen auf den Interviewpartner

Das Interview wird natürlich nicht nur durch Ihre Strategien, sondern in ganz erheblichem Maße auch durch den Menschen bestimmt, auf den Sie treffen. Verschiedene Interviewpartner nehmen Situationen im Interview unterschiedlich war und reagieren unterschiedlich. Die zu interviewende Person kann z.B. besonders kommunikativ oder besonders unkommunikativ sein, sie kann „ängstlich“ sein und versuchen, den sozialen Erwartungen zu entsprechen, oder sie kann „angriffslustig“ sein, das heißt sich gegen das Ausfragen wehren, widersprechen usw. Wir stellen in diesem Abschnitt einige Typen ‚schwieriger‘ Interviewpartner vor und geben Hinweise darauf, wie man diesen Menschen am besten begegnet.

Misstrauische: Das Bild des Interviews wird bei den meisten Menschen durch die Massenmedien erzeugt. Es ist das Bild von einem Instrument, mit dem man ‚hereingelegt‘, ‚ausgehorcht‘ oder ‚öffentlich bloßgestellt‘ wird. Wird das sozialwissenschaftliche Interview als journalistisches angesehen, dann kann es leicht passieren, dass dem Interview eben diese Zwecke oder Begleiterscheinungen zugeschrieben werden. Das kann mit einem starken Misstrauen einhergehen, dass die Daten vom Interviewer tatsächlich ethisch verantwortungsbewusst behandelt werden. Indikatoren für ein solches Misstrauen sind wiederholte Nachfragen wie „Was machen Sie dann mit den Daten?“, das Verweigern der Aufzeichnung des Gesprächs oder der Wunsch nach Zusendung des Gesprächsprotokolls.

In solchen Fällen muss der Forschungskontext in besonderem Maße betont werden. Das beginnt bei der (Forschungs-)Organisation, aus der man kommt, setzt sich mit der Betonung und Erläuterung des Forschungsziels und dem deutlichen Hinweis auf die Anonymisierung der Interviewdaten fort. Auch der explizite Hinweis auf die Datenschutzbestimmungen, die man selbst einhalten muss, kann hier helfen.

Kritiker: Sie können im Interview auf Menschen treffen, die wiederholt das Interview, die Interviewführung oder einzelne Fragen kritisieren: „So kann man das nicht fragen.“ oder „Das haben Sie doch schon mal gefragt.“ oder „Das gehört nicht zur Sache.“ Eine denkbare Ursache kann die Unzufriedenheit mit der eigenen, eher passiven Rolle im Interview liegen, die manche Menschen (insbesondere statushohe Personen) aus ihrer Erfahrungswelt nicht gewöhnt sind, weil normalerweise sie die Fragen stellen.

F: Haben sich durch die Mitarbeit im SFB Ihre Kooperationsbeziehungen verändert, einmal zu Forschungsgruppen, die im SFB sind und zum andern zu diesen externen Gruppen?

A: Die Frage ist viel zu pauschal. Da könnte ich Ihnen jetzt einen zweistündigen Vortrag halten, indem ich Ihnen meine wissenschaftliche Biographie erzähle. Es hat sich sicher, ganz pauschal gesagt, insofern verändert, als wir über den SFB in den letzten Jahren ganz schöne Sachen gemacht haben, die wir sonst vielleicht nicht hätten machen können, weil es ja immer auch eine Geldquelle ist, und das bringt natürlich nach außen Reputation, und das bringt, daß man ernst genommen wird und einbezogen wird in solche europäischen Netzwerke und so. Insofern hat sich da erheblich was verändert. Also meine persönliche Position hat sich ungeheuer verändert dadurch. Ich hätte sonst vielleicht vielmehr in meinem eigenen kleinen Saft gebraten.

F: Sie hatten ja vorhin von Ihren konkreten Kooperationen gesprochen, die Sie im SFB haben ..

A: Ja, die haben sich eben in sehr unterschiedlicher Weise verändert. ...

Wenn diese Kritiken so häufig und so stark auftreten, dass sie das Interview ernsthaft stören, dann müssen Sie auf die Metaebene übergehen und über das Interview sprechen. Das muss so kurz wie nur irgend möglich geschehen. Falsch wäre es, eine ‚fachliche' Diskussion über den Interviewleitfaden zu beginnen. Eine solche Diskussion kostet wertvolle Zeit und beeinflusst den Interviewpartner und den Interviewer, so dass der Rest des Interviews belastet wird. Sie können auf der Metaebene nur versuchen, Verständnis für das Interview zu erzeugen. Eine Chance besteht darin, die Diskussionsmöglichkeit nach dem Interview anzukündigen, z.B. „Aus Gründen, die ich jetzt so kurz nicht nennen kann, muss ich die Fragen so stellen. Ich bin gern bereit, Ihnen das nach dem Interview zu erläutern." Sie können das mit der Aussicht verbinden, dass der Interviewpartner nach dem Interview eine Grundsatzkritik üben darf: „Ich wäre sehr daran interessiert, nach dem Interview Ihre Meinung zu dem, was ich gefragt habe, und auch zu dem, was ich hätte fragen sollen, zu hören. Aber jetzt müssen wir die Fragen erst einmal so nehmen, wie sie sind." Auch der Verweis auf andere Interviews kann helfen „Aus Gründen der Vergleichbarkeit müssen wir allen Interviewpartnern diese Frage stellen, auch wenn Sie Ihnen jetzt seltsam vorkommt."

Schweiger: Ein besonderes Problem für die Informationsbeschaffung durch Interviews sind Menschen, die einsilbig antworten, das heißt auf alle Fragen nur sehr kurze Antworten geben. Die Ursache dafür kann Desinteresse sein, das den Wunsch auslöst, das Interview möge schnell vorübergehen. Auch der falsche Glaube, kurze Antworten seien erwünscht, kann ein solch einsilbiges Antworten auslösen (King 1994: 22-23). Schließlich kann es auch sein, dass es der Interviewpartner nicht gewöhnt ist, ausgiebig mit Fremden (oder generell mit anderen Menschen) zu kommunizieren. Da nicht nur der Interviewer auf den Interviewten ausstrahlt, sondern auch die umgekehrte Wirkung existiert, neigt man gerade bei solchen Interviewpartnern dazu, ebenfalls ‚kurz und bündig' zu agieren, das heißt ständig geschlossene Ja/Nein-Fragen als Nachfragen zu stellen (Patton 1990: 300).

Die wichtigste Strategie für den Umgang mit ‚Schweigern' besteht darin, möglichst gute Erzählanregungen zu schaffen. Also: offene Fragen stellen, vor allem „wie-warum-weshalb-wodurch-wozu"-Fragen, die den Interviewpartner zwingen, erklärend und begründend zu antworten. Eine zweite gute Strategie ist der gezielte Umgang mit Pausen. Pausen geben die Gelegenheit, über eine Antwort nachzudenken (auf diese Möglichkeit hatten wir in 4.5.1, Regel 1b), hingewiesen. Sie ermöglichen es dem in der Kommunikation ungeübten Gesprächspartner, eine Antwort zu formulieren. Pausen können darüber hinaus auch als Instrument der Antworterzwingung eingesetzt werden (als sogenanntes ‚strategisches Schweigen'). Wenn er nämlich nicht mehr über eine weitere Antwort nachdenkt, sondern mit seiner Antwort fertig zu sein glaubt, empfindet Ihr Interviewpartner das Schweigen als genauso bedrückend wie Sie. Es ist deshalb ratsam, bei Interviews mit ‚Schweigern' nach unzureichenden Antworten einfach einige Sekunden zu warten. Dadurch entsteht ein sozialer Druck auf den Interviewpartner, der mitunter das Schweigen durch zusätzliche Antworten bricht.

Plauderer: Menschen, die auf jede Frage mit nicht enden wollenden Erzählungen reagieren, sind nicht weniger kompliziert als ‚Schweiger'. Erstens besteht die große Gefahr, dass das Interview aus Zeitgründen beendet werden muss, ehe Sie all Ihre Fragen stellen konnten. Zweitens erfahren Sie von ‚Plauderern' häufig gar nicht, was Sie wissen wollen, weil die langen Erzählungen mit weiten Abschweifungen verbunden sind, die gar nicht das Thema betreffen und für Sie völlig uninteressant sind.

Wenn Sie auf ‚Plauderer' treffen, dann müssen Sie etwas tun, was ansonsten in qualitativen Interviews verpönt ist: Sie müssen Ihren Interviewpartner unterbrechen, um die nächste Frage anschließen zu können. Hier kommt es darauf an, die meist vorhandenen, aber extrem kurzen Sprechpausen (Atempausen) zu erkennen. In einer solchen Pause muss die nächste Frage gestellt werden, möglichst unter Anschluss an etwas, das der Interviewpartner bereits gesagt hat, z.B.: „Könnten wir noch einmal zurückkommen auf das, was Sie vorhin sagten..." (King 1994: 23). Um den Redefluss generell einzudämmen, sollten verbale und nonverbale Rückkopplungen (z.B. Kopfnicken) allmählich verringert werden (Patton 1990: 332). Neigt der Interviewpartner dazu, vom Thema abzuschweifen, dann bringen ihn informierte unterstellende Fragen möglicherweise dazu, sich kürzer zu fassen und sich präziser zu äußern.

Rückversicherer und Neugierige: Manche Interviewpartner beginnen ihrerseits, dem Interviewer Fragen zu stellen. Insbesondere unsichere Menschen, die bestrebt sind, sozial erwünscht zu antworten, versuchen das mitunter zu tun, indem Sie den Interviewer um seine Meinung fragen. Andere Interviewpartner sind einfach neugierig (Gorden 1975: 452). So wird man z.B. manchmal gefragt, was denn die anderen Interviewpartner auf die Frage geantwortet hätten. In all diesen Fällen gilt, dass Sie die Frage nicht beantworten, sondern den Interviewpartner auf das Ende des Interviews vertrösten. Viele Fragen werden sich auf diese Weise von selbst erledigen. Auf die anderen können Sie dann getrost antworten, weil es keinen Einfluss auf das Interview mehr haben kann.

Beichtkinder: Für manche Interviewpartner hat das Interview eine therapeutische Funktion, sie nutzen es, um sich auszusprechen. Soweit das zeitlich möglich ist, sollte man ihnen diese Gelegenheit geben. Der Interviewer sollte dabei „distanziertes Mitgefühl zeigen", aber nicht seine Rolle als Interviewer aufgeben (Weiss 1994: 128).

Eliten: Angehörige von Eliten sind Personen, die eine herausgehobene Stellung in der Gesellschaft einnehmen: bekannte Künstler, Wissenschaftler, Politiker oder Sportler, Menschen in leitenden Positionen usw. Aufgrund dieser Position haben Sie häufig besondere Verhaltensweisen ausgebildet, die beim Führen von Interviews berücksichtigt werden müssen. Weil die Angehörigen von Eliten über ein besonderes Wissen (eben ‚elitäres', nur Menschen in ihrer Position zugängliches Wissen) verfügen, können wir häufig nicht auf die Interviews mit ihnen verzichten und müssen die zusätzlichen Schwierigkeiten auf uns nehmen, die Interviews mit Eliten mit sich bringen.

a) Kontrolle und Dominanz des Interviews: Angehörige einer Elite sind eher gewohnt, sich oder ihre Organisation in der Öffentlichkeit zu präsentieren. Sie haben häufiger mit Journalisten zu tun und neigen dazu, den Interviewer ebenfalls als Journalisten anzusehen. Entsprechend versuchen sie, das Interview selbst zu steuern und die für eine Außendarstellung ihrer Ansicht nach wichtigen Sachverhalte und Wertungen unterzubringen (Richards 1996: 201). Um der Verwechslung mit journalistischen Interviews zu entgehen, ist es deshalb besonders wichtig, den sozialwissenschaftlichen Kontext der Untersuchung hervorzuheben (siehe 4.4.4). Wenn Sie sicher sind, dass es bei Ihrem Interviewpartner keinen Schaden anrichtet, dann können Sie Angehörige von Eliten auch einmal mit dem ‚Theorie-Chinesisch' der Sozialwissenschaften beeindrucken.
b) Tendenz zu ‚Statements': Aufgrund ihres Selbstverständnisses neigen führende Repräsentanten einer Organisation dazu, offizielle Statements abzugeben und Verallgemeinerungen selbst vorzunehmen, ohne auf die den Interviewer interessierenden Details einzugehen. Solche Informationen sind für den Interviewer entweder unbrauchbar, oder sie entsprechen dem, was er sich auch auf andere Weise beschaffen kann (Thomas 1995: 8). In solchen Situationen kann man nur immer wieder versuchen, die Details durch gezielte Nachfragen zu beschaffen.
c) Angehörige von Eliten sind eher überkommunikativ: Sie neigen dazu, geschlossene Reden zu halten (Thomas 1995: 11). Hier sind die Techniken angebracht, mit denen man versucht, ‚Plauderern' beizukommen, obwohl man bei Angehörigen von Eliten wegen der Statusdifferenz Hemmungen haben wird, sie zu unterbrechen. Insgesamt ist ein professionelles und gut informiertes Auftreten entscheidend (Richards 1996: 202).

Kinder: Interviews mit Kindern sind ein besonderes Problem. Das beginnt bei der Kontaktaufnahme und Problemen der informierten Einwilligung und setzt sich bei Interviewtechniken fort. Es hat keinen Sinn, auf diese Probleme kurz einzugehen. Wenn Sie Interviews mit Kindern führen wollen, bedarf das einer besonderen methodischen Vorbereitung. Informationen dazu finden sie in den Literaturhinweisen am Ende des Kapitels.

4.5.3 Umgang mit speziellen Fragetypen

Wir hatten bereits in dem Abschnitt über die Konstruktion von Interviewleitfäden darauf hingewiesen, dass es Fragen gibt, deren Anwendung besondere Aufmerksamkeit erfordert. Dazu gehört, dass Sie im Interview ständig überprüfen müssen, ob der im Interviewleitfaden vorgesehene Fragentyp in der konkreten Situation anwendbar ist, oder ob Sie die Frage anders formulieren müssen. Außerdem hängt sehr viel von der konkreten Einleitung der Frage ab, die Sie an die Situation anpassen können. Auch das Zeitmanagement hat großen Einfluss auf die Wirkungen einer Frage. All diese Entscheidungen im Interview zu treffen, gehört zur „spontanen Operationalisierung", die Christel Hopf beschrieben hat (vgl. 4.2.1.) Um Ihnen diese spontane Operationalisierung zu erleichtern, gehen wir in diesem Abschnitt auf den Umgang mit heiklen und schwierigen Fragen ein.

a) Heikle Fragen: Heikle Fragen beziehen sich auf Themen, über die der Interviewpartner wahrscheinlich nicht gern spricht, auf deren Behandlung im Interview Sie aber meist nicht verzichten können. Sie können das Problem heikler Fragen aber auch nicht dadurch lösen, dass Sie die Frage umformulieren. Deshalb ist hier die Strategie entscheidend, das heißt die Art und Weise, wie Sie eine Frage präsentieren und wie Sie dem Interviewpartner die Beantwortung erleichtern. Die wichtigste Regel lautet hier, dem Interviewpartner das Gefühl vermitteln, dass er sich mit der Beantwortung der Frage Zeit lassen kann.

> When interviewees find an area difficult to talk about because of their emotional reactions to it, make sure that you give them the time they require to answer your questions. Be particularly careful to avoid non-verbal cues that might be taken as indicating impatience: looking at your watch, fidgeting and so on. If their distress is great, let them know that it is perfectly all right for them to leave the question altogether, or to return to it later if they feel able to. You will probably find that people will often want to come back to questions which address issues of real importance to them and just need time to muster their feelings. (King 1994: 24)

Ein großer und nicht seltener Fehler besteht darin, bei heiklen Themen kurz zu fragen und schnell das Thema zu wechseln. Dieser Fehler entsteht, weil die Fragen und Themen meist nicht nur für den Interviewpartner, sondern auch für den Interviewer selbst heikel sind. Und auch wenn das nicht der Fall ist, entsteht bei heiklen Fragen im Interview eine unangenehme Situation, aus der man schnell hinausgelangen möchte. Strategien, mit denen man dem Interviewpartner die Beantwortung heikler Fragen erleichtert, zielen in zwei Richtungen:

- Man kann versuchen, dem Interviewpartner deutlich zu machen, dass die Frage so heikel gar nicht ist. Wenn man es glaubwürdig zu tun imstande ist, kann man sogar versuchen, völlig zu verbergen, dass die Frage heikel ist, das heißt, man fragt ganz naiv. Eine andere Strategie besteht darin, deutlich zu machen, dass der Gegenstand der Frage kein Tabu ist. Das kann dadurch geschehen, dass man deutlich macht, dass man bereits Informationen über das heikle Thema besitzt. Hier ist es ganz wichtig, die Anonymität seiner Quellen zu bewahren. Außerdem muss man bei der Präsentation solcher Informationen große Vorsicht walten lassen, da sie das Antwortverhalten beeinflussen können. Eine andere Strategie der ‚Ent-Tabuisierung' besteht darin mitzuteilen, dass andere Interviewpartner diese Frage bereits beantwortet haben. Im folgenden Beispiel wird eine ‚normale' Frage für den Interviewpartner plötzlich zu einer heiklen Frage, weil er sehr ehrgeizige Pläne hat und annimmt, dass das der gesellschaftlichen Norm der Bescheidenheit widerspricht. Der Interviewer nimmt zunächst den Anspruch etwas zurück, das heißt, er besteht nicht auf der Beantwortung, äußert aber sein Interesse. Dadurch, dass er anschließend die zögernde erste Antwort ganz selbstverständlich in den starken Anspruch übersetzt, entspannt er die Situation:

F: Welche Ziele hast Du dir noch für deine Sportkarriere gesetzt?
A: Ja also, die Ziele ... ich werde wie gesagt jetzt den Verein wechseln und die Ziele, die ich mir jetzt setze, sind im Prinzip nur die Ziele, die ich schon vorher hatte und nicht erreicht hatte.
F: Mmhmmh. Und die wären?
A: Ähm, muss ich das jetzt so sagen?
F: Du musst gar nichts sagen, aber es würde uns natürlich interessieren.
A: Also ich will es mal so ausdrücken, internationaler Erfolg und ähm, ja, das Potential ausschöpfen, was ich habe und das liegt also (lange Pause) absolut im absoluten 8000er-Bereich.
F: Das heißt, Du hältst dich schon für fähig und würdest das gerne probieren, in der Weltklasse mitzumischen.
A: Auf jeden Fall. Auf jeden Fall. Ja. Also was ich bis jetzt an Punkten da stehen habe, 7400, das ist ... das sollte eigentlich nur mal ein Wettkampf sein, wo ich vielleicht nur neun Disziplinen oder acht Disziplinen gemacht habe. Um es mal ganz extrem auszudrücken.

- Man kann die Interviewsituation dahingehend beeinflussen, dass die Beantwortung der Frage leichter fällt. Dazu gehören zunächst Hinweise darauf, dass die Antwort nicht öffentlich ist. Man sollte also noch einmal auf die vertrauliche Behandlung der Antwort hinweisen. Eine weitere Maßnahme in diese Richtung ist das Angebot, das Aufzeichnungsgerät abzuschalten. Scheint Ihnen die Situation generell ungünstig und ‚verkrampft, dann sollten Sie über die Frage hinweggehen und dem Interviewpartner vorschlagen, später noch einmal auf die Frage zurückzukommen. Generell sollten Sie, wenn in der ersten Phase des Interviews spontan heikle Sachverhalte angesprochen werden, darüber hinweggehen und erst in einem späteren Stadium darauf zurückkommen, wenn bereits ein Klima des Vertrauens hergestellt ist (Rubin/Rubin 1995: 134-135). Kommen Sie als Interviewer unwillkürlich selbst auf heikle Themen zu sprechen, sollten Sie versuchen, das zunächst zu übergehen.

Wenn all diese Strategien nichts helfen und Sie das Gefühl haben, dass die heikle Frage bzw. das heikle Thema das Interview insgesamt gefährdet, weil der Interviewpartner in eine schwierige Situation gerät und die Vertrauensbasis des Interviews gefährdet wird, dann sollte die Frage völlig weggelassen werden. Der Informationsverlust zu einem Thema ist immer das kleinere Übel als ein insgesamt missglücktes Interview.

b) Schwierige Fragen: Die wichtigste Aufgabe beim Stellen einer schwierigen Frage besteht darin, dem Interviewpartner das Gefühl zu vermitteln, dass es nicht seine Schuld ist, wenn er nicht antworten kann. Sie müssen dem Interviewpartner unbedingt deutlich machen, dass es im Experteninterview grundsätzlich kein Versagen, keine richtigen oder falschen Antworten gibt, denn es geht um das, was er weiß und denkt. Dafür gibt es keine unabhängige Überprüfungsinstanz. Wenn Sie eine schwierige Frage stellen, sollten Sie vor allem deutlich machen, dass Sie um die Schwierigkeit der Frage wissen, z.B. durch das Vorschieben von: „Jetzt kommt eine schwierige Frage:...“. (Gorden 1975: 390-391) Bei schwierigen Fragen ist es besonders wichtig, dass Sie Ihrem Interviewpartner ausreichend Zeit gewähren, damit er über die Antwort nachdenken kann.

4.5.4 Spezielle Reaktionen des Interviewpartners

> Perhaps the single most important rule is – to quote from *The Hitchhiker's Guide to the Galaxy* – 'DON'T PANIC!' (King 1994: 24)

Unter speziellen Reaktionen wollen wir all die Reaktionen verstehen, die nicht der mit der Frage verbundenen Absicht entsprechen. Einige solcher Reaktionen haben wir bereits im Abschnitt 4.5.2. besprochen, wo es um Typen von Interviewpartnern ging.

(1) Der Interviewpartner versteht die Frage nicht. Das äußert sich z.B. durch die Reaktion „Wie war noch mal die Frage ..?“ In einer solchen Situation muss der Interviewer deutlich machen, dass er an dem Verständnisproblem Schuld trägt, weil er die Frage schlecht formuliert hat. Es darf nicht der Eindruck entstehen, dass die intellektuellen Fähigkeiten des Interviewpartners das Verständnisproblem verursacht haben (Patton 1990: 326). Man reagiert mit einer klaren und eindeutigen Erläuterung, in der möglichst keine neuen oder zumindest keine völlig anderen Begriffe verwendet werden sollten. Im folgenden Beispiel wird eine Frage, die der Interviewpartner nicht

versteht, in Form einer hypothetischen Frage konkretisiert. Das ist hier durchaus möglich, da es um die Bedeutung des Sports für den Interviewpartner, also um dessen Bewertungen, geht.

F: Du sagst, Du kannst deinen Typ am besten darstellen, indem Du Sport treibst. Da käme dann gleich die Frage: Was bedeutet Sport für dich?
A: Ja, also sagen wir mal so. Ich denke einfach mal, mein Talent liegt halt 'nen bißchen mehr im Sport. Also und von daher, denk ich mal, Talente sollte man, so weit es geht, ausnutzen und nicht einfach irgendwo in 'ne Scheune werfen und sagen: vielleicht später mal oder so. Ja und ... wie war die weitere Frage?
F: Die Bedeutung des Sports für Dich. Also vielleicht am besten für Dich zu denken: Was wäre, wenn Du keinen Sport mehr treiben könntest, was würde da für dich verloren gehen?
A: Also sagen wir mal so: Ich seh im Sport so ne Art – äh, das klingt vielleicht schon fast 'nen bißchen hochgestochen, aber – gesellschaftliche Anerkennung .. durch Deine gute Leistung. Du wirst natürlich öfters drauf angesprochen. Sprich: „Ah, Robert, hab schon wieder was von Dir in der Zeitung gelesen." Auch wenn's „nur" die [lokale] Zeitung ist. Aber das ist ja dann ... es kommt immer wieder was zurück von der Gesellschaft. Du siehst also, Du machst im Prinzip nichts falsch. Und ich glaub, das will ja jeder irgendwo, nicht. Also es sei denn, Du bist halt wirklich stark „anti" eingerichtet. Aber Du willst ja irgendwo was, wo die Leute dann sagen: Find ich toll. Und das ist so ... das kann ich durch den Sport.

(2) Der Interviewpartner missversteht die Frage. In dieser Situation ist es zunächst wichtig, den Interviewpartner nicht zu unterbrechen, etwa mit der Formel „Nein, was ich eigentlich wissen wollte ...". Durch solch ein Verhalten legt man nahe, dass der Interviewpartner einen Fehler gemacht hat und seine Antwort für den Interviewer nutzlos ist. Wenn man – etwa aufgrund des Zeitdrucks – doch unterbrechen muss, dann mit einer Formel wie „Entschuldigen Sie, ich habe mich ungeschickt ausgedrückt, ich meinte ..." In allen anderen Fällen sollte man den Interviewpartner ausreden lassen (aber auf nonverbale und paraverbale Verstärkungen verzichten) und anschließend oder später die Frage in einer anderen Formulierung noch einmal stellen, ohne auf das Missverständnis einzugehen. (Rubin/Rubin 1995: 124)

(3) Der Interviewpartner hat Schwierigkeiten, sich zu erinnern. Der Interviewer kann dazu beitragen, das Erinnerungsvermögen des Interviewpartners zu stimulieren. Dafür ist es vorteilhaft, wenn man bei dem Thema mit einigen Fragen verweilen kann. Allerdings kommt man dem Problem nicht dadurch bei, dass man möglichst viele detaillierte Fragen stellt. Die Annahme, man käme dadurch näher an die vergangenen Wirklichkeiten heran, ist falsch. Abgesehen davon, dass Interviews dadurch unversehens Züge einer richterlichen Befragung erhalten können, unterbrechen häufige Detailfragen den Erinnerungsfluss. (Breckner 1994: 2) Man erfährt lediglich Aspekte, die schon in den Fragen vorformuliert sind. Detailinformationen über die Hintergrundbedingungen einer Handlung sind eher dann erinnerbar, wenn daran eine

‚Geschichte', ein aus der Routine herausragendes Ereignis geknüpft ist und danach gefragt wird, wie dieses Ereignis erlebt wurde. Außerdem kann das Erinnerungsvermögen dadurch stimuliert werden, dass man dem Interviewer bestimmte Detailinformationen gibt (Gorden 1975: 405-406).

F: Und – ja, das Projekt ist ja dann abgelehnt worden. Ich hatte irgendwie mit der Begründung etwas Probleme, das zu verstehen ...
A: Hatte ich überhaupt eine Begründung bekommen? Normalerweise läuft das ja so ab, daß man das eigentlich kaum ...
F: Ja, ich kann Ihnen das auch mal zeigen im Bewilligungsschreiben.
A: Lassen Sie mal sehen. Ach ja, genau. Ja doch, kann ich mich erinnern.

(4) Der Interviewpartner wird misstrauisch und denkt, er soll ‚hereingelegt' werden. Mitunter ist es notwendig, in einem Interview wiederholt nach ein und demselben Sachverhalt zu fragen – um ihn besser zu verstehen, um seiner Komplexität gerecht zu werden und ihn allseitig zu erfassen oder auch, um die Zuverlässigkeit der Informationen zu erhöhen. Man stellt dann in einem Interview Fragen, die zwar unterschiedlich sind, sich jedoch überschneiden. Solche Fragen werden mitunter als „besonders hinterhältig erlebt, denn sie zeigen Misstrauen und stellen die befragte Person mitunter bloß." (Lueger 1989) („Das haben Sie doch schon mal gefragt!") Hat man das Gefühl, dass der Interviewpartner misstrauisch wird, dann sollte man ihm einen unverfänglichen Grund für das wiederholte Fragen nennen. Vor allem aber sollte man ihm das Gefühl vermitteln, dass auch eine Wiederholung des Sachverhaltes richtiges Antwortverhalten ist.

(5) Der Interviewpartner verweigert die Antwort. Das wird am ehesten bei den heiklen Fragen passieren (vgl. 4.5.3). Es kann aber auch völlig überraschend geschehen, das heißt zu einem Zeitpunkt im Interview, zu dem der Interviewer das nie und nimmer erwartet hätte. Das direkte Verweigern der Antwort erzeugt eine außerordentlich kritische Situation, die den gesamten weiteren Verlauf des Interviews beeinflussen kann. Der Interviewpartner verstößt damit gegen die Rollenerwartungen, die er bisher akzeptiert hat. Letztlich gelten für diese Situation all die Regeln, die wir bereits für den Umgang mit heiklen Fragen formuliert haben. Wenn nichts hilft, dann müssen Sie darüber hinweggehen und dem Interviewpartner das Gefühl geben, dass seine Antwortverweigerung nicht so schlimm ist. Den Druck auf ihn zu erhöhen, um doch noch eine Antwort zu bekommen, belastet nur das weitere Interview.

4.5.5 Typische Fehler des Interviewers

Um ein Interview führen zu können, müssen Sie nicht nur die genannten Regeln und Hinweise kennen, sondern auch über die Fehler informiert sein, die man als Interviewer machen kann (und wahrscheinlich machen wird). Die Kenntnis solcher typischer Fehler erleichtert es sehr, die eigenen Interviews kritisch zu analysieren und die Fehler allmählich zu vermeiden. Viele Ursachen für Fehler liegen in den komplexen und teilweise widersprüchlichen Anforderungen, die die im Interview eingenommene Rolle an den interviewenden Wissenschaftler stellt.

Die Rolle des neutral fragenden, interessierten, vorinformierten Laien, der ein möglichst natürliches Gespräch mit dem Interviewpartner führt, gerät im Verlauf des Interviews immer wieder in Gefahr. In Interviews mit Angehörigen von Eliten oder anderen Personen, die versuchen, das Interview zu dominieren, kann es erstens passieren, dass Interviewer spontan Segmente ihrer Wissenschaftler-Rolle in die Interviewsituation einbringen. Diese Segmente können das Interview beeinträchtigen, wenn es sich um Leistungsangst, Kompetenzanspruch und die Neigung zu abstrahierendem und kategorisierendem Sprachgebrauch handelt (Hopf 1978: 111). Umgekehrt kann es auch geschehen, dass Interviewer ihre Rolle schlicht vergessen und sich in ein zwangloses Gespräch verwickeln lassen, in dem sie immer größere Anteile übernehmen. Eine dritte mögliche Fehlerquelle ist Unaufmerksamkeit, das heißt das Aussetzen oder allmähliche Nachlassen der Konzentration.

Diese Verhaltensweisen führen zu strategischen Fehlern, das heißt zu Fehlern in der Steuerung des Interviews, und zu taktischen Fehlern bei der Formulierung von Fragen. Zu den relativ häufigen strategischen Fehlern gehört die „Leitfadenbürokratie", die dem im Leitfaden geplanten Gesprächsverlauf absolute Priorität einräumt und den Gesprächsverlauf ignoriert (Hopf 1978: 101-106). Der Leitfaden hat im Interview zwei wichtige Funktionen. Erstens hilft er, den Widerspruch von „beschränkter Interviewzeit" und „beinahe schrankenlosem Informationsinteresse" in den Griff zu bekommen (ibid: 101-102). Nur mit einem Leitfaden gelingt es Ihnen im Experteninterview, in der zur Verfügung stehenden Zeit alle für die Beantwortung der Forschungsfrage benötigten Informationen zu erhalten. Zweitens unterstützt der Leitfaden die Bewältigung von typischen Verhaltensproblemen im Interview, die aus der Differenz zwischen Interviewerverhalten und Alltagskommunikation entstehen: Er erleichtert uns das ‚Ausfrageverhalten', das ja der im Alltag üblichen Reziprozität (beide Gesprächspartner geben und erhalten Informationen) widerspricht, und er hilft in unklaren oder unsicheren Gesprächssituationen.

Richtig eingesetzt, ist der Leitfaden also ein unverzichtbares Instrument für Experteninterviews. Wenn sich der Interviewer jedoch dem Leitfaden unterordnet, statt ihn als Instrument zu benutzen, dann wird dieser „von einem Mittel der Informationsgewinnung zu einem Mittel der Blockierung von Informationen" (ibid: 101). Als Ursachen für die Unterordnung des eigenen Verhaltens unter die Vorgaben des Leitfadens nennt Hopf die Unsicherheit des Interviewers, eine falsch verstandene Loyalität gegenüber gemeinsam erarbeiteten Leitfäden in kollektiven Forschungsprozessen und die Sorge, das Interview nicht in der zur Verfügung stehenden Zeit ‚zu schaffen' (ibid: 101, siehe auch Schmidt 1993: 30). Die Leitfadenbürokratie erscheint als ein „durch raschen Themenwechsel gekennzeichnetes bürokratisches Abhaken der Leitfadenfragen, ohne daß vom Interviewer der Versuch einer klärenden Vertiefung gemacht wird." (Hopf 1978: 105) Folgende falsche Reaktionen sind zur Leitfadenbürokratie zu rechnen:

1. Themen werden nicht spezifiziert, weil der Interviewer eine zügige Gesprächsführung realisieren will. Anknüpfungspunkte für Nachfragen werden nicht aufgegriffen:

   > „Man greift zwar das Thema auf, signalisiert aber gleichzeitig, daß der Befragte sich nicht allzu lange dabei aufhalten möge. Dies geschieht beispielsweise dadurch, daß man Wendungen benutzt, die zu einer straffen verbalen Planung auffordern (‚Können Sie dieses Verfahren kurz schildern?')" (Hopf 1978: 104)

   Dieser Fehler kann auch durch schlecht durchdachte Fragen im Interviewleitfaden ausgelöst werden. Wenn der Interviewer eine Frage beim Lesen für ungeeignet hält oder nicht mehr weiß, warum sie in dieser Form gestellt werden soll, wird er unter Umständen versuchen, schnell über sie hinwegzugehen.

2. Themen, die vom Befragten eingebracht werden, werden als irrelevant oder redundant ignoriert.

F: Sie sind eigentlich mit den Stellen ansonsten ganz gut versehen worden. Wie sah das mit Geräten aus ..?

A: Da sind wir sehr bescheiden. Von Anfang an, und ein bißchen muss das an mir selber liegen, ich wollte halt nicht gebunden sein durch irgendwelche Maschinen. Ich hab' ja auch Theorie gemacht. Und es hat mir immer Spaß gemacht, einfache Experimente mir auszudenken, und so. Also ich wollte keine großen Maschinen haben. Auf der anderen Seite gibt es hier in [Ort des SFB] massenhaft Maschinen, vielerart, und wir konnten eigentlich immer irgendwo die Dinge messen, die wir für wichtig hielten. Da hat dann der SFB natürlich sehr geholfen. Da hilft der SFB enorm. Wir konnten dann am [Institut A] bei Herrn [PII27] das [Forschungsgerät1] benutzten. [...] Aber durch den SFB hat man eben die Möglichkeit, diese Messungen an dem [Institut A] zu machen. Das ist ja nicht ganz selbstverständlich. Obwohl fast immer was geht, wenn die Leute, die die Maschinen haben – in den seltensten Fällen werden die Maschinen total ausgenutzt – und meistens gibt es da eine Chance. Es gibt nur so ein paar ekelhafte Leute, die einen da nicht ran lassen wollen. Also unser [PII7] hier gehört zu der Sorte. Aber er redet auch lauter, als er dann handelt.

F: Und gab es noch weitere solche Gerätenutzungen?

Der Interviewpartner bringt hier ein Thema ein, das für die Untersuchung und für ihn persönlich wichtig ist: Die Kooperationsenthaltung des Kollegen PII7. Die Interviewerin ist aber gedanklich bei der Kooperationsform Gerätenutzung und ignoriert das eingebrachte Thema.

3. Dem Interviewpartner wird die Struktur des Leitfadens aufgedrängt.

> In diesem Fall werden die Äußerungen des Befragten zwar nicht generell als abweichend behandelt und blockiert, aber sie werden in dem spezifischen Gesprächszusammenhang blockiert bzw. zurückgestellt, da sie sich mit der geplanten Abfolge und Systematik des Interviews nicht decken. (Hopf 1978: 104)

F: Ja, glaubst du denn, daß du den Sport mal vermissen wirst?
A: Ne, ich glaube, langsam habe ich genug davon.
F: Ja?
A: Ja.
F: Also bist dann auch mal froh, wenn es vorbei ist?
A: Ja, man kann es ja auch nicht ewig machen und vor allem man hat ja Verletzungen, die irgendwann mal nicht mehr heilen können, die man dann nicht mehr heilen kann.
F: Hm. Da kommen wir nachher noch mal drauf zurück. Was ist denn für dich so das Wichtigste am Sieg?

Seltener als die Leitfadenbürokratie tritt der entgegengesetzte strategische Fehler auf, das ‚Vergessen' des Leitfadens und der mit ihm verbundenen Absichten. Das Bemühen des Interviewers, eine möglichst natürliche Gesprächssituation aufrechtzuerhalten, kann auch ihn selbst dazu verleiten, das Interview als normales Gespräch anzusehen. Der Interviewer stellt dann Fragen, ‚die sich anbieten', und kann nur noch die Themen behandeln, die sich aus diesem ungesteuerten Gesprächsverlauf ergeben. Außerdem besteht die Gefahr, dass der Interviewer selbst zu plaudern beginnt, was wertvolle Zeit kostet. Diese Gefahr ist besonders groß, wenn der Interviewpartner seinerseits beginnt, Fragen zu stellen. Die natürliche (und höfliche) Reaktion darauf wäre ja, die Fragen zu beantworten. Verhält man sich hier nicht rollenkonform (und genau dabei soll der Interviewleitfaden ja helfen), dann ist man schnell vom Interview zum Alltagsgespräch übergegangen. Dieses Übergleiten in ein Alltagsgespräch kann so weit führen, dass der Interviewer unkontrolliert Hypothesen oder Zwischenergebnisse seiner Untersuchung mitteilt und damit das Antwortverhalten beeinflusst.

Beiden strategischen Fehlern ist gemeinsam, dass der Interviewer die Steuerung des Interviews nicht bewältigt. Er überlässt sie im Fall der Leitfadenbürokratie dem Leitfaden, während er sie im entgegengesetzten Fall völlig aufgibt. Durch beide Verhaltensweisen kann das gesamte Interview gefährdet werden. Das gilt auch für einen dritten strategischen Fehler, den Verlust der Neutralität. Damit ist gemeint, dass der Interviewer deutlich positive oder negative Einstellungen gegenüber dem Interviewpartner oder gegenüber dem Gegenstand des Interviews entwickelt (das ist mitunter unvermeidlich und auch noch kein Problem) und diese Einstellungen die Gesprächsführung beeinflussen. Letzteres ist das Problem: der Interviewer übergibt die Steuerung des Gesprächs an seine positiven oder negativen Gefühle, und die sind eine schlechte Grundlage für die Wahl von Themen und die für das Formulieren von Fragen. Der Interviewer hält sich z.B. zu lange bei dem Thema auf, das ihn bewegt, oder er vermeidet im weiteren Gesprächsverlauf, es anzusprechen. Der ‚dazugehörige' taktische Fehler besteht darin, in den Fragen seine eigene Einstellung durchblicken zu lassen und so das Antwortverhalten des Interviewpartners zu beeinflussen.

Taktische Fehler sind falsche Reaktionen in einer konkreten Situation während des Interviews. Dazu gehört vor allem das falsche Formulieren von Fragen. Anders als bei der Konstruktion des Leitfadens, bei der man die vorformulierten Fragen beliebig oft kritisch analysieren kann, ‚gilt' in der Interviewsituation die erste, spontan formulierte Frage. Deshalb schleichen sich hier viel häufiger die Fehler ein, die wir bereits bei der Konstruktion des Leitfadens behandelt haben: Man stellt dichotome Fragen, multiple Fragen oder Suggestivfragen. Auch der mit der Wissenschaftlerrolle verbundene abstrahierende, kategorisierende Sprachgebrauch schleicht sich mitunter in das Interview ein (Hopf 1978: 111). All diese Fehler sind Ausdruck der Tatsache, dass der Interviewer die Aufgabe permanenter spontaner Operationalisierung nicht bewältigt. Dagegen hilft nur, die eigenen Interviews immer wieder zu analysieren und sich vor und nach den Interviews seine ‚Lieblingsfehler' zu vergegenwärtigen.

Ein anderer, sehr häufig auftretender taktischer Fehler ist das Auslassen von Nachfragen. Dieser Fehler kann ganz unterschiedliche Ursachen haben. Die Leitfadenbürokratie ist eine davon. Nachfragen können aber auch deshalb ausgelassen werden, weil der Interviewer die Gelegenheit im Interview einfach nicht erkennt. Es bedarf ja äußerster Konzentration, um beim Hören der Antwort zu erkennen, welche Hinweise auf weitere Informationen die Antwort enthält, wo eine Vertiefung notwendig ist, wo sich Gelegenheiten für Übergänge zu anderen Themen ergeben usw. Da ist es fast natürlich, dass man etwas überhört. Die Fähigkeit, richtig nachzufragen, erwirbt man nur durch Übung und durch die Analyse der eigenen Interviews. Eine dritte Ursache für das Auslassen von Nachfragen hängt mit der oben beschriebenen Wissenschaftler-Rolle zusammen. Es können auch Situationen entstehen, in denen man auf Nachfragen verzichtet, weil man die eigene Unwissenheit nicht preisgeben will. Das ist meistens falsch. Schließlich geht es hier um ‚Experteninterviews', in denen von vornherein klar ist, dass das Wissen beim Interviewpartner liegt.

4.6 Nach dem Interview

4.6.1 Abschließendes Gespräch

Man beendet das Interview gewöhnlich mit einer Bemerkung, in der man deutlich macht, dass man nun all seine Fragen gestellt hat, und bedankt sich beim Interviewpartner. Jetzt gibt es die Möglichkeit, mit dem Interviewpartner über die Möglichkeit telefonischer Rückfragen oder eines zweiten Gesprächs zu verhandeln. Wurden während des Interviews Vereinbarungen getroffen (z.B. ein zweites Gespräch zu führen oder Forschungsergebnisse zuzusenden), dann sollten diese Vereinbarungen im abschließenden Gespräch noch einmal fixiert werden (Froschauer/Lueger 2003: 73).

Generell sollte man dem Interviewpartner die Möglichkeit eines Feedbacks einräumen. Manche Interviewpartner wollen das Interviewtranskript zugeschickt bekommen, um zu kontrollieren, was sie im Interview eigentlich gesagt haben, und gegebenenfalls Korrekturen vorzunehmen. Darauf sollten Sie immer eingehen – nicht nur um der Höflichkeit willen, sondern weil es eine Möglichkeit ist, zusätzliche Informationen zu erlangen. Wichtig ist nur, die Korrekturen des Interviewpartners nicht einfach unbesehen zu übernehmen, sondern sich darüber klar zu werden, dass man Informationen aus zwei völlig verschiedenen Quellen hat. Die erste Quelle ist die Interviewsituation, und die zweite Quelle ist der Kommentar eines Interviewpartners, der über seine Aussagen im Interview noch einmal nachgedacht hat. Sie müssen prüfen, wo es sich bei eventuellen Korrekturen um Berichtigungen falscher Informationen handelt, und wo der Interviewpartner gegebene Informationen zurücknehmen will. Im Zweifelsfall sollten Sie die Korrektur als einen unabhängigen, unter anderen Bedingungen entstandenen Text neben dem ursprünglichen Interview in die Auswertung einbeziehen. Weil Sie die Verantwortung für die Forschungsergebnisse tragen, dürfen Sie die Interpretationsmacht nicht dem Interviewpartner überlassen (Seidman 1991: 54).

Häufig hat der Interviewpartner noch Fragen zum Gang der Untersuchung und will weitere Einzelheiten über das Projekt wissen. Hat der Interviewpartner Interesse an den Ergebnissen, dann versprechen Sie, ihm die Untersuchungsergebnisse (das heißt die Publikationen) zuzusenden. In dem Gespräch nach dem Interview können Sie auch all die Fragen beantworten, die der Interviewpartner vielleicht während des Interviews gestellt hat und deren Beantwortung Sie aufgeschoben haben. Wenn im Interview ein vertrauensvolles Gesprächsklima entstanden ist, dann erhält man in dem abschließenden Gespräch mitunter weitere wichtige Informationen. Eine gute Gesprächsatmosphäre nach dem Interview kann auch dazu beitragen, dass der Interviewpartner andere potentielle Interviewpartner positiv einstimmt, wenn er von dem Gespräch berichtet (Gorden 1975: 458).

Das abschließende Gespräch sollte gegebenenfalls genutzt werden, um Hinweise auf weitere Gesprächspartner zu erhalten. Sie können jetzt auch nach zusätzlichen Dokumenten fragen (Selbstdarstellungen von Organisationen, Jahresberichte, Organigramme, Trainingspläne von Sportlern o.ä.).

4.6.2 Interviewbericht und Gedächtnisprotokoll

Bereits während des Interviews beginnen Sie, es zu vergessen. Unser Kurzzeitgedächtnis, in dem wir Eindrücke vom Interview und Ideen speichern, die uns während des Interviews gekommen sind, hat eine enorme ‚Vergessensrate'. Deshalb ist es sehr wichtig, Gedächtnisprotokolle und Interviewberichte so bald wie möglich anzufertigen.

Wurde die Aufzeichnung des Interviews verweigert, dann müssen Sie sofort nach dem Interview anhand Ihrer Notizen das Gespräch rekonstruieren und ein Gedächtnisprotokoll des Interviews anfertigen. Wir empfehlen, dieses Gedächtnisprotokoll zu sprechen und aufzuzeichnen. Das hat einen einfachen Grund: Da Sprechen schneller geht und einfacher ist als Schreiben, werden Sie mehr Informationen in das mündliche Gedächtnisprotokoll bringen als in ein schriftliches. Wenn Ihnen Ihr Interviewpartner in den Gesprächen vor und nach dem Interview Informationen gegeben hat, die für die Untersuchung relevant sind, dann sollten Sie auch von diesen Gesprächen ein Gedächtnisprotokoll anfertigen.

Für jedes Interview sollte ein Interviewbericht angefertigt werden. Wir haben wiederholt darauf hingewiesen, dass die Interviewsituation das Interview beeinflusst. Sie muss deshalb im Auswertungsprozess mit herangezogen werden, wenn es um die Plausibilität von Aussagen des Interviewpartners, um die Bewertung von Widersprüchen usw. geht. Deshalb muss die Interviewsituation dokumentiert werden. Ergänzend zum Interview selbst sollten in einem Kurzbericht (Interviewbericht) folgende Informationen festgehalten werden (in Anlehnung an Froschauer/Lueger 2003: 74-75):

- Ein Kommentar zum Zustandekommen des Interviews (Grad der Bereitschaft des Interviewpartners, eventuelle Einwendungen seinerseits usw.)
- Beschreibung der konkreten Rahmenbedingungen (Dauer, Ort, allgemeine Störfaktoren, insbesondere Unterbrechungen durch Telefon oder durch andere Personen)
- Bemerkungen zum Gesprächsverlauf
- Bemerkungen zur Nachinterviewphase.

Beispiele für Interviewberichte finden Sie im Anhang 4. Die Variation der Interviewberichte ist ein Zeichen dafür, dass es dafür bisher keinen Standard gibt.

In der SFB-Studie wurde u.a. die Entstehungsgeschichte der SFB anhand der Interviewaussagen rekonstruiert. Eine Reihe von Aussagen des Interviewpartners PII9 zu dieser Thematik standen im Widerspruch zu den Aussagen anderer Interviewpartner. Unter

Hinzunahme der Interviewberichte (Beispiel PII9 im Anhang 4) wurde entschieden, den Aussagen der anderen Interviewpartner mehr Gewicht zu verleihen und die Aussagen von PII9 zurückzuweisen.

4.6.3 Transkription

> "Difficult and time-consuming though transcription is, there really is no satisfactory alternative to recording and fully transcribing qualitative research interviews." (King 1994: 25)

Das aufgezeichnete Interview sollte möglichst vollständig transkribiert werden. Die Alternative bestände darin, dass der Interviewer die Aufzeichnung abhört und dabei die wesentlichen Aussagen zusammenfasst. Diese Alternative ist aus den selben Gründen abzulehnen wie das Gedächtnisprotokoll: Das Abhören und Zusammenfassen ist eine methodisch nicht kontrollierte Reduktion von Informationen. Niemand kann die Regeln angeben, nach denen er auf solche Art und Weise eine Aufzeichnung komprimiert. Komprimierte Protokolle sind das Ergebnis eines subjektiven, nicht reproduzierbaren Interpretationsschrittes. Das gilt auch für die Kompromissvariante, bei der nur sehr wichtige Passagen transkribiert, unwichtige gelöscht und die anderen zusammengefasst werden. Längere Passagen, die thematisch nicht relevant sind, sollten bei gut geführten Interviews nur sehr selten vorkommen. Der Haupteinwand gegen die Transkription ist, dass sie ungeheuer zeitaufwändig (oder teuer) ist. In der Literatur wird ein Verhältnis von Interviewzeit zu Transkriptionszeit von 1:4 angegeben. Unserer Erfahrung nach liegt das Verhältnis eher bei 1:6. Deshalb muss die Frage der Transkription bei der Projektplanung frühzeitig geklärt werden – entweder werden die nötigen Mittel beschafft, um die Transkription durch Dritte zu finanzieren, oder es wird ausreichend Zeit eingeplant, um sie selbst durchführen zu können.

Für die Transkription von Interviewprotokollen gibt es bislang keine allgemein akzeptierten Regeln. Sie müssen deshalb Ihre eigenen Regeln aufstellen, dokumentieren und im Projekt konsistent anwenden. Wie genau transkribiert wird, das heißt, was von den Geräuschen auf dem Band wie schriftlich festgehalten wird, hängt vom Untersuchungsziel ab. Wenn wichtig ist, wie etwas gesagt wurde, dann müssen alle Pausen, Lachen, Stottern, paraverbale Äußerungen („hm", „äh" usw.) festgehalten werden. Für diese Untersuchungen gibt es eine umfangreiche Literatur, in der verschiedene Transkriptionssysteme diskutiert und verglichen werden. Für rekonstruierenden Untersuchungen ist diese Detailtreue nicht notwendig. Weniger aufwändige Transkriptionssysteme erfahren in der Literatur aber auch weniger Aufmerksamkeit. Wir verwenden in unseren Projekten folgende Transkriptionsregeln:

- es wird in Standardorthographie verschriftet und keine literarische Umschrift verwendet (z.B. „hast du" statt „haste", Kowal/O'Connell 2007: 441);
- nichtverbale Äußerungen (z.B. Lachen, Räuspern, Husten, Stottern) werden nur dann transkribiert, wenn sie einer Aussage eine andere Bedeutung geben,
- Besonderheiten der Antwort mit „Ja" oder „Nein", (z.B. zögernd, gedehnt, lachend) werden vermerkt,
- Unterbrechungen im Gespräch werden vermerkt,
- Unverständliche Passagen werden gekennzeichnet.

Wenn Sie Interviews durch nicht an der Untersuchung Beteiligte transkribieren lassen, müssen Sie die Transkription in jedem Fall kontrollieren. Es ist geradezu erstaunlich, in welchem Maße bei der Transkription durch Außenstehende, die den Kontext des Interviews nicht kennen, Wörter und Satzteile nicht oder falsch verstanden werden.

Da auch Interviewtranskripte heute mit dem Computer geschrieben werden, haben Sie große Gestaltungsmöglichkeiten. Für die qualitative Inhaltsanalyse ist es günstig, wenn Sie jeweils inhaltlich zusammengehörende Aussagen als einen Absatz formatieren. Das bedeutet, dass eine Antwort des Interviewpartners auch mehrere Absätze umfassen kann. Die Fragen stehen dann jeweils in einem eigenen Absatz. Für die Lesbarkeit ist es günstig, wenn Sie die Fragen durch einen anderen Schrifttyp bzw. fett oder kursiv hervorheben.

Möglichst unmittelbar nach der Transkription müssen Sie das Interview anonymisieren, das heißt so verändern, dass weder am Dateinamen noch am Text erkennbar wird, mit wem das Interview geführt wurde. Wir empfehlen Ihnen, eindeutige Codes für die Dateinamen zu verwenden, damit Sie selbst immer sofort wissen, mit wem das Interview geführt wurde.

> Im SFB-Projekt lautete der Dateiname eines transkribierten Interviews z.B.: „PII5.doc". Das „P" steht für den Akteurtyp – interviewt wurde ein Projektleiter. „II" besagt, dass der Projektleiter zum zweiten untersuchten SFB gehört. „5" ist der Code, der anstelle des Namens des befragten Projektleiters steht.

> Ein Dateiname im Sportlerprojekt lautete beispielsweise „TEA3.doc". Die ersten Buchstaben stehen für die jeweilige Sportart („TE" für Tennis). Der letzte Buchstabe kennzeichnet den Akteurtyp: „A" steht hier für Athlet („T" würde ein Interview mit dem Trainer und „E" ein Interview mit den Eltern bezeichnen). Die Ziffer „3" bezeichnet die Nummer des Falles. Zu diesem Fall gehören demzufolge die Dateien „TEA3.doc", „TET3.doc" und „TEE3.doc".

Leitfadeninterviews führen stets zu Lerneffekten. Jedes Interview führt zu neuen Informationen und somit zu einem angereicherten Hintergrundwissen für das nächste Interview. Darüber hinaus kann es einen methodischen Lerneffekt geben, wenn man die geführten Interviews daraufhin analysiert (Rubin/Rubin 1995: 164-165). Dies sollte anhand des Interviewtranskriptes geschehen: Konnten komplexe Erzählungen hervorgerufen werden? Wenn ja, wie? Habe ich ausreichend nachgefragt? Habe ich die Pausen ausgehalten? Wie sind die Übergänge gelungen? Insbesondere mit den ersten Interviews einer Untersuchung sollten Sie solche Analysen unbedingt durchführen.

Weiterführende Literatur:

Gute Literatur zum Führen von Leitfadeninterviews, die auch praktische Aspekte einbezieht, gibt es vor allem im angelsächsischen Sprachraum. Die bislang beste deutschsprachige Darstellung haben wir in einem Lehrbuch für Journalisten gefunden (Haller 2001). Obwohl das Buch für Journalisten geschrieben wurde, ist es außerordentlich nützlich, weil es viele praktische Hinweise gibt, die nicht nur für journalistische, sondern auch für sozialwissenschaftliche Interviews relevant sind (bis hin zur Körpersprache). Das Buch ist die ausführlichste deutschsprachige Darstellung und gut verständlich; allerdings muss man beim Lesen im Hinterkopf haben, dass es eben doch Unterschiede zwischen journalistischen Interviews und sozialwissenschaftlichen Leitfadeninterviews gibt. Interessante Diskussionen vieler Aspekte des qualitativen Interviews finden Sie bei Helfferich (2005).

Unter den englischen Arbeiten möchten wir die von Seidman (2006) und Gorden (1987) hervorheben. Diese Autoren behandeln auch Zugangsprobleme und ethische Probleme aussführlich und bringen viele Beispiele. Letzteres gilt auch für das Kapitel 7 „Qualitative Interviewing“ aus Patton 2002, das insbesondere für das Formulieren von Fragen instruktiv ist.

Eine interessante Perspektive auf das Interview präsentieren Bogner und Menz (2005), die die Wahrnehmung des Interviewers durch den Experten typisieren – allerdings mit einem engeren Expertenbegriff, als wir ihn zugrunde legen.

Ein wichtiger Aufsatz, den wir Ihnen dringend ans Herz legen, ist der von Hopf (1978) zur Leitfadenbürokratie. Gute Aufsätze zu speziellen Themen sind der Aufsatz von Thomas (1995) zu Interviews mit „important people in big companies“ und der Aufsatz von Neumann-Braun und Deppermann (1998) zu ethnographischen Analysen und Interviews mit Jugendlichen. Über Interviews mit Kindern können Sie sich bei Heinzel (2003) informieren.

Mittlerweile gibt es auch erste Artikel zu den Vor- und Nachteilen von Telefon- und email-Interviews (Murray/Sixsmith 1998, Bampton/Cowton 2002, Meho 2006, Opdenakker 2006). Die methodologische Diskussion steht allerdings noch ganz am Anfang.

Fragen zu Kapitel 4

1. Welche Unterschiede gibt es zwischen der Alltagskommunikation und einem sozialwissenschaftlichen Interview?
2. Welche in der Alltagskommunikation verbreiteten Typen von Fragen dürfen nicht in das Interview übernommen werden?
3. Welche Alternativen zu Suggestivfragen gibt es in den in 4.2.4 genannten Anwendungsfällen?
4. Sie wollen den Verlauf eines Streiks im Rahmen einer Tarifauseinandersetzung rekonstruieren. Wen wählen Sie als Interviewpartner aus?

5. Auswertung von Experteninterviews mit der qualitativen Inhaltsanalyse

5.1 Qualitative Inhaltsanalyse als Auswertungsmethode

5.1.1 Von der quantitativen zur qualitativen Inhaltsanalyse

Die Inhaltsanalyse ist als eine quantifizierende Methode zur Analyse von Texten entstanden.[33] Mit dem Aufkommen der Massenmedien gab es große Mengen gleichartiger Texte (zuerst als Artikel in Zeitungen und Zeitschriften), die natürlich auch die Aufmerksamkeit der Sozialwissenschaften weckten. Um diese Texte mit den damals dominierenden quantitativen Methoden untersuchen zu können, mussten ihnen Informationen entnommen und klassifiziert werden. Daran anschließend konnte man Häufigkeiten und Verteilungen von Informationen analysieren.

Diese Idee – den Texten inhaltliche Informationen zu entnehmen, diese Informationen in ein geeignetes Format umzuwandeln und sie in diesem Format, das heißt getrennt vom ursprünglichen Text, weiterzuverarbeiten – ist allen inhaltsanalytischen Verfahren gemeinsam. Sie wurde erstmals in den 20er Jahren in den USA realisiert, als die quantitative Inhaltsanalyse in den Kommunikationswissenschaften entstand. Beispielsweise untersuchten Berelson und Salter 1945, welchen Bevölkerungsgruppen die Hauptfiguren amerikanischer Zeitschriftengeschichten angehören, und verglichen deren prozentuale Verteilung mit der tatsächlichen Verteilung innerhalb der amerikanischen Bevölkerung. Ein Ergebnis war, dass die Hauptfiguren in den Zeitschriftengeschichten signifikant häufiger weiße Amerikaner waren, als ihr Anteil an der Bevölkerung ausmacht, andere Bevölkerungsgruppen also in der massenmedial vermittelten Öffentlichkeit systematisch unterrepräsentiert waren (Mayring 2007: 13).

Die Aufbereitung von in Texten enthaltenen Informationen für quantitative Analysen setzt bestimmte Operationen voraus, die allen Verfahren der quantitativen Inhaltsanalyse gemeinsam sind:

- das Aufbauen eines geschlossenes Kategoriensystem vor der Analyse,
- das Zerlegen des Textes in Analyseeinheiten,
- das Durchsuchen des Textes auf relevante Informationen und

Operationen

33 Zur Geschichte der Inhaltsanalyse vgl. Merten/Ruhrmann (1982) und Mayring (2007: 24-27).

- die Zuordnung dieser Informationen zu den Kategorien (das sogenannte Verkoden des Textes).

Mit diesen Schritten ermittelt man die Häufigkeiten des Auftretens der Kategorien im Text, man quantifiziert also. Die Häufigkeiten sind dann der Gegenstand der weiteren Analyse. Diesem Vorgehen liegt die methodologische Annahme zugrunde, dass es einen Zusammenhang zwischen der Häufigkeit des Auftretens von bestimmten Kategorien und der Bedeutung des Sachverhaltes gibt, den sie beschreiben.

Die quantitative Inhaltsanalyse wurde schon bald dafür kritisiert, dass sie die variierende Bedeutung von Textelementen ignoriert. Jede Subsumierung eines Textelements unter eine Kategorie ist ja mit einer erheblichen Komplexitätsreduktion verbunden: Die Bedeutung des Textelements und seine Beziehungen zum Kontext werden auf das reduziert, was die Kategorie messen soll. Diese Komplexitätsreduktion, die die quantitative Inhaltsanalyse mit anderen quantifizierenden Verfahren teilt, ist dem Untersuchungsgegenstand nicht immer angemessen. Das quantifizierende Vorgehen der Inhaltsanalyse befindet sich deshalb in einem gewissen Konflikt mit dem methodologischen Prinzip des Verstehens als Basishandlung sozialwissenschaftlichen Forschens.

In dieser Situation entstand die Frage, ob es ein qualitatives inhaltsanalytisches Verfahren geben kann, das sich an der Komplexität von Informationen und am Verstehen orientiert, aber den Vorzug der Inhaltsanalyse, theorie- und regelgeleitet vorzugehen, beibehalten kann. In Deutschland hat Philipp Mayring zu Beginn der achtziger Jahre ein Verfahren der qualitativen Inhaltsanalyse entwickelt, das diesen Anspruch erhebt.[34] Er stützte sich dabei nicht nur auf die quantitative Inhaltsanalyse, sondern bezog auch die Hermeneutik, die Literaturwissenschaften und die Psychologie der Textverarbeitung ein (Mayring 2007 [1983]: 24-41). Sein Verfahrensvorschlag unterscheidet sich von der quantitativen Inhaltsanalyse vor allem dadurch, dass das theoretisch abgeleitete Kategoriensystem am Material überprüft und abgeglichen wird. Damit wird die Offenheit qualitativer Methoden für die Entwicklung des Kategoriensystems ausgenutzt.

Ein großes Problem der Mayringschen Verfahrensidee liegt unserer Ansicht nach darin, dass sie zwar die Entwicklung des Kategoriensystems ‚öffnet', sich aber ansonsten sehr stark an der quantitativen Inhaltsanalyse orientiert. Wie die quantitative Inhaltsanalyse ist das von Mayring vorgeschlagene Verfahren darauf zugeschnitten, dass man am Ende ein nicht mehr veränderbares Kategoriensystem auf seine Texte anwendet. Die Kategorien sind vorzugsweise geschlossen (d.h. die möglichen Ausprägungen sind vorgegeben) und ordinalskaliert. Damit sollen Häufigkeitsanalysen des Auftretens von

34 International sind uns keine Vorschläge für eine qualitative Inhaltsanalyse bekannt. Die im angelsächsischen Sprachraum unter „Content Analysis" diskutierten Verfahren sind ausnahmslos quantitative Inhaltsanalysen (z.B. Neuendorf 2002, Krippendorff 2004).

Kategorien ermöglicht werden, die Mayring als das wichtigste Ergebnis seines Verfahrens ansieht:

> Die qualitative Inhaltsanalyse ist ein gutes Beispiel dafür, wie qualitative und quantitative Analyseschritte miteinander verbunden sein können. Denn die Schritte der Kategorienbildung und der Zuordnung von Kategorien zum Text sind eindeutig qualitative Schritte (vgl. Mayring 2002), *in der Regel werden dann aber Kategorienhäufigkeiten erhoben und quantitativ analysiert* (Mayring 2005: 5, unsere Hervorhebung).

Dieser Ansatz ist unserer Ansicht nach aus mehreren Gründen problematisch. Er setzt zunächst voraus, dass nach der Bildung des Kategoriensystems im Material keine Informationen mehr gefunden werden können, die nicht auf das Kategoriensystem passen. Das ist aber keineswegs gewährleistet, wenn das Kategoriensystem lediglich an 30%-50% des Materials abgeglichen wird, wie das einige der Mayringschen Techniken vorsehen. In diesem Fall muss man mindestens die Hälfte des Materials mit einem *unveränderlichen* Kategoriensystem behandeln, ohne sich sicher sein zu können, dass dieses Kategoriensystem dafür geeignet ist.

Viel schwerer wiegt aber, dass das Mayringsche Verfahren letztlich Häufigkeiten analysiert, anstatt Informationen zu extrahieren. Ohne Zweifel verbessert der Einbau qualitativer Schritte in die Entwicklung des Kategoriensystems die ursprüngliche quantitative Inhaltsanalyse. Die Anwendung eines geschlossenen Kategoriensystems und die darin enthaltene Standardisierung für Häufigkeitsanalysen machen es jedoch unmöglich, den Texten die komplexen Informationen zu entnehmen, die wir für die Aufklärung von Kausalmechanismen brauchen. Damit ist das Verfahren für eine mechanismenorientierte Erklärungsstrategie unbrauchbar. Wir haben deshalb in der von Mayring vorgeschlagenen Technik der Strukturierung liegende Ideen benutzt, um ein Verfahren zu entwickeln, das die Extraktion komplexer Informationen aus Texten ermöglicht und während des gesamten Analyseprozesses offen für unvorhergesehene Informationen ist.

5.1.2 Ablauf der qualitativen Inhaltsanalyse

Die qualitative Inhaltsanalyse behandelt die auszuwertenden Texte als Material, in dem die Daten enthalten sind. Wenn man eine qualitative Inhaltsanalyse durchführt, dann entnimmt man den Texten diese Daten, das heißt, man extrahiert Rohdaten, bereitet diese Daten auf und wertet sie aus (Abb. 5-1). Wir verwenden den Begriff Extraktion, um den Unterschied zum ‚Kodieren' von Texten deutlich zu machen: Das Kodieren indiziert den Text, um ihn auswerten zu können. Es macht also Text und Index zum gemeinsamen Gegenstand der Auswertung. Mit der Extraktion entnehmen wir dem Text Informationen und werten diese Informationen aus.

Abb. 5-1 Prinzip der qualitativen Inhaltsanalyse

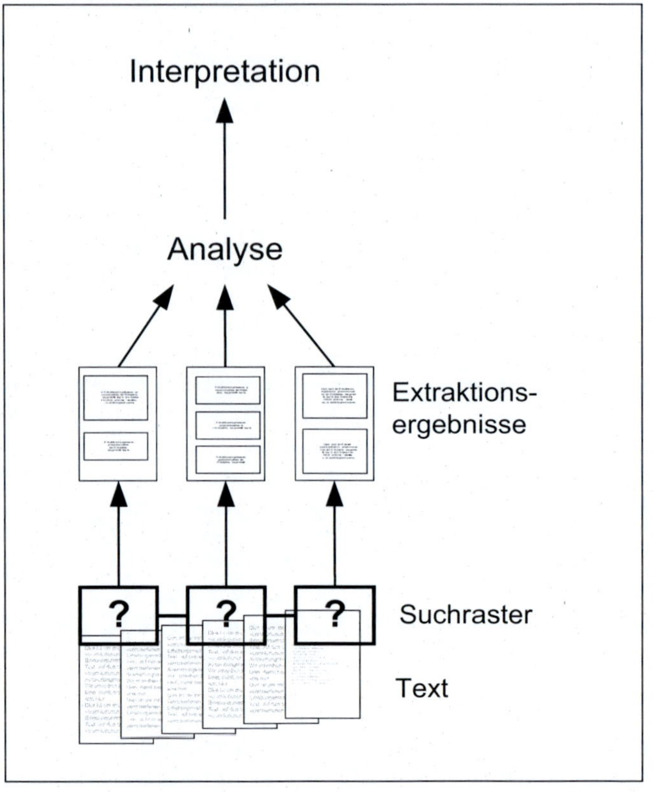

Mit der qualitativen Inhaltsanalyse schafft man sich also eine von den Ursprungstexten verschiedene Informationsbasis, die nur noch die Informationen enthalten soll, die für die Beantwortung der Forschungsfrage relevant sind. Diese Informationsbasis ist durch das Suchraster, das für die Extraktion von Informationen benutzt wurde, strukturiert. Die qualitative Inhaltsanalyse ist das einzige Verfahren der qualitativen Textanalyse, das sich frühzeitig und konsequent vom Ursprungstext trennt und versucht, die Informationsfülle systematisch zu reduzieren sowie entsprechend dem Untersuchungsziel zu strukturieren. Der Kern dieses Verfahrens ist die Extraktion, das heißt die Entnahme der benötigten Informationen aus dem Text. Das geschieht mittels eines Suchrasters, das ausgehend von den theoretischen Vorüberlegungen konstruiert wird. Extraktion heißt, den Text zu lesen und zu entscheiden, welche der in ihm enthaltenen Informationen für die Untersuchung relevant sind. Diese Informationen werden den Kategorien des Suchrasters zugeordnet, das heißt unter der entsprechenden Kategorie eingetragen.

Das Kategoriensystem für die Extraktion baut auf den in den theoretischen Vorüberlegungen konzipierten Untersuchungsvariablen bzw. Einflussfaktoren und den Hypothesen über die sie verbindenden Kausalmechanismen auf. Dadurch wird sichergestellt, dass die theoretischen Vorüberlegungen die Extraktion anleiten. Vermittelt über das Kategoriensystem strukturieren die theoretischen Vorüberlegungen außerdem die Informationsbasis und unterstützen so deren Verwendung für die Beantwortung der Forschungsfrage. Das Kategoriensystem ist aber zugleich offen: Es kann während der Extraktion verändert werden, wenn im Text Informationen auftauchen, die relevant sind, aber nicht in das Kategoriensystem passen. Die Dimensionen existierender Kategorien können verändert werden, und es können neue Kategorien konstruiert werden. Dadurch verändert sich die Struktur der Informationsbasis, die auf diesem Wege durch die im Material enthaltenen Informationen mit geformt wird.

Zur Offenheit des Kategoriensystems gehört, dass die Merkmalsausprägungen frei verbal beschrieben werden. Die Daten werden also nominalskaliert erhoben, und die ‚Skala' – die Liste der Ausprägungen – entsteht im Prozess der Extraktion.[35] Damit wird die Extraktion an die Eigenart der theoretischen Variablen angepasst, komplexe Zustände zu beschreiben. Außerdem wird sichergestellt, dass nicht antizipierte Merkmalsausprägungen adäquat aufgenommen werden: Sie müssen nicht in eine ex ante vorgegebene Skala eingepasst werden.

Dieser Umgang mit dem Kategoriensystem ist die grundsätzliche Änderung, die wir gegenüber bisherigen Verfahren der qualitativen Inhaltsanalyse eingeführt haben. Sie ermöglicht eine weitere, die Effizienz der Auswertung erhöhende Änderung: Da das Kategoriensystem jetzt im gesamten Verlauf der Auswertung an die Besonderheiten des Materials angepasst werden kann, ist ein Probedurchlauf durch einen größeren Teils des Materials nicht mehr nötig.

Die Extraktion ist ein entscheidender Interpretationsschritt: Um festzustellen, ob relevante Informationen in einem Text enthalten sind, müssen Sie ihn interpretieren. Auch die Zuordnung zu einer Kategorie und die verbale Beschreibung des Informationsinhaltes beruhen jeweils auf Interpretationen des Textes. Das bedeutet zugleich, dass in die Extraktion – trotz der dafür angebbaren Regeln – die Verstehensprozesse des jeweiligen Wissenschaftlers eingehen, dass sie also individuell geprägt ist.

In den beiden an die Extraktion anschließenden Schritten werden die extrahierten Rohdaten weiter bearbeitet. Dabei wird die Quellenangabe (der Verweis auf die Textstelle, der die Informationen entnommen wurden) immer mitgeführt. Dadurch ist es möglich, jederzeit am Ursprungstext zu kontrollieren, ob inhaltliche Entscheidungen im Verlauf der Auswertung gerecht-

35 Eine Extraktion anders skalierter Daten ist ebenfalls möglich (z.B. von ordinalskalierten Daten mit Ausprägungen wie stark – mittel – schwach). Zu Skalentypen siehe z.B. Kromrey (2006: 242-246).

fertigt werden können. Die Rohdaten werden zunächst aufbereitet, das heißt zusammengefasst, auf Redundanzen und Widersprüche geprüft, und nach für die Auswertung relevanten Kriterien sortiert. Auch die Aufbereitung beruht auf Interpretationsprozessen: Ob Informationen für redundant bzw. widersprüchlich gehalten werden, ist ja eine Frage des individuellen Verstehens.

Ergebnis der Aufbereitung ist eine strukturierte Informationsbasis, die die empirischen Informationen über die zu rekonstruierenden Fälle zusammenfasst. In der anschließenden Auswertung wird diese Informationsbasis genutzt, um die untersuchten Fälle zu rekonstruieren und nach den interessierenden Kausalmechanismen zu suchen. Diese Etappe wird in allen rekonstruierenden Untersuchungen durchlaufen und ist in diesem Sinne nicht spezifisch für die qualitative Inhaltsanalyse. Das Vorgehen bei der Auswertung wird aber von der Struktur der Informationsbasis bestimmt und sieht deshalb bei der qualitativen Inhaltsanalyse anders aus als z.B. bei der an eine Kodierung anschließenden Auswertung einer Informationsbasis, die aus kodierten Texten besteht.

Die qualitative Inhaltsanalyse kann manuell (das heißt mit Papier und Bleistift) oder computergestützt durchgeführt werden. Allerdings kann der Aufwand bei einer manuell durchgeführten Inhaltsanalyse sehr hoch werden, wenn die Textmenge groß ist.[36] Um sie rationell zu gestalten, werden Inhaltsanalysen heute meist computerunterstützt durchgeführt. Für unser Verfahren haben wir ein kleines Programmpaket entwickelt, das die Extraktion, und partiell auch die Aufbereitung und Auswertung unterstützt.[37] Dieses Programmpaket stellen wir Ihnen im Internet unter der Adresse http://www.vs-verlag.de auf der Internetseite des Buches und auf unseren persönlichen Internetseiten zur Verfügung. Wir stellen Ihnen die qualitative Inhaltsanalyse hier als computergestützte Methode vor.

Das Verfahren gliedert sich in vier Hauptschritte: Vorbereitung der Extraktion, Extraktion, Aufbereitung der Daten und Auswertung (s. Abb. 5-2).

---

36 Ein einstündiges, transkribiertes Interview hat etwa eine Länge von 15 Seiten. Bei 50 Interviews – das ist eine durchaus übliche Zahl von Interviews für rekonstruierende Untersuchungen – sind das bereits 750 Seiten Text. Im SFB-Projekt waren aufgrund der über 100 Interviews ca. 1800 Seiten Text entstanden; im Sportler-Projekt waren es ungefähr 1700 Seiten transkribierter Interviewtext. Bei solchen Textmengen ist eine rein manuelle qualitative Inhaltsanalyse kaum noch zu bewältigen. Vowe (1993: 24-49) hat mit einer kleinen Zahl von Texten eine Inhaltsanalyse nach Mayring in ‚Handarbeit' durchgeführt und ausführlich beschrieben.

37 Diese Eigenentwicklung erscheint angesichts des Angebots an Software zur Analyse qualitativer Daten auf den ersten Blick unsinnig. Die kommerziell angebotene Software (wir haben uns ATLAS.ti, NVIVO und winMAX angesehen) konzentriert sich jedoch auf das Verkoden von Texten, wie es für die Methode der ‚grounded theory' typisch ist (Coffey et al. 1996: 1.4). Sie unterstützt die Extraktion von Informationen nicht und ist deshalb für unsere Zwecke nicht oder nur sehr umständlich nutzbar. Auch die nachfolgenden Auswertungsschritte, die von uns erst im Verlauf der Arbeit festgelegt werden, werden durch diese Softwarepakete nicht unterstützt. Deshalb sind wir den etwas mühevollen und riskanten Weg gegangen, spezielle Werkzeuge für die qualitative Inhaltsanalyse zu entwickeln.

In den folgenden Abschnitten werden diese Schritte im einzelnen vorgeste
Für die Extraktion, Aufbereitung und Auswertung geben wir jeweils zu B
ginn eine allgemeine Beschreibung des Vorgehens und demonstrieren es an-
schließend am SFB-Projekt und am Projekt ‚Sportlerbiographien'.

Abb. 5-2 Ablauf der qualitativen Inhaltsanalyse

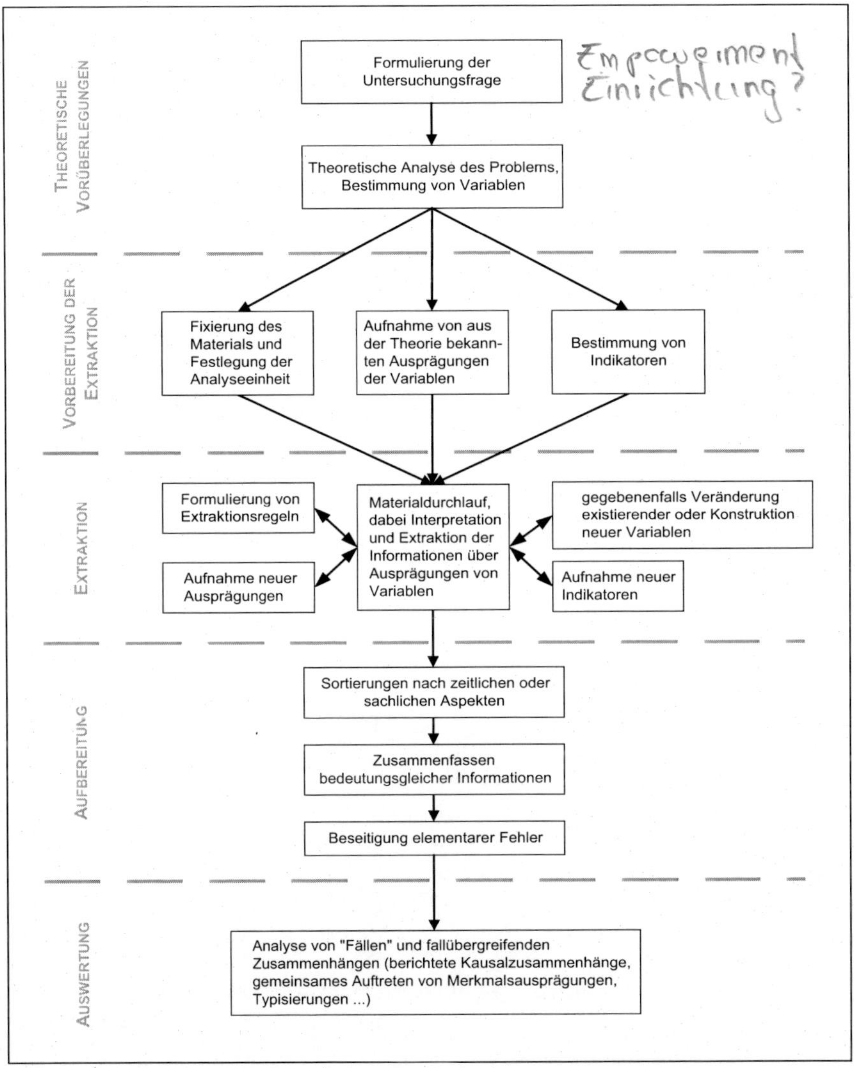

Der Anwendungsbereich der qualitativen Inhaltsanalyse wird vor allem durch den Umstand bestimmt, dass die Informationen extrahiert werden, ohne dass ihre Position im Text berücksichtigt wird. Das schließt all die Untersuchungen aus dem Anwendungsbereich aus, die die Struktur von Texten, die Gesamtgestalt von Erzählungen u.ä. zum Gegenstand haben oder als für die Beantwortung der Forschungsfrage wesentliche Information benötigen. Solche Untersuchungen, die z.B. in der Biographieforschung vorkommen, müssen auf andere Verfahren zurückgreifen. Die qualitative Inhaltsanalyse vermag zwar den engeren und weiteren Kontext einer Einzelinformation angemessen zu berücksichtigen, nicht aber Eigenschaften des Textes als geschlossener Erzähleinheit. Auch mit dieser Einschränkung bleibt ihr Anwendungsbereich aber groß genug. Mit den genannten Ausnahmen ist sie in allen Fällen einsetzbar, in denen freie Interpretationen oder Kodierungen angewendet werden.

5.1.3 Realisierung der methodologischen Prinzipien in der qualitativen Inhaltsanalyse

Die qualitative Inhaltsanalyse kann für sich beanspruchen, ein regelgeleitetes und systematisches Verfahren zu sein. Das Regelsystem bezieht sich auf die Reihenfolge und den Inhalt der in Abbildung 5-2 genannten Schritte sowie auf Regeln, die für die einzelnen Schritte gelten. Wir werden sie in den nachfolgenden Abschnitten nennen. Mayring hält das regelgeleitete Vorgehen zu Recht für einen Vorzug der qualitativen Inhaltsanalyse. Es gewährleistet unter anderem, dass eine weitere spezielle Regel eingehalten wird, die zwar trivial anmutet, aber gerade bei qualitativen Auswertungsverfahren sehr wichtig ist: die Forderung, das gesamte qualitative Material gleichberechtigt einzubeziehen (wir haben diese Forderung in Abschnitt 2.2.3 diskutiert). Die qualitative Inhaltsanalyse erzwingt durch ihre Verfahrensregeln ein systematisches Vorgehen, bei dem das gesamte Material gleich behandelt wird: Alle Texte werden gelesen, es wird für jeden Absatz entschieden, ob er relevante Informationen enthält, diese werden Auswertungskategorien zugeordnet und extrahiert. Dieses Vorgehen zwingt den Auswertenden, bei jeder Information explizit zu entscheiden, ob sie relevant ist. Relevante, aber nicht ‚ins Bild passende' Informationen auszuschließen ist jeweils ein bewusster Verstoß gegen die Regeln des Verfahrens und damit sehr unwahrscheinlich.

Ein zweiter Vorzug der qualitativen Inhaltsanalyse ist ihre gute Unterstützung eines theoriegeleiteten Vorgehens. Die aus den theoretischen Vorüberlegungen abgeleiteten Variablen und Annahmen über Kausalmechanismen bilden unmittelbar die Grundlage für die Auswertungskategorien. Dadurch wird der Zusammenhang zum existierenden Wissen über den Untersuchungsgegenstand und zu den die Untersuchung strukturierenden theoretischen Vorüberlegungen hergestellt. Die Struktur der mit der Inhaltsanalyse erzeugten Informationsbasis korrespondiert mit der Forschungsfrage. Da die auf den theoretischen Variablen beruhenden Auswertungskategorien im Prozess der Extraktion nur ergänzt, nicht aber verworfen werden, sind die Ergebnisse der theoretischen Vorüberlegungen im gesamten Auswertungsprozess präsent.

Eine zentrale Frage an die qualitative Inhaltsanalyse lautet, wie sie das Prinzip der Offenheit realisiert. Diese Frage kann durchaus mit einem gewissen Misstrauen gestellt werden, da die qualitative Inhaltsanalyse ja aus der quantitativen entstanden ist und diese mit der Subsumtion der Informationen unter ein ex ante feststehendes Kategoriensystem nur eine geringe Offenheit zulässt. Wir haben bereits bei der allgemeinen Beschreibung der qualitativen Inhaltsanalyse deutlich gemacht, dass das Prinzip der Offenheit durch die Handhabung des Kategoriensystems realisiert wird. Das Kategoriensystem ist in zweierlei Hinsicht offen:

- Die Merkmalsausprägungen der Kategorien werden nicht vorab festgelegt. Statt dessen werden Merkmalsausprägungen frei verbal beschrieben. Man stellt gewissermaßen offene Fragen an den auszuwertenden Text und nicht geschlossene.
- Es kann während der Extraktion verändert werden, wenn im Text Informationen auftauchen, die relevant sind, aber nicht in das Kategoriensystem passen. Es kann durch neue Kategorien ergänzt werden, oder die Dimensionen existierender Kategorien können *verändert* werden. Dadurch, dass keine Kategorien entfernt werden, wird sichergestellt, dass die theoretischen Vorüberlegungen nicht aus der Auswertung verschwinden. Wird das Kategoriensystem verändert, dann verändert sich damit auch die Struktur der Informationsbasis, die also nicht ausschließlich durch die theoretischen Vorüberlegungen, sondern auch durch die im Material enthaltenen Informationen strukturiert wird.

Diese Handhabung des Kategoriensystems unterscheidet sich prinzipiell von der durch Mayring vorgeschlagenen. Sie gestattet es, den scheinbaren Widerspruch zwischen dem Prinzip des theoriegeleiteten Vorgehens und dem Prinzip der Offenheit zu lösen. Diesem ‚Widerspruch' liegt ja die Frage zugrunde, wie in der sozialwissenschaftlichen Datenauswertung vorgegangen wird, wenn die empirischen Befunde den theoretischen Vorüberlegungen nicht entsprechen (ihnen widersprechen oder einfach ‚anders' sind). In der Mayringschen Variante der qualitativen Inhaltsanalyse wird dieses Problem dadurch ‚gelöst', dass das Kategoriensystem an das Material angepasst wird. Dabei werden die theoretisch abgeleiteten Kategorien entfernt, wenn sie den im Material enthaltenen Informationen nicht entsprechen. In dem hier vorgestellten Verfahren werden im Falle solcher Nichtentsprechung Kategorien oder Ausprägungen nicht ersetzt, sondern lediglich ergänzt. Das Spannungsverhältnis von Theorie und Daten wird also aufrechterhalten und kann in einem späten Stadium der Auswertung, das heißt mit einer wesentlich besseren Kenntnis des Materials, behandelt werden.

Wir hatten auch bereits darauf hingewiesen, wie die qualitative Inhaltsanalyse dem Prinzip des Verstehens als Basishandlung sozialwissenschaftlicher Forschung entspricht: Gerade das schrittweise, systematische Vorgehen vermag es, die in die Auswertung der empirischen Daten eingehenden Interpretationsschritte aufzuzeigen und ihre Konsequenzen für die Untersuchung explizit zu machen. Bereits die Extraktion beruht ganz wesentlich auf Interpretationen, und auch bei den folgenden Schritten spielen Interpretationen eine zentrale Rolle. Dadurch, dass die Ergebnisse jedes Interpretationsschrittes festgehalten werden, kann jederzeit nachvollzogen werden, welche Interpretationen den Auswertungsprozess in welcher Weise beeinflusst haben. Dies ist das Mindestmaß an intersubjektiver Reproduzierbarkeit, das die qualitative Inhaltsanalyse (wie wir meinen, besser als viele andere qualitative Auswertungsverfahren) garantiert: Es ist möglich, die Schritte anzugeben, die von den Texten zur Antwort auf die Forschungsfrage geführt haben, und diese Schritte zu diskutieren. Dass die jeweiligen Interpretationen durch verschiedene Forscher unterschiedlich vorgenommen werden, ist wahrscheinlich. Das systematische Vorgehen der qualitativen Inhaltsanalyse ermöglicht es aber zumindest, diese Interpretationen zu kommunizieren.

5.2 Vorbereitung der Extraktion

5.2.1 Inhaltliche Vorbereitung

Die inhaltliche Vorbereitung greift auf die theoretischen Vorüberlegungen zurück, die zu Beginn der Untersuchung angestellt wurden. Ebenso wie die Experteninterviews für die Datenerhebung bedarf die Auswertung der Daten mittels qualitativer Inhaltsanalyse eines Suchrasters, damit die Informationen beschafft werden können, die für die Beantwortung der Forschungsfrage notwendig sind. Die Texte enthalten ja viel mehr Informationen, als für die Untersuchung eigentlich benötigt werden – eine Folge der nur partiell durch den Interviewer gesteuerten Erzählungen der Interviewpartner.

Bereits vor Beginn der empirischen Erhebung wurden theoretische Vorüberlegungen angestellt und zu einem hypothetischen Modell mit Variablen bzw. Einflussfaktoren sowie Kausalmechanismen zusammengefasst, das die Forschungsfrage repräsentiert. Dieses Modell legen wir auch der Konstruktion unseres Suchrasters für die Auswertung zugrunde. Da wir aber nach der empirischen Erhebung schon klüger sind, überprüfen wir das Modell noch einmal im Lichte unserer Erfahrungen

- Sind unsere Variablen (und ihre Dimensionen) zweckmäßig konstruiert?
- Zeichnet sich bereits ab, dass eine Variable, die in den theoretischen Vorüberlegungen nicht berücksichtigt wurde, zusätzlich in die Auswertung einbezogen werden muss?

- Sind die Variablen zweckmäßig definiert? Gestatten die Definitionen die Abgrenzung von Phänomenen im empirischen Material?
- Zeichnet sich bereits ab, dass zusätzliche Kausalbeziehungen zwischen Variablen existieren?
- Welche zusätzlichen Indikatoren für Variablen gibt es, mit denen wir die uns interessierenden Sachverhalte in den Texten auffinden können?

Mitunter kann man bereits vor Beginn der Auswertung entscheiden, dass Variablen in einer für die Auswertung ungeeigneten Form konstruiert wurden.[38]

> Im SFB-Projekt war vor der Erhebung zunächst nur eine Variable „Institution SFB" konstruiert worden. Während der Erhebung wurde jedoch klar, dass unter diesem Begriff zwei Phänomene subsumiert wurden, die – obwohl eng miteinander verflochten – analytisch unterschiedlich behandelt werden mussten. Unter „Institution SFB" fielen sowohl das Regelsystem des Förderprogramms, das für alle SFB gleichermaßen gilt, als auch das Regelsystem für die Handlungen in einem konkreten SFB. Letzteres wurde nur zum Teil von der DFG vorgegeben und überwiegend durch die Mitglieder des SFB vereinbart. Die unterschiedlichen Dynamiken und Wirkungen der beiden Regelsysteme machten es erforderlich, analytisch zwischen der Variablen „SFB-Programm" und der Variablen „institutioneller Rahmen des SFB" zu unterscheiden.

> Im Projekt ‚Sportlerbiographien' zeigte sich, dass der ursprünglich konstruierte Einflussfaktor „Verhältnis zum eigenen Körper" untergliedert werden muss in einen abhängigen Faktor „Körper als Manipulationsobjekt" und einen unabhängigen Faktor „Körper als Leistungsbegrenzung".

Häufiger als ganze Variablen wird man Sachdimensionen von Variablen verändern. Auch die vermuteten Kausalmechanismen sollten einer ersten Prüfung unterzogen werden. Da die systematische Analyse des empirischen Materials noch aussteht, müssen all diese Prüfungen und Veränderungen im Sinne einer Erweiterung des ursprünglichen Modells angelegt sein. Es ist im allgemeinen nicht gerechtfertigt, auf der Grundlage der Eindrücke aus der empirischen Erhebung Einengungen vorzunehmen oder sogar Faktoren aus der Analyse auszublenden.

Ob die Definitionen unserer Variablen tauglich sind, wird vor allem dadurch bestimmt, ob sie die empirische Identifizierung der interessierenden Phänomene unterstützen und eine theoretische und empirische Abgrenzung der Phänomene voneinander gestatten. Das wird sich bei der Extraktion schnell herausstellen. Andernfalls stoßen wir sehr schnell an Zuordnungs- und Abgrenzungsprobleme. Um solche Probleme möglichst klein zu halten,

---

38 Die Variablen und Modelle, die wir in 3.2.2 diskutiert haben, sind schon Ergebnis einer veränderten Konstruktion. Wir wollten die Darstellung vereinfachen und haben deshalb darauf verzichtet, Sie mit einem Vorher-Nachher-Vergleich zu konfrontieren.

sollten auch die Definitionen noch einmal überprüft werden. Im Prozess der Extraktion können Zuordnungsprobleme durch das Formulieren von Extraktionsregeln gelöst werden. Damit diese Regeln aber handhabbar bleiben, darf ihre Zahl nicht allzu groß sein. Deshalb müssen auch die Definitionen in dieser Hinsicht ‚leistungsfähig' sein.

Wahrscheinlich kann man nach der Erhebung bereits einige Merkmalsausprägungen von Variablen aufnehmen. Diese Ausprägungen können später während der Extraktion ständig ergänzt und modifiziert werden.

> Im SFB-Projekt war es möglich, die Quellen für institutionelle Regeln der Forschungseinrichtung anzugeben. So war nach der Erhebung klar, dass solche Regeln auf der Ebene der Universität, des universitären Fachbereiches oder auf der Ebene des universitären Forschungsinstitutes entstehen können. Analog dazu konnten als Quelle für Regeln außeruniversitärer Forschungseinrichtungen die gesamte Forschungseinrichtung oder die jeweilige Abteilung identifiziert werden.

Schließlich empfiehlt sich auch eine Überarbeitung der Indikatoren. Sie stellen ein wichtiges Bindeglied zwischen den relativ abstrakten Variablendimensionen und dem empirischen Material dar.

> Im SFB-Projekt wurden als Indikatoren für den institutionellen Rahmen eines SFB bestimmt:
>
> – für formalisierte Regeln: Merkmale der äußeren Struktur des SFB, (z.B. Entscheidungsgremien), Bestandteile der schriftlichen Ordnung des SFB usw.
> – für informelle Regeln: Veranlassungen zu Handlungen oder Unterlassungen, die über einen Akteur hinaus oder über eine Situation hinaus gelten, Auftreten von Sanktionen, Verweise auf Möglichkeiten von Sanktionen
> – für Inhalte der Regeln: Forschungsziele, Finanzierung, Mitgliedschaft, Art und Weise der Entscheidungsfindung, Kooperation.

Diese inhaltlichen Vorüberlegungen dienen dazu, noch einmal das gesamte Wissen zu mobilisieren, um die Extraktion so gut wie möglich vorzubereiten. Obwohl sich wahrscheinlich einige dieser Überlegungen während der Extraktion als falsch erweisen und korrigiert werden, sollte man bei den theoretischen Vorüberlegungen weder Zeit noch Mühe sparen, weil dadurch aufwändigere Korrekturen während der Extraktion vermieden werden können.

Nach diesen Vorüberlegungen können wir nun das Auswertungsraster konstruieren. Für die Auswertungskategorien übernehmen wir die Definition, die Indikatoren, die Zeitdimension und die Sachdimensionen unserer Variablen. Hinzu kommen zwei Kausal‚dimensionen', die Informationen über Beziehungen zu anderen Variablen und über Einflüsse, die durch die Variablen nicht erfasst werden, aufnehmen. Die ‚Kausaldimensionen' der Auswertungskatgorien sind keine Dimensionen der Variablen, da sie nicht Merkmalsausprägungen einer Variablen beschreiben, sondern Relationen zwischen Variablen. Sie sind nur für die qualitative Inhaltsanalyse von Bedeutung und tauchen deshalb nur in den Auswertungskategorien auf. Da sie bei der Extraktion technisch genauso wie die Dimensionen der Variablen behandelt werden, haben wir die einfachere Sprachregelung beibehalten. Kausaldimensionen erfassen im empirischen Material enthaltene Informationen über Ursachen und Wirkungen von Merkmalsausprägungen. Wenn im Text Informationen darüber enthalten sind, warum eine spezifische Merkmalsausprägung auftrat, wird das in der Dimension ‚Ursachen' aufgenommen. Informationen darüber, wie eine Variable für die Forschungsfrage relevante Sachverhalte beeinflusst haben, wurden in der Dimension ‚Wirkungen' aufgenommen. Ob eine Auswertungskategorie eine Ursachendimension, eine Wirkungsdimension oder beide Dimensionen erhalten soll, hängt von der Funktion der ihr zugrunde liegenden Variablen in der jeweiligen Untersuchung ab. Auswertungskategorien für unabhängige Variablen und intervenierende Variablen haben in der Regel lediglich eine Wirkungsdimension. Wird beispielsweise die Wirkung einer bestimmten Norm untersucht, dann interessiert nicht, wie diese Norm zustande gekommen ist – die Ursachendimension entfällt also. Analog dazu wird bei Auswertungskategorien für abhängige Variablen der Untersuchung häufig keine Wirkungsdimension benötigt. Auch diese Vorentscheidungen können während der Extraktion revidiert werden, wenn der Status solcher Variablen aufgrund empirischer Befunde geändert werden muss.

Die meisten unserer Auswertungskategorien sind also die um eine Ursachen- und eine Wirkungs‚dimension' erweiterten Untersuchungsvariablen bzw. Einflussfaktoren. Ihre Konstruktion ist somit sehr einfach. Hinzu kommen Auswertungskategorien, die Informationen über Handlungen aufnehmen. Wir hatten ja in Abschnitt 3.2.2 festgestellt, dass die uns interessierenden Kausalmechanismen in den Handlungen stecken. Deshalb müssen wir Auswertungskategorien konstruieren, die für die uns interessierenden Handlungen den Akteur, wichtige Handlungsbedingungen, Handlungsziele und -ergebnisse aufnehmen können. Auch diese Auswertungskategorien können Kausaldimensionen enthalten, die aufnehmen, wodurch bestimmte Handlungen nach Meinung der Interviewpartner ausgelöst wurden bzw. was Handlungen bewirken.

5.2.2 Methodische Vorbereitung

Die methodische Vorbereitung der Extraktion beinhaltet die Fixierung des auszuwertenden Materials, die Festlegung der Analyseeinheit und methodische Überlegungen zum Vorgehen bei der Aufteilung der Extraktion auf mehrere Personen.

Das auszuwertende Material zu ‚fixieren' heißt zu entscheiden, auf welche Texte die Inhaltsanalyse anzuwenden ist. Zum auszuwertenden Material gehören in unserem Fall natürlich die Transkripte der Experteninterviews. Nur in seltenen Fällen wird man Transkripte aus der Analyse ausschließen. Das kann z.B. geschehen, wenn sich herausgestellt hat, dass ein Interviewpartner kaum etwas über den zu rekonstruierenden Prozess wusste, weil er doch nicht wie ursprünglich angenommen in den Prozess einbezogen war. Neben den Interviews können auch andere Textmaterialien (z.B. Dokumente des Feldes) in die Inhaltsanalyse einbezogen werden.

Im SFB-Projekt wurden die Beobachtungsprotokolle der Begutachtung und von wissenschaftlichen Veranstaltungen der SFB in die Inhaltsanalyse einbezogen.

Die Analyseeinheit kann ein Text oder ein beliebiger Ausschnitt aus einem Text – ein Absatz, ein Satz oder ein Satzteil – sein. Für unsere Fragestellungen hat sich ein Textabsatz des Interviews als Analyseeinheit sinnvoll erwiesen. Ein Satz oder Satzteil sind in der Regel zu klein, um sinnvoll interpretiert werden zu können. Um einen Textabsatz als Sinneinheit behandeln zu können, wurden bei der Transkription Themenwechsel innerhalb einer Antwort durch Absatzwechsel kenntlich gemacht (siehe 4.6.3).

Wenn die Extraktion durch mehrere Personen durchgeführt werden soll, sind besondere methodische Vorbereitungen erforderlich. Es muss ja sichergestellt werden, dass ein Minimum an Übereinstimmung erreicht wird, dass also gleichartige Sachverhalte denselben Auswertungskategorien zugeordnet werden. Die aus der quantitativen Inhaltsanalyse bekannte Forderung nach einer hohen Interkoder-Reliabilität (das ist die Wahrscheinlichkeit, mit der verschiedene Personen bei Anwendung derselben Regeln ein gleiches Resultat erreichen) stellt sich sinngemäß auch hier. Da jedoch bei der qualitativen Inhaltsanalyse die Interpretation des Textes zentral ist und die Interpretation außerdem in Form einer freien verbalen Beschreibung erfolgt, kann nicht durch eine Vielzahl genauer Regeln sichergestellt werden, dass die ‚Extrakteure' zu gleichen Ergebnissen gelangen. Voneinander abweichende Interpretationen können unter gewissen Umständen sogar fruchtbringend sein, weil ihre Diskussion das Verständnis für die Forschungsfrage und für die Vielfalt möglicher Bedeutungen der analysierten Texte schärft. Dennoch sollte zumindest Übereinstimmung darüber erzielt werden, welche Informationen welchen Auswertungskateforien zugeordnet werden.

Um eine möglichst hohe Übereinstimmung in der Extraktion zu erreichen, empfehlen wir, dass die Auswertungskategorien gemeinsam durch alle erstellt und auch diskutiert werden. Dadurch kann man bereits beginnen, ein kollektives Verständnis von den Definitionen, den gewählten Dimensionen, den Indikatoren usw. zu erreichen. Wenn das Suchraster fertig ist, sollten einige Texte durch alle bearbeitet und die Extraktionsergebnisse in einer Gruppendiskussion ausgewertet werden. In einer solchen Diskussion müssen vor allem unterschiedliche Extraktionen begründet werden. Damit kann man erreichen, dass sich ein gemeinsames Verständnis entwickelt, wie das Suchraster anzuwenden ist. Außerdem können für wirklich strittige Fälle, das heißt Fälle, in denen es mehrere gleichermaßen mit den Vorüberlegungen übereinstimmende Interpretationen gibt, Extraktionsregeln aufgestellt werden, die eine gleiche Reaktion in solchen Situationen unterstützen.

5.2.3 Technische Vorbereitung und Makrokonstruktion

Die technische Vorbereitung besteht darin, die Auswertungsprogramme für die Kategorien zu konstruieren. Dazu finden Sie auf den Internetseiten des Verlages sowie unter www.jochenglaser.info und www.laudel.info das Programm „MIA". MIA steht für „**M**akrosammlung für die qualitative **I**nhalts-**A**nalyse". Wir haben MIA in unseren verschiedenen Projekten selbst entwikkelt. Damit die gesamte Auswertung innerhalb einer Software stattfindet, haben wir auf die durch VisualBasic gebotene Möglichkeit zurückgegriffen, sogenannte Makros für die automatische Bearbeitung von Texten zu programmieren. MIA ist ein Werkzeug (das selbst aus solchen Makros besteht), mit dem Sie Ihre eigenen, an Ihre spezielle Untersuchungsfrage angepassten Extraktionsmakros herstellen können. Eine Anleitung für die Konstruktion eigener Extraktionsmakros finden Sie im Internet.

Die Extraktionsmakros unterstützen die Entnahme von Informationen aus einem Text und das separate, inhaltlich strukturierte Ablegen dieser Informationen. Die Informationen können dann getrennt weiterverarbeitet werden. Sie werden mit einer genauen Bezeichnung der Fundstelle versehen, wodurch es jederzeit möglich ist, an die ‚Entnahmestelle' zurückzuspringen.

Unter den genannten Internetadressen finden Sie außerdem die Extraktionsmakros für unsere beiden Beispiele. Die Makros, Extraktionsdateien und ein Beispiel-Interview für das SFB-Projekt sind unter ‚ExtraktionSFB', die Dateien für das Projekt ‚Sportlerbiographien' unter ‚ExtraktionSportler' gespeichert. Mit diesen Dateien können Sie selbst die einzelnen Schritte am Computer nachvollziehen, die wir Ihnen nun vorstellen werden.

Die Extraktionsmakros werden ihrerseits mit Hilfe eines Makros erzeugt. Das Vorgehen wird in der Anleitung beschrieben, die mit MIA im Internet steht. In der Regel wird für jede Variable ein Extraktionsmakro konstruiert. Anschließend kann man bereits bekannte Ausprägungen in die entsprechende ‚Werte'-Datei eingeben („Exvorgaben.doc"). Im Internet finden Sie die bereits erzeugten Extraktionsmakros (in der Dokumentvorlage ‚M.dot') und die vorab aufgenommenen Ausprägungen (Datei ‚Exvorgaben.doc') für das SFB-Projekt im Verzeichnis ‚ExtraktionSFB' und für das Projekt ‚Sportlerbiographien' im Verzeichnis ‚ExtraktionSportler'.[39]

---

39 Sowohl im SFB-Projekt als auch im Projekt ‚Sportlerbiographien' wurde mit früheren Versionen des Programmes MIA gearbeitet. Daher weichen die Darstellungen der Methode bzw. Technik in anderen Publikationen (z.B. in Laudel 1999) etwas von der Dar-

5.3 Extraktion

5.3.1 Allgemeiner Ablauf

Wir öffnen den Text, aus dem wir Informationen extrahieren wollen, in WinWord und verbinden ihn mit der Dokumentvorlage, die die Auswertungsmakros enthält (siehe dazu die Anleitung im Internet).[40] Auf der Symbolleiste sollten nun alle Extraktionsmakros sichtbar sein. Das ist wichtig, damit Sie beim Extrahieren immer all Ihre Auswertungskategorien im Blick haben. Die Absätze werden mit Hilfe des Makros ‚AbsätzeMarkieren' automatisch markiert. Wenn Sie auf die Schaltfläche mit diesem Makro klicken, erhält jeder Absatz eine Kennung, die aus dem Namen der Datei und einer fortlaufenden Nummer besteht. Das ist die Quellenangabe, anhand derer der Absatz später jederzeit automatisch wieder aufgefunden werden kann.

Um Informationen aus einem Absatz zu extrahieren, lesen wir ihn zunächst und entscheiden, ob er relevante Informationen enthält und in welche Auswertungskategorie diese Informationen gehören.[41] Als Entscheidungshilfen können die Variablendefinitionen und die Indikatoren herangezogen werden. Wenn das nicht ausreicht, weil z.B. eine Information unterschiedlichen Variablen zugeordnet werden könnte, dann muss man beim ersten Auftreten eines solchen Zuordnungsproblems eine Regel aufstellen, wie zu verfahren ist. Eine solche Extraktionsregel legt fest, wie ein Abgrenzungsproblem gelöst wird, und stellt dadurch sicher, dass in gleichen Zweifelsfällen gleich verfahren wird. Damit wird auch für die spätere Analyse Klarheit darüber geschaffen, wo die jeweiligen Informationen zu finden sind.

In die Entscheidung über die Zuordnung von Informationen zu Auswertungskategorien ist besonders schwierig, wenn in einem Absatz Kausalketten berichtet werden („A hat B verursacht, das dann zu C und D führte"). Diese berichteten Kausalketten stellen häufig Verbindungen zwischen Auswertungskategorien her, indem sie ein zu einer Auswertungskategorie gehörendes Phänomen als Ursache für ein zu einer anderen Auswertungskategorie gehörendes Phänomen benennen. Für ihre Extraktion stehen uns die Sachdi-

---

stellung in diesem Buch ab. Das ändert nichts am inhaltlichen Vorgehen, wohl aber an der Form. Um die Darstellung für das Buch zu vereinheitlichen, haben wir für beide Projekte noch einmal die Makros mit der neuesten Variante von MIA konstruiert.

40 MIA ist für die Inhaltsanalyse von Textdateien entwickelt worden, kann aber auch für die Bearbeitung von Dokumenten, die nur in Papierform vorliegen, eingesetzt werden. Man muss in diesem Fall für die Extraktion einen ‚Scheintext' schaffen, d.h. ein Dokument, das einige markierte Absätze enthält (die leer sein oder einen Verweis auf das ausgewertete Dokument enthalten können). Bei der Extraktion muss man dann zusätzlich die Quellenangaben zu den Fundstellen selbst eintragen.

41 Eine empfehlenswerte Alternative besteht darin, zunächst einen Ausdruck des gesamten Textes zu lesen und sich die relevanten Auswertungskategorien and den Rand des Absatzes zu schreiben.

mensionen der Auswertungskategorien sowie die Dimensionen ‚Ursachen' und ‚Wirkungen' zur Verfügung. Deshalb gibt es für die Extraktion von berichteten Kausalketten oft mehrere Möglichkeiten. Wichtig ist, alle für die Untersuchung relevanten Informationen zu extrahieren. Das kann es erforderlich machen, die Informationen auf mehrere Auswertungskategorien aufzuteilen und in den Dimensionen ‚Ursachen' und ‚Wirkungen' Querverweise auf die andere genutzte Auswertungskategorie einzutragen.

Dieses Problem lässt sich am besten an einem konstruierten Beispiel erläutern. Nehmen wir an, ein Sportler berichtet in einem Interviewabsatz darüber, wie er infolge einer Verletzung Trainingsausfall hatte, der wiederum zu einem Rückgang seiner Leistungen führte, weshalb der Sportverband zeitweilig die Förderung einstellte. Das ist eine vierstufige Kausalkette, die auf verschiedene Weise durch die relevanten Auswertungskategorien erfasst werden kann. Wir betrachten zuerst die existierenden Extraktionsmöglichkeiten. Danach führen wir drei Kriterien ein, nach denen man sich für eine Variante entscheiden sollte, und leiten daraus eine Entscheidung für die Extraktion ab.

Extraktionsmöglichkeiten: Insgesamt gibt es vier Möglichkeiten, die in der Kausalkette enthaltenen Informationen in den drei relevanten Auswertungskategorien ‚Körper als Leistungsbegrenzung', ‚Training und Wettkampf' und ‚Sportförderung' aufzunehmen (Abb. 5-3). Bei der Verletzung tritt der Körper als Leistungsbegrenzung in Erscheinung. Die Information über die Verletzung kann deshalb mit der Sachdimension dieser Kategorie extrahiert werden. Der Rest der Kausalkette beschreibt Wirkungen der Merkmalsausprägung in der Sachdimension und könnte deshalb in die Wirkungsdimension der Kategorie ‚Körper als Leistungsbegrenzung' eingetragen werden. Eine zweite Variante besteht darin, die Information über den Trainingsausfall mit der Sachdimension der Kategorie ‚Training und Wettkampf' zu extrahieren. Die Verletzung, die den Trainingsausfall verursacht, kann in die Ursachendimension der Kategorie ‚Training und Wettkampf' eingetragen werden. Der Leistungsabfall sowie der daraus resultierende Verlust der Förderung lassen sich als Wirkungen – diesmal als Wirkungen des Trainingsausfalls in der Wirkungsdimension dieser Kategorie – extrahieren. Die dritte Variante ist, sowohl den Trainingsausfall als auch die resultierende Leistungsminderung mit Sachdimensionen der Kategorie ‚Training und Wettkampf' aufzunehmen. Je nach Konstruktion der Auswertungskategorie würden dabei die beiden Informationen als Merkmalsausprägungen verschiedener Sachdimensionen oder als Mini-Kausalkette in einer Sachdimension extrahiert. In beiden Fällen bleibt als Wirkung nur noch der zeitweilige Verlust der Sportförderung. Schließlich könnte der zeitweilige Verlust der Sportförderung mit der Sachdimension der Kategorie ‚Sportförderung' extrahiert werden. Die Kausalkette, die zum Verlust der Sportförderung geführt hat, steht dann in der Ursachendimension dieser Kategorie.

Abb. 5-3 Varianten der Aufnahme einer im Material berichteten Kausalkette durch Auswertungskategorien

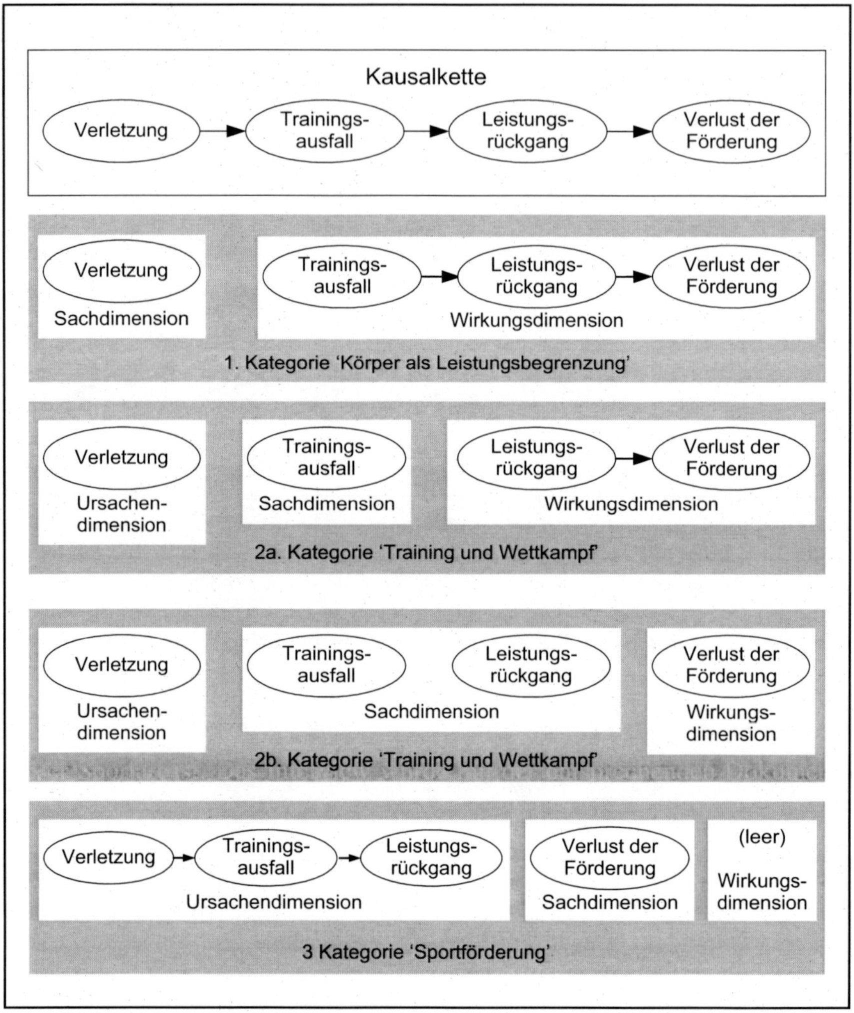

Entscheidungskriterien: Das Beispiel macht deutlich, dass es häufig mehrere Möglichkeiten gibt, Informationen zu extrahieren. Für die Entscheidung, wie das geschehen soll, gibt es drei Kriterien. Erstens müssen wichtige Informationen zentral in Sachdimensionen von Auswertungskategorien platziert werden, was einschließt, das eine einzelne Dimension einer Kategorie keine Kausalketten enthalten sollte. Das ist eine sehr wichtige

Regel, weil ihre Befolgung die spätere Analyse der Daten erleichtert. Zweitens muss die Extraktion ökonomisch gestaltet werden, d.h. die in einem Absatz enthaltenen Informationen sollten nicht mehrfach unter verschiedenen Kategorien abgelegt werden (das lässt sich nie völlig vermeiden, sollte aber möglichst wenig vorkommen). Drittens schließlich muss in solchen Fällen einheitlich verfahren werden (was Sie z.B. über Extraktionsregeln sicherstellen können).

Entscheidung: Unsere Auswertungskategorien gestatten die saubere Zerlegung von maximal dreigliedrigen Kausalketten, bei denen ein soziales Phänomen in Sachdimensionen, seine Ursachen in der Ursachendimension und seine Wirkungen in der Wirkungsdimension extrahiert werden. Längere Kausalketten müssen als solche verbal in einer Dimension beschrieben werden. In der ersten Variante in Abbildung 5-3 würde dann in der Wirkungsdimension z.B. stehen „Trainingsausfall, dadurch Leistungsrückgang und dadurch Verlust der Förderung". In der vierten Variante stünde in der Ursachendimension z.B. „Verletzung führte zu Trainingsausfall, dadurch Leistungsrückgang". Solche Varianten erfüllen das erste Kriterium nicht. Es ist für die spätere Auswertung ungünstig, die wahrscheinlich wichtigen Informationen über Verletzung, Trainingsausfall, Leistungsrückgang und Verlust der Förderung als Teile einer Kausalkette in Ursachen- oder Wirkungsdimension zu ‚verstecken'. Für die Auswertung der Daten erwies es sich als günstig, je separate Chroniken von Training, Wettkampfleistungen und Sportförderungen eines Athleten zu konstruieren. Solche Analyseschritte werden sehr erleichtert, wenn man die Informationen separat extrahiert hat. Deshalb empfehlen wir für unser Beispiel vier Extraktionen – eine mit der Kategorie ‚Körper als Leistungsbegrenzung', zwei mit der Kategorie ‚Training und Wettkampf' und eine mit der Kategorie ‚Sportförderung'. Sie können die Extraktionen jeweils vereinfachen, indem sie in den Ursachen- und Wirkungsdimensionen nur kurze Notizen und Querverweise auf die anderen Kategorien eintragen (Abb. 5-4).

Abb. 5-4 Extraktion der Informationen über die Kausalkette

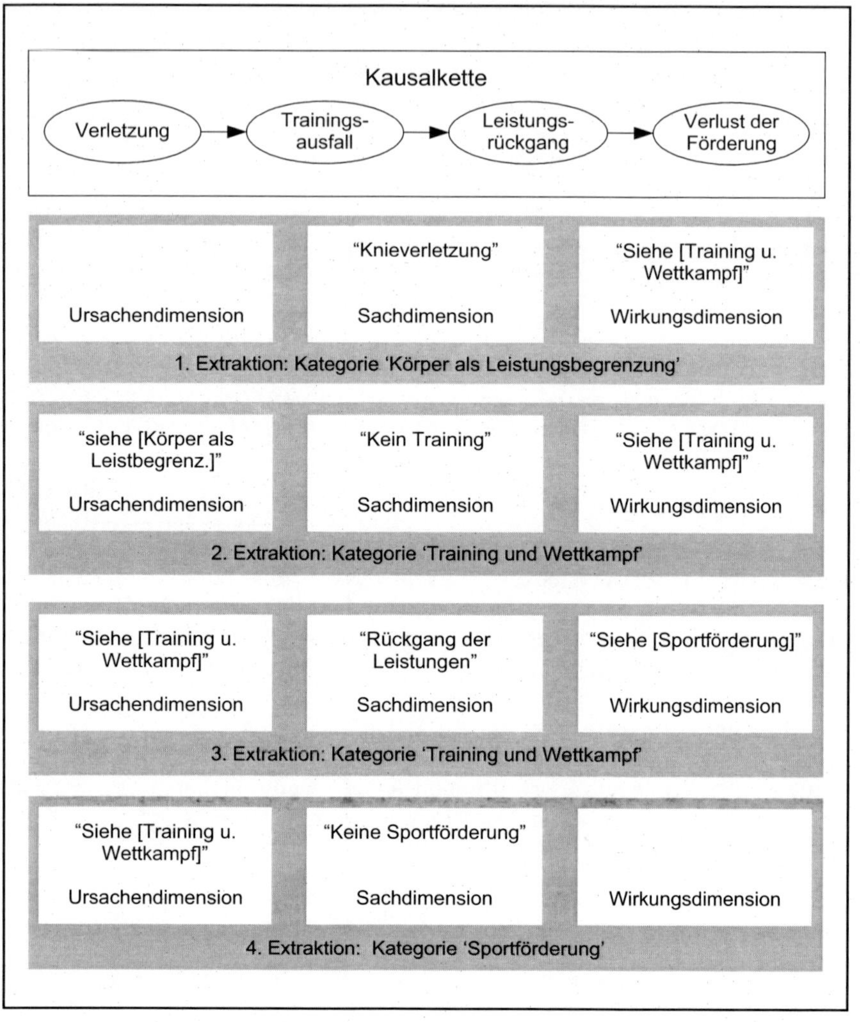

Nachdem wir mit Hilfe der Variablendefinitionen, der Indikatoren und der Extraktionsregeln eine Entscheidung über die Auswertungskategorie getroffen haben, zu der Informationen extrahiert werden sollen, wird das entsprechend Extraktionsmakro aktiviert. Es erscheint eine Dialogbox, die im unteren Teil den zu bearbeitenden Interviewabsatz und seine ‚Umgebung' (die Absätze davor und danach) enthält und im oberen Teil die Dimensionen der Auswertungskategorie, die die Informationen aufnehmen.

Einige Dimensionen enthalten vor der Extraktion oder im bisherigen Verlauf der Extraktion eingegebene Ausprägungen, die nun in Pull-Down-Menüs aufgerufen und ausgewählt werden können. Diese Vorschläge dienen der Rationalisierung und der Standardisierung der Extraktion: sie ersparen Schreibarbeit und sichern, dass gleiche Sachverhalte in der gleichen Form ausgedrückt werden. Die Vorschläge können übernommen oder modifiziert werden. Beim Verwenden vorgeschlagener Ausprägungen ist allerdings Vorsicht geboten: Da das Anklicken der vorgegebenen Werte so schön einfach ist, besteht die Gefahr, dass Sachverhalten aus dem Interview vorschnell eine solche Ausprägung zugeordnet wird. Wenn man stundenlang extrahiert, dann kann sich eine solche unbewusste Faulheit durchaus einschleichen. Dieser Tendenz sollte im SFB-Projekt durch eine spezielle Extraktionsregel (Regel 1) entgegengewirkt werden.

Wenn die Information im Text durch keine der vorgeschlagenen Ausprägungen zutreffend beschrieben wird, dann muss eine neue Ausprägung formuliert werden. Das ist beim Extrahieren von Informationen aus Leitfadeninterviews sehr häufig der Fall: Bei der Extraktion soll ja nicht vorschnell kategorisiert werden, sondern es geht darum, so genau wie möglich zu beschreiben, welche Information im Text enthalten ist. Nicht wenige Ausprägungen werden deshalb überhaupt nur einmal verwendet werden. Wenn von neu formulierten Ausprägungen anzunehmen ist, dass sie noch mehrmals auftreten werden, dann können sie in die Vorschlagsliste aufgenommen werden. Zu jeder Dimension kann eine solche Liste von Vorschlägen für Ausprägungen angelegt werden, die (wie die Indikatoren) im Verlauf der Extraktion wächst.

Extrahiert werden nur Informationen, die tatsächlich im Text stehen. Sie können auch Interpretationen, Vermutungen oder Auffälligkeiten aufnehmen, müssen diese aber eindeutig als solche (d.h. als von Ihnen eingefügt und nicht im Textabsatz enthalten) kennzeichnen. Wir verwenden bei unseren Extraktionen für Ergänzungen, das heißt, für alles, was nicht im bearbeiteten Textabsatz steht, aber an dieser Stelle in die Extraktion einfließen soll, eine doppelte Klammer ((...)). Eine Ausnahme von dieser Regel bilden nur Kontextinformationen aus vorangehenden Absätzen. Wenn sich z.B. eine längere Interviewphase auf einen bestimmten Zeitraum oder ein Ereignis bezieht, taucht dieser Bezug wahrscheinlich nicht in jedem der Absätze auf. Sie können ihn aber in Ihre Extraktionen aufnehmen, weil sie ihn bei Bedarf in den der Quelle vorangehenden Absätzen leicht wieder auffinden können.

Um in den Vorüberlegungen nicht vorhergesehene Informationen aufzunehmen, gibt es drei Möglichkeiten:

- Die Kausaldimensionen gestatten es, auch die Einflüsse auf unsere Variablen aufzunehmen, die durch die theoretischen Vorüberlegungen nicht erfasst wurden. Auf diesem Wege ist es möglich, alle empirischen Phänomene zu erfassen, die für die Beantwortung der Forschungsfrage relevant sind, unabhängig davon, ob ihr Auftreten vorhergesehen wurde oder nicht.

- Für bereits verwendete Variablen und die auf ihnen beruhenden Auswertungskategorien können neue Sachdimensionen konstruiert werden.
- Es können auch neue Variablen und Auswertungskategorien eingeführt werden. Dabei werden jedoch die theoretisch abgeleiteten Variablen beibehalten. Wie bereits beschrieben, werden im Verlauf der Auswertung nur Ergänzungen und keine Ersetzungen vorgenommen.

Im Ergebnis der Extraktion entsteht ein umfangreiches Rohmaterial, das sämtliche im empirischen Material enthaltenen Informationen über die Ausprägungen von Variablen und die im Material berichteten Kausalbeziehungen zwischen Variablen enthält. Die weitere Auswertung erfolgt mit diesem Material. Die ursprünglichen Texte werden nur noch herangezogen, wenn im weiteren Verlauf der Auswertung Probleme auftreten. Da in die Extraktion auch die Fundstelle (‚Quelle') eingeschlossen wird, kann im weiteren Verlauf der Auswertung die ursprüngliche Extraktion jederzeit am Text überprüft werden.

Das Extrahieren von Informationen aus dem Interviewtext ist natürlich mit Interpretationen verbunden. Wir lesen einen Textabsatz, interpretieren ihn und entscheiden auf dieser Grundlage, welcher Auswertungskategorie die Informationen zuzuordnen sind und wie wir die Informationen am besten zusammengefasst wiedergeben. Extrahieren bedeutet also, ununterbrochen Entscheidungen zu treffen. Dabei kann es im Einzelfall durchaus mehrere Varianten geben, Informationen zu extrahieren, ohne dass die eine oder die andere Variante „falsch" wäre.[42] Die Entscheidungen werden nicht willkürlich, sondern theoretisch und empirisch begründet getroffen. Das heißt, Sie müssen anderen gegenüber stets begründen können, warum Sie eine Information so und nicht anders extrahiert haben. Um wiederholt auftretende Entscheidungen immer in der gleichen Weise zu treffen, formulieren Sie Extraktionsregeln. Extraktionsregeln werden nicht nur für die Zuordnung von Informationen zu Auswertungskategorien formuliert, sondern können auch allgemeine Forderungen zum Verhalten bei der Extraktion beinhalten. Beispiele für solche allgemeine Regeln sind die Regel 1 und 2 beim SFB-Projekt und die Regeln 1 und 2 im Sportler-Projekt. Wir führen im folgenden die Extraktionsregeln aus beiden Projekten auf, obwohl sie Ihnen nicht alle völlig verständlich sein können, weil sie eine intime Kenntnis der Auswertungsprobleme voraussetzen. Die beiden Beispiele verdeutlichen aber, wie im Verlauf einer mehrwöchigen oder mehrmonatigen Extraktion ein ‚Regelwerk' entsteht, dass die Extraktion unterstützt.

---

42 Wir haben in mehreren Projekten ein und denselben Text zu zweit extrahiert und haben dort zwar keine vollständige Übereinstimmung erzielt, aber wenigstens gute Übereinstimmungen bei den Zuordnungen zu Variablen und Variablendimensionen. Die Extraktionen sind also weder zwingend noch beliebig.

Extraktionsregeln im SFB-Projekt

1. Wenn eine Makrodimension Auswahlmöglichkeiten für Ausprägungen enthält, prüfe, ob eine davon tatsächlich den zu extrahierenden Sachverhalt widerspiegelt!
2. Die Verwendung von Satzprädikaten ist anzustreben (insbes. beim Feld „Inhalt der Regel" und bei der Beschreibung von Handlungen).
3. Ursache-Wirkungs-Aussagen müssen direkt auf Aussage in der Sachdimension bezogen sein. Bei „Wirkung" sind auch Kausalketten zugelassen, die müssen aber vollständig sein (der Anfang der Kette mit der Sachdimension direkt verkoppelt).
4. „Gegenstand der Regel": präzise formulieren!
5. Aussagen über andere SFB's invers extrahieren (als Wirkung einer Regel des SFBI bzw. SFBII)!
6. Interne Kooperationen werden nicht immer zusätzlich als „Vernetzung des SFB" extrahiert – das ist in einem zweiten Schritt zu prüfen und nachzuholen!
7. „Haben sich Ihre Kooperationsbeziehungen durch den SFB verändert ..?" –> unter Variable „KooperationSFB" und „ExterneKoop" extrahieren.
8. „Fühlen Sie sich durch den SFB benachteiligt .." –> unter der Variablen „InstitutionSFB" extrahieren.

Extraktionsregeln im Sportler-Projekt

1. Vor dem Extrahieren die zum Fall dazugehörigen Gesprächsprotokolle lesen!
2. Den Blick für die abhängigen Variablen nicht verlieren!!!
3. Querverweise werden im Textfeld „Wirkungen" in eckige Klammern [ ] geschrieben!
4. Bewertungen bezüglich der Strukturmerkmale unter Zitate/„Sportartspezifische Besonderheiten" extrahieren!
5. Aussagen zu Medien unter Zitate/„Medien" extrahieren!
6. Aussagen zu Fairneß unter Zitate/„Fairneß" extrahieren!
7. Wenn eine extrahierte Textstelle zusätzlich als Zitat ausgelagert wird, ist darauf unter „Wirkungen" durch „[Z]" zu verweisen.
8. Bezieht sich die Textstelle auf die Karrieresportart, so muß sie unter der Variablen „Training/(Wettkampf" extrahiert werden. Alle anderen Sportarten werden unter der Variablen „sportbezogene Freizeit" extrahiert!
9. Bezieht sich die extrahierte Stelle auf einen Zeitpunkt des Übergangs zwischen zwei Karrierephasen, so ist sie unter der späteren der beiden Phasen zu extrahieren.
10. In die Textfelder „Ursachen" und „Wirkungen" sind die Ursache und Wirkungszuschreibungen des Interviewpartners einzutragen. Alle Ursachen- und Wirkungszuschreibungen, die nicht explizit vom Interviewpartner vorgenommen werden, sowie eigene Vermutungen oder Kommentare sind mit eckigen Klammern [ ] zu kennzeichnen!
11. Vor dem ersten Extraktionsvorgang eines jeden Interviews überprüfen, ob im Titel die entsprechende Sportart richtig und in ganzer Länge enthalten ist!
12. Aussagen, die während des Extrahierens als widersprüchlich auffallen, sind auch als Zitat mit entsprechendem Kommentar unter der jeweiligen Variablen auszulagern!
13. Sofern während des Extrahierens widersprüchliche Aussagen innerhalb eines Falles auftauchen, muß der Kommentar [Widerspruch] mit einer kurzen Erläuterung unter „Wirkungen" eingefügt werden!
14. Tritt bei Interviewpassagen das Problem der sozialen Erwünschtheit (=PdsE) auf, so muß der Kommentar [PdsE] unter „Wirkungen" eingefügt werden!

15. Aussagen, die sich auf die „Entscheidungssouveränität der Athleten" beziehen, sind unter „Biographischer Handlungsspielraum" und ebenfalls dort als Zitat mit dem Stichwort [ES] auszulagern!
16. Karrierephase „Zukunft" ist bei noch aktiven Sportlern die Zeit nach dem Interview, bei nicht mehr aktiven Athleten die Zeit nach Karriereende (Karriereende ≠ Höhepunkt; „Zukunft" kann auch in der Vergangenheit liegen)!

Durch die expliziten Entscheidungen bei der Extraktion und die Extraktionsregeln wird der Schritt ‚Extraktion' intersubjektiv überprüfbar, also durch andere nachvollziehbar. Kann die Art und Weise der Extraktion nicht oder nur mit der eigenen Intuition begründet werden, dann ist man bei Spekulationen angelangt. Spekulieren hat mit wissenschaftlichem Arbeiten nichts zu tun und widerspricht allen methodologischen Prinzipien. Und hier noch einige Tipps für das Extrahieren:

1. Kurz fassen! Achten Sie darauf, dass Sie die Aussagen des Interviewpartners nicht in gleicher Länge wiedergeben, sondern die Informationen zusammengefasst aufnehmen. Es soll ja nicht ein strukturiertes Duplikat des Interviews erzeugt werden. Bemerkt man später, dass die Zusammenfassung zu knapp war, um verständlich zu sein, dann kann man über die Quellenangabe in das Interview zurückspringen und den Fehler korrigieren. Wenn man zu ausführlich extrahiert, dann ist das Material nach der Extraktion leicht umfangreicher als die ausgewerteten Texte. Trifft man beim Extrahieren auf Textstellen, die als besonders prägnante Zitate Verwendung finden sollen, dann sollte man diese sofort in eine getrennte Datei kopieren (das geschah im Projekt ‚Sportlerbiographien') oder in die Kausaldimension, die man immer für eigene Anmerkungen verwendet, den Vermerk „((Zitat))" einfügen.
2. Informationen aus dem Text nicht vorschnell mit einer vorgegebenen Ausprägung belegen!
3. Aussagen im Text zerlegen und den Dimensionen zuordnen! Angaben über Akteure gehören nur unter die Sachdimension „Akteur"; Zeitangaben nur unter die „Zeitdimension" usw.
4. Kausalketten ‚abschneiden', wenn sie über die Forschungsfrage hinausreichen! Häufig werden in Interviews lange Kausalketten berichtet, aus denen nur ein Ausschnitt für die Untersuchung wichtig ist. Deswegen muss man die vom Interviewpartner berichteten Kausalketten sorgfältig prüfen, ob alle berichteten Ursachen und Wirkungen relevant sind, und gegebenenfalls auf deren Extraktion verzichten.
5. Im Text berichtete Kausalketten auflösen! Sie werden sehen, dass es am Anfang gar nicht so leicht ist, die Kausalketten in Handlungen/Ereignisse/Regeln, Ursachen und Wirkungen aufzulösen. Wenn z.B. in einer Sachdimension Wörter wie „weil", „infolgedessen", ... erscheinen, sollten Sie misstrauisch werden – sie haben dann eine Kausalkette in eine Sachdimension gepresst.

6. Nicht spekulieren! In den Texten sind häufig nur fragmentarische Informationen enthalten. Die menschliche Neigung zur Bildung kohärenter Strukturen verführt dazu, diese Informationen durch plausible Annahmen zu ‚ergänzen'. Die plausiblen Annahmen stehen aber nicht im Text, sondern sind im günstigsten Fall tatsächlich plausible Schlussfolgerungen aus den vorhandenen Informationsfragmenten und im ungünstigen Fall reine Spekulationen. Beides hat in der Extraktion nichts zu suchen: Spekulationen verfälschen die Auswertung, und Schlussfolgerungen werden später auf der Grundlage des gesamten empirischen Materials gezogen. Wenn Ihnen während des Extrahierens Ideen zur Interpretation des Materials kommen, müssen Sie diese als Ihre Ideen ausweisen und getrennt festhalten.
7. Nicht synthetisieren! Je länger man extrahiert, desto mehr Kontextwissen akkumuliert man. Damit entsteht die Gefahr, dass man in die Extraktion Informationen aus dem Kontextwissen ‚einspeist', deren Quelle unbekannt ist. Die Gefahr besteht hier vor allem darin, dass man in späteren Auswertungsschritten nicht mehr weiß, welche Informationen nun tatsächlich an der mit der Quelle bezeichneten Stelle im Text standen und welche aus dem Kontextwissens stammen. Wenn Sie also Kontextwissen hinzufügen wollen, dann müssen Sie es eindeutig als solches kennzeichnen. Eine Ausnahme bilden hier lediglich die Informationen, die sie aus vorhergehenden Absätzen desselben Interviews entnommen haben und die für das Verständnis der konkreten Extraktion erforderlich sind.
8. Entscheidungen protokollieren! Damit Sie selbst später noch wissen und nachvollziehen können, was Sie bei der Anwendung der qualitativen Inhaltsanalyse getan haben, ist es wichtig, dass Sie alle weiterreichenden Entscheidungen schriftlich festhalten. Naturwissenschaftler führen Laborbücher, in denen sie Notizen über ihrer Beobachtungen und Entscheidungen während der Experimente festhalten. Wir empfehlen Ihnen, sich auch ein solches ‚Laborbuch' anzulegen und dort alle Entscheidungen und Handlungen zu protokollieren, die Sie bei der Extraktion und den beiden nachfolgenden Schritten treffen.

5.3.2 Demonstration der Extraktion im SFB-Projekt

In dem abgebildeten Beispiel aus dem SFB-Projekt heißt die Interviewdatei PII5.doc. Das „P" steht für den Akteurtyp – interviewt wurde ein Projektleiter. „II" besagt, dass der Projektleiter zum zweiten untersuchten SFB gehört. „5" ist der Code, der anstelle des Namens des befragten Projektleiters steht. Die oberste Symbolleiste enthält die Extraktionsmakros. Für jede Variable wurde ein Extraktionsmakro konstruiert. Die Variablen ‚Institutioneller Rahmen des SFB' und ‚SFB-Programm' wurden zum Zeitpunkt der Extraktion noch nicht unterschieden, sondern gemeinsam als Auswertungkategorie ‚Institution SFB' (Makro ‚InstSFB') behandelt. In den späteren inhaltsanalytischen Schritten konnte über die Dimension ‚Geltungsbereich der Regel' entschieden werden, welche institutionellen Regeln für alle SFB gelten und zum SFB-Programm gehören und welche für einen einzelnen SFB spezifisch sind und zum ‚Institutionellen Rahmen eines SFB' gehören.

Abb. 5-5 Interviewtext im Textprogramm WORD für WINDOWS (Beispiel aus dem SFB-Projekt)

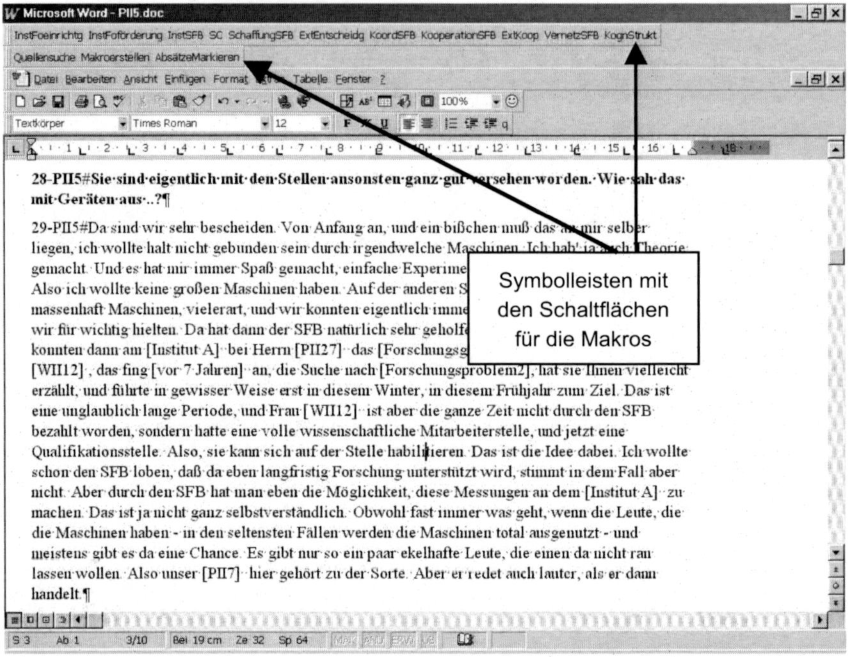

Bearbeitet werden soll der 29. Absatz: „29-PII5". Nach dem Lesen des Interviewabsatzes wurde entschieden, dass dieser Aussagen zum ‚Institutionellen Rahmen des SFB' enthält. Deshalb wird das Extraktionsmakro für diese Auswertungskategorie durch Anklicken des Namens in der Symbolleiste (‚InstSFB') aktiviert. Daraufhin wird ein Dialogfenster geöffnet (siehe Abb. 5-4). In der Titelzeile des Makros (ganz oben) stehen der Name der Auswertungskategorie und die Quellenangabe, das heißt die Kennung des Absatzes aus dem Interview. Ganz unten steht der Interviewabsatz, aus dem Informationen extrahiert werden. Im oberen Teil sind die vorab festgelegten Dimensionen enthalten: die Zeitdimension mit der Überschrift ‚Zeitpunkt/Zeitraum', die Ursachendimension ‚Ursachen', die Wirkungsdimension ‚Wirkungen' und die Sachdimensionen ‚Gegenstand der Regel', ‚Charakter der Regel', ‚Inhalt der Regel' und ‚Geltungsbereich' der Regel. In diese Felder werden Informationen eingetragen.

Im SFB-Projekt konnten vorab Ausprägungen für den Geltungsbereich der institutionellen Regeln eines SFB bestimmt werden: Die Regel kann für „alle SFB“ oder spezifisch für „diesen SFB“ gelten. Die als Vorgabewerte vorhandenen Ausprägungen werden durch Anklicken des Dreiecks sichtbar. In Abbildung 5-6 wurde das für die Dimension ‚Geltungsbereich‘ getan – es erscheinen die Ausprägungen „alle SFB“ und „dieser SFB“.

Abb. 5-6 Dialogfenster nach Anklicken des VisualBasic-Extraktionsmakros ‚InstSFB‘

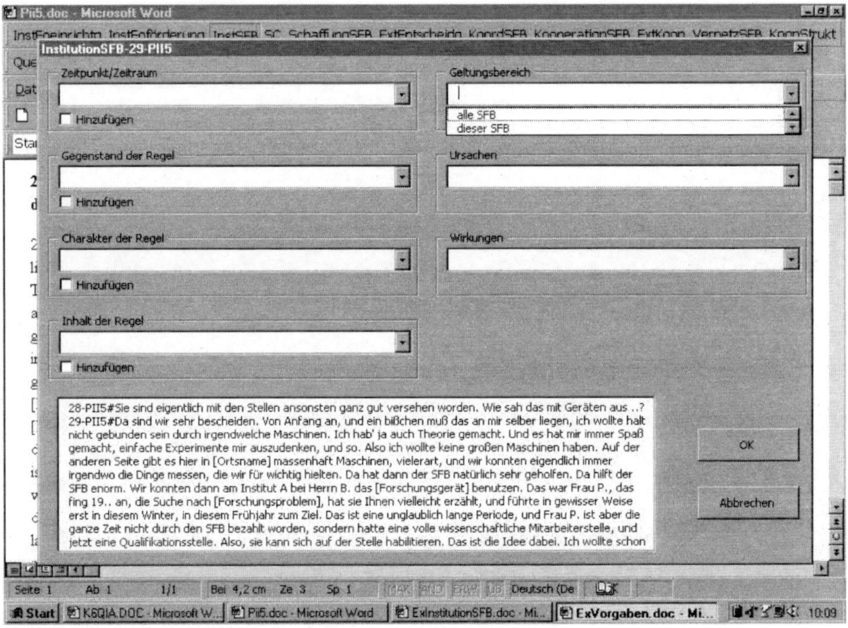

Die in dieser Passage enthaltenen Informationen werden wie folgt extrahiert: Als ‚Inhalt der Regel‘ wird eingetragen: „Geräte werden im SFB gemeinsam genutzt“. Da gemeinsame Gerätenutzung in den theoretischen Vorüberlegungen als eine Form von Kooperation identifiziert wurde, handelt es sich um eine institutionelle Regel, die die Kooperation betrifft. Das wird unter Gegenstand der Regel eingetragen. Danach wird das Feld ‚Hinzufügen?‘ aktiviert, weil angenommen werden kann, dass es weitere Regeln zur Kooperation gibt und der Eintrag „Kooperation“ deshalb noch mehrmals verwendet werden kann. Wenn das Feld ‚Hinzufügen?‘ aktiviert ist, wird das Wort Kooperation in einer ‚Wertetabelle‘ (‚ExVorgaben.doc‘) gespeichert und beim nächsten Aufruf des Makros bereitgestellt. Als ‚Geltungsbereich‘ wird die Ausprägung „dieser SFB“ angeklickt, weil angenommen wird, dass es sich um eine Regel handelt, die für diesen SFB gilt. Als ‚Zeitpunkt/Zeitraum' der Geltung wird „seit Bestehen dieses SFB" eingetragen. Unter ‚Wirkungen' wird „PII5: langandauernde Kooperation mit B. am Institut A [Gerät2]" eingetragen. Zum Charakter der Regel und zu Ursachen für die Entstehung der Regel wird in diesem Absatz nichts ausgesagt. Diese Felder bleiben deshalb leer (Abb. 5-7).

Abb. 5-7 Dialogfenster des VisualBasic-Extraktionsmakros ‚InstSFB' mit eingetragenen extrahierten Informationen

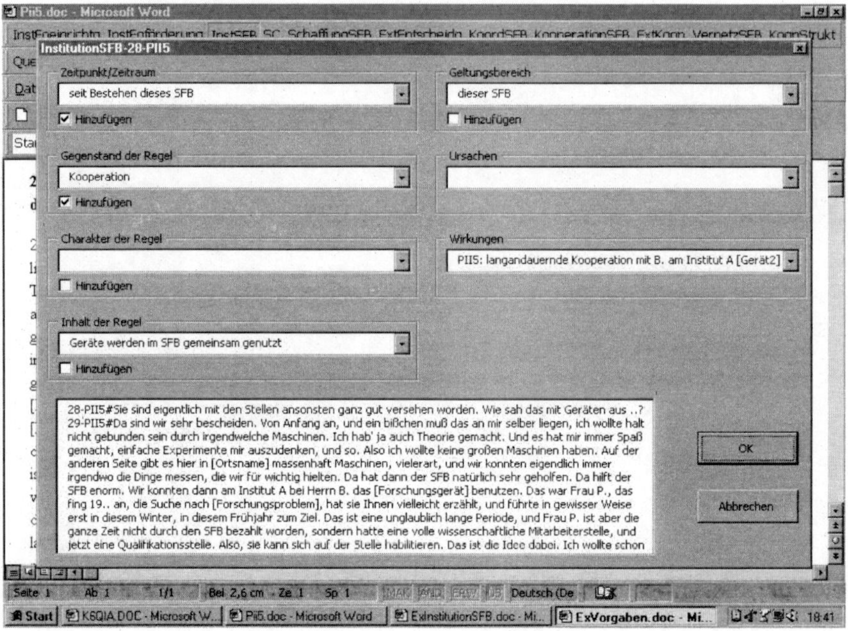

Nach Anklicken des OK-Feldes wird die Datei geöffnet, in der die Informationen über die Auswertungskategorie ‚Institution SFB' gesammelt werden. Am Ende dieser Datei wird eine Tabellenzeile eingefügt, die die soeben eingetragenen Informationen enthält (Abb. 5-8).

Abb. 5-8 Extraktionstabelle zur Variablen ‚Institution SFB'

Zeitpunkt/ Zeitraum	Gegenstand der Regel	Charakter der Regel	Inhalt der Regel	Geltungsbereich	Ursachen	Wirkungen	Quelle
seit Bestehen dieses SFB	Kooperation		Geräte werden im SFB gemeinsam genutzt	dieser SFB		PII5: langandauernde Kooperation mit B. am Institut A [Gerät 2]	29-PII5

Nun können Informationen über eine weitere in diesem Textabsatz enthaltene institutionelle Regel und ihre Wirkung extrahiert werden. Wir rufen also erneut das Makro zur Auswertungskategorie ‚Institution SFB' durch Anklicken in der Symbolleiste auf und tragen die im Absatz enthaltenen Informationen ein. Im Ergebnis dessen wird eine neue Tabellenzeile in die Datei eingetragen (Abb. 5-9).

Abb. 5-9 Extraktionstabelle zur Auswertungskategorie ‚Institution SFB' mit den beiden institutionellen Regeln aus dem Interviewabsatz 29-PII5

Zeitpunkt/ Zeitraum	Gegenstand der Regel	Charakter der Regel	Inhalt der Regel	Geltungsbereich	Ursachen	Wirkungen	Quelle
seit Bestehen dieses SFB	Kooperation		Geräte werden im SFB gemeinsam genutzt	dieser SFB		PII5: langandauernde Kooperation mit B. am Institut A [Gerät 2]	29-PII5
seit Bestehen dieses SFB	Förder dauer		((12-15 Jahre))	Alle SFB		Bearbeitung des Problems über sehr lange Zeit, führt erst jetzt zu Resultaten – während dieser ganzen Zeit Gerätenutzung bei B.	29-PII5

Schließlich enthält der Absatz Informationen zu einer Kooperation mit Partnern aus dem SFB. Deshalb wird das Extraktionsmakro zur Auswertungskategorie ‚Kooperatives Forschungshandeln im SFB' aufgerufen und die entsprechenden Informationen werden eingetragen (Abb. 5-10).

Abb. 5-10 Extraktionstabelle zur Variablen ‚Kooperatives Forschungshandeln im SFB' mit einer Aussage zur Kooperation aus Interviewabsatz 29-PII5

Akteur (TP)	Kooperationspartner	Inhalt der Koop.	Charakter der Koop.	Art der Interaktion	Vergütung der Koop.	Bewertung der Koop.	Zeitpunkt/ Zeitraum	Ursachen	Wirkungen	Quelle
TP3	TP7 (B.)	Gerätennutzung				positiv	ca. seit 19[XX] bis jetzt			29-PII5

Insgesamt wurden 3783 mal Informationen aus den Interviews extrahiert. Tabelle 5-1 gibt einen Überblick über die Zahl der Fundstellen pro Auswertungskategorie.

Tab. 5-1 Zahl der Fundstellen pro Auswertungskategorie im SFB-Projekt

Auswertungskategorie	SFB I		SFB II
Kognitive Strukturen		173	
Andere Institutionen des Forschungsförderungssystems		72	
Institutioneller Rahmen der Scientific Community		55	
Institutioneller Rahmen des SFB	315		282
Handlungen zur Schaffung eines SFB	97		121
Kooperatives Forschungshandeln im SFB	344		545
Koordinierendes Handeln im SFB	210		349
Inhaltliche Vernetzung eines Teilprojektes	230		279
Kooperationen außerhalb des SFB	181		105
Institutioneller Rahmen der Forschungseinrichtung	22		49
Handlungen externer Akteure	151		203

5.3.3 Demonstration der Extraktion im Projekt ‚Sportlerbiographien'

Wir wollen das Prinzip der Extraktion noch einmal an einem Beispiel aus dem Projekt ‚Sportlerbiographien' vorführen. Sie finden in den Beispieldateien im Verzeichnis ‚ExtraktionSportler' die Interviewdatei ‚RSGA5.doc' Es handelt sich um ein Interview mit einer Athletin der Rhythmischen Sportgymnastik (RSG). Die „5" im Dateinamen zeigt an, dass es der fünfte Fall in dieser Sportart ist. Das Interview wurde mit der entsprechenden Dokumentvorlage ‚M.dot' verbunden. Wir sehen daher als oberste Symbolleiste die uns schon bekannte Symbolleiste mit den drei Standardmakros ‚Quellensuche', ‚Makros erstellen' und ‚AbsätzeMarkieren' (Abb. 5-11). Darunter befindet sich die Symbolleiste mit den spezifischen Extraktionsmakros für das Projekt ‚Sportlerbiographien'. Für jeden Einflussfaktor des hypothetischen Modells (siehe Kap. 3.2.2) wurde ein Extraktionsmakro erstellt. Die Absätze haben bereits eine Absatzkennung, sie ist mit dem Makro ‚AbsätzeMarkieren' erzeugt worden. Nun kann die Extraktion beginnen. Die Sinneinheit umfasst hier mehrere Absätze (174-RSGA5 und folgende), die deshalb gleichzeitig extrahiert werden.

Abb. 5-11 Interviewtext im Textprogramm WORD für WINDOWS (Beispiel aus dem Projekt ‚Sportlerbiographien')

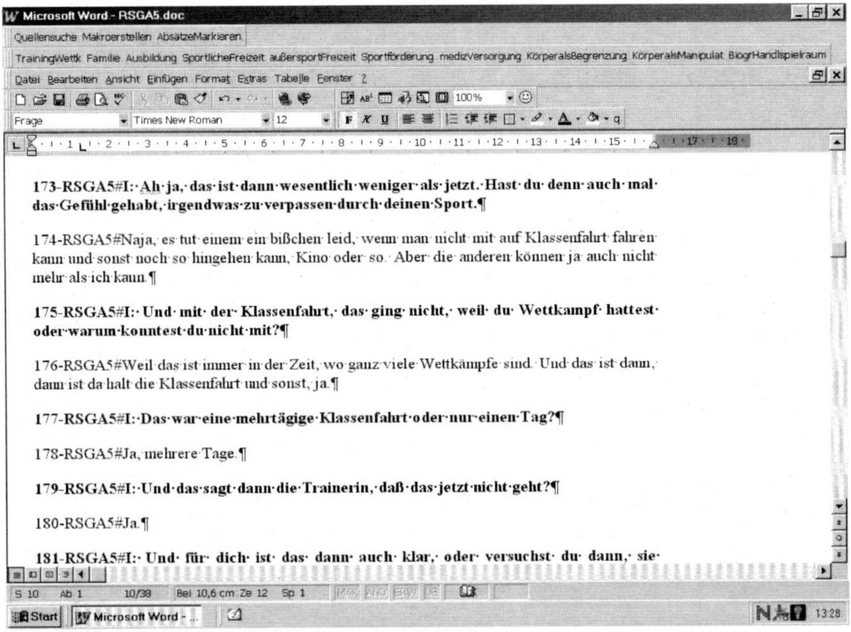

Der Textabsatz ‚174-RSGA5' enthält Aussagen über den biographischen Handlungsspielraum. Wir aktivieren deshalb das entsprechende Makro ‚BiogrHandlspielraum', fassen die Informationen zusammen und ordnen sie den entsprechenden Dimensionen zu (Abb. 5-12). Aus vorangegangenen Interviewabsätzen wissen wir, dass es um den Zeitraum geht, als die Athletin 13 bis 17 Jahre war. Diese Information tragen wir unter ‚Zeitpunkt/Zeitraum' ein. Ebenfalls aus dem Kontext des Interviews sind die Karrierephasen bekannt, die dem Zeitraum entsprechen: es handelt sich um die sogenannte „Take-Off-Phase" und die „Hochleistungsphase". Diese Informationen tragen wir unter ‚Karrierephase' ein. Die Aussage der Athletin, nicht an der Klassenfahrt teilnehmen zu können, bezieht sich auf das Verhältnis der Handlungsfelder „Leistungssport" und „Schule" bzw. „Leistungssport" und „Freizeit". Wir tragen unter ‚Bezug' deshalb „Leistungssport/Schule, Freizeit" ein. Weil die Nichtteilnahme an der Klassenfahrt offensichtlich ein mehrmaliges Ereignis war, fügen wir unter ‚Zeitpunkt/Zeitraum' „(mehrere Male)" hinzu. Die Nichtteilnahme an der Klassenfahrt verändert das Verhältnis der Handlungsfelder zugunsten des Sports, also klicken wir unter ‚Zeitbilanz' den Wert ‚pro Sport' an. Über Sozialpartner wird nichts ausgesagt, dieses Feld bleibt deshalb frei. Unter ‚Sachverhalt' tragen wir ein: „konnte nicht an der mehrtägigen Klassenfahrt teilnehmen". Als Ursache werden die in dieser Zeit stets stattfindenden Wettkämpfe genannt, also tragen wir unter ‚Ursachen' „Klassenfahrt findet immer während der Wettkampfsaison statt" ein. Die Bewertung dieser Situation durch die Athletin halten wir unter ‚Wirkungen' fest: Die Athletin „bedauert das, akzeptiert es" aber.

Abb. 5-12 Dialogfenster des Extraktionsmakros ‚BiogrHandlspielraum' mit eingetragenen extrahierten Informationen

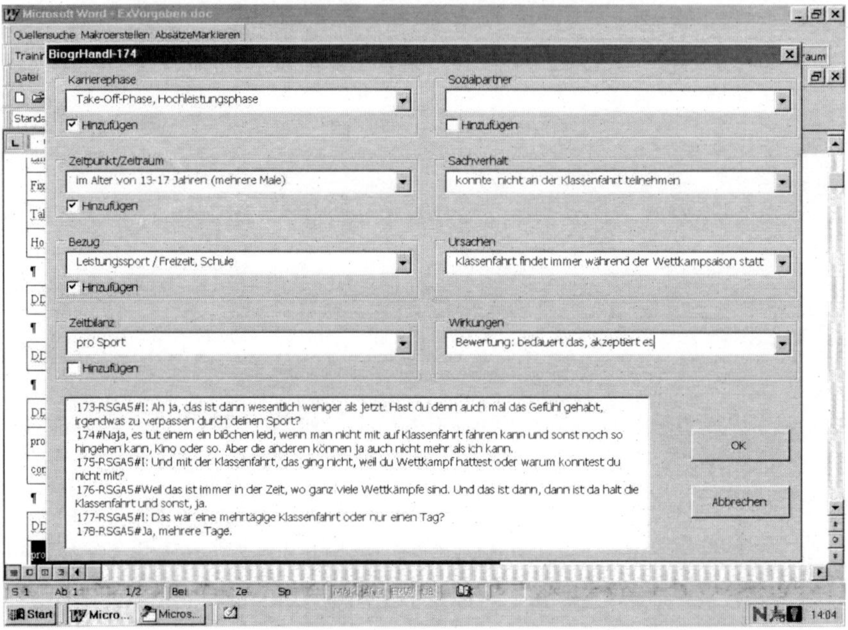

Die Informationen werden in der entsprechenden Extraktionstabelle ‚ExBiogrHandl' gespeichert. Da die Informationen nicht nur aus dem Interviewabsatz „174-RSGA5", sondern auch aus den folgenden Absätzen gewonnen wurden, könnte man jetzt manuell die Quellenangabe in der letzten Spalte präzisieren und „174-RSGA5 bis 178-RSGA5" oder „174-RSGA5 ff." eintragen. Das muss man aber nicht unbedingt tun. Berücksichtigen Sie bei solchen Änderungen stets, dass das Makro zum Wiederauffinden der Quelle eine standardisierte Quellenangabe braucht. Also verändern Sie die Zeichenfolge der Quellenangabe nicht und lassen Sie davor und danach Leerzeichen oder Trennzeichen wie Kommata oder Semikola.

Der Interviewabsatz enthält noch eine zweite Aussage zum biographischen Handlungsspielraum: „Naja, es tut einem ein bisschen leid, wenn man nicht [..] sonst noch so hingehen kann, Kino oder so." Deshalb wurde eine zweite Extraktion vorgenommen. Die Extraktionstabelle ‚ExBiogrHandl' enthält nun zwei Tabellenzeilen (Abb. 5-13).

Abb. 5-13 Extraktionstabelle zur Auswertungskategorie ‚Biographischer Handlungsspielraum' mit zwei Aussagen aus dem Interviewabsatz 174-RSGA5

Karriere-phase	Zeit-punkt/ Zeitraum	Bezug	Zeit-bilanz	Sozial-partner	Sachver-halt	Ursachen	Wirkun-gen	Quelle
Take-Off-Phase, Hochleis-tungs-phase	im Alter von 13-17 Jahren (mehrere Male)	Leistungs-sport/ Freizeit, Schule	pro Sport		konnte nicht an der mehr-tägigen Klassen-fahrt teil-nehmen	Klassen-fahrt fin-det immer während der Wett-kampfsai-son statt	Bewer-tung: be-dauert das, ak-zeptiert es	174-RSGA5
Take-Off-Phase, Hochleis-tungs-phase	im Alter von 13-17 Jahren	Leistungs-sport/ Freizeit	pro Sport		andere Freizeit-aktivitä-ten, z.B. Kino	Leistungs-sport	Bewer-tung: bedauert das, ak-zeptiert es	174-RSGA5

5.4 Aufbereitung

5.4.1 Allgemeiner Ablauf

Die Aufbereitung der Daten soll vor allem deren Qualität verbessern, indem verstreute Informationen zusammengefasst, Redundanzen beseitigt und Fehler korrigiert werden. Damit wird der Umfang des Rohmaterials reduziert, und die Daten werden nach inhaltlichen Gesichtspunkten strukturiert. Das klingt recht technisch, ist aber ebenso wie die Extraktion mit wichtigen und folgenreichen inhaltlichen Entscheidungen verbunden. Tatsächlich ist es schwer, eine genau Trennlinie zwischen Aufbereitung und Auswertung zu ziehen.

Die Aufbereitung sollte grundsätzlich nicht in den Extraktionstabellen selbst durchgeführt werden, sondern mit Kopien der Extraktionstabellen, die als neue Dateien abgelegt werden. Da bei der qualitativen Inhaltsanalyse das Ergebnis jedes Schrittes das Ausgangsmaterial für den nächsten Schritt ist, müssen die Zwischenprodukte erhalten bleiben. Nur so lässt sich der Analyseprozess später rekonstruieren.

Die konkreten Techniken der Aufbereitung hängen vom Typ der Variablen und vom Untersuchungsziel ab und müssen für jede Auswertungskategorie gesondert festgelegt werden. Meist kann man die folgenden allgemeinen Schritte gehen, die sich mit der Tabellen-Sortierfunktion von WINWORD leicht durchführen lassen:

1. Verstreute Informationen werden zusammengefasst. Die Informationen über Merkmalsausprägungen einer Variablen sind häufig über ein oder mehrere Interviews und entsprechend auch über die Extraktionstabellen verstreut. Sie erhalten an einer Stelle eine Information über den Gegenstand einer Regel, an anderer Stelle eine Information über deren Geltungsbereich usw. Die Sortierung nach Tabellenspalten bringt solche Informationen zueinander, und es wird nun möglich, zusammengehörige Informationen in der Extraktionstabelle zusammenzufassen. Dabei werden alle Quellenangaben mitgeführt, um später im Zweifelsfall rekonstruieren zu können, woher welcher Informationssplitter stammt.
2. Bedeutungsgleiche Informationen werden zusammengefasst. Es liegt in der Natur der offenen Erhebungsmethoden, dass sehr viele Informationen in mehreren Interviews oder in einem Interview mehrfach gegeben werden. Diese Redundanz kann man beseitigen, indem man bedeutungsgleiche Informationen zu einer zusammenfasst. Dabei bleiben wieder alle Quellenangaben erhalten. Dadurch bleibt die Zusammenfassung reproduzierbar: zu jeder Quellenangabe können die Ursprungstabelle und der Interviewabsatz aufgefunden werden. Das Mitführen der Quellenangaben erlaubt neben späteren Beurteilungen anhand des Kontextes der Information auch eine Beurteilung danach, wie häufig sie im Material enthalten war.[43]
3. Offensichtliche Fehler werden korrigiert. Als offensichtliche Fehler betrachten wir in diesem Stadium Informationen, deren Fehlerhaftigkeit sich eindeutig und sicher aus dem Vergleich mit anderen Extraktionsergebnissen ergibt. Widersprüchliche Informationen, bei denen diese Entscheidung nicht getroffen werden kann, werden in den Extraktionstabellen belassen und als Widersprüche geknnzeichnet. Inhaltliche Widersprüche bedürfen einer Interpretation im Kontext des gesamten Materials und müssen deshalb bis zur Synthese mitgeführt werden. Bei der Aufbereitung ist nur die Korrektur offensichtlicher Fehler gestattet.
4. Verschiedenartige Informationen werden beibehalten. Das ist eigentlich selbstverständlich.

Die Zusammenfassung kann in mehreren Stufen erfolgen. Dabei können Auswertungskategorien auch mehrmals in unterschiedlicher Weise zusammengefasst werden, indem die extrahierten Informationen nach verschiedenen Aspekten sortiert werden. Wichtig ist, dass jeder Schritt dokumentiert wird. Das ermöglicht es, Fehler beim Aufbereiten zurückzuverfolgen, indem man in die ursprüngliche Extraktionstabelle zurückgeht. Außerdem wird so jeder Schritt intersubjektiv reproduzierbar. Wenn Sie glauben, die erforderlichen

43 Letzteres darf allerdings nicht für quasi-statistische Argumentationen benutzt werden, sondern kann lediglich als Indikator dafür dienen, wie gut eine Schlussfolgerung empirisch abgesichert ist.

Entscheidungen nicht allein anhand der Extraktionstabellen treffen zu können, dann können Sie jederzeit den Interviewtext zu Hilfe nehmen. Dazu positionieren Sie den Cursor auf die Quellenangabe und klicken das Makro „Quellensuche“ an. Daraufhin wird die Interviewdatei geöffnet und der entsprechende Absatz gesucht. Wie Sie Ihre Dateien so organisieren, dass diese Quellensuche funktioniert, erfahren Sie aus der Anleitung zu MIA im Internet.

Die im Ergebnis der Aufbereitung entstandene Informationsbasis beinhaltet alle für die Beantwortung der Forschungsfrage relevanten Informationen. Diese Informationen sind theoretisch und empirisch strukturiert

- durch unsere theoretischen Vorüberlegungen, die wir zu Beginn der Untersuchung angestellt haben,
- durch die inhaltlichen Vorbereitung der Extraktion und
- durch die Extraktion selbst.

Damit ist die Aufbereitung abgeschlossen. Sie werden vielleicht bemerkt haben, dass es für den Schritt der Aufbereitung nur wenige Regeln gibt, die Sie abarbeiten können. Vielmehr ist hier auch Ihre Kreativität gefragt. So hängt die Art und Weise der Sortierung zwar von der Forschungsfrage und von der Art der Variablen ab. Das lässt aber noch immer einen großen Entscheidungsspielraum. Deshalb ist es unmöglich, dafür einen Algorithmus vorzugeben. Sie müssen hier experimentieren und Ihre eigenen Erfahrungen sammeln.

5.4.2 Aufbereitungsschritte im SFB-Projekt

Im SFB-Projekt wurde nach zahlreichen unterschiedlichen zeitlichen und inhaltlichen Aspekten sortiert. Die Auswertungskategorie ‚Handlungen zur Schaffung eines SFB‘ wurde chronologisch sortiert. Auswertungskategorien zu institutionellen Variablen wurden nach dem Gegenstand der Regel sortiert. Die Auswertungskategorien ‚Koordinierendes Handeln im SFB‘ und ‚Handlungen externer Akteure‘ enthalten Informationen über die Vermittlung institutioneller Einflüsse auf die Kooperation. Sie wurden deshalb nach den Gegenständen der institutionellen Regeln geordnet, auf die sie sich jeweils beziehen. Die übrigen Auswertungskategorien wurden nach verschiedenen sachlichen Aspekten sortiert.

Schauen wir uns die Aufbereitung für die Auswertungskategorien zu den unabhängigen Variablen ‚Institutioneller Rahmen des SFB‘ und ‚SFB-Programm‘ sowie zur abhängigen Variablen „Kooperation“ an. Die Variablen ‚Institutioneller Rahmen des SFB‘ und ‚SFB-Programm‘ waren aus der Variablen ‚Institution SFB‘ abgeleitet worden (vgl. 5.2.1). Die Sachdimensionen der Auswertungskategorie ‚Institution SFB‘ hatten sich aber als sinnvoll erwiesen hatten und konnten beibehalten werden. Die Differenzierung der beiden Variablen erfolgte entlang der Dimension ‚Geltungsbereich der Regel': Mit der Auswertungskategorie ,SFB-Programm' wurden Informationen über Regeln extrahiert, die für alle SFB gelten, während die Kategorie ,Institutioneller Rahmen des SFB' die spezifischen Regeln der beiden SFB beschrieb.

Nun wurden die Auswertungskategorien entlang der Dimension ,Gegenstand der Regel' sortiert. Während vor der Erhebung nur vage Vorstellungen darüber existierten, welche Arten von Regeln in einem SFB existieren, ergab die Extraktion klare Erkenntnisse zu diesem Punkt. Auf der Grundlage des Materials konnten anhand der Gegenstände der Regeln sechs Klassen unterschieden werden: allgemeine Förderkriterien, Verfahrensregeln, Regeln zur Art und Weise der Entscheidungsfindung, Regeln zur Aufnahme von Teilprojekten, Finanzierungsregeln und Kooperationsregeln. Nach der Beseitigung von Redundanzen verblieben 113 Tabellenzeilen über nach Gegenständen sortierte Regeln des SFB-Programms und der beiden Sonderforschungsbereiche (Abb. 5-14).

Abb. 5-14 Ergebnis der Aufbereitung der Auswertungskategorien ,SFB-Programm' und ,Institutioneller Rahmen eines SFB'

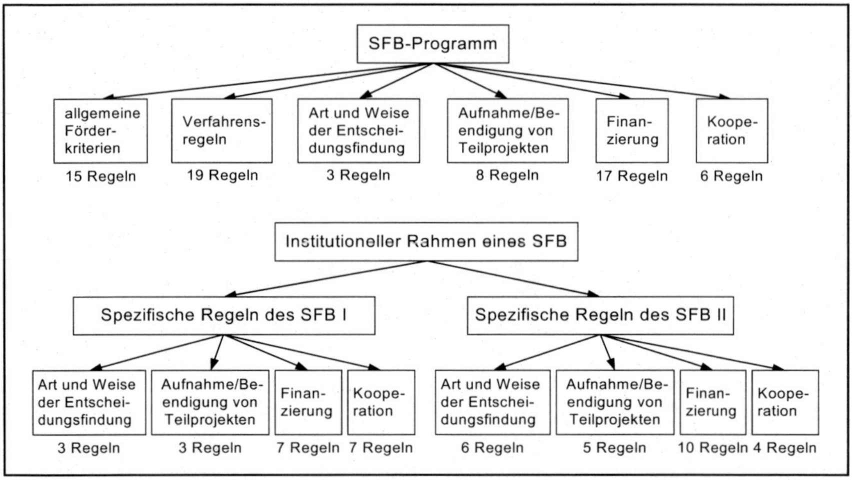

Wir verdeutlichen im folgenden die Schritte der Zusammenfassung, die zu diesem Ergebnis geführt haben, an dem Beispiel aus der Extraktion, der institutionellen Regel „Wissenschaftler müssen einander Zugang zu ihren Forschungsgeräten gewähren" (siehe 5.3.2): Zu dieser Regel existieren 15 Fundstellen, das heißt 15 Tabellenzeilen in Extraktionstabellen, die Informationen aus verschiedenen Interviewabsätzen enthalten. Die Informationen sind entsprechend den Dimensionen der Auswertungskategorien strukturiert. Diese Tabellenzeilen stehen nach der Sortierung untereinander (Abb. 5-15).

Die 15 Extraktionstabellen zur Regel „ein SFB verpflichtet zur gemeinsamen Gerätenutzung“ wurden nach den in 5.4.1 beschriebenen Prinzipien zusammengefasst. Bei der Zusammenfassung der Wirkungen wurden a) allgemeine Wirkungen, die beide Sonderforschungsbereiche betreffen, b) allgemeine Wirkungen, die sich ausschließlich auf SFB I oder auf SFB II beziehen, c) spezielle Wirkungen auf eine Kooperation und d) Aussagen über andere Sonderforschungsbereiche unterschieden (Abb. 5-16). Angaben in Doppelklammern kennzeichnen eigene Interpretationen im Sinne von Aussagen, für die lediglich ein indirekter Hinweis im Text zu finden ist, die also nicht aus den Interviewabsätzen extrahiert wurden. In der letzten Spalte sind sämtliche Quellenangaben der 15 Interviewabsätze, die etwas zu dieser Regel aussagen, aufgeführt. Auf diese Weise wird das Datenmaterial noch einmal erheblich komprimiert.

Dieses Verfahren wurde für alle institutionellen Regeln angewendet. Die Auswertungskategorien für die anderen institutionellen Variablen (‚Institutionen der Scientific Community‘, ‚Forschungsförderungssystem‘, ‚Institutioneller Rahmen der Forschungseinrichtung‘) wurden in ähnlicher Weise zusammengefasst.

Im Unterschied zum Vorgehen bei der Zusammenfassung und Sortierung der Auswertungskategorien zu unabhängigen Variablen wurden für die Kategorie zur abhängigen Variablen ‚Kooperatives Forschungshandeln im SFB‘ mehrere unterschiedliche Sortierungen gewählt: Zunächst wurden die Extraktionstabellen nach einzelnen Kooperationen sortiert. Alle Aussagen zu einer bestimmten Kooperation wurden chronologisch geordnet und gleichartige Aussagen zu einer zusammengefasst. Damit konnten die Entwicklung einer Kooperation sowie das System der eine Kooperation beeinflussenden Bedingungen festgehalten werden (Abb. 5-17).

Abb. 5-15 Extraktionstabelle der Auswertungskategorie ‚Institution SFB' nach der Sortierung (Ausschnitt); die ersten 5 (von 15) Extraktionen zur institutionellen Regel „gemeinsame Gerätenutzung"

Zeitpunkt/ Zeitraum	Gegenstand der Regel	Charakter der Regel	Inhalt der Regel	Geltungsbereich	Ursachen	Wirkungen	Quelle
seit Bestehen dieses SFB	Kooperation		Geräte werden im SFB gemeinsam genutzt	dieser SFB		PII: langandauernde Kooperation mit B. am Institut A [Gerät 2]	29-PII5
seit Bestehen dieses SFB	Finanzierung (größere Geräte) + Kooperation		1. bei Beantragung größerer Geräte Diskussion, wer das Gerät mitnutzen will 2. solche Geräte sind i.d.R. allen zugänglich	dieser SFB		große Geräte waren in den Gruppen schon vorhanden, außer [Gerät] keine Großgeräte angeschafft; PII11: kein großes Gerät über SFB beantragt, da bereits über Uni (Berufungsmittel) und BMFT gut ausgestattet	82-PII11
seit Bestehen des SFB-Programms	Kooperation	informell	SFB ermöglicht Zugang zu Geräten anderer	alle SFB		PII25 -> [Gerät 1], [Gerät2]	41-PII25
seit Bestehen des SFB-Programms	Kooperation		Geräte von SFB-Mitgliedern werden gemeinsam genutzt	alle SFB		Teilprojekt B3 -> viele Gerätenutzungen, um kurzfristig mal was zu messen	27-WII7
seit Bestehen des SFB-Programms	Kooperation (gemeinsame Gerätenutzung)		ein Teilprojekt bringt seine gesamte Infrastruktur in SFB ein – alle Geräte (unabhängig, ob SFB-finanziert oder nicht) sind für alle Teilprojekt zugänglich	alle SFB		C3 - [Forschungsgerät 3] und [Forschungsgerät 4] (HBFG, DFG-Verbundantrag) für Teilprojekt zugänglich	47-WII20
	Kooperation		Verpflichtung zur Koop. allgemein + zur gemeinsamen Gerätenutzung	alle SFB	Nutzung eines fremden Gerätes ist außerhalb des SFB nicht ohne das Interesse des Kooperationspartners möglich	Gerätenutzung ist auch dann möglich, wenn der andere kein Interesse hat (der andere hat vielleicht Interesse, es als vorzeigbare Koop. im nächsten Antrag zu nutzen)	74-WII8

Abb. 5-16 Zusammenfassung der institutionellen Regel „gemeinsame Gerätenutzung im SFB“

Zeitpunkt/ Zeitraum	Gegenstand der Regel	Charakter der Regel	Inhalt der Regel	Geltungs-bereich	Ursachen	Wirkungen	Quelle
seit Bestehen des SFB-Programms	Kooperation: Gerätenutzung innerhalb des SFB	informell	– Mitglieder des SFB müssen einander Zugang zu ihren Forschungsgeräten gewähren, der SFB ermöglicht regelmäßigen Zugang zur gesamten Geräteinfrastruktur eines Teilprojekts – Kooperationszwang existiert insbesondere bei durch SFB angeschafften Großgeräten – ((Geräte, die von einem Teilprojekt angeschafft wurden -> prioritäre Nutzung durch das Teilprojekt))	alle SFB	– institutsübergreifende Gerätenutzung funktioniert ohne SFB nicht – Nutzung eines fremden Gerätes ist außerhalb des SFB nicht ohne das Interesse des Kooperationspartners möglich u. man kann normalerweise nicht ständig Gerät nutzen, höchstens mal eine Woche – ein Teilprojekt bringt seine gesamte Infrastruktur in SFB ein, einschl. Personal	*alle SFB*: – Zugang zu Geräten wird gewährt – örtliche Entfernung + kognitive Faktoren (verderbliche Substanzen) + Koordinierung (jedes Institut hat eigene Arbeitsabläufe) behindern das *SFB II:* – Angebot PII25 an alle Teilprojektleiter, in seinem Labor Doktoranden für sie arbeiten zu lassen – Teilprojekt C3 -> [Gerät 3] und [Gerät 4] (HBFG, DFG-Verbundantrag) für alle Teilprojekte zugänglich *spezielle Kooperationen:* PII20: – Messungen am [Institut 1], aber Resultate fließen an [Institut 2](PII25-Projekt) -> [Institut 1] hat nichts davon -> ohne SFB wäre Gerätenutzung nicht möglich; trotzdem schwierig, Meßzeit zu bekommen – PII5: langandauernde Kooperation mit D3 [Gerät 2] PII25 -> [Gerät 1], [Gerät 2] – Teilprojekt B3 -> viele Gerätenutzungen, um kurzfristig mal was zu messen – wenn [Gerät 4] ausgelastet ist durch eigene Proben -> keine Gerätenutzung durch andere möglich *andere SFB*: – Methodenaustausch auf Doktoranden und Postdoc-Ebene [Gerät 4] zentral beschafft -> hat nicht ein Teilprojekt Priorität	24-PII20 28-PII20 82-PII11 29-PII5 41-PII25 27-WII7 47-WII20 74-WII8 129-PII9 38-WII20 78-WII20 24-PI9 2A-G1 75-G4 125-G4

Abb. 5-17 Zusammenfassung einer arbeitsteiligen Kooperation im SFB II

Akteur	Kooperationspartner	Zeit	Inhalt der Kooperation	Charakter der Kooperation	Vergütung der Kooperation	Bewertung der Kooperation	Ursachen	Wirkungen	Quelle
B7 PII21	B3 PII28	[Etablierungsphase des SFB]	Gerätebereitstellung [Sender], Arbeitsmittel [Empfänger (Untersuchungsobjekt)]	arbeitsteilig Übergabe			– PII28 hatte gelesen, dass [Methode] auf seine spezielle Fragestellung anwendbar sei – (Vor-?) Experimente mit amerikanischer Gruppe funktionierten	– Vereinbarung eines gemeinsamen Teilprojektes (Entstehung SFB und Wunsch nach Kooperation waren zeitgleich) – Erkenntnis, daß man mit der Methode noch viel mehr machen kann -> Ausbau des Teilprojektes B7	72-PII21 5-PII21
B7 PII21	B3 PII28	von Beginn bis jetzt	Gerätebereitstellung [Sender], Arbeitsmittel [Empfänger (Untersuchungsobjekt)], Datenbereitstellung [Empfänger]	arbeitsteilig Übergabe	gemeinsame Publikationen: mehrere; in Vorbereitung gemeins. Paper B4 (WII13), B3 WII7 und PII21-Leute	– enge Zusammenarbeit – PII21: Kommunikation war schwieriger, jetzt normalisiert	PII28 nicht an Methode interessiert, nur an Resultaten; gemeinsames Interesse Strukturuntersuchung am [Untersuchungsobjekt] PII28 liefert Material, weil für ihn was rauskommt	Entstehung Koop. B4 - B7 (Zusammenhang [Methode]-Daten, [Methode]Strukturdaten)	14-WII7 70-PII21 54-PII21

Zweitens wurde die Auswertungskategorie nach Kooperationstypen sortiert (Abb. 5-18). Für beide Sonderforschungsbereiche gemeinsam wurden alle Aussagen zu Merkmalen des Kooperationstyps zusammengefasst. Die Dimension ‚Ursachen' wurde in notwendige, hemmende und fördernde Bedingungen für Kooperation strukturiert. Eine weitere Differenzierung dieser Bedingungen erfolgte induktiv. Der dritte und vierte Modus der Auswertung der Kooperationen bildete die wichtigste Grundlage für die Beschreibung der Merkmale von Kooperation und der Handlungsbedingungen für Kooperation.

Abb. 5-18 Zusammenfassung der Auswertungskategorie ‚Kooperatives Forschungshandeln' nach dem Typ Servicekooperation (Ausschnitt)

Kooperationstyp Servicekooperation	Quelle
1. Merkmale	
– wenn Erlernen der Methoden zu zeitaufwendig/wenn es sich um neue Methode handelt, die große Einarbeitung erfordert	73-PI3, 87-PII18, 53-WII9, 72-PI25
Art der Leistung	
– Bereitstellung von Daten	90-WI13, 43-PI1, 87-PII1 [u. 27 weitere Quellen]
– Bereitstellung von Untersuchungsobjekten	34-PI3, 114-WI15 [u.14 weitere Quellen]
2. notwendige Bedingungen	
2.1. kognitive/inhaltliche Vernetzung (s.o.)	
2.2. Ressourcen	
Personal: jemand notwendig, der die Serviceleistung durchführt:	121-PII10
– gerätebetreuender Doktorand stand für Service nicht zur Verfügung –> einfache Koop. Gerätebereitstellung	89-PI19, 117-PI22
– technisches Personal	77-WII8, 85-PI12
2.3. Gelegenheiten für Zustandekommen der Kooperation	
a) SFB	113-PI25, 94-PI12, 53-PI3, 45-PI25,89-PII14, 122-PII25
– wiss. Veranstaltungen	37-PII15, 121-PII19
b) nicht vom SFB beeinflusst	
– Serviceangebot im Institut (durch Fo.einrichtung geregelt)	80-PI5, 70-PI28
3. hemmende/fördernde Bedingungen	
3.1. kognitive	
»hat nicht funktioniert«, Methoden sind noch in der Entwicklung, Untersuchungsobjekt nicht geeignet	43-PI25, 52-WI15, 94-PI12
interdisziplinäre Kommunikationsprobleme	78-PII27
3.2. Zeitaufwand	
a) (+) gering: Dauer/Häufigkeit: wenige Messungen, »war keine große Kooperation«, »war nicht zeitaufwendig«, Untersuchungsobjekt als »Abfallprodukt«	24-WI3, 59-PI20,57-WI2, 42-PI3 [+ 8 weitere Quellen]
b) (-) groß: –> nicht realisiert (Scheu des Kooperationspartners, längere Meßreihen machen zu lassen)	177-PI19, 95-WI12u, 83-WII12
3.3. Entfernung	
– Weggang Kooperationspartner –> Kooperation beendet	88-PII9, 21-PII22
3.4. Verhalten des Kooperationspartners/Persönlichkeitseigenschaften	
a) nicht kooperativ	39-WII12
b) kooperativ (»sehr engagiert«)	85-WII12
3.5 SFB-Koop.regel: »SFB verpflichtet zu Hilfeleistungen«	91-PI14, PI15, 78-PII2

5.4.3 Aufbereitungsschritte im Projekt ‚Sportlerbiographien'

Biographische Interviews, wie sie im Projekt ‚Sportlerbiographien' vorliegen, legen es nahe, zunächst nach zeitlichen Gesichtspunkten zu strukturieren. Auf diese Weise erhalten wir eine Chronologie der biographischen Ereignisse. Alle Variablen wurden erstens nach der Dimension ‚Karrierephase' und zweitens innerhalb einer Karrierephase jeweils nach ‚Zeitpunkt/Zeitraum' sortiert. Verstreute und bedeutungsgleiche Informationen über ein Ereignis wurden zusammengefasst. Damit konnte das Material bereits erheblich reduziert werden, da viele Ereignisse wie wichtige Wettkämpfe oder Verletzungen nicht nur mehrmals in einem Interview, sondern auch in allen Interviews zu einem Fall berichtet wurden, also durch den Athleten, seine Eltern und den Trainer. Als Beispiel für die Zusammenfassung haben wir die Extraktionen zum Einflussfaktor ‚Sportliche Freizeit' eines Gewichthebers ausgewählt. In Abbildung 5-19 sind Aussagen zu diesem Fall abgebildet, wie sie nach Anwendung des Extraktionsmakros vorliegen. Die Aussagen wurden lediglich nach ‚Karrierephase', ‚Zeitpunkt/Zeitraum' und nach dem ‚Bezug' sortiert.

Anschließend wurden mehrmals und von mehreren Interviewpartnern berichtete Ereignisse unter Beibehaltung aller Quellenangaben zusammengefasst. Redundanzen wurden so beseitigt, widersprüchliche Aussagen (hier: bezüglich der Zeitangaben) wurden nebeneinander geschrieben und beibehalten. Das Ergebnis ist in Abbildung 5-20 zu sehen.

Abb. 5-19 Extraktionstabelle des Einflussfaktors „Sportliche Freizeit“ – Ausschnitt des Falles GH1.

Karrierephase	Zeitpunkt/Zeitraum	Akteur	Bezug	Sachverhalt	Ursachen	Wirkungen	Quelle
vor Karrierebeginn	im Alter von 4-5 Jahren	Athlet	Turnen	begonnen	Eltern waren bereits im Turnverein aktiv		5-gha1
vor Karrierebeginn	im Alter von 5/7 Jahren	Athlet	Turnen	war in der 1. Klasse Mitglied einer Turngruppe; fand aber keinen Gefallen daran	konnte sich mit Geräten nicht anfreunden		34-ghe1
vor Karrierebeginn	zwischen 10 und 12 Jahren	Athlet	Turnen	damit aufgehört			5-gha1
vor Karrierebeginn	Unbekannt	Athlet	Leichtathletik	begonnen			5-gha1
vor Karrierebeginn	nach dem 5. Lebensjahr	Athlet	Leichtathletik	trainierte LA	am Heimatort hatte sich LA-Gruppe gegründet mit sehr gutem Trainer		34-ghe1
vor Karrierebeginn	Unbekannt	Athlet	Leichtathletik	hörte mit LA auf	hatte keinen Spaß mehr an LA , Umzug des Trainers, Nachfolger konnte nicht mit Kindern umgehen		40-ghe1
nicht zuzuordnen	Unbekannt	Athlet	Leichtathletik	Kreismeister in Hoch- und Weitsprung			12-gha1
Einstiegsphase	im Alter von 14 Jahren	Athlet	Turnen	damit aufgehört	wurde zusammen mit GH und Leichtathletik zuviel	[Widerspruch zu 5-gha1 bzgl. Zeit]	12-gha1
Einstiegsphase	im Alter von 15 Jahren	Athlet	Leichtathletik	damit aufgehört	GH und Leichtathletik liessen sich zeitlich nicht mehr zusammen vereinbaren		12-gha1

Abb. 5-20 Bereinigte Extraktionstabelle des Einflussfaktors ‚Sportliche Freizeit' – Ausschnitt des Falles GH1.

Karrierephase	Zeitpunkt/Zeitraum	Akteur	Bezug	Sachverhalt	Ursachen	Wirkungen	Quelle
vor Karriere-beginn	im Alter von 4-5 Jahren	Athlet	Turnen	begonnen; Mitglied einer Turngruppe	Eltern waren bereits im Turnverein aktiv		5-gha1/ 34-ghe1
vor Karriere-beginn/ Einstiegsphase [Widerspruch]	zwischen 10 und 12 Jahren / im Alter von 14 Jahren [Widerspruch]	Athlet	Turnen	damit aufgehört	fand keinen Gefallen daran, konnte sich mit Geräten nicht anfreunden; wurde zusammen mit GH und Leichtathletik zuviel		5-gha1/ 12-gha1/ 34-ghe1
vor Karriere-beginn	nach dem 5. Lebensjahr	Athlet	Leicht-athletik	trainierte LA; war während dieser Zeit Kreismeister in Hoch- und Weitsprung	am Heimatort hatte sich LA-Gruppe gegründet mit sehr gutem Trainer		5-gha1/ 12-gha1/ 34-ghe1
vor Karriere-beginn	unbekannt	Athlet	Leicht-athletik	hörte mit LA auf	hatte keinen Spaß mehr an LA; Umzug des Trainers, Nachfolger konnte nicht mit Kindern umgehen; GH und Leichtathletik ließen sich zeitlich nicht mehr zusammen vereinbaren		40-ghe1/ 12-gha1

Die Idee für den dritten Schritt der Aufbereitung bestand darin, für jede Auswertungskategorie Chronologien von Ereignissen anzufertigen. Die Tabellen wurden um Ereignisse, die sich zeitlich nicht einordnen ließen, sowie um Bewertungen bereinigt (die entsprechenden Tabellenzeilen in der kopierten Version gelöscht). Auf diese Weise erhielt man für jede Auswertungskategorie eine strenge Ereignischronologie. Die Auswertungskategorie ‚Training und Wettkampf' war noch zu wenig differenziert; sie wurde deshalb untergliedert in a) eine Leistungsbiographie, die Veränderungen hinsichtlich der sportlichen Leistungsfähigkeit und der Wettkampferfolge festhielt, b) eine Trainingsbiographie, die Aussagen zu Trainingsumfang sowie zu Vereins-, Trainingsgruppen- und Trainerwechseln enthielt, c) eine Motivationsbiographie mit Aussagen zur Trainings-, Wettkampfmotivation und zur Motivation, in der Karrieresportart zu bleiben, d) eine Umfeldbiographie, die Aussagen zum Verhältnis des Athleten zum Trainer, zu Vereinskameraden und Konkurrenten und zu andere Akteuren des sportlichen Handlungsfeldes chronologisch erfasst. Insgesamt entstanden auf diese Weise:

- eine Förderbiographie,
- eine Leistungsbiographie,
- eine Trainingsbiographie,
- eine Motivationsbiographie,
- eine Umfeldbiographie,
- eine Ausbildungs-/Berufsbiographie,
- eine Familienbiographie,
- eine Verletzungsbiographie und
- eine Manipulationsbiographie,
- eine Chronologie von Veränderungen im biographischen Handlungsspielraum.

Zu den Auswertungskategorien ‚außersportliche Freizeit' und ‚sportbezogene Freizeit' gab es so wenig Informationen, dass keine Ereignischronologien erstellt werden konnten.

Auf der Grundlage der Biographien wurde in einem vierten Schritt der Aufbereitung eine tabellarische Kurzdarstellung der Karriereverläufe angefertigt. Das heißt, die wesentlichen Ereignisse eine Falles wurden in eine große Tabelle von zwei bis maximal vier DIN A4-Seiten zusammengefasst (Abb. 5-21). Dazu wurden in die Tabellenspalten die Zeit (Alter des Athleten und Karrierephase) eingetragen; in den Tabellenzeilen wurden untereinander die jeweiligen ‚Biographien' (Ereignischronologien) aufgeführt. Eine solche Anordnung ermöglichte nun eine Synthese der Einflussfaktoren, weil deren zeitlich veränderlichen Ausprägungen sichtbar gemacht wurden.

Abb. 5-21: Beispiel für eine tabellarische Übersicht des vierten Zusammenfassungsschrittes (Quelle: Bette et al. (1999); aus Gründen der Anonymisierung wurden einige Tabellenzeilen nicht übernommen)

	5	6	7	8	9	10	11	12	13	14	15	16	17	18	19	
	Einstiegphase		Fixierungsphase			Take-Off-Phase					Hochleistungsphase					Zukunft
Förderbiographie									Unterstützung durch Landesverband A (finanziell, Nominierung etc.) (2-8t5a)				Unterstützung durch Landesverband B (5-8t5a)			
											Unterstützung durch DTB (9-8t5a)					
														Unterstützung durch Sponsoren (14-8t5a)	Reduktion der Unterstützung (15-8t5a)	
Leistungsbiographie								D-Kader (2-8t5a)			Mitglied im C-Kader (27-3t5a)					
			Teilnahme am Sport-Scheck-Turnier: Halbfinale (8-3t5a)	keine Turnierteilnahme (9-3t5a)	Turniersieg (10-3t5a)			Turnier in Schweden (25-3t5a)	beginnt, Eurocups zu spielen (28-3t5a)		Dt. Meisterschaften; Sieg (29-3t5a)		Teilnahme an Turnieren in Australien, Japan, Amerika, Südamerika (51, 52, 53 u. 54-3t5a)			plant Profikarriere (90-3t5a)
												spielte Oberliga (30-3t5a)	spielt Bundesliga (MA) (55-3t5a)			
Trainingsbiographie								Training in W (Verband) u. X (Club) (15-3t5a)					Training in Y u. Z (33-3t5a)			
			wurde von Trainer A trainiert						Trainer: B (15-3t5a)			Trainer: C (34-3t5a)	Trainer: D (35-3t5a)			
					3x wöchentlich (12-3t5a)			4-5x wöchentlich, [ggf. Steigerung?] (13-3t5a)						Reduktion (Abi) (58-3t5a)	Steigerung (nach Abi) (51-3t5a)	

	5	6	7	8	9	10	11	12	13	14	15	16	17	18	19	
	Einstiegphase		Fixierungsphase			Take-Off-Phase					Hochleistungsphase					Zukunft
Motivations-biographie		Motiv: Traum vom Tennisprofi (59-3t5a)			Motiv: Trotz (10-3t5a)		Motiv: Spaß			Motiv: Vorbild Becker (70-3t5a)				Motiv: Ehrgeiz (entscheidet sich, Tennis nach Abi zum Beruf zu machen) (71 u.82-3t5a)	Motiv: Leistung (72-3t5a)	
Umfeldbiographie									sehr gutes Verhältnis zu Trainer B.; väterlich, autoritärer Führungsstil (19 u. 22-3t5a)					sehr freundschaftliches, lockeres Verhältnis zu Trainer D., verbringen z.T auch die Abende miteinander (Bundesligamannschaft) (39 u. 40-3t5a)	enge Freundschaft zu einem Konkurrenten (55-3t5a)	
Ausbildungs-/ Berufsbiographie								A. hatte immer relativ gute Schulleistungen (4-5t5a)							Abi (5-5t5a)	
											Rektor gewährte Freistunden unter der Bedingung, daß A. keine Klausur schlechter als 2 schreibt (8-5t5a)					Studium (geplant) (10-5t5a)
Verletzungs-biographie															Bänderriß (4-9t5a)	

	5	6	7	8	9	10	11	12	13	14	15	16	17	18	19	
	Einstiegphase		Fixierungsphase			Take-Off-Phase						Hochleistungsphase				Zukunft
Familienbiographie			Eltern finanzieren das 1x pro Woche stattfindende Training am Wohnort (19-4t5a)						Transport zum Training durch Mutter (5-4t5a)						übernehmen einen Teil der Kosten für Rehabilitation (21-4t5a)	
						Eltern begleiten A. bei Turnieren in der Umgebung gemeinsam, bei Turnieren mit größerer Distanz meist nur Vater; Athlet geht mit zunehmendem Alter häufiger alleine zu Turnieren (12, 13, 14 u. 15-4t5a)										
			Eltern unterstützen sehr stark, sind Ansprechpartner für A., haben ihr eigenes Leben nicht nach dem Tennis ausgerichtet (42-4t5a)													
												Eltern haben auf das Abitur bestanden (47-4t5a)				
Manipulationsbiographie															A. verzichtet bei wichtigen Turnieren nicht auf Medikamente (1-2t5a) A. nimmt so wenig Medikamente wie möglich; ist sehr besorgt um Körper (1 u. 3-2t5a)	

5	6	7	8	9	10	11	12	13	14	15	16	17	18	19	
Einstiegphase		Fixierungsphase			Take-Off-Phase						Hochleistungsphase				Zukunft

Biographischer Handlungsspielraum

A. wollte Schule zugunsten des Tennis beenden (2-1t5a)

hat wegen des anstehenden Abiturs weniger Turniere gespielt (5-1t5a)

viele Fehlstunden wegen des Tennis (7 u. 8-1t5a)

will beruflich dem Sport verbunden bleiben (11-1t5a)

Athlet gab andere Sportarten nach und nach auf (13-1t5a)

A. reduziert anderen Freizeitbeschäftigungen zugunsten des Sports (14, 15 u. 15-1t5a)

A. reduziert anderen Freizeitbeschäftigungen zugunsten des Tennis (14, 15, 15 u. 18-1t5a)

A. verbringt seine Zeit fast ausschließlich mit Sport,

A. war in der Schule Einzelgänger, hatte keine Freunde in der Schule (Zeitknappheit) (21-1t5a)

hat wegen Tennis auf Urlaub verzichtet (19-1t5a)

A. schließt eine feste Beziehung wegen des Ten-nis gegenwärtig aus (24-1t5a)

Abb. 5-22 zeigt, wie im Projekt ‚Sportlerbiographien' im Zuge der Aufbereitung eine systematische Textreduktion gelungen ist.

Abb. 5-22: Überblick über die Anzahl der Fundstellen (nach Auswertungskategorien getrennt) sowie deren Reduktion im Kontext der Auswertungsschritte zwei bis vier (Quelle: Bette et al. 1999)

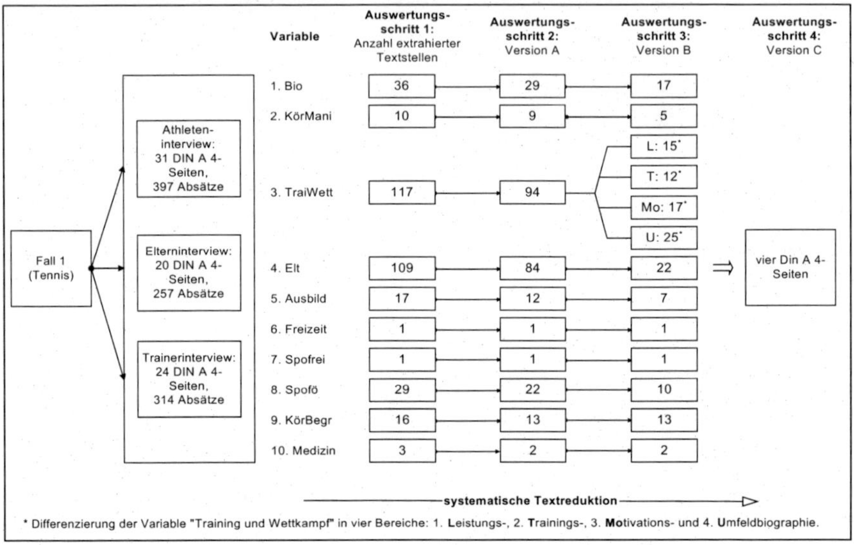

5.5 Auswertung

5.5.1 Allgemeiner Ablauf

Die Auswertung hat zum Ziel, die *empirische* Frage zu beantworten, die Bestandteil der Untersuchung war. Es geht darum, den Fall bzw. die Fälle zu rekonstruieren, das heißt, die Kausalmechanismen zu identifizieren, die zwischen den uns interessierenden Ursachen und Effekten vermitteln. Die Antwort auf die Forschungsfrage baut auf dieser Rekonstruktion auf und schließt die Einbettung in die Theorie und die Bestimmung des Geltungsbereichs der Antwort ein. Diesen abschließenden Schritt behandeln wir im folgenden Kapitel.

Die Vorgehensweise bei der Auswertung lässt sich kaum noch in allgemeine Regeln fassen. Die Auswertung muss vor allem der Forschungsfrage und der Untersuchungsstrategie Rechnung tragen. Auf welchem Wege Sie zu einer Antwort auf Ihre Forschungsfrage gelangen können, hängt in erster Linie von der Frage selbst und von Ihrem empirischen Material (z.B. der Zahl

Ziel der Auswertung: empirische Frage beantworten → Kausalmechanismen mit Ursache & Wirkung der Auswertung untersuchter Fälle) ab. Hinzu kommt, dass sich die kreativen Elemente der nicht in Regeln fassen lassen. Wenn sich die Antwort auf Ihre Forschungsfrage durch das schlichte Abarbeiten von Regeln ergäbe, dann wäre das besorgniserregend. Sie würden in diesem Fall entweder nichts Neues herausbekommen oder eine reine Deskription liefern.

Wir können also in diesem Abschnitt kein Verfahren beschreiben, mit dem Sie von Ihrer Informationsbasis zwangsläufig zu den gewünschten Antworten gelangen. Aufgrund unserer Erfahrungen können wir aber einige Strategien des Umgangs mit der Informationsbasis vorschlagen. Es handelt sich dabei um Analysestrategien, mit denen man ein empirisches Material bearbeiten kann, um die empirische Frage zu beantworten. Diese Strategien sind nicht exklusiv für die qualitative Inhaltsanalyse, sondern werden in jeder rekonstruierenden Untersuchung eine Rolle spielen. In der qualitativen Inhaltsanalyse werden sie lediglich technisch in einer besonderen Weise realisiert, weil die Informationsbasis, auf die Sie Ihre Auswertungsstrategie anwenden, eine spezifische Form hat. Sie besteht aus einer Vielzahl von Tabellen (und eventuell aus graphischen Übersichten), die die für die Beantwortung der Forschungsfrage notwendigen Informationen enthalten. Die Informationen sind nach chronologischen oder sachlichen Gesichtspunkten strukturiert. Die sachliche Strukturierung bedient sich der Variablen/Einflussfaktoren und deren Dimensionen.

Die Wahl der Auswertungsstrategie wird sehr stark davon abhängen, wie viele Fälle man zu rekonstruieren hat. Bei einer geringen Zahl von Fällen bietet es sich an, zunächst den Kausalmechanismus jedes Falles zu identifizieren und anschließend diese Mechanismen vergleichend zu analysieren. Bei einer größeren Zahl von Fällen gibt es möglicherweise so viele unterschiedliche Mechanismen, dass ein direkter Vergleich an der Unübersichtlichkeit scheitert.

Wir sind in Abschnitt 3.1 bereits kurz auf das Problem der Kausalität eingegangen und nehmen dieses Thema nun hier, wo es um ursächliches Erklären im Sinne Max Webers geht, wieder auf. Das Ziel der Auswertung besteht darin, die Kausalmechanismen, d.h. die Sequenzen von kausal miteinander verbundenen Ereignissen, die unter bestimmten Bedingungen wahrscheinlich auftreten und von spezifischen Ausgangsbedingungen zu spezifischen Ergebnissen führen, zu identifizieren. Um dieses Ziel zu erreichen, müssen Sie Kausalität auf drei verschiedenen Abstraktionsebenen analysieren.

Auf der ersten Ebene sind die im empirischen Material berichteten Kausalitäten angesiedelt. Hier handelt es sich um die Ansichten der Interviewpartner darüber, welche Kausalzusammenhänge und -mechanismen in dem Fall, über den sie berichten, gewirkt haben. Diese Interpretationen der Beobachter sind durch deren jeweilige individuelle Perspektiven geprägt. Sie werden meist unvollständig sein und können einander widersprechen. Deshalb wäre es ein verhängnisvoller Fehler, die Interpretation eines Beteiligten für den

Kausalmechanismus zu nehmen und die eigene Analyse durch sie zu ersetzen. Wie plausibel die empirisch berichteten Kausalitäten auch immer sein mögen, wie informiert und objektiv ein Interviewpartner auch immer erscheinen mag – prüfen Sie die berichteten Kausalitäten so kritisch wie möglich, lassen Sie sich nicht einlullen!

Auf der zweiten Ebene rekonstruieren Sie den Kausalmechanismus eines Falles. Dieser Mechanismus soll beschreiben ‚wie es wirklich war', das heißt, welche Ursachen in diesem konkreten Fall auf welche Weise welche Wirkungen hervorgebracht haben. Den Kausalmechanismus aufzuklären ist ein wichtiger Auswertungsschritt, der alle Informationen über einen Fall einbezieht. Sie können sich nicht mit einem Kausalmechanismus zufrieden geben, der zu einigen Informationen über den Fall in Widerspruch steht, ohne all diese Widersprüche zu erklären. Das ist einer der prinzipiellen Unterschiede zur relationsorientierten Erklärungsstrategie, die mit statistisch insignifikanten Restkategorien und mit Irrtumswahrscheinlichkeiten arbeitet.

Die dritte Ebene ist die des Kausalmechanismus' der Klasse von Fällen, auf die sich die Forschungsfrage bezieht. Haben Sie eine Einzelfallanalyse durchgeführt, dann ist die Erklärung dieses Mechanismus' bereits Gegenstand der Einbettung in die Theorie, die wir im folgenden Kapitel behandeln. Wenn Sie mit vergleichenden Fallanalysen arbeiten, dann kann die Aufklärung dieses den Fällen gemeinsamen Kausalmechanismus' noch Bestandteil der Auswertung sein. Die beiden Phasen gehen aber meist fließend ineinander über. Wieder gilt, dass der Kausalmechanismus alle Fälle erklären muss. Die unterschiedlichen Verläufe in den Fällen müssen durch das Auftreten oder das Fehlen bestimmter Bedingungen erklärt werden können.[44] In der Sprache der relationsorientierten Erklärungsstrategie lautet diese Forderung „Sie müssen 100% der Varianz erklären!"[45]

Hat man einige oder wenige Fälle untersucht, dann wird das erste Ziel der Auswertung darin bestehen, die Kausalmechanismen dieser Fälle aufzuklären. Dazu liefert die Informationsbasis neben den durch die Interviewpartner ‚berichteten' Kausalzusammenhängen und -mechanismen (das heißt den subjektiven Theorien der Interviewpartner) Informationen über Bedingungen, Verläufe und Ergebnisse von Prozessen. Aus der Analyse dieser Informationen müssen Sie den Kausalmechanismus ableiten. Sind die Informationen nicht eindeutig oder nicht ausreichend, dann können Sie auch mehrere alternative Modelle entwerfen, um im weiteren Verlauf der Analyse das richtige auswählen zu können.

Haben Sie die Kausalmechanismen der untersuchten Fälle aufgeklärt, dann können Sie eine vergleichende Analyse durchführen. Diese Analyse

---

44 Natürlich sind hier auch zufällige Faktoren wie spontane/emotionale Handlungen, Irrtümer, Fehlwahrnehmungen usw. als Erklärungsfaktoren zugelassen.

45 Diesen Hinweis verdanken wir Renate Mayntz.

muss Gemeinsamkeiten und Unterschiede zwischen den Fällen erklären. Dazu sollten Sie sich folgende Fragen vorlegen:

- Welche Faktoren treten in allen Fällen auf, welche nur in einigen?
- Welche Faktoren treten überraschend auf (wurden nicht erwartet), welche erwarteten Faktoren fehlen?
- Wenn unterschiedliche Bedingungen zu gleichen Wirkungen geführt haben: Welche der Ursachen sind funktional äquivalent? (Funktionale Äquivalente sind Bedingungen, die die Wirkung anderer Faktoren ersetzen können.)
- Wenn gleiche Bedingungen zu unterschiedlichen Wirkungen geführt haben: Welche versteckten, das heißt bisher nicht in die Analyse einbezogenen Faktoren sind für die Unterschiede verantwortlich?

Die vergleichende Analyse führt zu einem Kausalmodell der Klasse, der die untersuchten Fälle angehören (Abbildung 5-23). Dieses Modell erklärt auch Variationen innerhalb der Klasse, das heißt, es beschreibt, wie variierende Ursachen variierende oder gleiche Wirkungen hervorrufen.

Abb. 5-23 Auswertungsstrategie für die vergleichende Analyse weniger Fälle

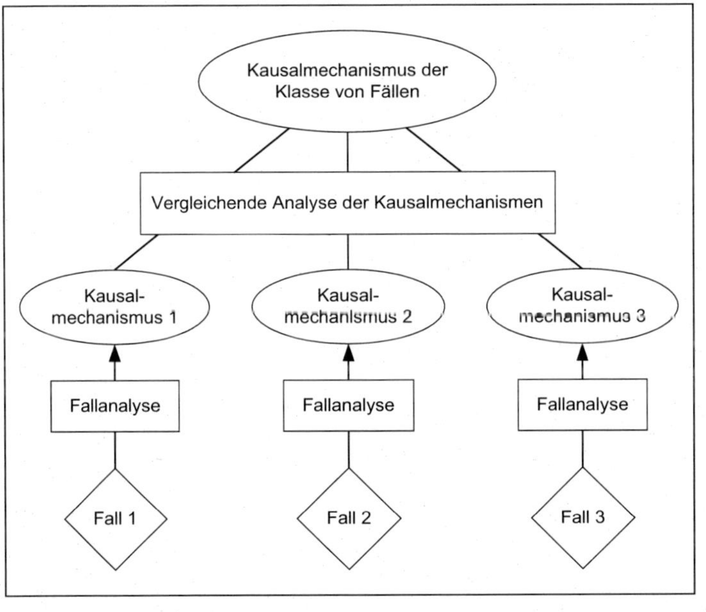

Wenn Sie mit vielen Fällen arbeiten, dann ist es unter Umständen nicht möglich oder unpraktisch, mit der Analyse der Kausalmechanismen jedes Falles

zu beginnen. Es kann statt dessen ratsam sein, zunächst die Merkmalsausprägungen in den Fällen zu vergleichen und nach Gemeinsamkeiten zu suchen. Eine bewährte Strategie dafür sind Typisierungen. Wir haben solche Typisierungen bereits beim vorangegangenen Schritt, der Aufbereitung, eingeführt, weil mit ihnen die Zusammenfassung der Informationsbasis wesentlich erleichtert werden kann. Eine Typisierung ist die Gruppierung von Fällen entsprechend ihren Merkmalsausprägungen in einer oder mehreren Dimensionen. Voraussetzung dafür ist eine Zusammenfassung von Merkmalsausprägungen zu Werteklassen. Das bedeutet, dass das Kontinuum möglicher Ausprägungen in Intervalle eingeteilt und dadurch das stetige Merkmal in ein diskretes transformiert wird (Kromrey 2006: 426-427). Ein einfaches Beispiel ist die Einordnung von Büchern in Belletristik, Sachbücher, Fachbücher usw. Der Inhalt aller Bücher bildet ein Kontinuum möglicher Ausprägungen. Um die Bücher den Typen zuordnen zu können, müssen Sie Kriterien einführen, anhand derer Sie z.B. entscheiden, wann ein Buch noch ein Fachbuch ist und ab wann es als Sachbuch gelten soll.

Anhand der Einordnung der Merkmale von Fällen in Merkmalsklassen lassen sich Typen unterscheiden. Ein Beispiel für eine Typologie gibt Abbildung 5-24.

Abb. 5-24 Beispiel für eine empirische Typisierung: „An Empirical Typology of Teacher Roles in Dealing with High School Dropouts" (Patton 1990: 413)

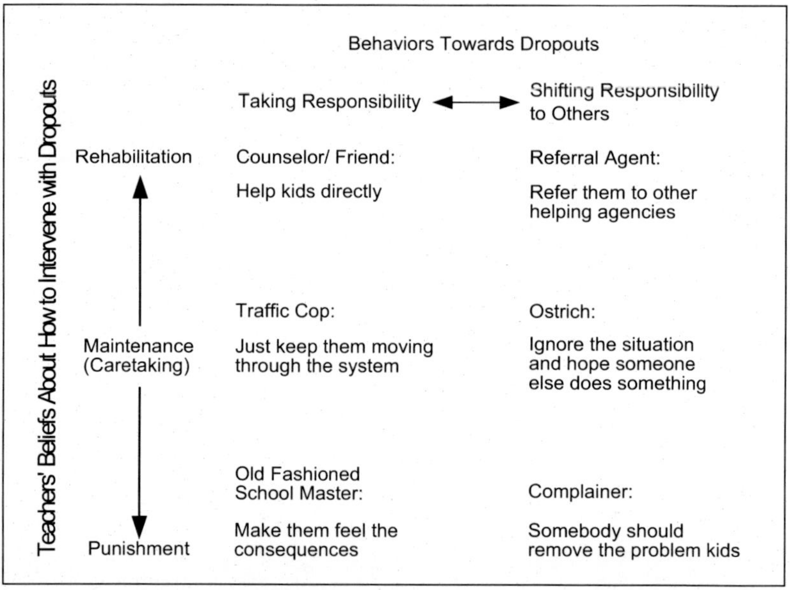

Eine Typisierung kann zu einer wesentlichen Vereinfachung führen, die es gestattet, die Vielzahl von Fällen zu vergleichen und aus dem Auftreten gleicher Merkmalsausprägungen direkt auf den Kausalmechanismus der Klasse zu schließen. Sie birgt aber auch gewisse Risiken, denn die Klassifizierung von Merkmalen bedeutet häufig einen Informationsverlust. Deshalb sollten Sie Ergebnisse, die Sie unter Verwendung von Typisierungen erzielen, gegebenenfalls noch einmal am ‚Ursprungsmaterial' testen.

Eine spezielle Typisierungsstrategie ist die Typisierung der in den Fällen auftretenden Bedingungen anhand ihrer Rolle beim Zustandekommen von Wirkungen. Folgende Arten von Bedingungen lassen sich unterscheiden:

- Notwendige Bedingungen müssen gegeben sein, damit die Wirkung eintritt.
- Hinreichende Bedingungen führen die Wirkung auf jeden Fall herbei, das heißt unabhängig davon, wie die anderen Bedingungen des Falles beschaffen sind.
- Fördernde Bedingungen begünstigen das Eintreten einer Wirkung oder verstärken sie.
- Hemmende Bedingungen stören das Eintreten einer Wirkung oder schwächen sie ab.
- Verhindernde Bedingungen lassen eine Wirkung nicht auftreten, unabhängig davon, wie die anderen Bedingungen des Falles beschaffen sind.

Gelingt es, die Bedingungen von Fällen in dieses Schema einzuordnen, dann ist ein wichtiger Schritt auf dem Weg zur Aufklärung des Kausalmechanismus getan. Wir möchten hier aber nachdrücklich davor warnen, die Komplexität der Fälle zu stark zu reduzieren. Die Bedingungen sozialer Prozesse sind außerordentlich komplex, das heißt, es wird nicht eine oder wenige Ursachen geben. Wenn Sie genau eine notwendige und hinreichende Bedingung für einen Fall gefunden haben, stimmt etwas nicht. Es gibt im allgemeinen mehrere notwendige, hinreichende, fördernde, hemmende und verhindernde Bedingungsgefüge, die teilweise funktional äquivalent sind.

Beide Strategien, die allgemeine Typisierung und die Suche nach speziellen Bedingungen, beinhalten im Kern die Suche nach gemeinsamen und unterschiedlichen Merkmalsausprägungen der Fälle. Sie versuchen, direkt zum Kausalmechanismus der Klasse von Fällen vorzudringen und diesen anschließend an den Fällen zu überprüfen (Abb. 5-25).

Abb. 5-25 Eine Auswertungsstrategie für die vergleichende Analyse vieler Fälle

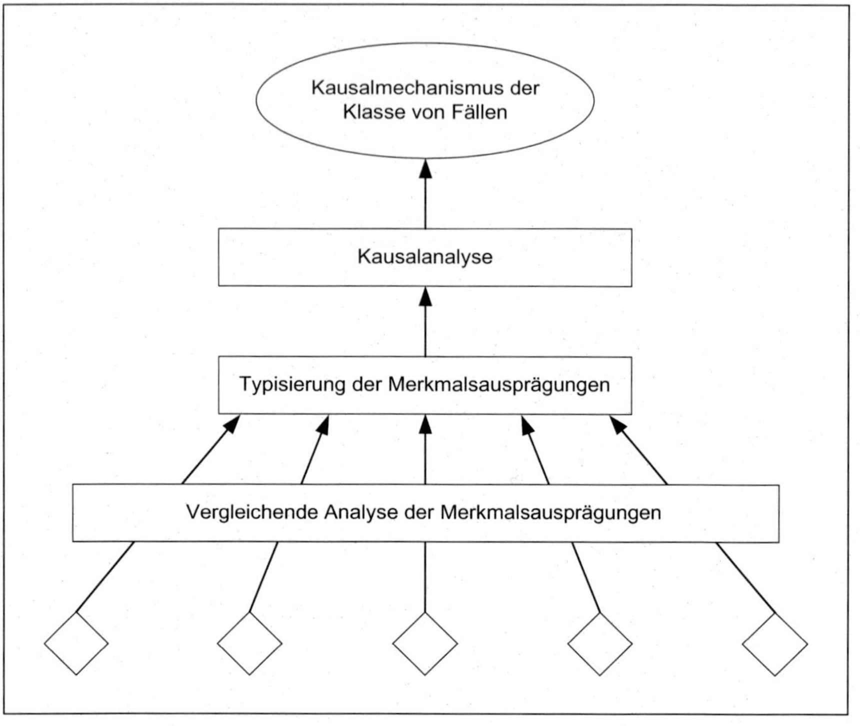

5.5.2 Auswertungsschritte im SFB-Projekt

Im SFB-Projekt gab es auf der Meso-Ebene zwei Fälle – die beiden SFB. Auf der Mikroebene gab es mehr als 300 Fälle, nämlich die einzelnen kooperativ bearbeiteten Forschungsprojekte. Für die beiden Ebenen und für die Synthese der Ergebnisse mussten jeweils unterschiedliche Auswertungsstrategien entwickelt werden.

Ein Beispiel für eine vergleichende Analyse von wenigen (zwei) Fällen ist die Behandlung der Variablen ‚Handlungen zu Schaffung von SFB'. Die an der Schaffung des SFB beteiligten Wissenschaftler waren in den Experteninterviews zu diesen Prozessen befragt worden. Für die Beantwortung der Forschungsfrage war es erforderlich, den Kausalmechanismus aufzuklären, der von einer bestimmten Ausgangssituation – den Entstehungsbedingungen eines SFB – zu den konkreten institutionellen, kognitiven und Kooperationsstrukturen führte.

Für beide SFB wurde die jeweilige Entstehungsgeschichte, das heißt der fallbezogene Kausalmechanismus, aus den in der Informationsbasis zusammengefassten Interviewaussagen rekonstruiert. Im Falle des SFB II, dessen Entstehung bereits viele Jahre zurücklag, erwies sich die Rekonstruktion als schwierig. Es gab viele Widersprüche zwischen Aussagen der Interviewpartner, deren Gedächtnis wegen der lange zurückliegenden Ereignisse schlichtweg überfordert war. Zur Entstehungsgeschichte existierten auch keine Dokumente, die zusätzlich zur Triangulation hätten herangezogen werden können. Viele der extrahierten Interviewaussagen wurden während der Zusammenfassung noch einmal geprüft, indem unter Anwendung des Quellenmakros in den Ursprungstext zurückgegangen wurde. Auch das führte nur teilweise zum Erfolg; bei eine Reihe von Detailaussagen konnten die Widersprüche nicht aufgelöst werden und wurden beibehalten. Der Kausalmechanismus konnte aber mit hinreichender Detailgenauigkeit aufgeklärt werden. Die beiden Entstehungsgeschichten der SFB wurden nun nebeneinander gelegt und hinsichtlich der Abläufe, der beteiligten Akteure, deren Interessenkonstellationen etc. verglichen (Abbildung 5-26). Die Dimensionen für den Vergleich schälten sich bei der Gegenüberstellung der Entstehungsgeschichten heraus. Auf diese Weise konnten die wesentlichen Mechanismen der Entstehung eines SFB ermittelt werden.

Für die Analyse der über 300 einzelnen Kooperationen wurde die zweite Strategie gewählt. Zunächst wurde die in den theoretischen Vorüberlegungen entwickelte Typisierung der Forschungskooperation einer empirischen Prüfung unterzogen. Aus der Literaturanalyse und den Ergebnissen der Vorstudie waren vier Typen von Forschungskooperation abgeleitet worden, die auch bei der Extraktion berücksichtigt wurden. In der Aufbereitung waren alle empirisch gefundenen Merkmale eines Typs (z.B. des Typs ‚Servicekooperation') aufgelistet worden (siehe Abb. 5-18 in Abschnitt 5.4.2). Die theoretisch angenommenen Merkmalsmuster traten tatsächlich auf, mussten aber im Ergebnis der empirischen Untersuchung präzisiert und ergänzt werden. Es traten auch Kooperationen auf, die keinem der theoretisch konstruierten Typen zugeordnet werden konnten. Der Vergleich dieser Kooperationen deckte ein gemeinsames Muster an Merkmalen auf. Dadurch konnte ein fünfter Kooperationstyp ‚wechselseitige Anregung' eingeführt werden (Abb. 5-27).

Abb. 5-26 Vergleichsdimensionen für die Analyse der Entstehung von SFB

Ausgangsbedingungen

(1) Interessenkonstellationen

(2) Kooperationsstruktur

(3) Externe Unterstützung

Handlungssystem in der Etablierungsphase

Entstehung und Handlungen der Kerngruppen

Erarbeitung des SFB-Konzeptes

Suche nach weiteren Forschungsgruppen

Das Beratungsgespräch

Ausarbeitung des Finanzierungsantrages

Interne und externe Kontrolle der Förderkriterien

Charakter des Gesamtprozesses der Etablierung

Ergebnisse der Etablierungsphasen:

(a) Interessenkonstellationen

(b) Zusammensetzung

(c) Inhaltliche Vernetzung

(d) Kooperationsstrukturen

Abb. 5-27 Kooperationstypen (der Kooperationstyp ‚wechselseitige Anregung' wurde im Ergebnis der Auswertung ergänzt)

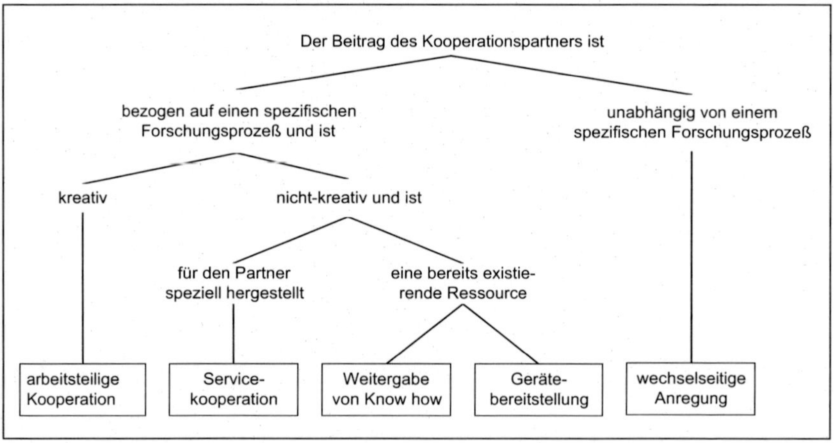

Dann wurden für sämtliche Kooperationen eines SFB in einer Tabelle der Name der beteiligten Teilprojekte, der Zeitraum, der Inhalt der Kooperation (Bereitstellung von Arbeitsmitteln, Geräten, Wissen oder Daten), der Kooperationstyp und die Richtung der Kooperation (durch Benennung von Empfänger und Sender) festgehalten (Abb. 5-28). Diese Tabelle bildete die Grundlage für die Netzwerkanalyse und die Visualisierung der Kooperationsnetze beider Sonderforschungsbereiche.

Abb. 5-28 Zusammenstellung aller internen Kooperationen des SFB II (Ausschnitt, die in Abb. 5-17 dargestellte Kooperation wurde kursiv hervorgehoben)

Zeitraum	Zeitraum	Akteur	Richtung	Koop.-partner	Inhalt	Charakter	Code[46]
seit 19..	t1 t2 t3	B7	<---	B5	Arbeitsmittel	Service	B7B5-1
seit 19..	t1 t2 t3	B7	<--->	C1	Wissen	Weitergabe von Know-how	B7C1-1
seit 19..	*t1 t2 t3*	*B7*	<---	*B3*	*Arbeitsmittel*	*arbeitsteilig*	*B7B3-1*
seit 19..	*t1 t2 t3*	*B7*	--->	*B3*	*Daten*	*arbeitsteilig*	*B7B3-1*
seit? – jetzt	t1 t2 t3	B7	<--->	A3	Gerät	Gerätebereitstellung	B7A3-1
während SFB – jetzt	t1 t2 t3	B7	<--->	B4	Wissen	Weitergabe von Know-how	B7B4-1
zw. 19.. u. 19..	t0 t1 t2 t3	B5	<--->	B3	Arbeitsmittel	Service	B5B3-1

Die Strategie ‚Suche nach gemeinsamen Merkmalen' wurde auch für die Analyse des Kausalmechanismus' der Forschungskooperation genutzt. Die Kooperationen wurden auf notwendige, hemmende und fördernde Bedingungen hin analysiert. Das geschah zunächst für jeden Kooperationstyp. Notwendige Bedingungen für Kooperation (ohne deren Vorhandensein eine Kooperation nicht zustande kommt) wurden dadurch identifiziert, dass nach Mustern gemeinsamer Merkmale von gescheiterten Kooperationen gesucht wurde (Abb. 5-29). Die Ursachen für die gescheiterten Kooperationen waren nämlich gar nicht so vielfältig, wie es nach der Extraktion den Anschein hatte. Sie ließen sich auf einige wenige Typen zurückführen, die jeweils das Fehlen spezifischer Bedingungen beschrieben.

46 Der Code enthält die Kürzel der beteiligten Forschungsgruppen und nach dem Querstrich die laufende Nummer der Kooperation (da in einigen Fällen dieselben Partner mehrere Kooperationen hatten).

Abb. 5-29 Systematisierung der Ursachen für gescheiterte Kooperationen im SFB II (Ausschnitt)

Zeit	Bezeichng. der Kooperation	Ursachen für Nichtrealisierung	Systematisierung der Ursachen
t2	B7A2-1	A2: fehlendes Personal (noch geplant)	Ressourcen
t1	B5B8-1	Ablehnung des Teilprojektes B8	Ressourcen/Ablehnung Teilprojekt
t1	B5D4-1	fehlendes Interesse bei D4, nur so in den Antrag geschrieben	Interessen
t2	B1A5-1	kognitive: Substanzen waren nicht gut genug für Anwendung der Methode	kognitive
t1	D1B8-2	B8: nicht genügend Material, D1: nicht so großes Interesse	kognitive/Interessen
t2	D1D3-2	kognitive: zu kompliziert + Zeitprobleme D3 (bzw. fehlende personelle Ressourcen)	kognitive/Ressourcen
t2	B4B5-1	kognitive: Kristallisation gelang nicht	kognitive
t2	B4A9-1	Weggang von Teilprojektleiter A9	Weggang

Von den typischen Ursachen gescheiterter Kooperationen konnte auf notwendige Bedingungen für erfolgreiche Kooperationen geschlossen werden. Das Auftreten dieser Bedingungen bei den erfolgreichen Kooperationen diente als indirekte Bestätigung. Die Analyse der einzelnen Kooperationen ergab ein System von Bedingungen, die Kooperationen entstehen lassen bzw. verhindern, fördern oder hemmen (Abb. 5-30).

Abb. 5-30 Notwendige, hemmende und fördernde Bedingungen für Forschungskooperation

<table>
<tr><th>Handlungsbedingungen für Kooperation</th><th>arbeitsteilige Kooperation</th><th>Servicekooperation</th><th>Gerätebereitstellung</th><th>Weitergabe von Know-how</th></tr>
<tr><td colspan="5">funktionelle Bedingungen</td></tr>
<tr><td>inhaltliche Verbindung über</td><td></td><td></td><td></td><td></td></tr>
<tr><td>Problem und Methode und Objekt</td><td>notwendig</td><td></td><td></td><td></td></tr>
<tr><td>Methode oder Objekt</td><td></td><td>notwendig</td><td></td><td></td></tr>
<tr><td>Methode</td><td></td><td></td><td>notwendig</td><td></td></tr>
<tr><td>Problem oder Methode oder Objekt</td><td></td><td></td><td></td><td>notwendig</td></tr>
<tr><td>Wissen als Kommunikationsbasis</td><td colspan="4">notwendig</td></tr>
<tr><td>räumliche Nähe</td><td colspan="2">fördernd</td><td>notwendig</td><td>fördernd</td></tr>
<tr><td>lange Dauer von Forschungsprozessen</td><td colspan="4">häufig hemmend</td></tr>
<tr><td colspan="5">ökonomische Bedingungen</td></tr>
<tr><td>Verfügung über Zeit</td><td colspan="4">notwendig</td></tr>
<tr><td>Verfügung über Personal</td><td colspan="3">notwendig</td><td></td></tr>
<tr><td>Konkurrenz</td><td colspan="4">hemmend</td></tr>
<tr><td>Flexibilität</td><td colspan="3">fördernd</td><td></td></tr>
<tr><td colspan="5">soziale Bedingungen</td></tr>
<tr><td>gemeinsames Forschungsziel</td><td>notwendig</td><td></td><td></td><td></td></tr>
<tr><td>gemeinsame Interessen</td><td></td><td colspan="3">notwendig</td></tr>
<tr><td>Interaktionsorientierungen</td><td></td><td></td><td></td><td></td></tr>
<tr><td>kompetitiv oder egoistisch</td><td>verhindernd</td><td colspan="3">hemmend</td></tr>
<tr><td>kooperativ</td><td colspan="4">fördernd</td></tr>
<tr><td>›gute‹ persönliche Beziehungen</td><td colspan="4">fördernd</td></tr>
<tr><td>kooperatives Organisationsklima</td><td colspan="4">fördernd</td></tr>
<tr><td colspan="5">institutionelle Bedingungen</td></tr>
<tr><td>Koop.norm der Scientific Community</td><td>fördernd</td><td colspan="2">notwendig</td><td>fördernd</td></tr>
<tr><td>Koop.normen der Forschungseinrichtung</td><td colspan="4">fördernd</td></tr>
<tr><td>geregelte Verteilung von Kooperationsgewinnen</td><td>fördernd</td><td></td><td></td><td></td></tr>
<tr><td>Institutionalisierte Kommunikation</td><td colspan="4">häufig notwendig</td></tr>
<tr><td colspan="5">kulturell-ethische Bedingungen</td></tr>
<tr><td>Vertrauen</td><td colspan="4">notwendig</td></tr>
<tr><td>unterschiedliche Forschungskulturen</td><td>hemmend</td><td></td><td></td><td></td></tr>
</table>

Eine Synthese der Ergebnisse auf der Mikro- und der Makroebene erfolgte dadurch, dass die durch den SFB geschaffenen Handlungsbedingungen (die wiederum mit einer anderen Auswertungsstrategie ermittelt worden waren) daraufhin analysiert wurden, wie sie die Bedingungen für Kooperation modifizieren.

5.5.3 Auswertungsschritte im Projekt ‚Sportlerbiographien'

Im Projekt ‚Sportlerbiographien' gaben die Forschungsfrage und die theoretischen Vorüberlegungen eine klare Hierarchie vor: Es gab eine Ebene, auf der vier Fälle – das heißt vier Sportarten – zu unterscheiden waren. Zu jeder Sportart gab es fünf Fälle – die jeweiligen Biographien. Entsprechend wurde die Analyse von ‚unten' nach ‚oben' durchgeführt (Abbildung 5-31).

Abb. 5-31 Vorgehensweise bei der Auswertung im Projekt ‚Sportlerbiographien'

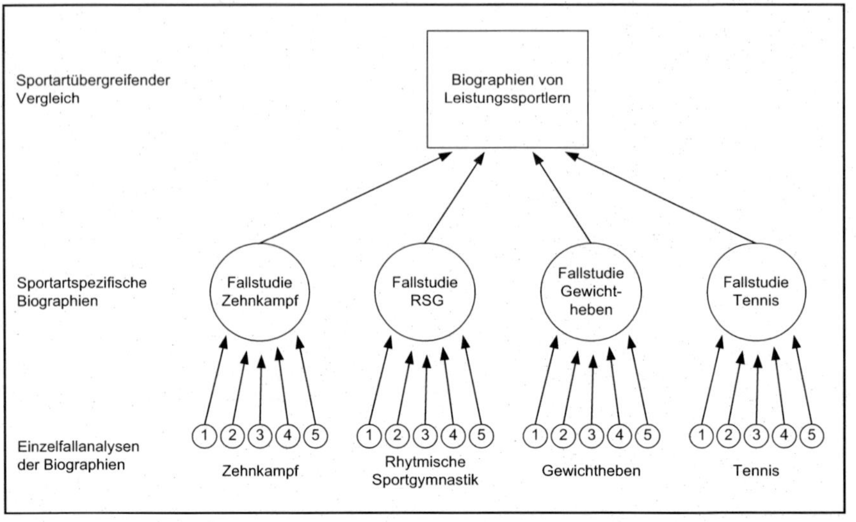

Die Analyse folgte zwar dem der ersten Strategie zugrunde liegenden Ablauf, integrierte aber auch Elemente der vergleichenden Analyse der Fälle auf Merkmalsausprägungen. Zunächst wurde jede einzelne Biographie analysiert. Um die Biographien vergleichen zu können, mussten sie in vergleichbarer Form beschrieben werden. Die Aufgabe bestand also zunächst darin, eine Art ‚Sportlerbiographiebeschreibungssprache' zu schaffen. Diese wurde anhand der theoretischen Vorüberlegungen, die vier typische Karrierephasen identifizierten, und der Einzelbiographien entwickelt. Die Analyse von Kausalzusammenhängen in der einzelnen Sportlerbiographie erfolgte anhand der Informationsbasis, die auf Zusammenhänge zwischen den unabhängigen und den abhängigen Faktoren durchsucht wurde. Dabei wurden zum einen die von den Interviewpartnern berichteten Kausalzusammenhänge zugrunde gelegt. Zum anderen wurden die zeitliche Folge und das Zusammentreffen von Ereignissen daraufhin analysiert, ob ein Ereignis die Ursache des anderen gewesen sein könnte (Abbildung 5-32).

Abb. 5-32 Kausalzusammenhänge einer Sportlerbiographie und ihre Veränderung (schematisch)

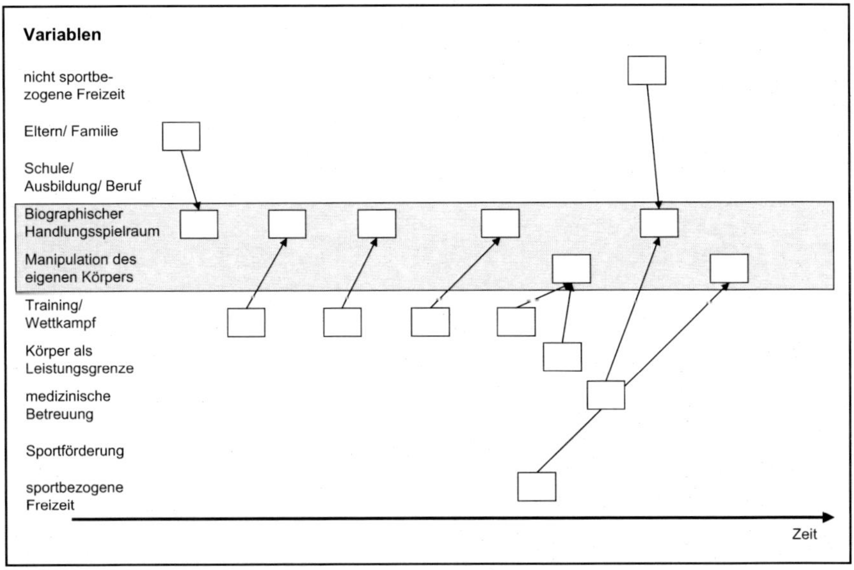

Die vergleichende Analyse der Biographien führte zur Identifizierung typischer Karriereverläufe in den vier Sportarten, die anhand der vier Karrierephasen beschrieben wurden. Diese wurden dann noch einmal einer vergleichenden Analyse auf Gemeinsamkeiten und „sportartspezifische Regimes biographischer Steuerung" hin unterzogen.

Eine vergleichende Analyse der Biographien auf gemeinsame Merkmalsausprägungen erbrachte zusätzlich Informationen über biographische Risiken, denen jeder Sportler in seiner Karriere ausgesetzt ist:

- Erfolglosigkeit während der Karriere (Sportliche Niederlagen, Körperabhängigkeit und Verletzungsanfälligkeit, Motivationsprobleme, Knappheit und Instabilität von Förderbedingungen ...) und
- Zukunftsunsicherheit nach der Sportkarriere (Identitätsgefährdung und kognitive Schließung, ‚social death', ökonomische Risiken, langfristige Körperschäden).

Außerdem wurde nach Typen von Biographien über alle Sportarten hinweg gesucht. So konnten typische Merkmale biographischer Schließungsprozesse gefunden werden, die in allen Biographien auftraten.

Weiterführende Literatur:

Die wichtigen Publikationen von Mayring zu seinem Verfahren der qualitativen Inhaltsanalyse haben wir bereits im Text genannt. Ein anderes als qualitative Inhaltanalyse bezeichnetes Auswertungsverfahren hat Schmidt (1997) vorgestellt. Die vielen Auswertungsmethoden gemeinsamen Probleme der Kausalanalyse, des Fallvergleichs usw. werden eher stiefmütterlich behandelt. Ein Buch, das wir empfehlen können, ist das von Miles und Huberman (1994). Dieses Buch enthält viele praktische Anregungen zur Auswertung qualitativer Daten, die auch für die Auswertung einer mit der qualitativen Inhaltsanalyse erstellten Informationsbasis nützlich sind. Über Typenbildung können Sie sich bei Kelle und Kluge (1999) informieren.

Fragen zu Kapitel 5

1. Eignet sich die qualitative Inhaltsanalyse für die Auswertung von Vorstudien?
2. Sie wollen Informationen aus der Antwort auf eine hypothetische Frage extrahieren. Wie gehen Sie vor?
3. Bei der Auswertung von fallbezogenen Daten spielen Vergleiche eine zentrale Rolle. Welche Vergleichsmöglichkeiten hat man bei der Einzelfallstudie?

6. Die Antwort

Je näher wir in diesem Buch der schriftlichen Antwort auf die Forschungsfrage kommen, desto schwieriger wird es zu lehren. Wir bewegen uns seit der letzten Etappe der qualitativen Inhaltsanalyse (der Auswertung) in der kreativsten, variantenreichsten und schwierigsten Phase der Untersuchung. Zu Beginn der Untersuchung gibt es eine ähnliche Phase – das Formulieren der Untersuchungsfrage und die theoretischen Vorüberlegungen. Nun schließt sich der Kreis, und wieder verweisen wir auf theoretisches Wissen und Berufserfahrung als notwendige Voraussetzungen für die Beantwortung der Forschungsfrage.

Wenn Sie Ihren Fall bzw. Ihre Fälle rekonstruiert und Kausalmechanismen gefunden haben, müssen Sie eine Antwort auf die Forschungsfrage formulieren. Dazu müssen Sie ihre Ergebnisse in den theoretischen Kontext einordnen, in dem Sie die Forschungsfrage formuliert haben. Das schließt eine Generalisierung und Aussagen zum Geltungsbereich der Ergebnisse ein (6.1) Außerdem müssen Sie die Antwort aufschreiben – in einer wissenschaftlichen Abschlussarbeit, einem Forschungsbericht oder einer Publikation. Wir behandeln Struktur und Inhalt dieser Berichte und Publikationen im Abschnitt 6.2, abschließend gehen wir auf übergreifende Probleme der Gestaltung ein (6.3).

6.1 Interpretation der Ergebnisse

Die Rekonstruktion des Falles und das Aufklären von Kausalmechanismen lassen sich zwar analytisch von der anschließenden Interpretation und Einordnung in die Theorie unterscheiden, in der Forschungspraxis verschmelzen diese beiden Phasen aber meist miteinander. Man kann ja sein theoretisches Wissen und seine Forschungsfrage nicht abschalten, während man sich mit den empirischen Daten beschäftigt. Außerdem handelt es sich bei der qualitativen Inhaltsanalyse um ein theoriegeleitetes Auswertungsverfahren, d.h. die theoretischen Vorüberlegungen sind im Auswertungsprozess ohnehin die ganze

Zeit präsent. Wir haben die beiden Schritte hier voneinander getrennt, um besser auf die spezifischen Schwierigkeiten eingehen zu können, die die theoretische Analyse in der letzten Phase der Untersuchung mit sich bringt.

Die Auswertung hat empirische Ergebnisse über Kausalmechanismen der Klasse von Fällen, die die durch uns rekonstruierten Fälle angehören, erbracht. Bei rekonstruierenden Untersuchungen, die mit vergleichenden Analysen mehrerer Fälle arbeiten, enthält die Auswertung bereits eine erste Verallgemeinerung, da die Klasse von Fällen, auf die sich die Aussagen zu Kausalmechanismen beziehen, neben den untersuchten Fällen weitere Fälle enthält, für die der gefundene Kausalmechanismus ebenfalls gelten soll.

Im Projekt ‚Sportlerbiographien' wurden auf diese Weise aus den Biographien der Athleten sportartspezifische Biographien rekonstruiert. Durch die Analyse von deren Gemeinsamkeiten und Unterschieden konnten Mechanismen der biographischen Schließung identifiziert werden.

Im SFB-Projekt sind die Mechanismen der Entstehung, des erfolgreichen Verlaufs und des Scheiterns von Forschungskooperationen, des Entstehens von SFB und der Einflussnahme des SFB auf die Handlungsbedingungen der Wissenschaftler aufgeklärt worden.

Dieses Vorgehen entspricht der mechanismenorientierten Erklärungsstrategie, wie wir sie in 2.2.1 charakterisiert haben: Bei dieser Strategie beginnen wir mit der Suche nach Kausalmechanismen und bestimmen anschließend deren Geltungsbereich.[47]

Um die Forschungsfrage beantworten zu können, müssen wir nun die empirischen Ergebnisse mit dem theoretischen Kontext konfrontieren, in dem die Frage formuliert wurde. Dafür haben wir mit der qualitativen Inhaltsanalyse gute Voraussetzungen geschaffen: Die Frage und die empirische Grundlage der Antwort haben einen gemeinsamen Hintergrund, weil die Auswertung theoriegeleitet durchgeführt wurde. Die Struktur der Frage wird aber nicht völlig mit der Struktur der empirischen Daten übereinstimmen. Die Offenheit von Erhebungs- und Auswertungsprozess haben es ermöglicht, die empirischen Phänomene nicht einfach unter theoretische Annahmen zu subsumieren, sondern die Struktur der untersuchten Fälle auch dort mit auf-

---

47 Im Unterschied dazu würde die relationsorientierte Erklärungsstrategie den Geltungsbereich statistisch signifikanter Zusammenhänge zwischen Merkmalen bestimmen (d.h. von der Stichprobe auf die Grundgesamtheit schließen). Diese Zusammenhänge können meist im Kontext der theoretischen Vorüberlegungen als Kausalzusammenhänge interpretiert werden (z.B. wenn eine Hypothese über den Zusammenhang zwischen dem Erziehungsstil der Eltern und dem Berufserfolg der Kinder getestet wurde). Werden neue statistisch signifikante Zusammenhänge entdeckt, dann muss diese Verbindung nachträglich hergestellt werden.

zunehmen, wo sie theoretischen Vorannahmen widersprach oder über diese hinausging. Die daraus entstandenen Widersprüche müssen nun bearbeitet werden. Dafür gelten genauso strenge Maßstäbe wie bei der in 5.5. beschriebenen empirischen Generalisierung. Auch die Strategien für die Bearbeitung solcher Widersprüche ähneln sich. Am Anfang steht ein Vergleich der Variablen bzw. Einflussfaktoren, die in den empirisch gefundenen Kausalmechanismen auftauchen, mit den in der Literatur beschriebenen. Das setzt natürlich voraus, dass man die in der Literatur behandelten Einflussfaktoren auch in die eigene empirische Erhebung einbezogen hat. Ist das nicht geschehen, kann man über die Rolle dieser Einflussfaktoren in den eigenen Kausalmodellen nichts aussagen, d.h. den Zusammenhang zwischen den erhobenen Kausalmechanismen und den theoretisch beschriebenen nicht klären. Dadurch können die empirischen Ergebnisse radikal entwertet werden. Ein solcher Fall ist allerdings unwahrscheinlich, wenn man die Untersuchung sorgfältig theoretisch vorbereitet hat.

Der wahrscheinlichere Fall wird sein, dass die empirische Erhebung zu einem differenzierteren Kausalmodell geführt hat, als es die Theorie anbietet. In diesem Fall kann man die Theorie weiterentwickeln: man kann sie spezifizieren, indem man Fallunterscheidungen einführt und die Varianz von Kausalmechanismen erklärt (z.B. durch funktionale Äquivalente für in der Theorie behandelte Ursachen), man kann sie teilweise oder vollständig widerlegen, wenn man zeigt, dass sie mit falschen Annahmen über die wirkenden Einflüsse operiert, oder man kann ihren Geltungsbereich erweitern oder einschränken. Letzteres führt bereits auf das Problem der theoretischen Generalisierung, d.h. der Festlegung des Geltungsbereichs, den man für seine Ergebnisse beansprucht. Hier liegt der entscheidende Unterschied zwischen empirischer und theoretischer Generalisierung: Bei der empirischen Generalisierung haben Sie aufgrund empirischer Merkmale eine Klasse von Fällen beschrieben, in der der aus den Fallrekonstruktionen abgeleitete Kausalmechanismus gelten soll. Mit der theoretischen Generalisierung beziehen Sie sich auf den Geltungsbereich, den die Theorie beansprucht, und interpretieren die Beziehung Ihrer Daten zu dieser Theorie. So haben Sie z.B. in der empirischen Untersuchung die Bedingungen bestimmt, unter denen die Kausalmechanismen wirken. Eine theoretische Verallgemeinerung besteht nun darin, dass man diese Bedingungen in der Sprache der Theorie beschreibt und feststellt, dass die eigenen Ergebnisse überall dort gelten, wo diese Bedingungen erfüllt sind.

Für die Befunde zur Forschungskooperation im SFB-Projekt wurde der Geltungsbereich mit folgender Argumentation bestimmt:
„Die vorliegende Arbeit kann zu einer Theorie der Forschungskooperation beitragen, weil sie allgemeine Aussagen zu Typen kooperativen Forschungshandelns sowie über hemmende und fördernde Bedingungen für Forschungskooperation erlaubt. Die unter-

suchten Sonderforschungsbereiche arbeiten auf einem Gebiet, das sich durch folgende Merkmale charakterisieren läßt:

- naturwissenschaftliche Forschung, die in kleinen Gruppen durchgeführt wird,
- ein komplexes Untersuchungsobjekt, das das Gebiet definiert,
- Dominanz interdisziplinärer Forschungsprozesse, das heißt Problem und Methode der Untersuchung stammen meist aus unterschiedlichen Wissenschaftsgebieten,
- neben speziellen existieren zahlreiche universelle Methoden,
- die Forschungsprozesse haben eine relativ kurze ›Eigenzeit‹.

Die theoretischen Vorüberlegungen haben gezeigt, daß die interdisziplinäre – genauer: die fächerübergreifende – Kooperation der allgemeinere Fall von Forschungskooperation ist, während sich die rein disziplinäre Kooperation, bei der alle Beiträge aus einem Wissenschaftsgebiet kommen, als Spezialfall interpretieren läßt, bei dem sich bestimmte Handlungsbedingungen vereinfachen. Als Geltungsbereich für die folgenden Aussagen zur Forschungskooperation kann deshalb die experimentelle Naturforschung in Forschungsgruppen angenommen werden. Ob die Theorie auch für Großforschung wie z.B. Experimente in der Hochenergiephysik gilt, ist wegen fehlender empirischer Untersuchungen dazu nicht feststellbar.“ (Laudel 1999: 225)

Im Projekt ‚Sportlerbiographien‘ erfolgte eine Verallgemeinerung im Kontext der Biographietheorie, indem durch eine Analyse von Gemeinsamkeiten und Unterschieden der vier sportartspezifischen Karrieretypen ein Kausalmechanismus ‚Biographische Dynamik bei jugendlichen Hochleistungssportlern‘ der ‚Normalbiographie‘ Jugendlicher gegenübergestellt wurde. Damit wurde als Geltungsbereich einerseits die Biographie von jugendlichen Hochleistungssportlern in Einzelsportarten definiert (mit sportartspezifischen Variationen der Kausalmechanismen). Andererseits drangen die Autoren mit ihrer Generalisierung in die allgemeine Biographietheorie vor, indem sie die Biographie jugendlicher Hochleistungssportler dort als besonderen Typ etablierten.

Grenzen für solche Verallgemeinerungen liegen insbesondere im Entwicklungsstand der Theorie, die es unter Umständen gar nicht ermöglicht, den Geltungsbereich von Ergebnissen abstrakt zu beschreiben.

Es kann aber auch geschehen, dass es gar keine Theorie des untersuchten Gegenstandsbereiches gibt, in die Sie Ihre Befunde einordnen können. Diese Situation, die leider nicht selten auftritt, stellte uns erstmals bei den theoretischen Vorüberlegungen und bei der Konstruktion von Untersuchungsvariablen vor Probleme (3.2.2). In dieser Phase der Untersuchung konnten wir uns damit behelfen, dass wir allgemeine handlungstheoretische Überlegungen spezifiziert haben, um ein Raster aus Einflussfaktoren zu konstruieren, das die empirische Erhebung und die Auswertung anleitet. Bei der Interpretation der Ergebnisse hilft dieser ‚Trick‘ wenig, weil der Rückbezug der Ergebnisse auf die allgemeine Handlungstheorie eine exzessive Abstraktion erfordert, die die Ergebnisse ihres interessanten empirischen Gehalts beraubt. Wir gelangen dann zu Feststellungen der Art, dass Handlungen durch die Wahrnehmung der Handlungsbedingungen beeinflusst werden – also genau zu den Aussagen, die wir ursprünglich dem Suchraster zugrunde gelegt haben.

Wenn eine Auseinandersetzung mit theoretischen Kontexten daran scheitert, dass bislang keine Theorien existieren, dann nimmt der theoriekonstruierende Charakter der Interpretation zu. Die Interpretation der Ergebnisse wird dann die in der Auswertung vorgenommene Generalisierung der Kausalmechanismen in eine gegenstandsnahe Theoriebildung verwandeln, d.h. den Gegenstandsbereich anhand der empirisch untersuchten Fälle abgrenzen und eine Theorie dieses Gegenstandsbereiches konstruieren.

> Das Projekt ‚Sportlerbiographien' hat einen starken theoriekonstruierenden Aspekt, da die Sportsoziologie bislang keine Theorie der Leistungssportlerbiographie enthielt.

> Im SFB-Projekt hatte die Theorie der Forschungskooperation einen theoriekonstruierenden Aspekt, da bislang keine Synthese der Einzelbeobachtungen zu einer Theorie vorlag. Gleiches gilt für die Beiträge zur Theorie institutioneller Einflüsse auf Forschungskooperation, die in der Wissenschaftssoziologie bislang kaum entwickelt ist.

Die Einordnung von Einzelfallanalysen in theoretische Kontexte bedient sich einer grundsätzlich anderen Technik. Das Auffinden und die Verallgemeinerung von Kausalmechanismen bedürfen variierender Bedingungen. Das kann man sich ganz leicht klarmachen, wenn man versucht, einen Faktor als Ursache in ein Kausalmodell einzuführen. Das gelingt nicht ohne Bezug auf andere Fälle, in denen dieser Faktor auch oder nicht oder anders gewirkt hat. Kausalzusammenhänge sind ja Aussagen über notwendige Bedingungen, und eine Charakterisierung als notwendig setzt die Kenntnis der Situation ohne diese Bedingung voraus. Das Nichtbeachten der Vorfahrt als Ursache eines Zusammenstoßes zu interpretieren, ohne die Verkehrsregeln (und damit die ganze Klasse von Fällen) oder andere Einzelfälle mit Beachten der Vorfahrt heranzuziehen, ist unmöglich – versuchen Sie es ruhig einmal! Bei Einzelfallstudien steht man nun vor dem Problem, dass eine solche Varianz empirisch nicht existiert – man hat ja nur den einen Fall. Das entscheidende Hilfsmittel für die Kausalanalyse ist hier das Gedankenexperiment. Mittels des Gedankenexperimentes variiert man systematisch die Bedingungen des Falles und fragt jeweils, was unter diesen Bedingungen geschehen wäre. Für die Antwort auf diese Frage gibt es drei zusätzliche Hilfsmittel: die empirischen Daten über den Fall, die Rekonstruktionen anderer Fälle in der Literatur und die Theorie, in der möglicherweise Teilprozesse, funktionale Äquivalente von Bedingungen oder andere übertragbare Elemente beschrieben sind. Mit deren Hilfe gelingt es, die Rolle einzelner Faktoren im Kausalmechanismus des Falles und darüber hinaus zu bestimmen. Diese beiden Aspekte sind bei der Einzelfallanalyse stets miteinander verbunden. Deshalb ist es hier noch schwerer, zwischen dem Auswertungsschritt (der zu dem Kausalmodell des Falles führen soll) und der Einordnung in die Theorie zu unterscheiden.

Ein weiterer Schritt, mit dem man Einzelfallanalysen in die Theorie einordnen kann, ist eine weitere Abstraktion. Letztlich kann jeder Einzelfall als Element einer Klasse angesehen werden. Die große Kunst besteht hier darin, die Klasse so zu bestimmen, dass der Fall tatsächlich interessante theoretische Ergebnisse erbringt. Die in 3.1.3 zitierte Frage nach den Reformprozessen im Gesundheitswesen wurde z.B. in die theoretischen Überlegungen zur „Steuerung und Selbstregelung staatsnaher Sektoren" eingeordnet (Mayntz/Scharpf 1995b).

In dieser Art und Weise können Sie mit allen für Ihre Forschungsfrage relevanten Theorieansätzen verfahren. Wir hatten ja bereits in Kapitel 3 darauf hingewiesen, dass mehrere Theorien auf unterschiedlichen Abstraktionsebenen für eine Forschungsfrage relevant sein können. Wann immer die Bedingungen, unter denen ihre empirischen Ergebnisse gelten, mit den durch diese Theorien vorgegebenen Bedingungen übereinstimmen, können Sie Ihre Ergebnisse dort einordnen. Das setzt manchmal zusätzliche Abstraktionsprozesse voraus, z.B. das (eher hypothetische) Formulieren einfacher Mechanismen mit einem sehr großen Geltungsbereich.

Im SFB-Projekt gab es solche Beiträge zu allgemeinen Theorien durch eine Spezifizierung der Bedingungen, unter denen Vertrauen die Kooperation beeinflusst: „Die für Kooperation notwendige Bedingung ‚Vertrauen' ... (hat) mittlerweile ebenfalls den Status einer ‚common sense'-Erwartung .... In diesem Punkt stellt die Untersuchung ‚common sense'-Erwartungen in Frage: Nicht daß Vertrauen in der Forschungskooperation eine Rolle spielt, sondern daß es eine so untergeordnete Rolle spielt, ist der interessante erklärungsbedürftige Befund. Er kann auf der Grundlage der Differenzierung zwischen ‚Vertrauen in das korrekte Verhalten des Kooperationspartners' und ‚Vertrauen in die fachlichen Fähigkeiten des Kooperationspartners' erklärt werden. Es wurde gezeigt, daß die Naturwissenschaften zu jenen Tätigkeitsbereichen gehören, in denen ein ‚climate of trust' herrscht. Kooperationsnormen, Vergütungsregeln und Reputationsmechanismen der Scientific Communities bewirken, daß sowohl ein Grundvertrauen in die fachlichen Fähigkeiten des Kooperationspartners als auch in sein korrektes soziales Verhalten existiert. Bei der Wahl neuer Kooperationspartner werden persönliche Kontakte hergestellt, um das Vertrauen in die fachlichen Fähigkeiten des Partners zu erhöhen." (Laudel 1999: 234-236)

Im Projekt ‚Sportlerbiographien' wurden außer der genannten biographietheoretischen Verallgemeinerung zwei Beziehungen zu allgemeineren Theorien hergestellt.
Erstens wurde der Spitzensport als ‚greedy institution' identifiziert: „Der Spitzensport stellt sich angesichts dieser mit ihm verbundenen biographischen Fixierungen als eine *„greedy institution"* dar (vgl. Coser 1974), also als ein Sozialzusammenhang, der die ihn tragenden Individuen sozusagen mit Haut und Haaren einverleibt. Man kann auch von einer „Totalisierung" der Sportlerrolle sprechen (Heinilä 1982). Charakteristisch für „greedy institutions" ist es, daß sie sich nicht mit einem gebremsten Engagement ihrer Protagonisten zufriedengeben können, sondern ihnen jederzeit alles abverlangen. Für den normalen Arbeitnehmer ist irgendwann Feierabend; ein Schüler muß nach Schulschluß zwar noch seine Hausarbeiten erledigen, doch dann darf er sich ebenfalls

ganz anderen Dingen widmen. Selbst aus der Familie oder Partnerschaft kann man sich zeitweise absentieren, etwa in die Kneipe oder auf die Zuschauerränge eines Sportstadions. Solche „Auszeiten“ sind wichtig, um sachlich Distanz halten zu können. Man setzt sich dann bewußt ganz andersartigen Sozialwelten aus, um andere Maßstäbe und Gesichtspunkte zu erfahren. Und man balanciert soziale Kontaktpartner gegeneinander aus, um nicht zu abhängig von einer Art von Gegenübern zu werden. Selbst die innigstgeliebte Lebenspartnerin wird in dem, was sie verkörpert, relativiert. Nicht so für Akteure, die in die Fänge einer „greedy institution“ geraten sind! Sie werden zeitlich, sachlich und sozial vereinnahmt, ihnen wird ein tendenziell totales commitment für den betreffenden Sozialzusammenhang abverlangt. Alles andere wird nicht nur nicht zugelassen, sondern überdies abgewertet.“ (Bette et al. 1999: 358)

Zweitens wurde ein Zusammenhang zur Differenzierungstheorie hergestellt, indem derselbe Sachverhalt als ‚Hyperinklusion‘ beschrieben wurde:

„Differenzierungstheoretisch kann man denselben Sachverhalt als *„Hyperinklusion“* fassen (vgl. Göbel und Schmidt 1998: 111-113). Inklusion bezeichnet den Modus, durch den ein Handelnder als Rollenträger in ein gesellschaftliches Teilsystem einbezogen wird und dabei bestimmte Teilhaberechte und Teilnahmepflichten hat – z.B. als Schüler oder Lehrer ins Erziehungssystem. „Hyperinklusion“ bedeutet dann, daß eine Rolle dem einzelnen so starke Verpflichtungen gegenüber dem betreffenden Teilsystem und dessen Handlungslogik auferlegt, daß er alle anderen Inklusionsbezüge entsprechend vernachlässigen muß. Zwischen den verschiedenen Rollen besteht also ein Nullsummenverhältnis. Was der einen an Aufmerksamkeit gewidmet wird, entgeht allen anderen – in zeitlicher, sachlicher und sozialer Hinsicht. In diesem Sinne muß der jugendliche Leistungssportler, sobald er diese Rolle ein- und ernstnimmt, andere Rollenzusammenhänge in Schule, Freizeit, Familie, später in Intimbeziehungen und Beruf, immer stärker opfern. „Hyperinklusion“ erstreckt sich dabei auf normative, evaluative und kognitive Handlungsorientierungen gleichermaßen. Die Rolle des Spitzensportlers formuliert Sollenserwartungen, die denen aller anderen Rollen übergeordnet sind; der Siegescode des Sports stellt die alles überhöhende und rahmende Ausrichtung des Wollens dar; und entsprechend selektiv ist die Wahrnehmung dessen, was als Handlungsmöglichkeiten im Aufmerksamkeitshorizont auftaucht.“ (Bette et al. 1999: 358-359)

6.2 Struktur und Inhalt von Publikationen

Berichte über sozialwissenschaftliche Arbeiten werden für ganz unterschiedliche Publika und mit ganz unterschiedlichen Zielen geschrieben: für Fachkollegen mit dem Ziel, die Wissenschaftsentwicklung voranzutreiben oder Reputation zu erwerben, für Auftraggeber, um deren Frage zu beantworten und nachzuweisen, dass man die geforderte Leistung erbracht hat, oder für die breite (Laien-)Öffentlichkeit, um interessante Ergebnisse mitzuteilen oder Geld zu verdienen. Entsprechend unterschiedlich sind die Anforderungen an die Darstellung: Nicht jedes Publikum interessiert sich für (oder versteht) alle Aspekte der Untersuchung gleichermaßen. Auftraggeber werden sich weniger für Widersprüche in Theorien interessieren, die aufgedeckt wurden, für ein Laienpublikum werden Einzelheiten der Methoden weniger interessant sein, und die Fachkollegen interessieren sich vielleicht weniger für Anwendungsprobleme. Wir beschränken uns bei unserer Darstellung auf Arbeiten, die die wissenschaftlichen Ergebnisse einem Fachpublikum präsentieren. Um zu erklären, wie man solche Arbeiten schreibt, wollten wir ursprünglich nur die in der Literatur vorhandenen Hinweise zum Schreiben soziologischer Arbeiten zusammenstellen – wir haben aber nicht allzu viele gefunden. Wo das Schreiben überhaupt Gegenstand von Empfehlungen ist, beschränken sich diese auf die Forderung nach Klarheit, auf Formalia und auf die Forderung, Begriffe zu definieren (z.B. Buß/Fink/Schöps 1994: 114-159). Damit ist aber weder die Frage beantwortet, was ein Bericht über eine empirische Untersuchung enthalten muss, noch weiß man, wie man sie strukturieren soll. Wir konzentrieren uns im folgenden auf diese Probleme und verweisen für die Formalia auf die genannten Arbeiten.

Die Anforderungen an die Präsentation von Untersuchungsergebnissen lassen sich aus dem kollektiven Charakter des Wissenschaftsbetriebes ableiten, wie wir ihn in 2.1.1 beschrieben haben. Die Ergebnisse der Untersuchung müssen in den gemeinsamen Wissenskorpus eingeordnet werden. Damit das geschehen kann, muss man erstens die Wissenslücke beschreiben, die geschlossen werden soll, d.h. die Forschungsfrage aus dem Stand der Forschung ableiten. Zweitens muss man nachvollziehbar beschreiben, auf welche Weise man zu der Antwort auf die Frage gelangt ist. Drittens müssen die Ergebnisse präsentiert und in das den Fachkollegen bekannte Wissen eingeordnet werden. Viertens schließlich sollten die Konsequenzen dieser Einordnung deutlich gemacht werden – Widersprüche, offene Fragen usw. Die Strategien für die Durchführung von Untersuchungen, die wir abgeleitet haben, gelten damit in gewisser Weise auch für den Bericht über die Untersuchung. Damit ist die Grundstruktur unseres Berichts klar:

Forschungsfrage → Vorgehensweise → Ergebnisse → Interpretation

Die Gliederung muss dieser Struktur nicht entsprechen, sondern kann z.B. die Ergebnisse und die Interpretation zusammenfassen oder die Darstellung der Vorgehensweise in den Anhang verbannen. Das kann den Bericht leichter lesbar und ‚spannender' machen. Es schränkt aber die Nachvollziehbarkeit ein. Deshalb haben viele Berichte über empirische Untersuchungen eine Gliederung, die dieser Struktur oder zumindest der Reihenfolge entspricht. Wir behandeln im folgenden spezifische Probleme der einzelnen Teile.

1. Forschungsfrage

Zu Beginn der Arbeit geben Sie mit der Forschungsfrage bekannt, wer Ihrer Meinung nach Ihren Aufsatz warum lesen sollte, d.h. für wen die Wissenslücke, die Sie zu schließen behaupten, relevant ist. Obwohl die Forschungsfrage feststeht, haben Sie hier einen gewissen Entscheidungsspielraum. Die Forschungsfrage bewegt sich ja meist in mehreren unterschiedlichen Kontexten. Mit einer unterschiedlichen Betonung dieser Theoriebezüge können Sie auch den Kreis der durch den Bericht angesprochenen Adressaten in gewissen Grenzen variieren.

Mit der Einleitung und hier insbesondere mit den ersten Sätzen treten Sie außerdem in die Konkurrenz um Aufmerksamkeit ein: Sie müssen kurz und überzeugend vermitteln, warum die Leser sich Ihrem Bericht widmen sollen (und nicht dem eines anderen). Das erreichen Sie, wenn Sie die theoretische (und, wann immer möglich) die praktische Bedeutung Ihrer Forschungsfrage verdeutlichen. Außerdem müssen Sie dem Leser nachweisen, dass diese Frage in der Tat noch nicht beantwortet ist. Das ist nicht immer einfach, da die Sozialwissenschaften von Arbeiten bevölkert sind, die mit weitreichenden Erklärungsansprüchen auftreten, ohne sie einzulösen. Deshalb werden Sie beim Formulieren der Frage einen Teil Ihrer Aufmerksamkeit auf den Nachweis richten müssen, dass andere Arbeiten entgegen ihrem Anspruch die Frage nicht beantworten.

Die Frage sollte nicht nur als Fragesatz präsentiert werden, sondern in der strukturierten Form, wie sie in den theoretischen Vorüberlegungen entwickelt wurde. Sie müssen also den Stand der Forschung darstellen. Damit präsentieren Sie einerseits alle Anknüpfungspunkte an das existierende Wissen und erleichtern es dem Leser, sich mit der Frage vertraut zu machen. Andererseits beschreiben Sie damit genau, wonach Sie gesucht haben, und legen Ihre Vorannahmen über den Gegenstand offen – ein wichtiger Aspekt der Reproduzierbarkeit von Untersuchungen, wie Meinefeld (1997) gezeigt hat.

Wissenschaftssoziologische Analysen des Publikationsprozesses haben gezeigt, dass die Einleitungen wissenschaftlicher Arbeiten nicht der ursprünglichen Forschungsfrage entsprechen, sondern aus der Perspektive der abgeschlossenen Untersuchung und ihrer Ergebnisse geschrieben werden. Das ist so unvermeidlich, wie der daraus abgeleitete Vorwurf einer Täuschung absurd wäre: Es ist ja gar nicht möglich, nach Abschluss einer Untersuchung einen Text so zu schreiben, als kenne man sie nicht. Wir können immer nur auf unserem aktuellen Wissensstand publizieren, nicht aber auf einem künstlich erzeugten schlechteren Wissensstand. Insofern ist es strenggenommen gar nicht mehr möglich, nach einer Untersuchung die Vorannahmen aufzuschreiben. Da man aber ohnehin nicht jeden einzelnen in einer Untersuchung gegangenen Schritt und die im Verlauf der Untersuchung vorgenommene Korrektur beschreiben kann, kommt es darauf an, die wesentlichen Schritte zu beschreiben und keine verfälschende Darstellung vom Gang der Untersuchung zu geben. Wenn Sie also ursprünglich ein völlig anderes hypothetisches Modell hatten und dieses Modell einen Teil der empirischen Erhebung bestimmt hat, dann wird Ihr Bericht wahrscheinlich unverständlich, wenn Sie nicht auf die Ausgangssituation und auf die Korrektur eingehen. Außerdem ist die Notwendigkeit der Korrektur wahrscheinlich wissenschaftlich interessant. Wenn Sie aber lediglich Präzisierungen aufgrund besseren Wissens vorgenommen haben, die den Gang der Untersuchung (insbesondere die Datenerhebung) nicht verändert hätten, wenn Sie von Anfang an so vorgegangen wären, dann sollten Sie den Lesern die verwirrenden Details ersparen.

2. Vorgehensweise
Die Darstellung der Vorgehensweise bei der Datenerhebung und -auswertung ist das Mauerblümchen in den Publikationen mechanismenorientierter Untersuchungen. Sie wird gänzlich ausgelassen, in Fußnoten oder Anhänge verbannt oder in wenigen allgemeinen Sätzen verschleiert. Das ist beklagenswert. Wenn wir davon ausgehen, dass Forschung ein kollektiver Produktionsprozess ist, der Einzelne bzw. die Forschungsgruppe also nur Zwischenprodukte für andere herstellt, dann ist außerordentlich wichtig, dass die anderen sich auf diese Zwischenprodukte verlassen können. Der Leser als potentieller Verwender der Zwischenprodukte muss ihre Verlässlichkeit und Verwendbarkeit beurteilen können, um sie für die eigene Produktion nutzen zu können. Meinefeld hat Mitte der 80er Jahre Jahren festgestellt, dass sozialwissenschaftliche Publikationen das in der Regel nicht gewährleisten, und dass sich die wissenschaftliche Gemeinschaft (einschließlich der Herausgeber und Gutachter wissenschaftlicher Zeitschriften) anscheinend damit abgefunden hat (Meinefeld 1985). Daran hat sich bis heute nicht viel geändert.

Diese kollektive Indifferenz der Fachgemeinschaft gegen eine nachvollziehbare Darstellung der Methoden, mit denen man seine Ergebnisse erzielt hat, hat zum Teil damit zu tun, dass die Beschreibung von Methoden als uninteressant gilt. Bei qualitativen Methoden kommt hinzu, dass kein Konsens darüber besteht, was eine nachvollziehbare Beschreibung wäre. Diese Situation wird durch Lehrbücher und Überblickswerke stabilisiert, die so allgemeine Beschreibungen geben, dass der Verweis auf sie eigentlich nichts aussagt. Auch sind viele Methoden derart flexibel handhabbar, dass z.B. der Hinweis, man hätte die Strategie der ‚grounded theory' gewählt, noch nicht sehr viel darüber aussagt, wie die empirische Untersuchung tatsächlich abgelaufen ist.

Die Folge ist, dass entweder alles, was publiziert wurde, als wahr akzeptiert wird, oder dass ‚Hilfskriterien' wie Plausibilität herangezogen werden, um die Ergebnisse von Fachkollegen zu beurteilen. Wir denken, dass die Unkultur der Sozialwissenschaften im Bereich Methodologie und Methoden eine der Ursachen dafür ist, dass es mit der Theorieentwicklung nicht recht vorangeht, und plädieren nachdrücklich für einen Wandel. Um diesen Wandel zu unterstützen, geben wir hier Hinweise für die Darstellung der von uns behandelten Untersuchungsstrategie und der behandelten Methoden (Experteninterviews und qualitative Inhaltsanalyse).

Wenn Sie eine rekonstruierende Untersuchung beschreiben wollen, dann sollten Sie damit beginnen, dass Sie diesen Untersuchungstyp benennen und deutlich machen, welchen Prozess Sie rekonstruieren wollen, um Ihre Forschungsfrage zu beantworten. Sollte sich die Entscheidung für eine mechanismenorientierte Erklärungsstrategie nicht bereits daraus ergeben, dann sollten Sie sie anschließend explizit nennen und begründen. Sie wissen nun, dass Sie nicht die passive Variante wählen müssen („leider sind quantitative Methoden nicht einsetzbar, weil ...“), sondern offensiv vorgehen können: Sie wollen zu einer Theorie beitragen und suchen nach einem Kausalmechanismus. Dafür brauchen Sie das mechanismenorientierte Vorgehen.

Zur Begründung der Untersuchungsstrategie gehört, dass Sie erklären und begründen, was in Ihrer Untersuchung ein Fall ist. Die Zahl und Art der ausgewählten Fälle muss ebenfalls begründet werden. Wenn Sie eine Einzelfallstudie durchführen, müssen Sie plausibel machen, wie Sie damit zur Theorie beitragen wollen. All das haben Sie aber mittlerweile gelernt.

Die Methodenauswahl bedarf ebenfalls einer Begründung, insbesondere die Auswahl bzw. Kombination der verschiedenen Methoden (Interviews, Beobachtung, Sammeln von Dokumenten) mit denen man Fälle rekonstruieren kann. Als Bindeglied zwischen den theoretischen Vorüberlegungen und der empirischen Erhebung sollten die Leitfragen der Untersuchung in den Anhang aufgenommen werden.

Um die Methode der Experteninterviews nachvollziehbar zu beschreiben, müssen Sie die für Interviews ausgewählten Personen anhand ihrer Stellung in dem zu rekonstruierenden Prozess als Experten charakterisieren. Dazu gehört eine Übersicht über die Zahl und Art der Interviewpartner (falls sich die Interviewpartner in ihrer Stellung im zu rekonstruierenden Prozess unterscheiden). Der Interviewleitfaden gehört in einen Anhang – wenn das nicht möglich ist, dann müssen im Text wenigstens die im Interview behandelten Themen und ihre Reihenfolge genannt werden. Wenn Sie die Interviewleitfäden für bestimmte Experten spezifiziert haben, dann sollten Sie deutlich machen, dass und auf welche Weise (mit welchen Informationen) dies geschehen ist.

Schwieriger als die Darstellung der Experteninterviews ist die Beschreibung der qualitativen Inhaltsanalyse. Während man vom Leser erwarten darf, dass er weiß, was ein Leitfadeninterview ist, kann eine verbreitete Kenntnis der qualitativen Inhaltsanalyse nicht unterstellt werden. Wir halten aus den Überlegungen zur Abgrenzung von Verfahren folgende Informationen für unverzichtbar:

- Die Beschreibung der qualitativen Inhaltsanalyse als eine Extraktion, d.h. als ein Verfahren, das dem Text Informationen entnimmt und diese getrennt vom Text weiterverarbeitet,
- Die Beschreibung des Kategoriensystems, seines Zusammenhangs zur Theorie und der Art und Weise, wie mit diesem Kategoriensystem die Offenheit der Auswertung gesichert wird,

- Eine kurze Beschreibung der an die Extraktion anschließenden Schritte und
- Eine Charakterisierung der Informationsbasis, die im Ergebnis der Inhaltsanalyse vorliegt.

Will man all diese Anforderungen erfüllen, dann kann der Methodenteil eines Berichts schon ziemlich lang werden. Damit entstehen zwei Gefahren: Erstens kann der Teil wirklich langweilig wirken (vor allem auf die ‚Methodenfeinde') und zweitens kann er schlicht zu lang sein, um den Beschränkungen z.B. eines Zeitschriftenartikels genügen zu können. Deshalb gilt das Gebot, so kurz wie möglich zu schreiben, d.h. so kurz, dass die Beschreibung noch verständlich ist, aber alles unterbleibt, was zum Verständnis nicht erforderlich ist. Darstellungen von Varianten der Methode, die Sie nicht genutzt haben, methodologische Diskussionen u.ä. sind entbehrlich, wenn Sie sich kurz fassen müssen. Für Zeitschriftenaufsätze empfiehlt sich unter Umständen eine radikale Kürzung in Verbindung mit dem Hinweis auf eine andere Publikation (Buch, Forschungsbericht o.ä.), in der die Methode ausführlicher beschrieben wurde. Durch das Internet ist eine sehr gute Möglichkeit hinzugekommen: die eigene homepage, auf der man solche längeren Texte zum Anschauen und Ausdrucken anbieten kann.

3. Ergebnisse

Aus den Naturwissenschaften und den relationsorientierten Studien kennen wir die Praxis (oder zumindest das Ideal), alle Daten zu präsentieren, aus denen Schlussfolgerungen gezogen wurden. Dieses Verfahren ermöglicht es dem Leser zu überprüfen, ob die Interpretation den Daten gerecht wird, und gegebenenfalls eigene Interpretationen vorzunehmen. Das ist ein Idealzustand, der nicht erreicht werden kann, wenn mit qualitativen Methoden gearbeitet wird. Nur die Quantifizierung empirischer Informationen über das Soziale ermöglicht eine so große Komplexitätsreduktion, dass man auch in einem Zeitschriftenaufsatz mühelos alle Daten präsentieren kann.

Verfügt man über qualitative Daten, d.h. lange Texte, dann hat man ein Problem: Es ist technisch nicht möglich, alle Daten, aus denen man Schlussfolgerungen gezogen hat, zu präsentieren. Deshalb hat es diesen Anspruch in der Arbeit mit qualitativen Daten nie gegeben. Da es keine einfache Lösung des Problems gibt, hat sich auch kein anderer Standard herausgebildet. Es scheint lediglich die kollektive Erwartung der Gutachter und Leser zu geben, dass im Text Zitate aus nichtstandardisierten Interviews präsentiert werden müssen, wenn solche Interviews geführt wurden. Darüber, welche Funktionen diese Zitate haben, gibt es aber weder Konsens noch Diskussion.

Sie müssen also Ihre Daten präsentieren, können das aber nicht im erforderlichen Umfang tun. Für dieses Problem gibt es zwei Lösungsstrategien: Die Daten zu aggregieren, also in hoch verarbeiteter Form zu präsentieren, oder Daten auszuwählen. Jede Strategie birgt ein spezifisches Risiko: Die

Präsentation von verarbeiteten Daten beruht auf Schlussfolgerungen. Übertreibt man die Verarbeitung, dann kann das leicht dazu führen, dass man statt empirischer Daten nur noch abstrakte Schlussfolgerungen präsentiert, aus denen man dann bei der Interpretation weitere Schlussfolgerungen zieht. Die Beziehung zur Empirie geht so verloren, und die gesamte Darstellung wird schwer lesbar. Der Leser hat nicht mehr die Möglichkeit, die Schlussfolgerungen aus den empirischen Daten nachzuvollziehen. Diesen Vorwurf haben drei Gutachter eines von Jochen Gläser eingereichten Manuskripts unabhängig voneinander erhoben. Einer von ihnen sei hier zitiert:

> „As the paper presently stands, the analysis is somewhat without human substance. I recommend the introduction of two or three illustrations to help convey to the reader how scientists work and how the various intervening mechanisms operate."

Die zweite Strategie – Auswahl empirischer Daten – hat vor allem mit dem Problem zu kämpfen, wie der Zusammenhang zwischen den präsentierten Daten aufrechterhalten werden kann. Da eine lückenlose Darstellung nicht möglich ist, können die präsentierten Daten leicht zusammenhanglos erscheinen. Dadurch wird dem Leser eine eigenständige Beurteilung der Schlussfolgerungen durch unabhängiges Nachvollziehen derselben unmöglich gemacht.

Die Lösung liegt offensichtlich in einem Kompromiss. Wie dieser Kompromiss beschaffen ist, hängt wieder stark von der Art der Untersuchung und von der Art des Berichts ab. Da es um die Darstellung rekonstruierender Untersuchungen geht, liegt es nahe, die Fallrekonstruktion(en) zu präsentieren. Die Zahl der Fälle entscheidet hier über die Verarbeitungsstufe, auf der das geschieht. Bei einer Einzelfallstudie gibt es überhaupt keine Probleme, denn man muss ohnehin die Rekonstruktion dieses einen Falles präsentieren. Auch bei einer Analyse weniger Fälle ist das häufig noch problemlos möglich. Wenn die Zahl der Fälle zu groß wird, muss man zur Präsentation des Kausalmechanismus' der Klasse übergehen und ergänzend die empirische Varianz des Kausalmechanismus in den einzelnen Fällen beschreiben. Hier kann die Auswahl und exemplarische Beschreibung typischer Fälle, die den verallgemeinerten Kausalmechanismus klar präsentieren, sehr nützlich sein.

Wie man die Fälle beschreibt, hängt vor allem von der zu beantwortenden Frage ab. Häufig ist es ratsam, eine einfache chronologische Rekonstruktion vorzunehmen. Das bietet sich insbesondere z.B. bei Biographien oder politischen Prozessen an. Eine andere Variante ist eine Strukturierung der Fallrekonstruktion entlang theoretischer Dimensionen, die für die Beantwortung der Frage wichtig sind.

In jedem Fall sollten Zitate aus den Interviews in die Darstellung aufgenommen werden. Diese Zitate haben drei Funktionen: Erstens präsentieren sie die Empirie, aus der der Fall rekonstruiert wurde. Man arbeitet mit typischen Beispielen, die den rekonstruierten Kausalzusammenhang möglichst klar ausdrücken. Dadurch wird es dem Leser möglich nachzuvollziehen, aus welcher Art empirischer Daten der Autor welche Schlussfolgerungen gezogen hat. Der Zusammenhang Fallrekonstruktion – Zitate fungiert als Modell für die Arbeitsweise des Forschers, das dem Leser eine Vorstellung von der Art und Weise vermittelt, wie der Zusammenhang zwischen empirischem Material und verdichteter Fallrekonstruktion hergestellt wird. Das gilt auch für die Ergebnisse, die mit der qualitativen Inhaltsanalyse gewonnen wurden, obwohl man die zitierten Interviewpassagen ja nicht direkt interpretiert hat. Auch wenn das Zitat mehreren Verarbeitungsschritten unterworfen wurde, kann man dem Leser eine Vorstellung davon vermitteln, wozu diese Verarbeitungsschritte typischerweise führen, wenn man sie auf das durch das Zitat repräsentierte empirische Material anwendet.

Zitate dienen zweitens dazu, den Fall plastisch zu machen. Sie enthalten ja meist nicht nur die Informationen, derentwegen sie präsentiert werden, sondern außerdem auch eine Fülle von Details, die über die Illustration eines Arguments hinaus zur Illustration des gesamten Falles beitragen. Der Leser gewinnt eine plastische Vorstellung von dem Fall, weil ihm zusätzlich zum ‚Skelett' des Falles (der Fallrekonstruktion) eine Vorstellung davon vermittelt wird, ‚wie das Fleisch ist'.

Die dritte Funktion von Zitaten ist simpel, aber nicht zu unterschätzen: Zitate verbessern die Lesbarkeit des Textes und bieten zusätzliche Chancen für seine Aufnahme. Neben der Abwechslung, die Zitate schaffen, gibt es auch eine direkte kognitive Komponente: Leser, die mit der Darstellungsweise des Autors Probleme haben, können sein Argument möglicherweise gerade durch das Zitat aufnehmen, die inhaltliche Argumentation also über das Beispiel erschließen.

Das sind drei gute Gründe für eine ausführliche und sorgfältige Arbeit mit Interviewzitaten. Sie darf allerdings nicht übertrieben werden: Zitate werden immer Illustrationen der inhaltlichen Argumentation bleiben, diese aber nie ersetzen können.

Die Darstellung der empirischen Befunde (und der aus ihnen gezogenen Schlussfolgerungen) steht in engem Zusammenhang mit ihrer ‚Stärke'. Die Notwendigkeit, empirische Daten auszuwählen und in verarbeiteter Form darzustellen, bietet auch große Möglichkeiten der bewussten und unbewussten Manipulation. Es gibt keine Vorschrift, ja nicht einmal eine Erwartung darüber, wie empirisch gut abgesicherte (starke) oder empirisch schlecht abgesicherte (schwache) Befunde präsentiert werden sollen. In der Darstellung qualitativer Befunde unterbleiben solche Beschreibungen der empirischen Absicherung meist. Etwas, was ein Interviewpartner auf eine halb suggestive Nachfrage hin einmal gesagt hat, kann genauso zur Konstruktion von Fakten benutzt werden wie etwas, das mehrere Interviewpartner von sich aus (also ohne Stimulus) in die Interviews eingebracht haben. Solche Manipulationen gefährden aber die Nachvollziehbarkeit. Statt die Leser mit allen Mitteln dazu zu bringen, die eigene Darstellung zu glauben, sollte man eher dafür sorgen, dass sie der Darstellung vertrauen. Dazu gehört, bei überraschenden oder kontraintuitiven Befunden ihre empirische Absicherung zu beschreiben oder eine besonders schwache empirische Absicherung eines Ergebnisses zu berichten. Dabei sollten Sie aber stets berücksichtigen, dass die unmittelbare empirische Absicherung über die Zahl der Fundstellen nur eines der Argumente ist. Ein zweites Argument, das nicht weniger stark ist, ist die gegenseitige empirische Absicherung der Befunde in komplexen Fallrekonstruktionen: schließlich präsentiert man ja einen Kausalmechanismus, der alle empirischen Befunde erklärt. Wenn ein Teil dieser Befunde falsch sein soll, dann müsste eine konsistente alternative Fallrekonstruktion existieren, die alle empirischen Befunde erklärt. Solange diese nicht vorgebracht werden kann, können Sie ihrer Rekonstruktion und damit allen einzelnen Fakten vertrauen. Die direkte und vermittelte Übereinstimmung eines empirischen Befundes mit den anderen Fakten ist eine zusätzliche, gewissermaßen ‚halbempirische' Bestätigung.

4. Interpretation
Die Interpretation der Ergebnisse besteht vor allem darin, dass man die Forschungsfrage beantwortet und den Beitrag zur Theorie formuliert, den man durch diese Antwort leistet. Wir haben die damit verbundenen Probleme im vorangegangenen Abschnitt diskutiert. Für den Bericht über ein Forschungsprojekt ist es wichtig, dass Sie den Geltungsbereich Ihrer Antwort genau bestimmen. Sie müssen also klarmachen, unter welchen Bedingungen Ihre Ergebnisse gelten. Das erreichen Sie am besten dadurch, dass Sie die Argumentation aus der einleitenden Darstellung des Standes der Forschung wieder aufnimmt. Nicht minder wichtig ist es, die entstehenden neuen Forschungsprobleme zu benennen. Jede Untersuchung ist auch eine Quelle für Forschungsfragen, und der eigene Beitrag zur Theorie lässt sich häufig dadurch beschreiben, dass man die neuen Fragen formuliert, die sich aus der weiterentwickelten Theorie ergeben. Auch sind für diejenigen Leser, die die Ergebnisse weiter verwenden wollen, gerade die neuen Fragen von Interesse.

6.3 Probleme bei der Darstellung von Ergebnissen

Nachdem wir die wesentlichen Teile eines Berichts behandelt haben, möchten wir auf drei Querschnittsprobleme eingehen, die den Bericht über eine Untersuchung als Ganzes betreffen: Die sprachliche Darstellung, die Anonymisierung und die Präsentation von Theorie.

1. Sprachliche Darstellung:
Es ist eine Binsenweisheit, dass die sprachliche Form eines Textes seine Aufnahme wesentlich mitbestimmt. Wir können annehmen, dass sich die Vorstellungen der Leser von einer sprachlich guten sozialwissenschaftliche

Arbeit beträchtlich unterscheiden. Auch hierzu gibt es jedoch einige allgemeine Regeln, auf die wir aufmerksam machen wollen.

Nicht überfrachten: In den Bericht über eine empirische Untersuchung gehört nicht alles, was Sie wissen, sondern alles, was Sie für die nachvollziehbare Beantwortung einer Frage brauchen. In einer wissenschaftlichen Arbeit kann man an jeden Satz beliebig viele Nebenbemerkungen anhängen, in denen auf ähnliche oder widersprechende Untersuchungen, tatsächliche oder mögliche Konsequenzen, Ähnlichkeiten mit Positionen anderer Autoren usw. hingewiesen wird. Das geschieht häufig mit dem Ziel, Gelehrsamkeit zu demonstrieren, um sich abzusichern, Gegenargumente gegen die eigene Position vorwegnehmend zu entkräften usw. Man kann als allgemeine Regel für die Beladung eines Artikels mit solchen Nebenargumentationen nur angeben: möglichst wenig. Wenn Sie sich mit Ihren Behauptungen im Widerspruch zu den zentralen von der Fachgemeinschaft vertretenen Positionen befinden, dann ist dazu natürlich eine Argumentation angebracht. Wenn das Gegenargument aber eines ist, das in irgendeiner anderen Publikation in einer Fußnote stand, sollten Sie auf eine Behandlung eher verzichten. Gute Indikatoren für die Überfrachtung eines Berichts sind eine große Zahl von Fußnoten und viele wiederaufnehmende Sätze, die nach einem Einschub auf den ursprünglichen Gedankengang zurückführen.

Komplexität verständlich machen: Sozialwissenschaftliche Arbeiten leiden in besonderem Maße an einer Eigenschaft von Sprache, die Wolf Schneider einmal so beschrieben hat:

> „Angenommen, ein Text bestünde aus zehn Sätzen, sie wären alle übersichtlich konstruiert, und sie enthielten, wie es sich für einen guten Text gehört, jeder eine Aussage, die den Leser ein bisschen weiterführt. Dann bliebe doch eine Not: Die Sätze 2 bis 9 haben jeder nur zwei Anknüpfungspunkte, die Sätze 1 und 10 sogar nur einen. Der Satzbau gebärdet sich so, als ob jedes Ding nur mit zwei anderen zusammenhinge, einem davor und einem danach; als ob es keine Verästelungen gäbe, kein Gewirr von Bezügen und Abhängigkeiten – obwohl doch eben dies auf Erden das Normale ist." (Schneider 2008: 164)

Aus diesem Dilemma kommt man nicht heraus. Es verführt dazu, lange, unverständliche Schachtelsätze zu schreiben. In solchen Sätzen stehen dann zwar alle Informationen in der richtigen Beziehung zueinander, und sie sind auch grammatikalisch korrekt. Das Bemühen, die Komplexität korrekt in einen einzelnen Schachtelsatz zu übertragen, hat aber in den meisten Fällen einen unverständlichen Satz hervorgebracht. Versuchen Sie, Ihre Sätze kurz zu halten. Eine Möglichkeit, Verzweigungen deutlich zu machen, sind Aufzählungen, die allerdings in zu großer Zahl einen Text ebenfalls schwer lesbar machen. Ein anderes wichtiges Hilfsmittel sind Abbildungen. In Abbildungen haben Sie nämlich viel mehr Möglichkeiten, komplexe Beziehungen zu verdeutlichen, als in einem notwendigerweise linearen Text. Leider sind sie in den Sozialwissenschaften nicht sehr beliebt, was sich unter anderem an komplizierten Verhandlungen mit Verlagen ablesen lässt, die Abbildungen drucken sollen.

Erklären: Wir unterstützen die von Umberto Eco aufgestellte Forderung, alle verwendeten Schlüsselbegriffe zu definieren (Eco 1991: 184). Gerade in den Sozialwissenschaften gibt es bei vielen zentralen Begriffen überhaupt keine Einigkeit darüber, was sie nun bedeuten sollen. Wir führen das kurz für den Begriff ‚Institution' vor, der auch in diesem Buch eine Rolle gespielt hat. Mayntz und Scharpf definieren diesen Begriff und machen zugleich die Breite seiner Verwendung in anderen sozialwissenschaftlichen Arbeiten deutlich:

> „Von Anfang an haben Institutionen in den Sozialwissenschaften eine wichtige Rolle gespielt, ohne dass der Begriff einheitlich gebraucht wurde. In der Soziologie hat Herbert Spencer damit eine Reihe von ‚basic institutions' beschrieben, die grundlegenden Bedürfnissen zugeordnet wurden.
>
> ...
>
> Der Begriff Institution wird also auf soziale Gebilde wie auf sozial normierte Verhaltensmuster angewandt ... Versuche, den Institutionenbegriff auf abstrahierte (aber geltende, das heißt im Bedarfsfall sozial sanktionierte) Regeln zu beschränken und für soziale Gebilde statt dessen den Begriff der Organisation zu verwenden (so auch North 1990), haben sich zwar bisher nicht durchgesetzt ...
>
> ...
>
> Im Gegensatz zu Versuchen einer ‚kulturalistischen' Ausweitung wird der Institutionenbegriff beim akteurzentrierten Institutionalismus relativ eng gefasst und auf Regelungsaspekte konzentriert.
>
> ...
>
> Institutionalistische Ansätze sind trotz gegenteiliger Lippenbekenntnisse oft krypto-deterministisch, was das Handeln der Akteure angeht – vor allem dann, wenn der Institutionenbegriff so weit gefasst wird, dass nicht nur die Normen des angemessenen Verhaltens, sondern auch handlungsprägende kognitive und symbolische Elemente einbezogen werden. Wenn gar die nicht hinterfragten Praktiken des Alltagslebens auch noch unter dem Begriff der Institution gefasst werden, dann gibt es überhaupt keine Handlungsspielräume der Akteure mehr ..." (Mayntz/ Scharpf 1995a: 40-46)

Wir haben dieses längere Zitat angeführt, um damit deutlich zu machen, wie unterschiedlich eine Behauptung über Institutionen aufgenommen werden kann, wenn deren Autor nicht klar macht, was er unter Institutionen versteht. Das gilt auch für viele andere Begriffe. Vor allem deshalb ist es wichtig, die Art und Weise der eigenen Verwendung der Begriffe deutlich zu machen. Umgekehrt gibt es in den Sozialwissenschaften auch zahlreiche Begriffe, die speziellen Theoriekontexten entstammen und kaum bekannt sind. Auch solche Begriffe müssen erklärt werden.

Begriffe zu erklären muss aber nicht heißen, langweilig und trocken zu schreiben. Als Beispiel möchten wir das obige Zitat aus Bette et al. 1999 anführen, in dem die Konzepte „greedy institutions" und „Hyperinklusion" eingeführt werden. Es handelt sich hier um plastische Beschreibungen, die alles andere als langweilig sind und aus denen man eine klare Vorstellung davon gewinnt, was mit diesen Begriffen gemeint ist.

Einfachheit: Wenn man nichts zu sagen hat, kann man das gerade in den Sozialwissenschaften hinter wohlklingenden Wortvorhängen verstecken. Sie haben das Problem nicht, denn Sie haben eine interessante rekonstruierende Untersuchung durchgeführt und tragen zu einer Theorie bei. Wir möchten hier dennoch zwei abschreckende Beispiele zitieren, die Popper aufgespießt hat:

Tab. 6-1 Wortvorhänge bei Habermas (zitiert nach Schneider 2008: 32)

Text von Jürgen Habermas	Poppers ‚Übersetzung'
Theorien sind Ordnungsschemata, die wir in einem syntaktisch verbindlichen Rahmen beliebig konstruieren.	Theorien sollten nicht ungrammatisch formuliert werden; ansonsten kannst Du sagen, was Du willst.
Sie erweisen sich für einen speziellen Gegenstandsbereich dann als brauchbar, wenn sich ihnen die reale Mannigfaltigkeit fügt.	Sie sind auf ein spezielles Gebiet dann anwendbar, wenn sie anwendbar sind.

Eine ganz ähnliche Klage hat Roland Girtler über die „verstehende Soziologie" geführt (Girtler 1995). Wir empfehlen diese Texte zum sorgfältigen Studium. Hat man sich einmal intensiv mit den abschreckenden Bespielen beschäftigt, empfindet man selbst schnell Unbehagen, wenn man dabei ist, ähnliche Sätze aufs Papier zu bringen.

Aktiv: Es gehört zur Wissenschaftstradition, Ergebnisse in einer vom Herstellungsprozess und vom Hersteller unabhängigen Form zu präsentieren, um ihren Charakter als ‚objektive Fakten' zu betonen. Sprachlich wird dies dadurch erreicht, dass das Subjekt der Forschung – der Autor – im Text nicht auftaucht und der gesamte Text im Passiv steht. Wo das absolut unmöglich ist, ist das „Wir" eine beliebte Verrenkung: „Wir sind der Ansicht", liest man dann in einem sozialwissenschaftlichen Aufsatz, schaut nach und stellt verwundert fest, dass es doch nur ein Autor ist.

Das Passiv macht den Text aber schwerer lesbar. Es verlangt uns eine größere Anstrengung bei der Entschlüsselung von Sätzen ab, weil es von unserer alltäglichen Kommunikation abweicht und weil jede Sprache so konstruiert ist, dass sie den Gebrauch des Aktiv besser unterstützt als den des Passiv. Es gibt einen begrüßenswerten Trend zur Einführung des Aktiv in wissenschaftliche Texte, der durch die Vorbildwirkung des angelsächsischen Sprachraums und durch die wissenschaftssoziologische Kritik an der Vorspiegelung subjektloser Wissenschaft gefördert wird. Wir wollten diesem Trend mit dem Buch folgen und Sie zum Gebrauch des Aktiv und der Ich-Form ermutigen.

2. Anonymisierung
Empirische Befunde in Publikationen müssen anonymisiert werden. Wir hatten bereits in 2.3 darauf hingewiesen, dass die Forderungen der Forschungsethik auch Konsequenzen für die Publikation von Ergebnissen haben können. Ein zentrales Problem, das bei jedem schriftlichen Bericht über die Rekonstruktion von Fällen berücksichtigt werden muss, ist die Wahrung der Anonymität der untersuchten Personen. Dies gilt für Publikationen, d.h. für die Veröffentlichung der Untersuchungsergebnisse, ebenso wie für Berichte an etwaige Auftraggeber. Manchmal sind es gerade die Auftraggeber, vor denen die Identität der Untersuchten auf jeden Fall geheimgehalten werden muss.

Wahrung der Anonymität bedeutet, die Publikation so zu verfassen, dass aus ihr nicht auf die Identität der Untersuchten geschlossen werden kann. Das Bundesdatenschutzgesetz verbietet deshalb die Veröffentlichung personenbezogener Daten und personenbeziehbarer Daten. Personenbeziehbare Daten sind Einzelangaben, die eine bestimmte Person zwar nicht identifizieren, die es aber in Verbindung mit anderen Informationen gestatten, die Identität festzustellen.

Die Forderung nach Anonymisierung kann zu erheblichen Problemen führen. Die in eine Untersuchung einbezogenen Personen dürfen weder durch direkte Angaben über die Person, noch durch indirekte Angaben (über ihre Handlungen, über Organisationen, denen sie angehören usw.) identifizierbar sein. Wenn Sie z.B. über Leistungssportler schreiben, dann reicht die Angabe der Sportart und eines sportlichen Erfolges (‚vierter Platz bei der Europameisterschaft 1988') aus, um eine Identifizierung zu ermöglichen. Bei Wissenschaftlern reicht meist die Beschreibung des Arbeitsgebietes in Verbindung mit der Organisationszugehörigkeit, bei Politikern Amt, Ort, Jahreszahl und Partei usw. Es gibt viel mehr Untersuchungen, die in solche Anonymisierungsprobleme geraten können, als man auf den ersten Blick annehmen möchte.

Hier bietet sich eine Alternative an, die das Bundesdatenschutzgesetz vorsieht: die Einwilligung der Betroffenen. Auch das ist aber gar nicht so einfach wie es scheint. So kann bereits das bloße Einholen der Einwilligung von 80 Interviewpartnern problematisch werden, wenn auch nur einige von ihnen ihre Einwilligung von Änderungen in der Publikation abhängig machen. Noch problematischer ist es allerdings festzulegen, wer die Betroffenen sind. Wenn Sie zum Beispiel einige Wissenschaftler aus einem Forschungsinstitut interviewt haben und einen Bericht über die Untersuchung veröffentlichen, sind ja von diesem Bericht alle Institutsangehörigen betroffen. Das Datenschutzgesetz fordert nur von Ihnen, die Einwilligung derer einzuholen, deren personenbeziehbaren oder personenbezogenen Daten Sie veröffentlichen wollen. Die Forschungsethik verlangt hier mehr von uns: auch die indirekt von der Untersuchung Betroffenen müssen vor Schaden geschützt werden.

Die beste Lösung scheint also auf jeden Fall eine zuverlässige Anonymisierung der in einer Publikation bzw. einem Bericht präsentierten empirischen Befunde zu sein. Diese Anonymisierung ist für Personen und gegebenenfalls Organisationen, Städte, Regionen usw. erforderlich. Dafür gibt es folgende Möglichkeiten:

- Verzicht auf Informationen: Die Darstellung qualitativer Forschungsergebnisse lebt von Fallrekonstruktionen oder ‚dichten Beschreibungen', die in gedrängter Form die wesentlichen Charakteristika des Untersuchungsfeldes präsentieren. Je genauer aber ein Untersuchungsgegenstand beschrieben wird, desto leichter ist er (und damit die untersuchten Personen) identifizierbar. Je mehr Einzelereignisse in die Darstellung einer Biographie (eines Wissenschaftlers, eines Politikers oder eines Sportlers) aufgenommen werden, desto leichter fällt die Identifizierung der Person. Man sollte deshalb die in Fallbeschreibungen gegebenen Informationen auf ihr ‚Identifizierungspotenzial' prüfen und die in dieser Hinsicht problematischen Informationen weglassen.
- Veränderung von Details: Details, die ein besonders hohes ‚Identifizierungspotenzial' haben, können verändert werden, wenn das die Argumentation nicht beeinträchtigt. Namen, Orte, Zeitangaben, Ereignisse usw. können entweder gezielt verfälscht oder anonymisiert werden, wie Tabelle 6-2 zeigt: Hier wurden relative Zeitangaben „als ich 19 war" statt eines absoluten Zeitpunktes („1986") verwendet. Bei Zahlenangaben bedeutet „X" eine einstellige Zahl, „XX" eine zweistellige Zahl usw. Diese Anonymisierungsstrategie muss vor allem auf die in den Berichten verwendeten Zitate angewendet werden.

Anonymisierung X

Tab. 6-2 Anonymisierung von Details

Interviewtext	Anonymisierung
1986	[als ich 19 war]
Berlin	[Wohn- und Trainingsort1]
Hannover	[nationaler Wettkampfort]
in New York	[in internationalem Wettkampfort]
Circuit	[nationaler Wettkampf]
im Tagesspiegel	[in unserer regionalen Tageszeitung]
diesen Winter Hallen Circuit gewonnen	[bei diesem nationalen Turnier einen vorderen Platz belegt]
BTC	[regionaler Sportverein1]
Zehntbester	XX-bester
Zweiter geworden	[X-ter] geworden
Frau Krämer war meine erste Trainerin	[Frau L. war meine erste Trainerin]

- Verallgemeinerung der Beschreibung: Die in der Fallbeschreibung verwendeten Merkmale werden abstrakt beschrieben. Der Unterschied zu den beiden anderen Strategien besteht darin, dass die Fachsprache einer Theorie benutzt wird, um Details abstrakt darzustellen.

Im SFB-Projekt wurde das Fachgebiet, auf dem die beiden SFB arbeiteten, folgendermaßen beschrieben: „Als Wissenschaftsgebiet wurde ein interdisziplinäres Gebiet ausgewählt, an dem verschiedene Teildisziplinen der drei naturwissenschaftlichen Disziplinen Physik, Chemie und Biologie beteiligt sind. Es handelt sich hier um ein großes dynamisches Forschungsfeld, auf dem 1993 mehr als fünfzehn Sonderforschungsbereiche existierten (im folgenden als Gebiet G bezeichnet).“ (Laudel 1999: 62)

Alle drei Varianten haben den Nachteil gemeinsam, dass sie die präsentierten empirischen Ergebnisse ihrer Anschaulichkeit und Lebendigkeit berauben. Es kann sehr leicht passieren, dass ein für die Publikation ausgewähltes Zitat nach seiner Anonymisierung trocken, langweilig und inhaltsleer wirkt. Ebenso kann es ganzen Fallrekonstruktionen gehen. Noch schlimmer sind aber die Studien, deren Ergebnisse überhaupt nicht in anonymisierter Form präsentiert werden können. Dieser Fall tritt ein, wenn folgende Bedingungen zusammentreffen:

(1) Bei der Darstellung der wissenschaftlichen Ergebnisse werden Daten benötigt, die die Identifizierung von Interviewpartnern bzw. anderen Personen oder Gruppen gestatten. Zu solchen Daten gehören auch Informationen, die nur von bestimmten Personen stammen können, und Informationen über die untersuchte Organisation. Solche Informationen gestatten eine Identifizierung, wenn sie bekannt sind oder beschafft werden können.
(2) Die Untersuchungsergebnisse sind für Akteure im untersuchten Feld relevant, d.h. sie können deren Selbstbild, die Wahrnehmung der Akteure durch ihre Umwelt, Handlungsstrategien, Interaktionen usw. beeinflussen. Das dürfte für viele empirische sozialwissenschaftliche Untersuchungen gelten.
(3) Die Publikationen werden von den Akteuren im untersuchten Feld wahrgenommen. Dies kann heute eigentlich bei allen sozialwissenschaftlichen Untersuchungen unterstellt werden, da zum einen das Interesse der Massenmedien an empirischen sozialwissenschaftlichen Untersuchungen sehr groß ist und zum anderen die Anwendungsorientierung der Sozialwissenschaften zugenommen hat. (Gläser 1999: 41)

Sie können also in eine Situation geraten, wo Sie wegen der Erfordernisse der Anonymisierung Ihre Ergebnisse nicht in nachvollziehbarer Art und Weise präsentieren können. Wann immer gerade das, was Ihre wissenschaftliche Argumentation ausmacht, die Identifizierung der Untersuchten gestattet, stehen Sie vor einem Dilemma. Deshalb haben wir Ihnen im Abschnitt 2.3 geraten, sorgfältig über die Möglichkeiten der Anonymisierung nachzudenken, ehe Sie eine Untersuchung beginnen.

3. Präsentation von Theorie

„If manuscripts contain no theory, their value is suspect.“ (Aus den Hinweisen des Administrative Science Quarterly für das Einreichen von Manuskripten)

Gerade weil sozialwissenschaftliche Theorien sehr unterschiedlich entwickelt sind und diese Bezeichnung mitunter gar nicht verdienen, wollen wir noch einmal auf die Aufgabe eingehen, die eigene Arbeit in einen theoretischen

Kontext zu stellen. Diese Aufgabe steht vor allem am Anfang und am Schluss eines Artikels, Querbeziehungen zur Theorie können sich aber auch bei der Darstellung empirischer Ergebnisse ergeben. Mit sozialwissenschaftlichen Theorien umzugehen ist schwierig und bedarf (wie alle andern in diesem Buch behandelten Tätigkeiten) der Übung. Um diesen Lernprozess zu unterstützen, warnen wir im folgenden vor ‚Ersatzhandlungen', d.h. vor der scheinbaren Integration von Theorie, die aber in Wirklichkeit keine ist. Wir beziehen uns dabei auf den ausgezeichneten Aufsatz „What Theory is Not" von zwei Herausgebern des „Administrative Science Quarterly", einer führenden organisationssoziologischen Zeitschrift (Sutton/Staw 1995). Die Autoren behandeln die häufigsten Irrtümer von Autoren, die andere Elemente eines Textes als Substitute für Theorie verwenden.

- Quellenangaben sind keine Theorie: Verweise auf Theorien, die in anderen Aufsätzen oder Büchern stehen, sind selbst keine Theorien. Viele Autoren benutzen Quellenangaben als ‚Rauchvorhang', hinter dem das Fehlen einer theoretischen Einbettung der eigenen Arbeit versteckt wird. Nur wenn die theoretische Argumentation aus der zitierten Arbeit im eigenen Text präsentiert wird, enthält dieser ebenfalls Theorie.
- Daten sind keine Theorie: Das mag trivial klingen, ist es aber nicht. Die empirischen Ergebnisse anderer Autoren werden häufig wie ein theoretisches Argument behandelt. Zwei Spezialfälle dieses Fehlers sind relationsorientierte Arbeiten, in denen Hypothesen ausschließlich aus den empirischen Befunden anderer abgeleitet werden, und mechanismenorientierte Arbeiten, in denen berichtete Kausalzusammenhänge oder Kausalmechanismen eines Falles mit den kausalen Erklärungen einer Theorie verwechselt werden. Der erste Fehler soll uns hier nicht weiter beschäftigen. Zum zweiten Fehler schreiben Sutton und Staw:

  > Quotes from informants or detailed observations may get a bit closer to the underlying causal forces than, say, mean job satisfaction scores or organizational size, but qualitative evidence, by itself, cannot convey causal arguments that are abstract and simple enough to be applied to other settings. Just like theorists who use quantitative data, those who use qualitative data must develop causal arguments to explain why persistent findings have been observed if they wish to write papers that contain theory. (Sutton/Staw 1995: 374-375)

- Listen von Variablen oder Einflussfaktoren sind keine Theorie: Obwohl Variablen oder Einflussfaktoren ein wichtiges Element von Theorien sind, sind sie doch nicht identisch mit der Theorie selbst. Eine Theorie muss erklären, warum Faktoren auftreten und warum sie miteinander in Zusammenhang stehen. Die Liste gut definierter Variablen bzw. Einflussfaktoren ist also eine notwendige, aber keine hinreichende Bedingung für Theorie.
- Bilder sind keine Theorie: Selbst Bilder, die Kausalzusammenhänge in einer logischen Ordnung beschreiben und dem Leser dadurch Kausalketten,

intervenierende Variable, zeitliche Entwicklungen o.ä. veranschaulichen, sind für sich selbst genommen keine Theorie. Sie können ein wertvolles Instrument zur Entwicklung einer Theorie sein, vermögen aber nicht zu erklären, warum und wie ein Einfluss ausgeübt wird. Eine verbale Erklärung ist fast immer nötig (siehe unsere Bemerkungen zu den hypothetischen Modellen in 3.2.2).

– Hypothesen und Voraussagen sind keine Theorie: Hypothesen und Voraussagen sind Aussagen darüber, was empirisch erwartet wird. Sie sind jedoch keine Aussagen darüber, *warum* etwas erwartet wird. Sie können deshalb nur dann als (Bestandteil von) Theorie gelten, wenn sie mit einer Begründung dafür versehen sind, warum die Erwartung formuliert wird. Diese Begründung muß aus einer kausalen Erklärung stammen und nicht aus früheren empirischen Daten.

Das gemeinsame Leitmotiv dieser Argumentation gegen Theorie-Surrogate ist die Überzeugung, dass Theorien aus systematisierten Aussagen über Kausalmechanismen bestehen. Die genannten Elemente enthalten keine solchen Aussagen und sind deshalb so lange keine Theorie, wie sie nicht durch kausale Erklärungen begründet und eingeordnet werden.

> Theory is about the connections among phenomena, a story about why acts, events, structure, and thoughts occur. Theory emphasizes the nature of causal relationships, identifying what comes first as well as the timing of such events. Strong theory, in our view, delves into underlying processes so as to understand the systematic reasons for a particular occurrence or non-occurrence. It often burrows deeply into microprocesses, laterally into neighboring concepts, or in an upward direction, tying itself to broader social phenomena. It usually is laced with a set of convincing and logically interconnected arguments. It can have implications that we have not seen with our naked (or theoretically unassisted) eye. It may have implications that run counter to our common sense. As Weick (1995) put it succinctly, a good theory explains, predicts, and delights. (Sutton/Staw 1995: 378)

Weiterführende Literatur

Wir möchten Ihnen den Aufsatz von Sutton und Staw (1995) ans Herz legen, weil er einen wichtigen Beitrag zum generellen Verständnis sozialwissenschaftlicher Theorie leistet. Ein Buch über „die Kunst des professionellen Schreibens“ von Howard S. Becker, das sich mit dem Stil sozialwissenschaftlicher Publikationen beschäftigt, liegt mittlerweile auch in deutscher Sprache vor (Becker 1994). Zu Problemen der sprachlichen Darstellung empfehlen wir Ihnen kein wissenschaftliches, sondern ein Sachbuch, das wir aber als sehr hilfreich empfinden: das Buch von Wolf Schneider (2008). Zur Anonymisierung von Publikationen empfehlen wir Ihnen den Aufsatz von Jochen Gläser (1999).

7. Resümee

Sie haben nun alles gelesen, alle Fragen beantwortet und hoffentlich auch die Anwendung der Methoden geübt. Dadurch haben Sie die Fähigkeit erworben, aus Ihrem wissenschaftlichen Kontext heraus Forschungsfragen zu formulieren, den Stand der Forschung aufzuarbeiten und rekonstruierende Untersuchungen zu planen. Sie können entscheiden, unter welchen Bedingungen es sinnvoll ist, Experteninterviews zu führen, und Personen auswählen, mit denen sie geführt werden sollten. Sie können Interviews vorbereiten und führen. Die fehlende Erfahrung wird Sie nicht entmutigen, denn Sie wissen, wie Sie aus Ihren Fehlern lernen können. Dass dennoch das eine oder andere Interview ‚schief geht', gehört zum Forschungsalltag. Aber Ihnen wird keine ganze Untersuchung ‚schief gehen'.

Für die Auswertung der Interviews steht Ihnen eine leistungsstarke computergestützte Methode zur Verfügung: die qualitative Inhaltsanalyse. Ihre Anwendung bewahrt Sie davor, allgemeine Eindrücke über die tatsächlichen Daten zu stellen, wichtige Informationen zu übersehen oder Ihre theoretischen Vorüberlegungen zu vergessen. Sie können Ihre Schlussfolgerungen jederzeit an den Interviewtexten prüfen, und Sie können in jeder Diskussion Ihrer Ergebnisse mit den empirischen Daten argumentieren.

Auch wenn Sie nicht als Wissenschaftler arbeiten, kann es vorkommen, dass Sie soziale Prozesse rekonstruieren müssen und also das Gesamtkonzept anwenden können. Das wird aber eher selten geschehen. Dagegen werden Sie wahrscheinlich häufiger Gespräche führen und auswerten müssen, die Experteninterviews sind oder ihnen nahe kommen. Auch die systematische Auswertung großer Textmengen ist eine Aufgabe, die in der Praxis nicht selten vorkommt. Bei der Lösung dieser Aufgaben können Sie von den vermittelten Techniken profitieren, sie werden Sie also von nun an nicht mehr schrecken.

Wir hatten uns vorgenommen, eine Variante rekonstruierender Untersuchungen von den Grundlagen bis in die Einzelheiten und von Anfang bis Ende so zu vermitteln, dass Sie sie nicht nur kennen, sondern auch anwenden können. Nun sind rekonstruierende Untersuchungen nur eine Variante sozialwissenschaftlicher Forschungsprozesse und die vermittelten Methoden jeweils nur eine von mehreren Möglichkeiten, Erhebung und Auswertung zu realisieren. Wir haben also nur einen schmalen Pfad durch den sozialwissenschaftlichen Methodendschungel geschlagen. Wir fanden bei der Vorbereitung dieses Buches den Pfad häufig unterbrochen und mussten deshalb Brükken bauen und Umgehungen erfinden. Darauf wollen wir nun abschließend aufmerksam machen.

Es ist didaktisch fragwürdig, während der Vermittlung von Wissen und Fähigkeiten ständig auf deren Unsicherheit aufmerksam zu machen. Lehrbücher müssen glätten und Probleme zudecken, um überzeugend Wissen vermitteln zu können. Wir möchten aber jetzt, da wir Sie für gewappnet halten, die zentralen offenen Probleme sozialwissenschaftlicher Methodologie benennen, die wir trotz vorläufiger Antworten in diesem Buch für ungelöst halten.

Das erste Problem ist der geringe Status gemeinsamer methodologischer Grundlagen. Alle sind mehr oder weniger mit dem Graben zwischen dem „quantitativen" und dem „qualitativen" Lager beschäftigt – die einen, indem sie ihn vertiefen, die anderen, indem sie ihn zu überbrücken versuchen. Niemand beschäftigt sich mit dem gemeinsamen Untergrund, auf dem der Graben existiert. Die Ideologisierung der Debatte verhindert die Arbeit an der gemeinsamen Methodologie, die deshalb vor allem aus offenen Fragen besteht. Wir haben hier einen plausiblen Vorschlag unterbreitet, aber es ist nur unser Vorschlag.

Von dem Defizit in der Methodologie kaum zu trennen ist das problematische Verhältnis der Sozialwissenschaften zur Theorie. Darauf hat schon vor mehr als dreißig Jahren Robert Merton aufmerksam gemacht:

> Like so many words that are bandied about, the word theory threatens to become meaningless. Because its referents are so diverse – including everything from minor working hypotheses, through comprehensive but vague and unordered speculations, to axiomatic systems of thought – use of the word often obscures rather than creates understanding. (Merton 1967: 39)

Wir haben diesem Buch eine sehr strenge Position zugrunde gelegt, nämlich die von Max Weber. Das hat Folgen: Vieles von dem, was heute in der sozialwissenschaftlichen Literatur als Theorie betrachtet wird, erfüllt das Kriterium nicht, kausale Erklärungen für einen durch Randbedingungen spezifizierten Geltungsbereich zu geben, und verdient deshalb unserer Ansicht nach diese Bezeichnung nicht. Hier gibt es eine wechselseitige Stabilisierung: Das Aufweichen des Anspruchs an Theorie macht Beiträge mit den von Sutton und Staw inkriminierten Schwächen erst möglich, die ihrerseits zu einer weiteren Senkung des Anspruchs beitragen. Um einen Kollegen zu zitieren:

> In den Sozialwissenschaften sind Theorien keine Werkzeuge, sondern Häuser, in denen die Forscher wohnen und aus denen heraus sie die Welt betrachten. (Rob Hagendijk in einem Vortrag, Lissabon 1998)

Die Defizite in der Ausarbeitung der Methoden sind demgegenüber von geringerer Dimension, konfrontieren den Anwender aber mit unangenehmen Problemen. Ein typischer Schwachpunkt ist die Übersetzung des Forschungsinteresses in adäquate Erhebungs– und Auswertungsmethoden. Wir konnten Ihnen zwar Hinweise zur Formulierung und Anordnung von Fragen in Interviewleitfäden geben, aber nur wenig darüber sagen, wie aus einem durch Variablen und Leitfragen beschriebenen Forschungsinteresse ein Interviewleitfaden entsteht. Die Übersetzung eines Erkenntnisinteresses in ein qualitatives Erhebungsinstrument ist ein weitgehend unbekanntes Land. Das gilt auch für das Schließen von qualitativen empirischen Befunden auf Kausalzusammenhänge. Uns ist sehr wohl klar, dass man die für diese Phasen konstitutive Kreativität des Forschers nicht durch ein Regelwerk ersetzen kann. Es verdutzt uns aber schon, dass man so gar nichts über diese Phasen des mechanismenorientierten Forschungsprozesses weiß – und auch kaum Erfahrungen darüber austauscht. Die geringe Aufmerksamkeit für die nachvollziehbare Beschreibung qualitativer Methoden passt in dieses Bild. Auch die Präsentation qualitativer Forschungsergebnisse in Publikationen ist ein weitgehend unbearbeitetes Problem.

Sie haben auf all diese Fragen im Buch vorläufige Antworten erhalten. Man braucht solche vorläufigen Antworten, um praktisch arbeiten, d.h. Methoden anwenden zu können. Wenn wir Sie mit diesem Buch in die Lage versetzt haben, Untersuchungen mit den hier vorgestellten Methoden durchzuführen, und Sie anregen konnten, über diese vorläufigen Antworten hinauszugehen, dann haben wir unser Ziel erreicht.

Literatur

Adler, Patricia A./Peter Adler, 1993: Ethical Issues in Self-Censorship: Ethnographic Research on Sensitive Topics. In: Renzetti, Claire M./Raymond M. Lee (eds.): *Researching Sensitive Topics*. London: Sage, 249-266.

Bampton, Roberta/Christopher J. Cowton, (2002). The E-Interview [27 paragraphs]. Forum Qualitative Sozialforschung/Forum: Qualitative Social Research, 3(2), Art. 9, http://nbn-resolving.de/urn:nbn:de:0114-fqs020295 (Zugriff am 31. Oktober 2008).

Becker, Howard S., 1994: *Die Kunst des professionellen Schreibens. Ein Leitfaden für die Geistes- und Sozialwissenschaften*. Frankfurt a.M.: Campus.

Bette, Karl-Heinrich/Uwe Schimank, 1995: *Doping im Hochleistungssport: Anpassung durch Abweichung*. Frankfurt a.M.: Suhrkamp.

Bette, Karl-Heinrich/Uwe Schimank/Dominik Wahlig/Ulrike Weber, 1999: *Biographische Dynamiken im Leistungssport – Möglichkeiten der Dopingprävention im Jugendalter*. Forschungsbericht.

Bette, Karl-Heinrich/Uwe Schimank/Dominik Wahlig/Ulrike Weber, 2002: *Biographische Dynamiken im Leistungssport – Möglichkeiten der Dopingprävention im Jugendalter*. Aachen: Buch & Sport Strauß.

Bogner, Alexander/Beate Littig/Wolfgang Menz, 2005: *Das Experteninterview: Theorie, Methode, Anwendung*. Wiesbaden: VS Verlag für Sozialwissenschaften.

Bogner, Alexander/Wolfgang Menz, 2005: Das theoriegenerierende Experteninterview. Erkenntnisinteresse, Wissensformen, Interaktion. In: Alexander Bogner/Beate Littig/Wolfgang Menz (Hrsg.): *Das Experteninterview: Theorie, Methode, Anwendung*. Wiesbaden: VS Verlag für Sozialwissenschaften, 33-70.

Breckner, Roswitha, 1994: Von den „Zeitzeugen" zu den „Biographen". Methoden der Erhebung und Auswertung lebensgeschichtlicher Interviews. In: Berliner Geschichtswerkstatt (Hrsg.): *Zur Theorie und Praxis von Alltagsgeschichte*. Westfälisches Dampfboot, 1-21.

Brunner, Karl-Michael/Gerhard Jost/Manfred Lueger, 1994: Flüchtlingsunterbringung in einer Kleingemeinde: Eine Fallstudie zur sozialen Dynamik von Migrationsprozessen. In: *Soziale Welt 45* (1994), 125-146.

Buß, Eugen/Ulrike Fink/Martina Schöps, 1994: *Kompendium für das wissenschaftliche Arbeiten in der Soziologie*. Heidelberg: Quelle & Meyer.

Coffey, Amanda/Beverly Holbrook/Paul Atkinson, 1996: Qualitative Data Analysis: Technologies and Representations. In: *Sociological Research Online 1*, 1, <http://www.socresonline. org.uk/1/1/4.html, Zugriff: 27.07.06>.

Collins, H. M., 1982: The replication of experiments in physics. In: Barry Barnes/David Edge (eds.): *Science in Context. Readings in the Sociology of Science*. Milton Keynes, The Open University Press, 94-116.

Coser, Lewis, 1974: *Greedy Institutions*. New York: Free Press.
Diener, Edward/Rick Crandall, 1978: *Ethics in Social and Behavioral Research*. Chicago: The University of Chicago Press.
Döhler, Marian/Philip Manow, 1995: Staatliche Reformpolitik und die Rolle der Verbände im Gesundheitssektor. In: Renate Mayntz, Fritz W. Scharpf (Hrsg.): *Gesellschaftliche Selbstregelung und politische Steuerung*. Frankfurt a..M.: Campus, 140-168.
Eco, Umberto, 1991*: Wie man eine wissenschaftliche Abschlußarbeit schreibt*. Heidelberg: Müller.
Flick, Uwe/Ernst v. Kardoff/Ines Steinke (Hrsg.), 2000: *Qualitative Forschung: Ein Handbuch*. Reinbek: Rowohlt.
Fischer-Rosenthal, Wolfram/Gabriele Rosenthal, 1997: Narrationsanalyse biographischer Selbstrepräsentation. In: Hitzler, Ronald/Honer, A. (Hrsg.): Sozialwissenschaftliche He rmeneutik. Opladen: Leske + Budrich, 133-164.
Froschauer, Ulrike/Manfred Lueger, 2003: *Das qualitative Interview. Zur Praxis interpretativer Analyse sozialer Systeme*, Wien: WUV (UTB).
Geißlinger, Hans, 1994: Zum Einzug der „Political Correctness" durch die Hintertür des Ethik-Kodex: Richtigstellung einiger falscher Behauptungen der Ethik-Kommission, mitgeteilt im Bericht „Konfliktregelung im außerrechtlichehn Raum" in Heft 2/94, S. 29, 30. In: *Soziologie* 4/1994, 72-75.
Giddens, Anthony, 1984: *Interpretative Soziologie. Eine kritische Einführung*. Frankfurt a.M.: Campus.
Girtler, Roland, 1995: Die geheimbündlerische Sprache der Soziologen – die Macht der Magier. In: *Österreichische Zeitschrift für Soziologie* 20, 4, 37-47.
Glaser, Barney G./Anselm L. Strauss, 1967*: The Discovery of Grounded Theory. Strategies for Qualitative Research*. Chicago: Aldine Atherton.
Gläser, Jochen, 1999: Datenschutzrechtliche und ethische Probleme beim Publizieren von Fallstudien: Informantenschutz und ‚Objektschutz'. In: *Soziologie* 4/1999, 32-47.
Gläser, Jochen/Gabriele Groß/Marion Höppner/Charles Melis/Werner Meske, 1995: *Die aufgeschobene Integration. Erste Befunde zur Integration neugegründeter Blaue-Liste-Institute in die deutsche Wissenschaftslandschaft*. Discussion Paper P 95-404. Berlin: Wissenschaftszentrum Berlin für Sozialforschung.
Gläser; Jochen/Grit Laudel, 1999: *Theoriegeleitete Textanalyse? Das Potential einer variablenorientierten qualitativen Inhaltsanalyse*. Discussion Paper P 99-401. Berlin: Wissenschaftszentrum für Sozialforschung.
Göbel, Markus/Johannes F.K. Schmidt, 1998: Inklusion/Exklusion: Karriere, Probleme und Differenzierungen eines systemtheoretischen Begriffspaars. In: *Soziale Systeme 1*, 87-118.
Gorden, Raymond L., 1975: *Interviewing. Strategies, techniques and tactics*. Homewood, Illinois: The Dorsey Press.
Gorden, Raymond L., 1987 (4. Auflage): *Interviewing: Strategies, techniques and tactics*. Homewood, Illinois: The Dorsey Press.
Haller, Michael, 2001: *Das Interview. Ein Handbuch für Journalisten*. Konstanz: UVK Medien.
Hedström, Peter, and Richard Swedberg, 1998: Social mechanisms: An introductory essay. Peter Hedström and Richard Swedberg (eds.), *Social Mechanisms: An Analytical Approach to Social Theory*. Cambridge: Cambridge University Press, 1-31.
Heinilä, Kalevi, 1982: The Totalization Process in International Sport. In: *Sportwissenschaft 12*, 235-253.
Heintz, Bettina, 2000: Gemeinschaft ohne Nähe? Virtuelle Gruppen und reale Netze. In: Udo Thiedecke (Hrsg.): *Virtuelle Gruppen: Charakteristika und Problemdimensionen*. Opladen: Westdeutscher Verlag, 188-218.

Heinzel, Friederike, 2003: Qualitative Interviews mit Kindern. In: Barbara Friebertshäuser/Annedore Prengel (Hrsg.): *Handbuch Qualitative Forschungsmethoden in der Erziehungswissenschaft*. Weinheim: Juventa Verlag, 369-413.

Helfferich, Cornelia, 2005: *Die Qualität qualitativer Daten: Manual für die Durchführung qualitativer Interviews*. Wiesbaden: VS Verlag für Sozialwissenschaften.

Herrmanns, Harry, 2007: Interviewen als Tätigkeit. In: Uwe Flick/Ernst von Kardorff/Ines Steinke (Hrsg.): *Qualitative Forschung*. Reinbek bei Hamburg: Rowohlt, 360-368.

Hoffmann-Riem, Christa, 1980: Die Sozialforschung einer interpretativen Soziologie. In: *Kölner Zeitschrift für Soziologie und Sozialpsychologie* 32, 325-338.

Hopf, Christel, 1978: Die Pseudo-Exploration – Überlegungen zur Technik qualitativer Interviews in der Sozialforschung. In: *Zeitschrift für Soziologie 7*, 97-115.

Hopf, Christel, 1979: Soziologie und qualitative Sozialforschung. In: Hopf, Christel/Elmar Weingarten: *Qualitative Sozialforschung*. Stuttgart: Klett-Cotta.

Hopf, Christel, 1982: Norm und Interpretation. Einige methodische und theoretische Probleme der Erhebung und Analyse subjektiver Interpretationen in qualitativen Untersuchungen. In: *Zeitschrift für Soziologie 11*, 307-329.

Hopf, Christel, 1983: *Die Hypothesenprüfung als Aufgabe qualitativer Sozialforschung*. ASI-News 6: 33-55.

Hopf, Christel, 1991: Zwischen Betrug und Wahrhaftigkeit – Fragen der Forschungsethik in der Soziologie. In: *Soziologie* 2/1991: 174-191.

Hopf, Christel, 1995: Hypothesenprüfung und qualitative Sozialforschung. In: Strobl, Rainer/Böttger, Andreas: *Wahre Geschichten? Zu Theorie und Praxis qualitativer Interviews*. Baden-Baden: Nomos, 9-21.

Hopf, Christel, 2000. Forschungsethik und qualitative Forschung. In: Uwe Flick/Ernst von Kardorff/Ines Steinke (Hrsg.): *Qualitative Forschung*. Reinbek bei Hamburg: Rowohlt, 589-600.

Hopf, Christel/Christiane Schmidt (Hrsg.), 1993: *Zum Verhältnis von innerfamilialen sozialen Erfahrungen, Persönlichkeitsentwicklung und politischer Orientierungen. Dokumentation und Erörterung des methodischen Vorgehens in einer Studie zu diesem Thema*. Unveröffentlichtes Manuskript, 25-35.

Hopf, Christel/Peter Rieker/Martina Sanden-Marcus, 1995: *Familie und Rechtsextremismus. Familiale Sozialisation und rechtsextreme Orientierungen junger Männer*. Weinheim: Juventa Verlag.

Kelle, Udo, 1994: *Empirisch begründete Theoriebildung: Zur Logik und Methodologie interpretativer Sozialforschung*. Weinheim: Deutscher Studien Verlag.

Kelle, Udo, 1996: Die Bedeutung theoretischen Vorwissens in der Methodologie der Grounded Theory. In: Rainer Strobl and Andreas Böttger (Hrsg.) *Wahre Geschichten? Zur Theorie und Praxis qualitativer Interviews*. Baden-Baden: Nomos, 23-48.

Kelle, Udo, 2003: Die Entwicklung kausaler Hypothesen in der qualitativen Sozialforschung: Methodologische Überlegungen zu einem häufig vernachlässigten Aspekt qualitativer Theorie- und Typenbildung. Zentralblatt für Didaktik der Mathematik 35 (6), 232-246. http://www.emis.de/journals/ZDM/zdm036a1.pdf (Zugriff am 31. Oktober 2008).

Kelle, Udo, and Susann Kluge, 1999: *Vom Einzelfall zum Typus: Fallvergleich und Fallkontrastierung in der qualitativen Sozialforschung* Wiesbaden: VS Verlag für Sozialwissenschaften.

Kinsey, Alfred C./Wardell B. Pomeroy/Clyde E. Martin, 1948: *Sexual behavior in the human male*. Philadelphia: Saunders.

King, Nigel, 1994: The qualitative research interview. In: Cassell, Catherine and Gillian Symon (eds.), *Qualitative methods in oganizational research. A pracitcal guide*. London: Sage, 15-36.

Kleining, Gerhard, 1982: Umriss zu einer Methodologie qualitativer Sozialforschung. In: *Kölner Zeitschrift für Soziologie und Sozialpsychologie 34*, 224-253.

Kowal, Sabine/Daniel C. O'Connell, 2007: Zur Transkription von Gesprächen. In: Uwe Flick/ Ernst von Kardorff/Ines Steinke (Hrsg.): *Qualitative Forschung*. Reinbek bei Hamburg: Rowohlt, 437-447.

Krippendorff, Klaus, 2004: *Content analysis: An Introduction to its Methodology*. 2. Auflage, Thousand Oaks: Sage.

Krohn, Wolfgang/Günter Küppers, 1989: *Die Selbstorganisation der Wissenschaft*. Frankfurt a.M.: Suhrkamp.

Kromrey, Helmut, 2006: *Empirische Sozialforschung*. Stuttgart: Lucius & Lucius.

Lamnek, Siegfried, 2005: *Qualitative Sozialforschung*. Weinheim: Beltz.

Lamnek, Siegfried, 1994: Konfliktregelung im außerrechtlichen Raum. Ein Jahr Arbeit der Ethik-Kommission. In: *Soziologie* 2/1994, 22-42.

Lamnek, Siegfried, 1995: Die Rechte von Untersuchten – Zum Verfahren der Ethik-Kommission. In: *Soziologie* 1-2/1995, 17-25.

Laudel, Grit, 1999: *Interdisziplinäre Forschungskooperation. Erfolgsbedingungen der Institution ‚Sonderforschungsbereich'*. Berlin: edition sigma (zugänglich unter: http://www.laudel.info)

Ludwig-Mayerhofer, Wolfgang/Heike Niemann, 1997: Gleiches (Straf-)Recht für alle? Neue Ergebnisse zur Ungleichbehandlung ausländischer Jugendlicher im Strafrecht der Bundesrepublik. In: *Zeitschrift für Soziologie 26*, 35-52.

Lueger, Manfred, 1989: Die soziale Situation im Interview. In: *Österreichische Zeitschrift für Soziologie 14*: 22-36.

Luhmann, Niklas, 1997: Funktion und Kausalität. In: Jürgen Friedrichs/Karl Ulrich Mayer/ Wolfgang Schluchter (Hrsg.): *Soziologische Theorie und Empirie*. Opladen: Westdeutscher Verlag, 23-50.

Mayer, Karl Ulrich, 1996: Lebensläufe und gesellschaftlicher Wandel. In: Johann Behrens; Wolfgang Voges (Hrsg.): *Kritische Übergänge: Statuspassagen und sozialpolitische Institutionalisierung*. Frankfurt a.M.: Campus.

Mayntz, Renate/Fritz W. Scharpf, 1995a: Der Ansatz des akteurzentrierten Institutionalismus. In: Renate Mayntz/Fritz W. Scharpf (Hrsg.): *Gesellschaftliche Selbstregelung und politische Steuerung*. Frankfurt a.M.: Campus, 39-72.

Mayntz, Renate/Fritz W. Scharpf, 1995b: Steuerung und Selbstorganisation in staatsnahen Sektoren. In: Renate Mayntz/Fritz W. Scharpf (Hrsg.): *Gesellschaftliche Selbstregelung und politische Steuerung*. Frankfurt a.M.: Campus, 9-38.

Mayntz, Renate/Kurt Holm/Peter Hübner, 1978: *Einführung in die Methoden der empirischen Soziologie*. Opladen: Westdeutscher Verlag.

Mayntz, Renate, 2004: Mechanisms in the Analysis of Social Macro-Phenomena. *Philosophy of the Social Sciences* 34: 237-259.

Mayring, Philipp, and Michaela Gläser-Zikuda, 2005. *Die Praxis der Qualitativen Inhaltsanalyse*. Weinheim: Beltz.

Mayring, Philipp, 2007 [1. Auflage 1983, Beltz Verlag]: *Qualitative Inhaltsanalyse. Grundlagen und Techniken*. Weinheim: Deutscher Studien Verlag.

Meho, Lokman I., 2006: E-Mail Interviewing in Qualitative Research: A Methodological Discussion. Journal of the American Society for Information Science and Technology 57 (10), 1284-1295.

Meinefeld, Werner, 1985: Die Rezeption empirischer Forschungsergebnisse – eine Frage von Treu und Glaube?. In: *Zeitschrift für Soziologie 14*, 297-314.

Meinefeld, Werner, 1995: *Realität und Konstruktion: Erkenntnistheoretische Grundlagen einer Methodologie der empirischen Sozialforschung*. Opladen: Leske + Budrich.

Meinefeld, Werner, 1997: Ex-ante Hypothesen in der Qualitativen Sozialforschung: zwischen »fehl am Platz« und »unverzichtbar«. In: *Zeitschrift für Soziologie 26*, 22-24.

Meinefeld, Werner, 2005: Hypothesen und Vorwissen in der qualitativen Sozialforschung. In: Uwe Flick/Ernst von Kardorff/Ines Steinke (Hrsg.): *Qualitative Forschung*. Reinbek bei Hamburg: Rowohlt, 265-275.

Merten, Klaus/Georg Ruhrmann, 1982: Die Entwicklung der inhaltsanalytischen Methode. *Kölner Zeitschrift für Soziologie und Sozialpsychologie 34*, 696-716.

Merton, Robert K., 1967: *On Theoretical Sociology*. New York: Free Press.

Merton, Robert K., 1968: On Sociological Theories of the Middle Range. In: Robert Merton (Hrsg.): *Social Theory and Social Structure*. London: The Free Press, 39-72.

Merton, Robert K./Marjorie Fiske/Patricia L. Kendall, 1956: *The Focused Interview: A Manual of Problems and Procedures*. New York: The Free Press.

Meuser, Michael und Ulrike Nagel (2005): ExpertInneninterviews – vielfach erprobt, wenig bedacht. Ein Beitrag zur qualitativen Methodendiskussion. In: Bogner, Alexander, Littig, Beate und Wolfgang Menz (Hg.). Das Experteninterview. Theorie, Methode, Anwendung. VS Verlag für Sozialwissenschaftgen: 71 – 93.

Miles, Matthew B./A. Michael Huberman, 1984: *Qualitative data analysis: a sourcebook of new methods*. Beverly Hills: Sage.

Miles, Matthew B., and A. Michael Huberman, 1994: *Qualitative data analysis : An expanded sourcebook*. Thousand Oaks: Sage.

Murray, Craig D./Judith Sixsmith, 1998: E-mail: a qualitative research medium for interviewing? International Journal of Social Research Methodology 1 (2), 103-121.

Neuendorf, Kimberly A., 2002: *The content analysis guidebook*. Thousand Oaks: Sage.

Mruck, Katja, unter Mitarbeit von Günter Mey, 2000: Qualitative Sozialforschung in Deutschland [54 Absätze]. *Forum Qualitative Sozialforschung/Forum: Qualitative Social Research* [On-line Journal], 1(1). Verfügbar über: http://www.qualitative-research.net/fqs-texte/1-00/1-00mruckmey-d.htm. [Zugriff: 27.07.2006]

Neumann-Braun, Klaus/Arnulf Deppermann, 1998: Ethnographie der Kommunikationskulturen Jugendlicher: Zur Gegenstandskonzeption und Methodik der Untersuchung von Peer-Groups. In: *Zeitschrift für Soziologie 27*, 239-255.

North, Douglass C., 1990: *A Transaction Cost Theory of Politics. Journal of Theoretical Politics 2*, 355-367.

Opdenakker, Raymond, 2006: Advantages and Disadvantages of Four Interview Techniques in Qualitative Research [44 paragraphs]. Forum Qualitative Sozialforschung / Forum: Qualitative Social Research, 7(4), Art. 11, http://nbn-resolving.de/urn:nbn:de:0114-fqs0604118. (Zugriff 31. Oktober 2008).

Patton, Michael Quinn, 1990: *Qualitative Evaluation and Research Methods*. Newbury Park: Sage.

Patton, Michael Quinn, 2002: *Qualitative Research and Evaluation Methods*. Newbury Park: Sage.

Reuband, Karl-Heinz, 1990: Meinungslosigkeit im Interview. Erscheinungsformen und Folgen unterschiedlicher Befragungsstrategien. In: *Zeitschrift für Soziologie 19*, 428-443.

Richards, David, 1996: *Elite Interviewing: Approaches and Pitfalls*. In: Politics 16, 3, 199-204.

Richardson, Stephen A./Barbara Snell Dohrenwend/David Klein, 1993: Die „Suggestivfrage". Erwartungen und Unterstellungen im Interview. In: Christel Hopf/Elmar Weingarten (Hrsg.), *Qualitative Sozialforschung*. Stuttgart: Klett-Cotta, 205-231.

Roth, Julius, 1970: Comments on „Secret Observation". In: Filstead, William (ed.): *Qualitative Methodology: Firsthand involvement with the social world*. Chicago: Rand McNally, 278-280.

Rubin, Herbert S./Irene S. Rubin, 1995: *Qualitative Interviewing. The Art of Hearing Data*. London: Sage.
Scheuch, Erwin K., 1967: Das Interview in der Sozialforschung. In: René König (Hrsg.): *Handbuch der empirischen Sozialforschung. Bd. 1*, Stuttgart: Enke, 136-196.
Schmidt, Christiane, 1993: Erhebungsinstrumente und Fragestrategien. In: Christel Hopf/ Christiane Schmidt, 1993 (Hrsg.): *Zum Verhältnis von innerfamiliären sozialen Erfahrungen, Persönlichkeitsentwicklung und politischer Orientierungen. Dokumentation und Erörterung des methodischen Vorgehens in einer Studie zu diesem Thema*. Unveröffentlichtes Manuskript, 25-35.
Schmidt, Christiane, 2003: „Am Material": Auswertungstechniken für Leitfadeninterviews. In: Barbara Friebertshäuser/Annedore Prengel (Hrsg.): *Handbuch Qualitative Forschungsmethoden in der Erziehungswissenschaft*. Weinheim: Juventa, 544-568.
Schneider, Wolf, 2008: *Deutsch für Kenner: Die neue Stilkunde*. München: Piper.
Seidman, I. E., 1991: *Interviewing As Qualitative Research: A Guide for Researchers in Education And the Social Sciences*. New York: Teachers College Press.
Seidman, Irving, 2006: *Interviewing As Qualitative Research: A Guide for Researchers in Education And the Social Sciences*. New York: Teachers College Press.
Stenger, Horst/Hans Geißlinger, 1991: Die Transformation sozialer Realität. Ein Beitrag zur empirischen Wissenssoziologie. In: *Kölner Zeitschrift für Soziologie und Sozialpsychologie 43*, 247-270.
Strauss, Anselm/Juliet Corbin, 1990: *Basics of Qualitative Research: Grounded Theory Procedures and Techniques*. London: Sage.
Sutton, Robert I./Barry M. Staw, 1995: What Theory is Not. In: *Administrative Science Quarterly 40*: 371-384.
Thomas, Robert J., 1995: Interviewing Important People in Big Companies. In: Rosanna Hertz/Jonathan B. Imber (eds.): *Studying elites using qualitative methods*. Thousands Oaks: Sage.
Ullrich, Carsten G., 1999: Deutungsmusteranalyse und diskursives Interview. In: *Zeitschrift für Soziologie 28*, 429-447.
Vowe, Gerhard, 1993: *Qualitative Inhaltsanalyse – Cognitive Mapping – Policy Arguer. Demonstration systematischer Vorgehensweise zur Analyse politischer Kognition. Forschungsbericht zum Projekt „Handlungsorientierungen"*. Manuskript. Köln: MPI für Gesellschaftsforschung.
Warwick, Donald P., 1982: Types of Harm in Social Research. In: Beauchamp, Tom L./Ruth R. Faden/R. Jay Wallace JR./Leroy Walters (eds.): *Ethical Issues in Social Science Research*. Baltimore: Johns Hopkins University Press.
Weber, Max, 1976: *Wirtschaft und Gesellschaft: Grundriss der verstehenden Soziologie*. Tübingen: Mohr.
Weick, Karl E., 1995: Definition of 'theory'. In: Nigel Nicholson (ed.): *Blackwell Dictionary of Organizational Behavior*. Oxford: Blackwell.
Weiss, Robert S., 1994: *Learning from Strangers. The Art and Method of Qualitative Interview Studies*. New York : Free Press.
Wohlrab-Sahr, Monika, 1999: *Konversion zum Islam in Deutschland und den USA*. Frankfurt a. M.: Campus.

Anhang 1 Ethik-Kodex der DGS und des BDS

Ethik-Kodex
der
Deutschen Gesellschaft für Soziologie (DGS)
und des
Berufsverbandes Deutscher Soziologen (BDS)

Präambel

Die Erarbeitung und Verbreitung soziologischen Wissens sind soziale Prozesse, die in jedem Stadium ethische Erwägungen und Entscheidungen erfordern. Dieser Bestandteile soziologischer Wissensproduktion, -verwendung und -weitergabe sollten sich Soziologinnen und Soziologen stets bewußt sein.

Der Ethik-Kodex lebt von seiner ständigen Diskussion und seiner Anwendung durch die Angehörigen der soziologischen Profession. Er soll dazu beitragen, die Soziologie in Deutschland weiter zu professionalisieren. Der Kodex formuliert einen Konsens über ethisches Handeln innerhalb der professionellen und organisierten Soziologie in Deutschland. Er benennt die Grundlagen, auf denen die Arbeit der Ethik-Kommission beruht.

Dieser Kodex soll dazu dienen, Soziologinnen und Soziologen für ethische Probleme ihrer Arbeit zu sensibilisieren und sie zu ermutigen, ihr eigenes berufliches Handeln kritisch zu prüfen. Insbesondere sind die universitär tätigen Soziologinnen und Soziologen aufgefordert, dem wissenschaftlichen Nachwuchs und den Studierenden die Elemente berufsethischen Handelns zu vermitteln und sie zu einer entsprechenden Praxis anzuhalten.

Zugleich schützt dieser Ethik-Kodex vor Anforderungen und Erwartungen, die in verschiedenen Situationen von Untersuchten. Studierenden, Mitarbeitern, Kollegen sowie privaten und öffentlichen Auftraggebern an soziologische Forschung und Praxis gesellt werden und in ethische Konflikte führen könnten.

Personen, die unter Berufung auf diesen Kodex Beanstandungen bei der Ethik-Kommission vorbringen, dürfen wegen der Ausübung dieses Rechts keine Benachteiligungen erfahren.

Um die in der Präambel genannten Ziele zu erreichen, bestätigen und unterstützen die Mitglieder der „Deutschen Gesellschaft für Soziologie" und des „Berufsverbandes Deutscher Soziologen" den folgenden Ethik-Kodex.

I. Forschung

A. Integrität und Objektivität

1. Soziologinnen und Soziologen streben in Ausübung ihres Berufes nach wissenschaftlicher Integrität und Objektivität. Sie sind den bestmöglichen Standards in Forschung, Lehre und sonstiger beruflicher Praxis verpflichtet. Geben sie fachspezifische Urteile ab, sollen sie ihr Arbeitsgebiet, ihren Wissensstand, ihre Fachkenntnis, ihre Methoden und ihre Erfahrungen eindeutig und angemessen darlegen.
2. Bei der Präsentation oder Publikation soziologischer Erkenntnisse werden die Resultate ohne verfälschende Auslassung von wichtigen Ergebnissen dargestellt. Einzelheiten der Theorien, Methoden und Forschungsdesigns, die für die Einschätzung der Forschungsergebnisse und der Grenzen ihrer Gültigkeit wichtig sind, werden nach bestem Wissen mitgeteilt.
3. Soziologinnen und Soziologen sollen in ihren Publikationen sämtliche Finanzierungsquellen ihrer Forschungen benennen. Sie gewährleisten, daß ihre Befunde nicht durch spezifische Interessen der Geldgeber verzerrt sind.
4. Soziologinnen und Soziologen machen ihrer Forschungsergebnisse nach Ab5. schluß der Analysen in geeigneter Weise öffentlich zugänglich. Dies gilt nicht in Fällen, in denen das Recht auf den Schutz vertraulicher Aufzeichnungen verletzt werden würde. In Fällen, in denen die Pflicht zur Amtsverschwiegenheit oder der Anspruch des Auftraggebers das Recht zur Veröffentlichung eingrenzen, bemühen sich Soziologinnen und Soziologen darum, den Anspruch auf Veröffentlichung möglichst weitgehend aufrechtzuerhalten.
5. Soziologinnen und Soziologen dürfen keine Zuwendungen, Verträge oder Forschungsaufträge akzeptieren, die die in diesem Kodex festgehaltenen Prinzipien verletzen.
6. Sind Soziologinnen und Soziologen, auch Studierende, an einem gemeinsamen Projekt beteiligt, werden zu Beginn des Vorhabens bezüglich der Aufgabenverteilung, der Vergütung, des Datenzugangs, der Urheberrechte sowie anderer Rechte und Verantwortlichkeiten Vereinbarungen getroffen, die von alle Beteiligen akzeptiert werden. Diese können im Fortgang des Projekts aufgrund veränderter Bedingungen einvernehmlich korrigiert werden.
7. In ihrer Rolle als Forschende, Lehrende und in der Praxis Tätige tragen Soziologinnen und Soziologen soziale Verantwortung. Ihre Empfehlungen, Entscheidungen und Aussagen können das Leben ihrer Mitmenschen beeinflussen. Sie sollen sich der Situation und immanenten Zwänge bewußt sein, die zu einem Mißbrauch ihres Einflusses führen könnten. Soziologinnen und Soziologen sollen geeignete Maßnahmen ergreifen, um sicherzustellen, daß ein solcher Mißbrauch und daraus resultierend nachteilige Auswirkungen auf Auftraggeber/innen, For-

schungsteilnehmer/innen, Kollegen/innen, Studierende und Mitarbeiter/innen vermieden werden.

B. Rechte der Untersuchten

1. Das Befolgen von Regeln der wissenschaftlichen Methode kann ungünstige Konsequenzen oder spezielle Risiken für Individuen oder Gruppen nach sich ziehen. Darüber hinaus kann das Forschungshandeln den zukünftigen Zugang zu einer Untersuchungspopulation für den gesamten Berufsstand oder verwandte Berufsgruppen einschränken oder verschließen. Beides haben Soziologinnen und Soziologen zu antizipieren, um negative Auswirkungen zu vermeiden.
2. In der soziologischen Forschung sind die Persönlichkeitsrechte der in sozialwissenschaftliche Untersuchungen einbezogenen Personen ebenso wie ihr Recht zur freien Entscheidung über die Beteiligung an Forschungsvorhaben zu respektieren.
3. Generell gilt für die Beteiligung an sozialwissenschaftlichen Untersuchungen, daß diese freiwillig ist und auf der Grundlage einer möglichst ausführlichen Information über Ziele und Methoden des entsprechenden Forschungsvorhabens erfolgt. Nicht immer kann das Prinzip der informierten Einwilligung in die Praxis umgesetzt werden, z.B. wenn durch eine umfassende Vorabinformation die Forschungsergebnisse in nicht vertretbarer Weise verzerrt würden. In solchen Fällen muß versucht werden, andere Möglichkeiten der informierten Einwilligung zu nutzen.
4. Besondere Anstrengungen zur Gewährleistung einer angemessenen Information sind erforderlich, wenn die in die Untersuchung einbezogenen Individuen über einen geringen Bildungsgrad verfügen, einen niedrigen Sozialstatus haben, Minoritäten oder Randgruppen angehören.
5. Personen, die in Untersuchungen als Beobachtete oder Befragte oder in anderer Weise, z.B. im Zusammenhang mit der Auswertung persönlicher Dokumente, einbezogen werden, dürfen durch die Forschung keinen Nachteilen oder Gefahren ausgesetzt werden. Die Betroffenen sind über alle Risiken aufzuklären, die das Maß dessen überschreiten, was im Alltag üblich ist. Die Anonymität der befragten oder untersuchten Personen ist zu wahren.
6. Im Rahmen des Möglichen sollen Soziologinnen und Soziologen potentielle Vertrauensverletzungen voraussehen. Verfahren, die eine Identifizierung der Untersuchten ausschließen, sollen in allen geeigneten Fällen genutzt werden. Besondere Aufmerksamkeit ist den durch die elektronische Datenverarbeitung gegebenen Möglichkeiten des Zugangs zu Daten zu widmen. auch hier sind sorgfältige Vorkehrungen zum Schutz vertraulicher Informationen erforderlich.

7. Von untersuchten Personen erlangte vertrauliche Informationen müssen entsprechend behandelt werden; diese Verpflichtung gilt für alle Mitglieder der Forschungsgruppe (auch Interviewer/innen, Codierer/innen, Schreibkräfte etc.), die über eine Datenzugriff verfügen. Es liegt in der Verantwortung der Projektleiter/innen, die Mitarbeiter/innen hierüber zu informieren und den Zugang zu vertraulichem Material zu kontrollieren.
8. Soziologinnen und Soziologen sollen unter Verweis auf entsprechende Regelungen für andere Professionen der Schweigepflicht unterliegen und für sich das Recht auf Zeugnisverweigerung beanspruchen, wenn zu befürchten steht, daß auf der Basis der im Rahmen soziologischer Forschung gewonnenen Informationen die Informanten irgendwelche – insbesondere strafrechtliche – Sanktionen zu gewärtigen haben.

II. Publikationen

1. Soziologinnen und Soziologen nennen alle Personen, die maßgeblich zu ihrer Forschung und zu ihren Publikationen beigetragen haben. Die Ansprüche auf Autorenschaft und die Reihenfolge der Autoren/innen sollen deren Beteiligung am Forschungsprozeß und an der Veröffentlichung abbilden.
2. Daten und Materialien, die wörtlich oder sinngemäß von einer veröffentlichten oder unveröffentlichten Arbeit anderer übernommen wurden, müssen kenntlich gemacht und ihren Urheber/innen zugeschrieben werden. Verweise auf Gedanken, die in Arbeiten anderer entwickelt wurden, dürfen nicht wissentlich unterlassen werden.
3. In Zeitschriften sollte der kritische Austausch zwischen den Angehörigen des Faches gefördert werden. In diesem Zusammenhang sollten Regeln publiziert werden, die die Möglichkeiten zur Stellungnahme und Erwiderung spezifizieren.
4. Herausgeber und Redaktionen von Zeitschriften sind einer fairen Beurteilung eingereichter Beiträge ohne persönliche oder ideologische Vorurteile in angemessener Zeit verpflichtet. Sie informieren umgehend über Entscheidungen zu eingereichten Manuskripten.
5. Eine Veröffentlichungszusage ist bindend. Wurde die Publikation zugesichert, soll sie sobald wie möglich erfolgen.

III. Begutachtung

1. Werden Soziologinnen und Soziologen um Einschätzungen von Personen, Manuskripten, Forschungsanträgen oder anderen Arbeiten gebeten, so

sind solche Bitten um Begutachtung im Fall von Interessenkonflikten abzulehnen.

2. Zu begutachtende Arbeiten sollen vollständig, sorgfältig, vertraulich und in einem angemessenen Zeitraum fair beurteilt werden.
3. Begutachtungen, die im Zusammenhang mit Personalentscheidungen stehen, werden von allen Beteiligten vertraulich behandelt, An sie müssen unter den Gesichtspunkten der Integrität, der Objektivität und der Vermeidung von Interessenkonflikten höchste Anforderungen gestellt werden.
4. Soziologinnen und Soziologen, die um Rezensionen von Büchern oder Manuskripten gebeten werden, welche sie bereits an anderer Stelle besprochen haben, sollen diesen Umstand den Anfragenden mitteilen. Die Rezension von Arbeiten, bei deren Entstehung sie direkt oder indirekt beteiligt waren, sollten sie ablehnen.

IV. Der berufliche Umgang mit Studierenden, Mitarbeitern/innen und Kollegen/innen

1. Soziologinnen und Soziologen, die Lehraufgaben wahrnehmen, verpflichten sich, durch Art und Ausmaß ihres Einsatzes und ihrer Ansprüche für eine gute Ausbildung der Studierenden zu sorgen.
2. Soziologinnen und Soziologen müssen sich bei Einstellungen, Entlassungen, Beurteilungen, Beförderungen, Gehaltsfestsetzungen und anderen Fragen des Anstellungsverhältnisses, bei Berufungs-, Rekrutierungs- und Kooptationsentscheidungen um Objektivität und Gerechtigkeit bemühen. Sie dürfen andere Personen nicht wegen ihres Alters, ihrer Geschlechtszugehörigkeit, ihrer körperlichen Behinderung, ihrer sozialen oder regionalen Herkunft, ihrer ethnischen oder nationalen Zugehörigkeit, ihrer Religionszugehörigkeit oder ihrer politischen Einstellungen benachteiligen.
3. Soziologinnen und Soziologen dürfen Studierende oder Mitarbeiter/innen und Kollegen/innen nicht zwingen, sich als Forschungsobjekte zur Verfügung zu stellen, oder sie über eine derartige Verwendung täuschen.
4. Soziologinnen und Soziologen dürfen Leistungen anderer nicht zu ihrem eignen Vorteil ausnutzen und deren Arbeit nicht undeklariert verwerten.
5. Soziologinnen und Soziologen dürfen von niemandem, beispielsweise von Befragten, Auftraggebern/innen, Mitarbeitern/innen, Studenten/innen – persönliches oder geschlechtsspezifisches Entgegenkommen oder einen persönlichen oder beruflichen Vorteil erzwingen.

V. Die Ethik-Kommission

A. Zusammensetzung und Amtszeit

1. Die Ethik-Kommission besteht aus fünf Personen. Die „Deutsche Gesellschaft für Soziologie (DGS)“ und der „Berufsverband Deutscher Soziologen (BDS)“ entsenden jeweils zwei Mitglieder nach einem Verfahren, das die jeweiligen Verbände für sich festlegen. Dazu kommt, jährlich alternierend, der oder die jeweilige Vorsitzende der DGS oder des BDS ex officio.
2. Die Amtszeit der Ethik-Kommission Dauer drei Jahre.
3. Die Ethik-Kommission gibt sich eine Satzung, in der sie ihr Vorgehen regelt und die durch die Vorstände der Verbände sowie das Konzil der DGS und den Senat des BDS bestätigt werden muß.

B. Aufgaben und Zuständigkeit

1. Die Ethik-Kommission soll:

   (a) die Vorstände der Verbände zu generellen ethischen Fragen beraten,
   (b) Anzeigen von Verstößen gegen den Ethik-Kodex entgegennehmen und nach einer vermittelnden Beilegung streben,
   (c) die Vermittlung zwischen betroffenen Parteien bei der Beilegung ihrer Beschwerden organisieren,
   (d) Anhörungen der Parteien bei formellen Beschwerden über ein Fehlverhalten durchführen und
   (e) Maßnahmen an die Vorstände der Verbände empfehlen,
   (f) jährlich mindestens einmal über seine Arbeit und die verhandelten Fälle dem Konzil der DGS und dem Senat des BDS sowie in den Zeitschriften der beiden Verbände berichten,
   (g) zum Ende ihrer Amtsperiode überprüfen, ob den Verbänden Änderungen und Ergänzungen auf der Grundlage gemachter Erfahrungen oder neu eingetretener Entwicklungen vorgeschlagen werden sollen.

C. Sanktionen

1. Befindet die Ethik-Kommission, daß kein ethischer Verstoß vorliegt, werden alle betroffenen Seiten und die Vorstände der Verbände darüber informiert, womit der Vorgang abgeschlossen ist.
2. Stellt die Ethik-Kommission im Verlauf der Anhörungen fest, daß ein Verstoß gegen den Ethik-Kodex vorliegt, informiert sie alle davon betroffenen Seiten und gibt einen Bericht an die Vorstände. Es können folgende Maßnahmen empfohlen werden:

a) Sanktionen auszusprechen,
b) einen öffentlichen Tadel in den Fachzeitschriften der Verbände auszusprechen,
c) den freiwilligen Austritt eines Mitglieds anzuregen,
d) die Mitgliedschaft für einen bestimmten Zeitraum auszusetzen,
e) das Mitglied aus dem jeweiligen Verband auszuschließen.

VI. Inkrafttreten

Dieser Ethik-Kodex in der Fassung vom 27. November 1992 tritt nach Verabschiedung durch die beiden Verbände und Veröffentlichung in den Zeitschriften der Verbände in Kraft.

Anhang 2 Beispiele für Interviewleitfäden

a) Leitfaden für Interviews mit Teilprojektleitern des SFB

Vorbemerkung

Das *Ziel der Untersuchung* besteht darin herauszufinden, ob und in welcher Weise ein SFB die Kooperationsbeziehungen von Wissenschaftlern beeinflußt. Das *Ziel des Interviews* ist es, die Entstehungsgeschichte des Teilprojekts zu rekonstruieren sowie die Einbindung des Teilprojekts in den SFB und die Bearbeitung der Forschungsprobleme zu analysieren. Die Ergebnisse werden anonymisiert. Besteht Einverständnis mit einer Tonbandaufzeichnung?

I Vorgeschichte des SFB

1. Was ist ihr Forschungsgebiet und seit wann arbeiten Sie auf diesem Gebiet?

II Entscheidungsprozesse zum SFB-Erstantrag und Fortsetzungen

2. Wie wurden Sie Mitglied im SFB?

- Wie erfuhren Sie von der Absicht, einen SFB zu gründen?
- Wie kam es zu Ihrer Aufnahme in den SFB?
- Welche Alternativen hätte es zur Mitarbeit im SFB gegeben?

3. Wie entstand die Idee, das im Antrag formulierte Problem zu bearbeiten?

- Hätten Sie dieses Problem auch bearbeiten wollen, wenn Sie nicht in den SFB gelangt wären?
- Ist das Thema vorher bereits in anderer Form von der DFG gefördert worden? (z.B. Normalverfahren, Forschergruppe, Schwerpunktverfahren)

4. Wie waren Sie damals in die Erarbeitung der SFB-Konzeption einbezogen?

III Realisierungsphase

5. Wie ist Ihr Projekt mit anderen Teilprojekten thematisch verknüpft?

- Sind die Ergebnisse des Teilprojektes Voraussetzungen für die Arbeit anderer Teilprojekte (welcher Art?) oder Bestandteil einer gemeinsamen Bearbeitung eines Problems von verschiedenen Seiten?
- Benötigen Sie Leistungen anderer Teilprojekte? Welche?

6. Hatten Sie im Zusammenhang mit Ihrem Projekt Probleme, die gewünschten finanziellen Mittel zu bekommen (insbesondere für Forschungsgeräte und -personal)? Wenn ja: Lagen die Ursachen

- innerhalb des SFB?
- in den notwendigen Abstimmungen im Fachbereich (über die Grundausstattung)?
- in Entscheidungen der DFG?

IV Zusammenhang zu anderen Forschungsprozessen

7. Welche Projekte bearbeiten Sie außer dem SFB-Projekt noch?

- Stehen die in irgendeinem Zusammenhang zum SFB? Und führt das zu Konflikten? (Zeit)

8. Mit wem haben Sie außerhalb des SFB (wichtige) Kooperationsbeziehungen in Bezug auf die Thematik, die Sie im SFB bearbeiten?

- Führt das zu Konflikten (Konkurrenz um Zeit)?
- Gibt es auch Kooperationsbeziehungen oder Kontakte zu Gutachtern?

9. Haben sich durch Ihre Mitarbeit im SFB die Kooperationsbeziehungen zu Forschungsgruppen, die jetzt im SFB sind, oder zu externen Forschungsgruppen verändert?

- Gibt es neue oder eine Intensivierung bestehender Kooperationen?
- Wurden Kooperationen abgebrochen?

V Koordination und Kooperation

10. Die Teilprojekte in einem SFB sind ja im Großen und Ganzen recht eigenständig – kommt es trotzdem vor, daß Sie sich mit anderen Teilprojekten abstimmen bezüglich

- **inhaltlicher Sachverhalte,**
- **Raumnutzung, Gerätenutzung, Anforderungen an Forschungsgeräte,**

- **Personalfragen, Ressourcenfragen? (Verteilung finanzieller Mittel),**
- **Serviceleistungen zwischen Teilprojekten?**

- Wie erfolgen diese Abstimmungen?
- Können Sie sich im Zusammenhang mit diesen Abstimmungen an Konflikte erinnern?

12. In welcher Weise sind Sie bei den Fortsetzunganträgen in die Entscheidungen einbezogen worden zur

- **Neuaufnahme von Projekten?**
- **Anschaffung von zentralen Forschungsgeräten?**
- Hätten Sie sich gewünscht, stärker in diese Entscheidungen einbezogen zu werden?
- Haben Sie selbst jemanden vorgeschlagen, der in den SFB sollte?

13. Fühlen Sie sich durch die Anforderungen des SFB in irgendeiner Weise benachteiligt im SFB? (Zwang zur Anpassung der Forschungsziele, zu viele Dienstleistungen, zu wenig Ressourcen)

14. Haben Sie im Zusammenhang mit Ihren Forschungsarbeiten im SFB

- **Vorträge an anderen Instituten, die am SFB beteiligt sind, gehalten?**
- **Vorträge organisiert für den SFB?**
- **bei der Betreuung von Doktoranden oder Diplomanden, die aus anderen Instituten kamen, mitgewirkt?**

15. Wodurch – außer durch die SFB-Kolloquien – erfahren Sie von den Arbeiten der anderen Teilprojekte?

- Gibt es bei den Vorträgen im SFB Abstufungen: Themen, die für Sie besonders interessant sind, Themen oder Projekte, die eher entfernt sind?

VI Resultate

16. Haben Sie die im Antrag formulierten Forschungsziele erreichen können?

- Wenn man mal den gesamten Zeitraum seit Beginn des SFB betrachtet – hat sich da die Problemstellung des Teilprojektes im Laufe der Bearbeitung verändert?
- Gab es Themenabbrüche? Warum?
- Welche Rolle haben eventuelle Abweichungen bei den Begutachtungen gespielt?

b) Leitfaden für Interviews mit Athleten

Karriereverlauf

1. Zugang zum Sport

Bitte beschreibe, wann und wie Du zu deinen allerersten Sporterfahrungen gekommen bist! (Dabei meine ich nicht den Leistungssport, den Du heute machst, sondern Sport ganz allgemein.)

- Wann?
- Welche Sportarten?
  - Hast Du Sportarten aufgegeben? --> Warum?
- Sporteinstieg durch wen initiiert?
- Einstiegsmotive (Medien, Moden, Verpflichtungsgefühle, Bewegungsfreude bzw. -drang, Geselligkeit)?

2. Zugang zum Leistungssport

- Wie und wann bist Du dann dazu gekommen, deine heutige Sportart leistungsmäßig zu betreiben?
  - Wann?
  - Entwicklung der eigenen Ansprüche an Leistung/Erfolg?
  - Steigerung von Trainingsumfang und -intensität? trainingsergänzende Maßnahmen (med. Betreuung, Regenerationsmaßnahmen)?
  - Verschiebungen zeitlicher Prioritäten gegenüber anderen Freizeitbeschäftigungen?
  - Steigerung des Zeitaufwandes für Fahrtwege?
  - Ereignisse, die Übergang illustrieren (Vereinswechsel, Trainerwechsel, Aufnahme in Leistungszentren, Motivationsschübe)?

3. Leistungsentwicklung

- Wann kam bei dir der Durchbruch an die Leistungsspitze?
- Was würdest Du als den Höhepunkt deiner bisherigen Laufbahn bezeichnen?

4. Eigene Wahrnehmung der Höhepunkte

- Wie hast Du diese Höhepunkte erlebt?
  - Erfolg als Lohn für die vielen Mühen
  - Erfolg als Erleichterung?
  - Keine Zeit, sich über aktuelle Erfolge zu freuen?

5. Aussichten auf das Karriereende

- Hast Du dir Ziele gesetzt, wie lange Du noch leistungsmäßig weitermachen willst?

- Irgendwann wird es für dich mit dem Leistungssport vorbei sein. Was möchtest Du denn dann tun?
  - beruflich?
  - privat?
- Was glaubst Du, wie es wohl sein wird, wenn Du mit dem Sport aufgehört hast?

Motivation

6. Vorteile

- Was ist für dich das Wichtigste an einem Sieg im Wettkampf?
  - Ruhm, Geld, Anerkennung?
  - Wunsch nach Einzigartigkeit?
  - Besiegen eines ganz bestimmten Konkurrenten?
- Was macht dir im Training am meisten Spaß?
  - Selbstbestätigung, Bewegungslust, Spaß, Geselligkeit, Euphorie? Sportartspezifisches Körpererleben

Beispiele:

- RSG: Harmonie von Körper und Gerät, Bewegung und Musik
- Gewichtheben: Gefühl von Stärke
- Tennis: Gefühle des Gelingens
- Zehnkampf: Selbstüberwindung

7. Motivtransformationen

- War das zu Anfang deiner Karriere anders?
  - Was war anders?

8. Bedeutungsbewertung des Sports

- Würdest Du sagen, daß der Sport der Mittelpunkt deines Lebens ist?
  - Seit wann ist das so?

9. Bewußtsein für Risiken und Schattenseiten des Leistungssports

- Hast Du manchmal das Gefühl, wegen des Sports etwas zu verpassen?
- Gab es schon Momente in deiner Laufbahn, in denen Du bereut hast, mit dem Leistungssport begonnen zu haben?
  - Wenn ja: Wann und in welchem Zusammenhang?

Rückschläge

10. Ereignisse/Erlebnisse

- Hast Du in deiner sportlichen Karriere schon einmal richtig Pech gehabt?
  - Erzähl doch mal!
  - Wann?

11. Verletzungen

- Dauer der verletzungsbedingten Zwangspausen?
- Wie hast Du die Zwangspause(n) erlebt? Hast Du zu Hause gesessen und gedacht, Mensch ich will doch und jetzt kann ich nicht, oder hast Du es genossen, daß Du mal gar nichts machen mußtest?
- Hast Du während dieser Zeit mal daran gedacht auszusteigen?
- Hattest Du Angst, den Anschluß zu verpassen bzw. das eigene Leistungsniveau nicht mehr erreichen zu können?
- Hast Du zunehmenden Leistungsdruck durch zusätzlich verknappte Leistungszeit verspürt?

12. Reaktionen des Umfeldes

- Wie hat dein Umfeld auf die Ereignisse reagiert (Eltern, Trainer, Funktionäre, Sponsoren)?
  - Hat während der Zwangspausen das Interesse an dir nachgelassen?
  - Wurden dir Gelder gekürzt oder die Kürzung angedroht?

Eltern/Familie

13. Familienstruktur

- Leben deine Eltern zusammen? (Wenn nicht, warum nicht?)
- Was sind sie von Beruf?
- Hast Du noch Geschwister? (Geschlecht, Alter)
- Leben die auch (noch) bei deinen Eltern?

14. Sporterfahrungen der Eltern/Geschwister?

- Haben deine Eltern auch Sport gemacht?
  - Welche Sportarten?
  - Welches Leistungsniveau?
- Wie ist das mit deinen Geschwistern?
  - Welche Sportarten?
  - Welches Leistungsniveau?

15. Einstellungen der Eltern zur Karriere des Kindes

(differenziert nach Vater und Mutter)

- Was, glaubst Du, halten deine Eltern von deinem Sport?
- Wie reagieren deine Eltern, wenn Du Erfolg hast?
- Wie reagieren sie, wenn Du einmal keinen Erfolg hast?
- Nun ist ja eine Entscheidung für den Leistungssport auch mit gewissen Problemen verbunden. War das mal Gesprächsthema zwischen deinen Eltern und dir?
- Gab es mal Auseinandersetzungen mit deinen Eltern wegen deines Sports?
  - Wann und worüber?

16. Unterstützungsleistungen der Eltern

- Inwieweit unterstützen dich deine Eltern in Training und Wettkampf?
  - Fahren sie dich z.B. mit dem Auto zum Training?
  - Schauen sie bei allen deinen Wettkämpfen zu? Auch wenn diese weiter weg vom Heimatort stattfinden?
  - Werden Urlaub, Wochenendausflüge und andere Freizeitaktivitäten der Familie mit deinem Trainings- und Wettkampfkalender abgestimmt?
  - Kommt es zu Überschneidungen und zu Konflikten deswegen?
- Wird bei euren Mahlzeiten auf deine Bedürfnisse als Athlet Rücksicht genommen?
- Wenn Du einmal krank bist, wie kümmern sich deine Eltern um dich?
  - Umgang mit Medikamenten in der Familie? Selbstmedikamentierungen?
- Stehen dir deine Eltern ausreichend zur Seite, oder gab es Momente, wo Du dir mehr Unterstützung gewünscht hättest?

17. Verpflichtungsgefühle gegenüber den Eltern

- Das alles sind ja auch ganz schöne Belastungen für deine Eltern. Glaubst Du, daß ihnen das schwerfällt, oder denkst Du, daß es ihnen Spaß macht?
- Wenn deine Eltern so viel für dich und deinen Sport tun, hast Du da nicht manchmal Angst, sie zu enttäuschen?
  - Fühlst Du dich aufgrund der Investitionen deiner Eltern in deine Sportkarriere zum Weitermachen verpflichtet? Hast Du das Gefühl, sie nicht enttäuschen zu wollen?

18. Vereinnahmung durch die Eltern

- Was würden deine Eltern sagen, wenn Du morgen aufhören würdest, Sport zu treiben?
- Was sagen deine Eltern, wenn Du einmal keine Lust zum Training hast?
- Könntest Du dich an deine Eltern wenden, wenn dir der Sport mal stinkt?
- Empfindest Du einen (zusätzlichen) Leistungsdruck durch deine Eltern?
- Achten deine Eltern darauf, wen Du dir als Freund aussuchst?
  - Gab es darüber schon einmal Auseinandersetzungen?

Trainer

19. Trainergeschichte

Wie lange arbeitest Du schon mit deinem jetzigen Trainer zusammen? Wie viele Trainer hattest Du schon? Wodurch unterscheiden sie sich?

20. Verhältnis zum Trainer

- Wie bist Du mit deinem jetzigen Trainer zufrieden?
- Macht es dir Spaß, bei ihm zu trainieren?
  - Was macht dir keinen Spaß?
  - Was findest Du besonders angenehm?
- Wie würdest Du euer Verhältnis beschreiben?
- Kannst Du deinem Trainer persönliche Probleme anvertrauen?
- Interessiert sich der Trainer für dein Privatleben?

21. Vereinnahmung durch den Trainer

- Was sagt er, wenn Du dich neben dem Sport und der Schule auch um andere Dinge (Freunde, Disco) kümmerst?
- Was sagt der Trainer, wenn Du wegen Arbeiten/Prüfungen in der Schule/Ausbildung mal nicht so intensiv trainieren kannst?

22. Druck durch den Trainer

- Hat er vor Ärger schon mal die Halle/den Sportplatz verlassen oder dich nach Hause geschickt?
  - Was war der Anlaß?
- Meckert oder brüllt er gelegentlich?
  - Bei welchen Anlässen?
- Hat er schon mal mit Rausschmiß aus der Trainingsgruppe gedroht?
  - Bei welchem Anlaß?
- Wie schätzt Du den Führungsstil deines Trainers ein?
- Verlangt der Trainer, daß Du auch dann weitertrainierst, wenn Du verletzt bist oder aus anderen Gründen nicht trainieren kannst oder willst?

23. Reaktionen der Trainer auf sportlichen Erfolg bzw. Leistung

- Erhältst Du Lob/Anerkennung für Erfolge bzw. gute Trainingsleistungen?

24. Einflußnahme der Trainer auf Lebensbereiche außerhalb des Sports

- Gibt dir dein Trainer auch hin und wieder Ratschläge, was Du in der Zeit außerhalb des Trainings tun solltest? Kennt dein Trainer deine Freunde?
- Äußert er manchmal seine Meinung zu ihnen?

25. Dankbarkeit gegenüber dem Trainern

- Durch seine Arbeit hat dein Trainer ja auch einen entscheidenden Anteil an deinen Erfolgen bzw. Leistungen. Was glaubst Du, warum er das tut?

26. Trainerkonflikte

- Hatte dein Trainer schon Auseinandersetzungen mit dem Trainer eines anderen Athleten?
- Gab es schon mal Auseinandersetzungen zwischen deinem Heimtrainer und Bundes-/Landes-/Kadertrainern?

Schul- bzw. Berufsausbildung

27. Schultyp

- Auf was für eine Schule gehst Du/bist Du gegangen?

28. Anerkennung des Sports in der Schule

- Werden/Wurden deine sportlichen Erfolge in der Schule (von Lehrern oder Mitschülern) wahrgenommen?
- Hast Du schon bei Jugend trainiert für Olympia“ teilgenommen? (Mit welchem Erfolg und welchen Folgen?)
- Hast/Hattest Du in der Schule Vorteile aufgrund deiner sportlichen Erfolge (z.B. Wohlwollen des Lehrers, Sportlerbonus)?

29. Abstimmungsprobleme

- Wie sieht/sah es mit deinen schulischen Leistungen aus?
- Du weißt, daß es gerade in der heutigen Zeit sehr schwer ist, einen Arbeitsplatz zu bekommen. Eine gute Schul- und Berufsausbildung wird dadurch noch wichtiger. Steht/Stand dir dabei dein Sport nicht im Weg?
- Glaubst Du, daß Du auch in Zukunft noch Sport und Ausbildung/Beruf miteinander vereinbaren kannst?
- Hast Du keine Angst, daß Du wegen deines Sports erst später als andere in einen Beruf einsteigen kannst und dadurch unter Umständen Nachteile hast?
- Was sagen deine Eltern zu diesem Thema?
- Hängt dein Berufswunsch/deine Berufswahl eigentlich mit dem Sport zusammen?

Verein/Verband/Sporthilfe

30. Unterstützungsleistungen des Verbandes

- Helfen der Verein oder der Verband dir in irgendeiner Weise bei deiner Ausbildung?
- Erhältst Du finanzielle oder materielle Unterstützung oder auch Kostenerstattungen irgendwelcher Art vom Verein oder Verband?
- Bekommst Du Sporthilfe?

– Wurde davon schon einmal etwas einbehalten oder gekürzt?
  • Warum?
– Wurde die Kürzung oder Einbehaltung schon einmal angedroht?

31. Verhältnis zu Funktionären

– Hast Du hin und wieder Kontakt mit Vereins-/Verbandsvertretern?
– Sprechen Vereins-/Verbandsfunktionäre mit dir über deine sportliche und berufliche Karriere?
– Hast Du das Gefühl, daß sich Vereins- und Verbandsfunktionäre ausreichend um die Belange der Athleten kümmern?
– Hast Du dich schon einmal von Funktionären unter Druck gesetzt gefühlt?

32. Athletensprecher

– Weißt Du, ob es für deine Sportart/Disziplin einen Athletensprecher gibt?
  • Weißt Du, wer das ist?

oder alternativ:

  • Würdest Du dir wünschen, daß es einen gibt?

Sponsoren

33. Anspruchssteigerung aufgrund der Unterstützung von Sponsoren

– Hast Du irgendwelche persönliche Sponsoren?
– Hat der Verein bzw. der Verband Sponsoren?
– Dir ist klar, daß es Leute gibt, die viel Geld dafür bezahlen, daß Du gute Leistungen bringst. Wie kommst Du damit zurecht?

Schieds-/Kampfrichter

34. Nachvollziehbarkeit der Kampfrichterentscheidungen

– Kannst Du die Kampfrichterentscheidungen im Wettkampf immer nachvollziehen?
– Hast Du dich schon einmal ungerecht behandelt gefühlt?
  • Kannst Du die Situation beschreiben?

35. Versuche der Einflußnahme

– Wir haben gehört, daß Trainer, Eltern oder Funktionäre gelegentlich versuchen, die Kampfrichter zugunsten ihrer Athleten zu beeinflussen. Hast Du so etwas schon erlebt?

Umgang mit dem eigenen Körper und medizinische Betreuung

36. Umgang mit dem eigenen Körper

- Bist Du schon einmal trotz Verletzungen und Schmerzen an den Start gegangen?
- Glaubst Du, daß man trotz jahrelangen Sporttreibens auf einem höheren Leistungsniveau gesund bleiben kann?
- Hast Du manchmal das Gefühl, daß dein Körper dir irgendwie im Weg ist?
- Nimmst Du manchmal Medikamente, ohne vorher den Arzt zu fragen?
  - Ist es in eurer Familie üblich, Medikamente schon bei kleineren Sachen wie z.B. Kopfweh zu nehmen?

37. Medizinische Betreuung

- Gibt es in deinem Verein/Verband eine medizinische Betreuung durch einen Arzt oder Physiotherapeuten?
- Hast Du seine Hilfe schon in Anspruch genommen?
  - Warum?
- Gibt es regelmäßige Untersuchungen?
  - Was sind das für Untersuchungen?
- Wie ist dein Verhältnis zu dem Vereins-/Verbandsarzt?
  - Vertraust Du diesem Arzt und seinen Behandlungsmethoden?
- Hast Du dennoch einen Hausarzt?

38. Austausch/Konflikte

- Gab es schon Meinungsverschiedenheiten zwischen dem Haus- und dem Sportarzt?
- Gibt es einen Austausch zwischen deinem Trainer und dem Vereins-/Verbandsarzt?
  - Gab es in dieser Zusammenarbeit schon Meinungsverschiedenheiten?

Medien

39. subjektive Bedeutung der Medien

- Von deinen sportlichen Erfolgen wird ja auch einiges in den Medien berichtet. Wie wichtig sind dir solche Berichte?
  - Sammelst Du sie? (oder deine Eltern?)

40. Wirkungen der Medienberichte

- Wirst Du auf solche Medienberichte hin angesprochen? Von wem? Was sagen diese Leute, die dich ansprechen?

- Welche Rolle spielen die Medien in bezug auf deine Motivation?

41. Publikum

- Habt ihr bei euren Wettkämpfen viel Publikum?
- Würdest Du einmal die Stimmung beschreiben, die bei einem Wettkampf vor großem Publikum in der Halle/auf dem Platz herrscht?

Gegner/Vereinskameraden

42. Verhältnis zu Gegnern und Vereinskameraden

- Wie ist denn die Stimmung unter euch Sportlern bei so einem Wettkampf?
  - Redet ihr viel miteinander?
- Sicherlich mußt Du bei Wettkämpfen immer wieder gegen die gleichen Leute antreten. Findest Du diese Konkurrenten eher nett oder eher weniger nett?

43. „Eifersucht“

- Wenn ein Gegner von dir einen Wettkampf gewinnt, freust Du dich dann für ihn?
- Könntest Du dir vorstellen, mit deinem größten Konkurrenten eng befreundet zu sein?
- Steigt durch die sportlichen Erfolge anderer dein eigener Ehrgeiz?

44. Verhältnis bei Kaderlehrgängen

- Wie ist euer Verhältnis bei Kaderlehrgängen?

45. Eltern der Konkurrenten

- Wir haben jetzt schon mehrmals gehört, daß die Eltern von Konkurrenten mitunter sehr nervig sein können. Hast Du ähnliches schon einmal erlebt?

Freundeskreis

46. Bezug des Freundeskreises zum Sport

- Verbringst Du viel Zeit mit Freunden?
- Kennst Du deine Freunde eher durch den Sport oder hast Du sie anders kennengelernt?
- Hat sich dein Freundeskreis durch den Sport verändert?

47. Freund/Freundin

- Hast Du einen Freund/eine Freundin?

Wenn nicht:

- • Hängt dies mit deinem Leistungssport zusammen?
- Treibt sie/er auch Sport?
  - • Was für einen?
- Wie steht er/sie zu deiner Sportkarriere?
- Habt ihr gelegentlich Streit wegen deiner sportlichen Karriere?
- Könnte deine Karriere für dich ein Grund sein, die Freundschaft zu beenden oder umgekehrt?

Moral/Fairplay

48. Fairneß als Gesprächsthema

- Haben deine Trainer schon einmal mit dir über Fairneß gesprochen?
- Haben deine Eltern schon einmal mit dir über Fairneß gesprochen?
- Sprichst Du mit deinen Vereinskameraden/Gegnern manchmal über Fairneß?

49. Wettkampfmoral

- Glaubst Du, daß Deine Gegner im Wettkampf immer fair sind?
- Was hältst Du von der Aussage: „Ich werde lieber unfair Meister, als fair Letzter!"

50. Fairplay-Initiativen

- Kennst Du irgendwelche Fairplay-Initiativen?
  - • Welche?
- Was hältst Du davon?
- Unterhältst Du dich mit deinen Vereinskameraden/Gegnern über diese Initiativen?
- Bringen dich solche Aktionen zum Nachdenken?
- Handelst Du deswegen anders?
- Glaubst Du, deine Gegner/Vereinskameraden werden dadurch beeinflußt?

Zum Abschluß

51. Gründe für Ausstieg

- Gibt es Situationen, bei denen Du mit dem Leistungssport aufhören würdest?

Anhang 3 Beispiele für Anschreiben

a) Anschreiben aus einem wissenschaftssoziologischen Projekt

Sehr geehrter Herr K.,

am Frankfurter Institut für Transformationsstudien wird gegenwärtig eine wissenschaftssoziologische Untersuchung zur Drittmitteleinwerbung an den ostdeutschen Universitäten und ausgewählten westdeutschen Universitäten durchgeführt. In die Untersuchung ist auch die Universität Kassel einbezogen. Mit diesem Projekt soll die Frage beantwortet werden, welche Bedingungen die Drittmitteleinwerbung hemmen und welche sie fördern. Als Gebiet, für das die Frage exemplarisch beantwortet werden soll, haben wir die experimentelle Physik ausgewählt. In Gesprächen mit Lehrstuhlinhabern dieses Gebiets wollen wir aufklären, inwieweit ihre gegenwärtigen Arbeitsbedingungen Anreize, Unterstützung und Hindernisse für die Drittmitteleinwerbung schaffen.

Wir würden uns freuen, wenn Sie Zeit für ein solches Gespräch hätten. In dem Gespräch sollte es um Ihre Forschungsarbeiten und die Erfahrungen mit der Einwerbung von Drittmitteln gehen, die Sie dabei gesammelt haben.

Auf Ihre Bereitschaft hoffend, werde ich mich in den nächsten Tagen wegen der genauen Terminabsprache telefonisch mit Ihnen in Verbindung setzen.

Für Ihr Entgegenkommen im voraus herzlichen Dank!

Mit freundlichen Grüßen

Grit Laudel

b) Text der „Information für Interviewpartner" im Projekt „Soziale Beziehungen in der Familie und Persönlichkeitsentwicklung" (Hopf/Schmidt 1993: Anhang E)

Wir wollen herausfinden, wie sich die Erfahrungen, die ein Kind in der Familie macht, auf die spätere Entwicklung auswirken. Mit solchen Erfahrungen und den Erinnerungen an die Kindheit läßt sich vielleicht erklären, wie ein Mensch so wurde, wie er ist, und warum er bestimmte Ansichten hat. Die Art, wie man seine Kindheit erlebt hat, ist dann auch wichtig dafür, wie man später seine eigenen Kinder erzieht.

Ab Januar 1992 wollen wir deshalb 25 junge Männer im Alter von 18 bis 22 Jahren zu ihren Erfahrungen und Meinungen interviewen. Die Befragung selbst besteht aus drei Interviews, die jeweils etwa zwei bis zweieinhalb Stunden dauern. Jeder, der mitmacht, bekommt für seine Mühe eine Aufwandsentschädigung in Höhe von 10 DM je Stunde, die nach Abschluß des dritten Interviews bezahlt wird.

Im ersten Interview geht es um das gegenwärtige Leben: Arbeit, berufliche Pläne, Freunde, Freundin, Familie, Tagesablauf. Anschließend sollen die Befragten in einem Fragebogen noch kurz ankreuzen, ob sie verschiedenen Aussagen zu politischen und sozialen Themen zustimmen oder sie ablehnen.

Im zweiten Interview geht es um die Erinnerungen an die Kindheit. Wie war es früher mit den Eltern und den Geschwistern? Wie hat das Familienleben ausgesehen? Was war angenehm, was war nicht so schön?

Im dritten Interview werden zunächst kurze Geschichten vorgelesen, über die dann gesprochen wird. Anschließend geht es z.B. um Fragen zu Unterordnung und Demokratie, um das Verhältnis zwischen Frauen und Männern und um das Zusammenleben von Ausländern und Deutschen.

Weil es unmöglich ist, sich alles zu merken, was in diesen Gesprächen gesagt wird, werden die Interviews auf Tonband aufgenommen und anschließend abgeschrieben. Wir ändern alle genannten Namen und sorgen auch sonst dafür, daß die Befragten anonym bleiben. Die Interviewabschriften erhalten später nur die Projektmitarbeiterinnen und -mitarbeiter, die sie auch nicht weitergeben dürfen.

Unsere Untersuchung führen wir an der Universität Hildesheim durch; finanziell unterstützt werden wir dabei von der Deutschen Forschungsgemeinschaft. Die Ergebnisse des Projektes werden in einem Bericht zusammengefaßt, den jeder bekommen kann, der sich dafür interessiert.

Denen, die mitmachen, bietet unser Projekt die Möglichkeit, daß ihre Erfahrungen und Meinungen berücksichtigt werden. Vielleicht ist es für manche ja auch interessant, sich über die eigene Erziehung und darüber, wie man später seine eigenen Kinder erziehen will, Gedanken zu machen.

(Weitere Angaben: die Namen der am Projekt beteiligten Wissenschaftlerinnen und Wissenschaftler, Anschrift und Telefonnummer des Forschungsprojekts)

Anhang 4 Beispiele für Interviewberichte

a) Fünf Beispiele aus dem SFB-Projekt

Name	Interview-vereinbarung	räumliche und zeitliche Besonderheiten	Interviewdurchführung	Nach dem Interview
PII9	bereitwillig	keine wesentlichen Störungen	freundlich; sehr bemüht, einem „Laien" die Forschungsprozesse verständlich zu machen, allerdings gepaart mit einer gewissen Herablassung; der IP schien während des gesamten Interviews darum bemüht zu sein, sozial erwünscht zu antworten; Nachtrag: an einer Stelle konkreter Verdacht, daß sich PII9 nicht erinnern wollte, nämlich Ablehnung seines Zweitprojektes (siehe Interview mit PII26)	
PII4	Interview 2x verschoben, IP wollte zunächst nicht, hat sich dann für ein halbstündiges Interview bereiterklärt	Interview fand im Institutsflur in einer Atmosphäre „Bringen wir es schnell hinter uns" statt	sehr kurz angebunden, keine Vertrauensbeziehung entstanden, war wahrscheinlich bestrebt, seine Aussagen seiner These „SFB's sind reine Geldtöpfe" anzupassen	völliges Desinteresse an meinem Projekt
PII17	bereitwillig, eher kurz angebunden bei der Terminvereinbarung	keine wesentlichen Störungen		Interesse an den Ergebnissen
WI8	bereitwillig; zwischen IP und mir hatte sich inzwischen ein freundschaftliches Verhältnis entwickelt	keine wesentlichen Störungen	IP hatte sich gerade dafür entschieden, nach dem Abschluß seiner Doktorarbeit den Forschungsbetrieb zu verlassen; Interview war m.E. stark geprägt durch eine aus dieser Situation heraus besonders kritische Sicht auf seinen Forschungsalltag	
PI11	bereitwillig, Hinweis, daß das TP in der 2. FP abgelehnt wurde, er das aber gern im Interview erzählen kann	keine wesentlichen Störungen	bemüht, seine Forschungen anschaulich zu erklären, auch anhand von Prospektmaterial	Laborrundgang trotz seines Zeitmangels

b) ein Beispiel aus dem Projekt „Sportlerbiographien"

Interviewbericht Thomas Tanner (19.3.199X), Tennis

Dauer des Interviews: 19.30 – 21.45 Uhr (eine Kassette)
Ort des Interviews: Büro von Prof. Bette
Interviewer: Uli

Art des Kennenlernens:

Den Hinweis auf Thomas Tanner erhielten wir von A., einem ehemaligen Sportstudenten. Von ihm haben wir auch seine Adresse erhalten.

Es bedurfte einige Telefonanrufe, bis das Interview zustande kam. Thomas ist gegenwärtig in zeitlicher Hinsicht stark belastet, denn er ist erst seit Januar 199X bei [...] beschäftigt.

Gespräch vor Einschalten des Aufnahmegerätes:

Ich informierte Thomas nochmals kurz über die Inhalte und Zielsetzungen des Projektes. Thomas brachte eine Pizza mit und bot mir ebenfalls ein Stück an – ich lehnte jedoch dankend ab. Er selbst hatte nach dem zweistündigen Interview gerade mal die Hälfte gegessen.

Erzählbereitschaft:

Die Erzählbereitschaft von Thomas war ausgesprochen gut. Er gab sich unglaublich viel Mühe, meine vielen Fragen präzise und ausführlich zu beantworten. So antwortete er beispielsweise auf meine Frage hin, ob es ein tennisspezifisches Körpererleben gebe, in aller Ausführlichkeit. Es fiel ihm erwartungsgemäß schwer, diese Frage zu beantworten. Ich versicherte ihm, daß mir bewußt wäre, daß wir mit solchen Fragen unsere Interviewpartner ziemlich herausfordern. Er zeigte dennoch erstaunlich viel Ausdauer und versuchte immer wieder von neuem, mir plausible Antworten zu geben und führte zum besseren Verständnis auch immer wieder Beispiele auf. Nicht zuletzt deshalb war die Dauer des Gesprächs sehr lang. Thomas war jedoch bis zuletzt sehr geduldig, konzentriert und beantwortete selbst die letzten Frage sehr umfassend.
Kurze Darstellung seiner sportlichen Laufbahn: [...]
berufliche Laufbahn: [...]
Adresse: [...]

Anhang 5
Ein Interview aus dem SFB-Projekt – analysiert nach Fragetypen und Interviewfehlern

Interview mit Prof. PII5, Physik, [Universität A], 27.6.19[XX]

Interviewfragen und -antworten	Kommentar
1-PII5#Ich weiß, daß eines Ihrer beiden Forschungsgebiete [Untersuchungsobjekt1] sind, die Sie hier im SFB bearbeiten. Ich hätte noch gerne gewußt, seit wann bearbeiten Sie dieses Thema etwa? 2-PII5#Seit [ca. 30 Jahren] .	Fragetyp: Hintergrundfrage, Plattformfrage; in die Plattform integriertes Wissen, Anwärmfrage
3-PII5#Schon sehr lange. 4-PII5#Ja.	Fragetyp: Kommentar als Erzählanregung Wirkung: leider erfolglos, der Interviewpartner (IP) erzählt nicht.
5-PII5#Und wie sind Sie Mitglied im SFB II geworden? 6-PII5#Da hatte ich einfach Glück. Es wurde ... . Es sollte ein SFB gegründet werden. Die Initiative ging nicht von mir aus. Es war natürlich ganz wesentlich [der Sprecher] bei uns, und Leute an der [Universität B], wo ich wesentlich weniger Überblick habe. Ich pass' gar nicht rein. Also, ich hab' die Aktivitäten vom [Sprecher] verstärkt durch dieses Teilprojekt , das ist ein bißchen am Rande, da paßt der Name nicht: [Titel des SFB]. Und trotzdem hatten wir nie Schwierigkeiten bei den Begutachtungen, höchstens hier intern, daß wir angesprochen worden sind von Herrn [PII28] zum Beispiel, dem die ganze Richtung nicht paßte. Er ist halt mit Leib und Seele ein [Untersuchungsobjekt2]-Mensch. Ja, also, das ist es so ungefähr.	Fragetyp: Frage nach Erfahrungen, Offene Frage, Erzählanregung Anmerkung:relativ abrupter Übergang, ist hier aber zulässig, da der IP offensichtlich in 4-PII5 nicht erzählen will Wirkung: Erzählanregung war erfolgreich

Interviewfragen und -antworten	Kommentar
7-PII5#Nun war das ja am Anfang so, daß es, als der SFB konzipiert wurde, zunächst Gespräche zwischen einzelnen Arbeitsgruppen gab und sich daraus dann der SFB herauskristallisierte. Wie war das bei Ihnen – sind Sie sozusagen vom [Sprecher] in den SFB reingezogen worden ...? 8-PII5#Der SFB ist bestimmt nicht von mir ausgegangen. So was tu' ich selten, und ... ich weiß jetzt nicht ...	Fragetyp: Frage nach Erfahrungen, Plattformfrage, in die Plattform integriertes Wissen (Nutzung von Informationen aus anderen Interviews); Dichotome Frage (zunächst offen begonnen) Unterstellung Fehler: Frage dichotom und schlecht formuliert (präzise formulierte offene Frage hätte nachgeschobene Unterstellung erspart); Leitfadenbürokratie, vom IP eingebrachte Themen (Projekt ist am Rande, [PII28] paßte ganze Richtung nicht); das letztere Thema fand die Interviewerin heikel und ging deshalb darüber hinweg Wirkung: IP versteht die Frage trotzdem; beantwortet aber die dichotome Frage
9-PII5#Sie waren auch nicht an der Konzipierung des [Projektbereichs 2 innerhalb des SFB] , der ja dann ... . 10-PII5#Doch, in gewisser Weise schon. Ich meine, weitgehend hat das [der Sprecher] gemacht. Aber ich war dann schon dabei, als man sich zusammenfand. Herr [PII8] vom Max-Planck-Institut war dann noch Teilnehmer. Hat dann aber, glaub' ich, gar kein Teilprojekt bekommen oder ist rausgeschossen worden. Weiß' ich jetzt gar nicht, was da gewesen ist. Ist dann abgelehnt worden. Also, man hat sich da oft getroffen. Man hat auch, ja, also, über die Planung geredet. Und ich weiß, daß Herr [PII7] bei uns bei so einer Sitzung dann A. als Sprecher vorgeschlagen hat. Natürlich war klar, daß die Initiative vom [Sprecher] gekommen war, aber mußte jemand anderes ihn vorschlagen. Wie das so im Einzelnen losging, das weiß ich schon gar nicht mehr.	Fragetyp: Frage nach Erfahrungen, Dichotome Frage, Unterstellung Fehler: dichotome Formulierung Wirkung: Unterstellung hat provozierend gewirkt, zum Widerspruch herausgefordert

Interviewfragen und -antworten	Kommentar
11-PII5#Das ist schon sehr lange her. Gut. Welche Alternativen hätte es für Sie zur Mitarbeit im SFB gegeben? 12-PII5#Ich hatte bis dahin Drittmittel im Normalverfahren bezogen. Und das ging auch gut. Das hat mir hier sogar zwei Universitätsstellen eingebracht. Ich kam ja hier als C3 an, [vor ca. 30 Jahren] , und hatte nichts. Ich hab' dann durch Briefe der Gutachter, ich weiß nicht, wer die Personen waren, ich mein' ich hab' Verdächte sozusagen, habe Unterstützung bekommen gegenüber dem Fachbereich, im Fachbereich, daß ich diese beiden Stellen bekommen habe. Also, es war halt viel mühsamer im Normalverfahren, trotzdem hab' ich das Normalverfahren eigentlich immer verfochten und meine auch heute, man sollte aufpassen, daß da nicht plötzlich zu wenig Geld übrigbleibt.	1. Kommentierung einer schwierigen Frage (wegen Erinnerungsproblematik), Verständnis zeigen 2. Fragetyp: Frage nach Erfahrungen, hypothetische Frage, offene Frage, Erzählanregung Wirkung: Erzählanregung ist erfolgreich
13-PII5#Hätten Sie genau dieses Problem auch bearbeiten wollen, wenn Sie nicht in den SFB gelangt wären? 14-PII5#Ja.	Fragetyp: Frage nach Erfahrungen, Hypothetische Frage, Dichotome Frage Fehler: dichotome Formulierung; Leitfadenbürokratie: Zurückweisen von Themen des Befragten („Normalverfahren", Stellen)
15-PII5#Wie ist Ihr Projekt mit anderen Teilprojekten thematisch verknüpft? 16-PII5#Das ist gar nicht so, wie ich mir das vorgestellt habe. Ich habe lange Zeit gedacht, ja gut, wir wissen hier einiges über [Forschungsproblem1] und es müßte eigentlich Gruppen geben, die an Diskussionen interessiert sind. Aber das ist äußerst selten dahin gekommen. Innerhalb der [Projekte des Projektbereichs 2 im SFB] ist es anders. [PII26] wollte mit mir zusammen veröffentlichen und wollte auch diskutieren. Jetzt ist Herr [PII24] da aus [Ortsteil] , und wir diskutieren ziemlich viel, einfach weil mich das interessiert, was er macht, weil ich das kenne aus der Literatur, weil es eng verwandt ist mit dem, was wir machen. Also, wir könnten jederzeit auch zusammen veröffentlichen. Wir haben jetzt jedenfalls was Geeignetes und tun das vielleicht auch. Aber mit den [Untersuchungsobjekt2]-Leuten , das ist gar nicht so einfach.	Fragetyp: Wissensfrage, Offene Frage, Erzählanregung Fehler: vorhergehende Antwort nicht nachgefragt, schlechter Übergang Wirkung: Erzählanregung ist erfolgreich. Kommt von der thematischen Verknüpfung auf Probleme mit Kooperationspartnern

Interviewfragen und -antworten	Kommentar
17-PII5#Die [Untersuchungsobjekt2]-Leute , das sind die... 18-PII5#Also, die die Proteine dabei haben, wo die Proteine die Hauptrolle spielen. [der Sprecher] tut einiges dafür, daß da Wechselwirkungen entstehen und er hat also uns aufgetragen, d.h. einem Mitarbeiter, Herrn Dr. B., der durch den SFB bezahlt wird, hier mit dem Herrn [PII6] [...] zusammenzuarbeiten [zu Forschungsproblem2] , denn Herr B. hat sowas für [Untersuchungsobjekt1] schon in [Ort] gemacht. Die haben damals eine absolut originelle Theorie [über das Forschungsproblem2] entwickelt und schöne Artikel darüber geschrieben. Aber auch das ist schwierig, weil einfach die Prioritäten bei den [Untersuchungsobjekt2]-Leuten anders sind. Denen ist [Untersuchungsobjekt1] ziemlich egal. Die Effekte kommen von den Proteinen, jedenfalls sieht man das so. Und das stimmt ja auch meistens. Wir sind halt' in erster Linie [Untersuchungsobjekt1]-Leute . Wir haben jetzt in der Theorie auch [Untersuchungsobjekt3] dazugenommen und betrachten also so ganz allgemein die Wechselwirkung von [Untersuchungsobjekt1] und [Untersuchungsobjekt3] . [...]Also, da kann man viel Theorie machen, wenn man will. Wir wollen im gewissen Maße sowas ausarbeiten zur Zeit. Und wir wollen damit Ergebnisse erklären, z.B. von Herrn C. in [Ort]. Das interessiert ihn schon auch ein bißchen. Aber er ist eher skeptisch. Das sind natürlich Experimentatoren überhaupt, wenn was von den Theoretikern kommt; das müssen sie auch sein. Aber es ist schwierig, und man kann halt die Theoretiker nicht einfach einspannen als Rechenknechte, obwohl das manchmal gut wäre und manchmal phantastische Sachen dabei herauskommen. Zum Beispiel hat C. da Hilfe bekommen von einem Herrn aus Amerika, D. , ein hervorragender Theoretiker und Mathematiker, der am amerikanischen College arbeitet und froh ist, daß er hier Anschluß hat. Der hat ihm also Sachen gerechnet, die normalerweise ein Theoretiker nicht rechnen würde und da ist etwas sehr Schönes entstanden. Aber, es ist schwierig, und wie schön es dann wirklich ist, das muß auch erst noch die Zeit zeigen. Also, man kann das auch kritisieren.	Fragetyp: Frage nach Erfahrungen, Detailfrage (Nachfrage) zur Explikation Wirkung: Wird vom IP als Erzählanregung aufgefasst

Interviewfragen und -antworten	Kommentar
19-PII5#Der Herr B. ist bei Ihnen im Projekt? 20-PII5#Ja. Der hat 'ne volle Stelle. Und das war eben mein Bestreben hier im SFB eine volle Stelle zu bekommen, und das hat auch geklappt. Gleich zu Anfang eine volle Stelle und zwei Doktorandenstellen, also mir geht's sehr gut. Mehr kann man kaum haben. [der Sprecher] hat noch mehr. Aber das sind komplizierte Konstruktionen. Das ging dann aber auch mal schief. Da war ein Gutachter hier. Ein Herr E. aus [Ort] , ein wichtiger Mann, ein sicher sehr guter Mann. Aber der sah in diesem Herrn F. , der promoviert war und noch an der Universität, [...] und das war also sehr peinlich dann bei der Anhörung am Morgen, und es wurden Fragen gestellt an Herr F. von Herrn E. . Also das war scheußlich, und er bekam dann auch nur noch ein halbes Jahr. Und dann bekam ich ein halbes Jahr auch nichts, und nach dieser Pause dann zwei Doktorandenstellen anstatt einer vollen Stelle. Dann hatte ich vier Doktorandenstellen, das war zuviel. Und jetzt, als dann Herr B. eine Stelle brauchte, dann konnte ich wieder zwei Doktorandenstellen zusammenlegen. Das war dann bei der Begutachtung.	Fragetyp: Frage nach Erfahrungen, Detailfrage (Nachfrage) zur Explikation, dichotome Frage Wirkung: Wird vom IP als Erzählanregung aufgefasst
21-PII5#Das eine war [in der 2. Förderperiode] wahrscheinlich. Aber das hatte ich schon in Ihrem Bewilligungsschreiben gefunden, daß die Postdocstelle nach Ausscheiden des Inhabers... 22-PII5#Ja, das war also eine Maßnahme mit ganz persönlicher Zielrichtung, keine sehr gute.	Wissen demonstrieren
23-PII5#Und Sie haben dann Ihren Postdoc dadurch verloren, oder war das... 24-PII5#Ja, ich hab den Postdoc dadurch verloren. Das war aber nicht so schlimm, weil ich ja zwei Universitätsstellen hatte. Das waren allerdings Doktorandenstellen im wesentlichen. Aber man hat eine gewisse Freiheit, nicht, ob das jetzt eine Doktorandenstelle ist, die hier auch schon mit zwei drittel BAT IIa, oder eine volle Stelle. Wenn man zwei Stellen hat, dann kann man meistens es erreichen, daß eine davon für einen promovierten Mitarbeiter voll bezahlt wird.	Fragetyp: Frage nach Erfahrungen, Dichotome Frage, Detailfrage (Nachfrage) zur Explikation

Interviewfragen und -antworten	Kommentar
25-PII5#Sie sind eigentlich mit den Stellen ansonsten ganz gut versehen worden. Wie sah das mit Geräten aus ..? 26-PII5#Da sind wir sehr bescheiden. Von Anfang an, und ein bißchen muß das an mir selber liegen, ich wollte halt nicht gebunden sein durch irgendwelche Maschinen. Ich hab' ja auch Theorie gemacht. Und es hat mir immer Spaß gemacht, einfache Experimente mir auszudenken, und so. Also ich wollte keine großen Maschinen haben. Auf der anderen Seite gibt es hier in [Ort des SFB] massenhaft Maschinen, vielerart, und wir konnten eigendlich immer irgendwo die Dinge messen, die wir für wichtig hielten. Da hat dann der SFB natürlich sehr geholfen. Da hilft der SFB enorm. Wir konnten dann am [Institut A] bei Herrn [PII27] das [Forschungsgerät1] benutzten. Das war Frau [WII12] , das fing [vor 7 Jahren] an, die Suche nach [Forschungsproblem2], hat sie Ihnen vielleicht erzählt, und führte in gewisser Weise erst in diesem Winter, in diesem Frühjahr zum Ziel. Das ist eine unglaublich lange Periode, und Frau [WII12] ist aber die ganze Zeit nicht durch den SFB bezahlt worden, sondern hatte eine volle wissenschaftliche Mitarbeiterstelle, und jetzt eine Qualifikationsstelle. Also, sie kann sich auf der Stelle habilitieren. Das ist die Idee dabei. Ich wollte schon den SFB loben, daß da eben langfristig Forschung unterstützt wird, stimmt in dem Fall aber nicht. Aber durch den SFB hat man eben die Möglichkeit, diese Messungen an dem [Institut A] zu machen. Das ist ja nicht ganz selbstverständlich. Obwohl fast immer was geht, wenn die Leute, die die Maschinen haben – in den seltensten Fällen werden die Maschinen total ausgenutzt – und meistens gibt es da eine Chance. Es gibt nur so ein paar ekelhafte Leute, die einen da nicht ranlassen wollen. Also unser [PII7] hier gehört zu der Sorte. Aber er redet auch lauter, als er dann handelt.	Fragetyp: Frage nach Erfahrungen, Überleitungsfrage, Offene Frage als Erzählanregung Fehler: Frage beginnt mit Bewertung.

Interviewfragen und -antworten	Kommentar
27-PII5#Und gab es noch weitere solche Gerätenutzung? 28-PII5#Ja, also, z.B. [Forschungsmethode1] ist jetzt wichtig geworden, nicht nur für [Untersuchungsobjekt1] , sondern auch für [Untersuchungsobjekt4] . Wir machen auch [Untersuchungsobjekt4], natürlich in einem anderem SFB. Wir machen jetzt [Forschungsmethode1] bei [Untersuchungsobjekt4] und auch bei [Untersuchungsobjekt1], das ist für uns gut, das ist eine Ergänzung. Eine wahnsinnig komplizierte Geschichte. Vor vielen, vielen Jahren, Ende der [..]er Jahre, ist ein Kollege, ein Herr G. , an mich herangetreten, da waren wir noch gar nicht in dem Gebäude, ob ich nicht mit ihm zusammen einen Antrag stellen wollte auf einen [Forschungsgerät2] , ein Riesending, eine große Investition. – war das nicht eine halbe Millionen, oder was ? Es ist eine Menge Geld. Mir hat das sehr gepaßt, weil ich einen Doktoranden hatte, der [Forschungsmethode1] machte, bei H. am [Institut A]. H. war kurz vor der Pensionierung; ich hatte einfach Angst, daß da plötzlich nichts mehr geht. Ich fand die Idee, selber Anteil an der Maschine zu haben, sehr gut. Dann kam die Maschine, und wir machten damals nicht [Forschungsmethode1]. Herr G. machte aber auch nicht [Forschungsmethode1] , ich sprach ihn trotzdem drauf an. Ich hab' ihm meine Genugtuung zum Ausdruck gegeben und meine eventuellen Ansprüche aufrechterhalten wollen. Er tat so, als wäre da nie was gewesen. Er ist der zweite Mann mit einem schwarzen Strich in unserem Fachbereich, sonst kenn' ich keinen. Er hat aber seinerseits das Gerät nie in Betrieb genommen und hat es dann an Herrn [PII1] , der auch hier im SFB war, verkauft für ziemlich wenig Geld – 20.000 Markt, oder was –. Das hab' ich nicht gemerkt. Der [PII1] wußte zunächst wohl auch nicht, daß ich ja 41% Anteil an der Maschine hatte. [PII1] ist dann weggegangen. Also, bei [PII1] war das Messen für uns überhaupt kein Problem. Er ging weg, hat einen [Forschungsgerät2] mitgenommen, nicht den, an dem ich einen Anteil habe, und er hat vor allem den Zähler mitgenommen, ein empfindliches Meßgerät , so daß wir ein Jahr nicht viel tun konnten. Jetzt hat uns [PII7] in der Zwischenzeit ein Viertel seiner Kapazität zugestanden, also einen von zwei Ausgängen, die Hälfte der Zeit. Das reicht wohl für uns, aber es ist eigentlich nicht richtig. Er hat böse Briefe geschrieben, Beleidigendes, noch milde ausgedrückt.	Fragetyp: Frage nach Erfahrungen, Erzählanregung (Ziel: Fortsetzung der Erzählung), Dichotome Frage als Filterfrage Fehler: Leitfadenbürokratie – Zurückweisen von Themen des Befragten (möchte über die Probleme mit PII7 sprechen] Wirkung: IP nimmt die Filterfrage als Erzählanregung

Interviewfragen und -antworten	Kommentar
29-PII5#Aber das betrifft dann eben Geräte, die erstmal mit dem SFB nichts zu tun haben, weil... . 30-PII5#Das ist richtig. Aber schon mit dieser Forschung.	Eingehen auf IP, aber Zurückführen auf Thematik des Interviews Fragetyp: informierte Unterstellung, Wissen demonstrieren Fehler: Der Wunsch des IP, über PII7 zu sprechen, wird wieder ignoriert.
31-PII5#Denn das gibt es ja auch, wenn jetzt Leute weggehen, dann auch Abstimmung innerhalb des SFB. Manchmal, wenn die Geräte woanders hingehen, muß man sich ja auch abstimmen. 32-PII5#Ja. Ich hätte hier schon auch mehr protestieren können, als [PII1] die Sachen mitnahm. Aber das ist dann schwierig. Er hat das auch gebraucht. Und er hat auch nicht so viel Geld in [Ort] bekommen, wo er hinging. Was will man da machen. Es ging ja dann auch mit [PII7]. Aber es sah teilweise so aus, als wolle er sich völlig verschließen. Sein Problem ist dann immer, die Maschine wirklich auszunutzen, so wie er sich das vorstellt. Das ist eben unser Glück.	Zurückführen auf das Thema des Interviews
33-PII5#Ja, Sie haben ja vorher schon angedeutet, daß Sie als Theoretiker auch für andere Projekte Berechnungen vornehmen, nehme ich an? 34-PII5#Ja. Ich würde das gerne mehr machen, wenn ich gefragt würde.	Fragetyp: Frage nach Erfahrungen, Wiederaufnahmefrage von Absatz 18-PII5, dichotome Frage als Filterfrage Fehler: Der Wunsch des IP, über PII7 zu sprechen, wird wieder ignoriert Wirkung: IP geht mit der Antwort über die Frage hinaus

Interviewfragen und -antworten	Kommentar
35-PII5#Für wen machen Sie das jetzt konkret? 36-PII5#Ach, für [PII26] hab' ich mal ein bißchen rumgerechnet. Ich habe aber dann die Sachen eigentlich selber veröffentlicht. [PII26] hat mich auf Veröffentlichen aus seiner Gruppe genommen und hat einen Übersichtsartikel genommen. Ich hab' da schon ein bißchen mitgearbeitet. Aber wenn es Theorie ist, dann mischt sich das schlecht mit Chemie. Dann muß man eben auch einen Theorieartikel veröffentlichen, wenn ein bißchen kompliziertere Überlegungen dabei sind und Berechnungen. Ich bin also auch kein solcher Freund von Zusammenarbeit, muß ich zugeben. Vielleicht ist da ja so 'n SFB ganz gut für Sozialisierung. Aber ich – es hat Vor- und Nachteile. Es kann befruchten, aber es kann natürlich auch lähmen, diese Einbindung. Ich bin da empfindlich. Ich habe da Angst vor Lähmung. Aber das ist alles nicht so wichtig, wenn da interessante Probleme an mich herangetragen würden, ich würde mich natürlich bemühen, da mitzuhelfen, wenigstens, sie zu lösen. Ich verzichte dann meinerseits lieber darauf, beteiligt zu sein als Autor, um einer lähmenden Situation aus dem Wege zu gehen, wo man sich gegenseitig aufhält. Aber es wird viel zu wenig Gebrauch davon gemacht. Zum Beispiel, [PII26] hat jetzt die dritte Struktur für seine [Untersuchungsobjekt5]. Es ist immer dasselbe, sag ich jetzt mal. Er hat das dritte Modell. Das hat Herr [WII19] am [Institut A] kreiert, oder er steht jedenfalls dahinter. Es kommt aus seiner Gruppe. Die haben da ganz moderne Bildanalyse. Ich trau' dem Frieden nicht. Ich habe schon beim zweiten Modell gesagt, das muß falsch sein. Ich hatte in meinen Augen ganz handfeste, unwiderlegliche Gründe, daß dieses zweite Modell falsch war. Es war ja dann auch falsch. Das dritte gefällt mir jetzt schon besser. Aber trauen tu' ich dem auch nicht. Ich hätte es also wirklich gerne diskutiert. Ich hab' das [PII26] angeboten, und hab' das dem [WII4] angeboten. Es heißt dann, ‚ja, wir diskutieren mal darüber', aber es passiert nie. Das finde ich dann ein bißchen schade und es ist ein bißchen ungeschickt auch. Es würde uns ja gar nichts kosten.	Fragetyp: Frage nach Erfahrungen, Detailfrage (Nachfrage) zur Explikation Fehler: Leitfadenbürokratie: Zurückweisen von Themen des Befragten (Klage über unzureichende Kooperationsmöglichkeiten)

Interviewfragen und -antworten	Kommentar
37-PII5#Es wäre ja von der Arbeitsteilung her eigentlich mal gut, wenn man einen Theoretiker hat ... 38-PII5#Aber so läuft's. Ich würde da jetzt auch nicht meine ganze Zeit reinstecken. Aber darauf kommt es gar nicht an. Ein Theoretiker sieht das einfach anders. Man kann durch Diskussionen einfach was lernen. Und ein Theoretiker muß ja dann auch mit den Experimentatoren diskutieren oder jedenfalls ihre Artikel sehr aufmerksam lesen, damit er eine richtige Theorie macht. Da fehlt's aber in Deutschland überhaupt, und ich gehöre sicher auch zu den Sündern. Man wurschtelt vor sich hin, man will sein eigenes kleines Reich haben, und man sieht nicht den allgemeinen Zusammenhang. Das sieht der Amerikaner viel besser, die Israelis sind da überhaupt ganz toll in der ... . Wenn irgendein Problem ist, dann diskutiert man darüber, und jeder trägt bei, was er kann, zur Lösung. Das ist im Grunde besser, während wir hier in Deutschland eben unsere Wissenschaft so lieben, daß wir das nicht zulassen können, daß wir sie besitzen müssen. Da könnte man was ändern.	Eingehen auf den IP, Umformulieren eines Teils der letzten Antwort als Erzählanregung Wirkung: der IP wird allgemein und formuliert eine subjektive Theorie
39-PII5#Das war also die Diskussion mit [PII26] , das war sozusagen das Einzige, was ... 40-PII5#Und mit Herrn [PII24]. Innerhalb von [Projektbereich 2] funktioniert das schon. Aber jetzt bei den jüngeren Leuten auch schon nicht mehr, der [WII4] und ..[unverständliche Passage]	Fragetyp: Frage nach Erfahrungen, Wiederaufnahmefrage von 36-PII5, der IP wird auf das Thema zurückgeführt, dichotome Frage
41-PII5#Wie war das eigentlich mit Herrn [PII8] , der zwar nicht in den SFB gekommen war, aber wo was sowohl von Ihrer Seite als auch von seiner Seite geplant war, ganz am Anfang? 42-PII5#Ja, ich weiß es schon gar nicht mehr so ganz ... . Mich hat es ein bißchen gewundert, daß er so rausflog. Ich glaube, er ist vielen Leuten einfach auf die Nerven gegangen. Er hat so ein – ja, penetrant ist gar nicht das richtige Wort – aber er ist zu präsent, verglichen mit dem, was er beiträgt. Das hat wahrscheinlich gestört. Ich weiß nicht, wie sowas läuft. Ich hab's nicht ganz verstanden. Denn von dem her, was er macht, hätte es eigentlich schon gehen müssen, denn er hat einige interessante Sachen gemacht.	Fragetyp: Frage nach Erfahrungen, Offene Frage als Erzählanregung Fehler: Wissen in die Frage gestopft, statt Plattformfrage zu bilden; Frage überfrachtet (2 Themen angesprochen ([PII8] ist nicht in den SFB gekommen, geplante Kooperation mit [PII8]), Multiple Frage) Wirkung: Interviewpartner beantwortet Frage zur geplanten Kooperation nicht, sondern geht auf ersten Teil der in der Frage enthaltenen Information ([PII8] ist nicht in den SFB gekommen) ein

Interviewfragen und -antworten	Kommentar
43-PII5#Haben Sie dann zusammen mit ihm kooperiert? Es ging glaub' ich um experimentelle Sachen, nicht um Theorie, da in der Planung. 44-PII5#Nein. Ich war sehr interessiert an den Ergebnissen von ihm. Er hat [Forschungsproblem3] untersucht. Ich hatte eine Theorie und hatte mit ihm mal darüber geredet und er hat mir auch seine Ergebnisse dann zukommen lassen. Ich hab' ihn auf die eine oder andere Veröffentlichung vielleicht aufmerksam gemacht – weiß ich jetzt nicht mehr genau. Das war schon gut, daß man mit ihm reden konnte.	Fragetyp: Frage nach Erfahrungen, dichotome Frage als Filterfrage; Nachfrage, Wissen als Erinnerungshilfe, 2.Teil der multiplen Frage aus 41-PII5 noch mal gestellt Fehler: dichotome Formulierung IP geht über die dichotome Frage hinaus.
45-PII5#Also auf der Basis hat das schon stattgefunden, so .. Diskussion. 46-PII5#Ja. **47-PII5#[...]** 48-PII5#[...]	Fragetyp: Frage nach Erfahrungen, dichotome Frage, Nachfrage zur Explikation. Das Ziel der Frage bestand darin herauszubekommen, ob man den IP richtig verstanden hat. Daraus ist aber eine Suggestivfrage geworden Fehler: Suggestivfrage Wirkung: IP antwortet in die suggerierte Richtung
49-PII5#Zu den Finanzen, hatte ich noch vergessen: Hier in diesem SFB ist es interessanterweise so üblich, daß es eine interne Abstimmung innerhalb des SFB zunächst gibt, weil man ein bestimmtes Gesamtvolumen nicht überschreiten will. Hatte das auf Ihr eigenes Projekt auch Auswirkungen? Also, Sie hatten ja sicher erst mal einen bestimmten Rahmen als Vorstellung und ...? 50-PII5#Nicht, weil ich zu Anfang mit einer vollen und zwei halben Stellen reinkam, und zu Anfang wurde das hier nicht so intern festgelegt – kann' mich jedenfalls nicht daran erinnern – das wurde dann nicht mehr heftig in Frage gestellt. Es wurde schon in Frage gestellt. Ich habe da mal gehört, ich habe mehrfach gehört, daß Herr [PII17] das kräftig kritisiert hatte bei der letzten Begutachtung bei [PII26] . Es war ein bißchen die spezielle Politik vom [Sprecher] – es ist natürlich dann relativ problemlos, er hat auf die Weise versucht, das Volumen von den Folgeanträgen zu begrenzen. Da hat er sehr drauf geachtet.	Fragetyp: Frage nach Erfahrungen, Plattformfrage, Wissen aus anderen Interviews integriert. Die ursprünglich offene Frage wird in dem Bemühen um mehr Präzision zur dichotomen Frage, Unterstellung Fehler: Suggestivfrage. Die Interviewerin hat aus den Informationen früherer Interviews bereits ein Modell der Finanzierungsentscheidungen abgeleitet und holt nun (49-PII5 bis 55-PII5) nur noch die Bestätigung für dieses Modell ein, statt die Perspektive des Interviewpartners zu erfragen. Wirkung: IP widerspricht der Unterstellung, die damit als Provokation und Erzählanregung gewirkt hat.

Interviewfragen und -antworten	Kommentar
51-PII5#Aber das hat Sie dann erst mal nicht getroffen, sondern man sollte einfach nicht mehr beantragen, als man schon beim letzten Mal ...? 52-PII5#Und bei den Sachmitteln waren wir bescheidener. Insofern gab es da keine Probleme.	Fragetyp: Frage nach Erfahrungen, dichotome Frage, Fehler: Suggestivfrage Wirkung: IP bestätigt implizit die Suggestion, geht aber mit der Antwort darüber hinaus
53-PII5#Also, es gab da nicht innerhalb der Versammlung Diskussionen, daß Sie weniger beantragen sollen, sondern nur so einen internen Hinweis von ... ? Ich hab' das eher so verstanden, wie die anderen Kollegen mir das erzählten, daß es da direkt eine Abstimmung gab nach einer Projektleiterversammlung. Das jedes Projekt durchgenommen wurde und gesagt wird, ‚ok' oder ‚nicht ok'. 54-PII5#Ja, die wurden durchgenommen und es gab Diskussionen. Ich glaube schon, das Ergebnis war verpflichtend. Und [PII7] hat damals versucht auszubrechen, indem er im letzten Moment noch einen dicken Brocken einreichte, und das gab Ärger beim [Sprecher] und er hatte auch keinen Erfolg bei den Gutachtern. Natürlich kann man kritisieren, daß da eine gewisse Verkrustung stattgefunden hat, vielleicht mehr, als es sonst in SFB's üblich ist.	Fragetyp: Frage nach Erfahrungen, dichotome Frage; Wissen aus anderen Interviews integriert, der Befragte soll dieses Wissen bestätigen oder widerlegen Wirkung: IP bringt wieder sein Thema (Kollege PII7) ein
55-PII5#Dadurch, daß einmal die Strukturen, die von Anfang an festlagen, die finanziellen, dann immer fortgeschrieben wurden. 56-PII5#Ja, daß nicht einer sagen konnte, ich möchte jetzt eine Stelle mehr. Das wurde zunehmend schwieriger. Dafür waren die Stellen, die man schon hatte, heilig. Ich kann sagen, ich hab' davon profitiert. Aber ich kann das schon verstehen, wenn das auch von manchen Leuten im SFB kritisiert worden ist.	Fragetyp: Erzählanregung durch Wiederholen und umformulieren eines Teils der Antwort Fehler: Leitfadenbürokratie – ignoriert wieder das vom IP eingebrachte Thema Wirkung: Erzählanregung war erfolgreich
57-PII5#Welche Projekte bearbeiten Sie außer dem SFB-Projekt noch? Sie sprachen ja schon von dem zweiten SFB, an dem Sie noch beteiligt sind. 58-PII5#Ja, das sind [Untersuchungsobjekt4] . Das ist jetzt auch schon die letzte Bewilligungsperiode, die nächstes Jahr anfängt, da war im Juni der Antrag. Da hatte ich zwei halbe Stellen oder eine Ganze, je nach dem, und jetzt habe ich nur noch eine halbe, weil, ja, ich werde 65 in der nächsten Bewilligungsperiode. Man muß ja da mal zurückfahren, ist auch kein Problem. Und sonst, ja, sonst eigentlich nichts.	Fragetyp: Frage nach Erfahrungen, offene Frage, Wiederaufnahmefrage von 28-PII5 Fehler: abrupter Übergang; wäre durch Wiederaufnahmefrage am Anfang (als Plattformfrage) vermieden worden

Interviewfragen und -antworten	Kommentar
59-PII5#Und wenn Sie die beiden Projekte vergleichen, welches davon ist das Wichtigere oder vom Zeitvolumen her ... 60-PII5# [Untersuchungsobjekt1] .	Fragetyp: dichotome Frage Fehler: Multiple Frage Wegen der multiplen Frage ist die Antwort nicht eindeutig: ist das Projekt von seiner Bedeutung und vom Zeitvolumen her das wichtigere?
61-PII5# [Untersuchungsobjekt1] im [SFB II] . 62-PII5#Ja, ja. Auch vom Antragsvolumen her ist es das Wichtigere.	Fragetyp: Wiederholen der Antwort als Aufforderung zu einer expliziten Bestätigung Wirkung: Bestätigung und zusätzliche Information
63-PII5#Mit wem haben Sie außerhalb des SFB noch wichtige Kooperationsbeziehungen ? 64-PII5#Hab' ich nicht. Ich habe ein Projekt mit I. aus Israel, Tel Aviv Universität. Da ging die Inititative auch von der anderen Seite aus. Er wollte Geld haben aus dem deutsch-israelischen Fonds, DIF abgekürzt. Und wir haben einen Antrag gestellt, hauptsächlich ... . Er hat die Hauptarbeit dabei geleistet. Und wir kriegen jetzt Geld für Doktoranden drei Jahre lang, kriege ich jeweils weniger als ein halbes BAT IIa-Gehalt; die müssen wir dann also noch auffüllen aus DFG-Mitteln. Aber das geht. Ja dann habe ich noch ein Normalverfahren, das wissen Sie wahrscheinlich ... Das war aber wegen Herrn B. Ich hatte keine Stelle für ihn zunächst einmal, auch nicht im SFB. Und das Zusammenlegen von zwei Doktorandenstellen ist auch problematisch. Ein halbes Jahr lang kann man das machen, ohne das es aufwendig genehmigt werden muß. Da habe ich einen Antrag im Normalverfahren gestellt, und da ging's um [Untersuchungsobjekt5] [...]. Da ist immer noch ein bißchen Geld übrig geblieben. Herr B. ist längst im SFB, und jetzt arbeitet J. an diesem Projekt, und hatte die volle Stelle und hat jetzt von sich aus gewünscht, auf eine halbe Stelle zu gehen, weil Sie Mann und Kind hat in [Ort] . Und das ist auch vernünftig in ihrem Fall. Aber das war eine Notmaßnahme, sozusagen. Also, eigentlich wollte ich Herrn B. in dem SFB haben, aber das ging damals nicht.	Fragetyp: Frage nach Erfahrungen, Unterstellung (es wird unterstellt, der IP hätte wichtige Kooperationsbeziehungen außerhalb des SFB) Fehler: abrupter Übergang Wirkung: Der IP weist die Unterstellung mit einem Satz zurück („Hab ich nicht“), spricht über eine Kooperationsbeziehung und danach über etwas anderes – ihm ist zur Frage 57-PII5 nach den Forschungsprojekten noch etwas eingefallen

Interviewfragen und -antworten	Kommentar
65-PII5#Gibt es auch Kooperationsbeziehungen, bzw. Kontakte zu SFB-Gutachtern? Prof. C. , das hatten Sie schon gesagt. 66-PII5#Ja, doch, also ich werde ihn diese Woche sehen, wir werden beide in [Ort] begutachten, am Donnerstag und am Freitag. Da ist auch ein SFB. Ich muß noch den Zettel finden, wo er mir, wo ich mir Notizen gemacht habe zu dem Problem; für das er eine Lösung von mir haben wollte. C. , der spannt die Leute schon ein. Ich hab' ihn erlebt bei den Begutachtungen. Da lief er rum während der Sitzung und hat andere Gutachter nach Lösungen für seine Probleme gefragt. Irgendwo ist das auch gut, wenn es sich in Grenzen hält. Aber ich konnte ihm da nicht helfen. Ich werde mir jetzt noch einmal Gedanken machen auf der Reise. Man hat zu den Gutachtern nach einiger Zeit schon ein besonderes Verhältnis. Zusammenarbeiten wären da immer wieder mal möglich. Aber ich bin, wie gesagt, gar nicht so scharf drauf .. Ich brauch' meine Freiheit und lehne mich also innerlich furchtbar auf gegen zuviel Verpflichtungen, Einengungen.	Fragetyp: Frage nach Erfahrungen, dichotome Frage, nach der kurzen ablehnenden Antwort sollten die Kooperationsbeziehungen außerhalb des SFB erkundet werden. Deshalb die Wiederaufnahmefrage als Erzählanregung Fehler: nicht nachgefragt zur vorigen Frage nach Kooperationspartnern außerhalb des SFB, die unvollständig beantwortet wurde
67-PII5#Die Kooperationsbeziehungen mit der Gruppe [PII27] , die ist aber erst durch den SFB entstanden? 68-PII5#Ja, das war ganz ...	Fragetyp: Frage nach Erfahrungen, dichotome Frage, Detailfrage als Nachfrage Fehler: suggestiv formuliert
69-PII5#Das war 'ne feste Kooperation, wie ich das erfahren habe? 70-PII5#... wichtig für uns. Das war eigentlich auch wieder weniger eine Kooperation, als Benutzung vorhandener Apparate. Herr [PII27] hätte sich daran beteiligen können. Wir haben ihm das angeboten. Wir haben ihn aber auch nicht gedrängt. Und dann kam da ein Herr K. , der dann bald sowas wie seine rechte Hand wurde, was diese [Forschungsgeräte1] anbelangt, die für uns interessant waren. Das war 'ne ziemliche Katastrophe. Der hat Frau [WII12] ein bißchen, ja, terrorisiert ist ein hartes Wort. Aber er hat sie nicht gut behandelt. Hat sie vielleicht beschrieben.	Fragetyp: Frage nach Erfahrungen, dichotome Frage, Detailfrage (Nachfrage) zur Explikation, Wissen aus anderen Interviews integriert Fehler: Unterbrechen des IP Wirkung: IP lässt sich nich beirren

Interviewfragen und -antworten	Kommentar
71-PII5#Hat sie angedeutet, ja. Es ist auch aus anderen Gruppen mir schon zugetragen worden, daß das ein Problem war. 72-PII5#Das war ein Problem. Wir waren alle froh, als er ging.	Im zweiten Teil anonymisierte Informationen aus anderen Interviews (dem IP wurde klargemacht, daß die Interviewerin über diesen Sachverhalt bereits gut informiert ist) Fehler: im ersten Teil Anonymität nicht gewahrt (ist hier allerdings auch sehr schwer)
73-PII5#Ist das eigentlich im SFB diskutiert worden, oder lebt man dann damit, wenn es so ein Problem gibt ... ? 74-PII5#Man kann ja nicht in der Öffentlichkeit die Schwächen ausspielen. Wieweit [PII27] mit ihm darüber geredet hat, das weiß ich nicht. [PII27] ist in solchen Dingen sehr frei. Und ich stelle mir schon vor, daß K. durchaus [PII27] Meinung hören konnte. Ob er sie auf sich hat wirken lassen, das weiß ich nicht. [Der Sprecher] war aber da sehr klar, es gab dann diese Stelle zu besetzten am [Forschungsgerät1] , wann war das?.. . Auf der einen Seite mußte K. weg, die Fünfjahres-Frist war vorüber, aber er hätte woanders weitermachen können, er hätte also im Prinzip die Stelle haben können, die jetzt Herr [WII4] hat. Ich glaube, das wäre der Wechsel vom Max-Planck-Institut zur Uni gewesen. Er wollte die auch haben. [der Sprecher] hat ihm sehr klar gemacht, daß das nicht geht. Auch in der Öffentlichkeit. Aber er hat auch nicht die eigentlichen Argumente dabei benützt. Das war anscheinend auch besser. Das soll man nicht in der Öffentlichkeit machen.	Fragetyp: Frage nach Erfahrungen, dichotome Frage, Nachfrage Fehler: multiple Frage (1. Frage nach Diskussion zum konkreten Problem mit Herrn K., 2. Frage nach allgemeinen Regeln des SFB zur Behandlung dieses Typs von Problemen) Wirkung: IP geht auf ersten Teil ein
75-PII5#Sie haben gesagt, daß es für Sie auch wichtig ist, daß Sie Ihre Freiheit haben in Ihrem Projekt. Nun ist es ja im SFB so, daß die Teilprojekte eher recht eigenständig sind. Gibt es aber irgendwelche Dinge, wo Sie Ihr Teilprojekt mit anderen Teilprojekten oder mit dem Sprecher abstimmen müssen, inhaltlicher Art oder finanzieller Art? 76-PII5#Nein.	Fragetyp: Frage nach Erfahrungen, Plattformfrage, 1. Teil Wiederaufnahmefrage aus 36-PII5, Dichotome Frage Fehler: Leitfragenbürokratie. Der IP hat auf die Unmöglichkeit öffentlicher Sanktionen für Kooperationsenthaltung verwiesen, aber keine Begründung gegeben – das hätte man nachfragen müssen. Fehler: Der erste Teil hat wenig Bezug zum nachfolgenden, dadurch überladen Wirkung: IP reagiert wie durch die dichotome Frage vorgegeben.

Interviewfragen und -antworten	Kommentar
77-PII5#Es gibt ja noch ein zweites Theorieprojekt, wo nur Theorie gemacht wird, das ist jetzt ein besonderes Projekt. Gibt es da eigentlich mit Herrn [PII10] auch Diskussionen im Bezug auf Theorie, oder ist das sehr anders, was er da macht, vom Gegenstand her? 78-PII5#Ja, also, ich habe schon immer wieder mal mit ihm geredet über das, was er macht. Aber eine Zusammenarbeit ..., nein, ... Er ist ja auch nicht der Einzige, der so etwas macht. Es gibt auch an anderen Stellen der Welt ... . Also, ... Und es ist ja auch eigentlich keine Theorie, wo er die anderen Theoretiker herausfordert. Diese Simulation, oder [Forschungsmethode2] , das ist eine Technik; irgendwie so zwischen Theorie und Experiment. Fast jeder Theoretiker benützt sie heute, Simulation, oder diese [Forschungsmethode2] , aber in meinen Augen ist das nicht wirklich Theorie. Man kann zu so jemanden nicht gehen, um irgendwelche physikalischen Hilfen zu kriegen bei der Lösung irgendwelcher physikalischen Probleme. Ich meine, man könnte es vielleicht im Fall von Herrn [PII10] , das weiß ich gar nicht. Von dem, was er tut, her, ist das nicht so. Das ist ein bißchen das Problem von den Computerleuten. Wo gehören sie hin und was für Einsichten produzieren sie? Aber das müssen die dann selber lösen und man kann sich eben da für ein Experiment ein tolles Problem holen oder man kann das rechnen, was für die Theorie, die analytische Theorie zu schwierig ist. Erst die Kombination macht aus dieser Methode was Wertvolles, führt zu nützlichen Ergebnissen.	Fragetyp: Frage nach Erfahrungen, Plattformfrage, Wissen integriert, dichotome Frage Fehler: bei vorigen Frage nicht nachgefragt Wirkung: IP geht über die dichotome Frage hinaus und nimmt sie als Erzählanregung.

Interviewfragen und -antworten	Kommentar
79-PII5#Und bei den Dingen, die jetzt der Herr B. mit .. oder die Sie ja auch mit Herrn [PII24] diskutieren, ist das jetzt für die Fragestellung Ihres eigenen Projektes zu verwenden, oder ist das für Sie auch interessant, hat aber mit Ihrem eigenen ..? 80-PII5#Das ist ja jetzt im SFB drin. Und da wäre es auch schön, wenn wir da Kontakte hätten. Da wären wir in [Ort] besser aufgehoben, wo eben C. solche Systeme untersucht hat. Er hat das getan, bevor wir hier anfingen, zu rechnen. Also, das ist aber hier nicht so. Es ist eben nicht nur diese Lücke zwischen Theorie und Experiment hier, es ist die Lücke zwischen Physik und Biowissenschaft, und physikalische Chemie gehört auch zur Physik. Vieles, was die Chemiker heute machen, gehört zur Physik, und die Biowissenschaft, die haben einfach andere Probleme, andere Ziele, andere Effekte, und was wir da machen mit der [Forschungsproblem2] , könnte man meinen, das ist jetzt etwas, was die Bioleute wirklich interessieren müßte, das [Untersuchungsobjekt1] schon ohne Proteine viel komplexer sein können, als man bisher gedacht hat. Ich habe da noch keine einzige Anfrage bekommen, weder schriftlich noch mündlich. Das ist den Biowissenschaftlern vollkommen egal. Die sind auf Proteine fixiert. Viele sind [???] Ja, gut.	Fragetyp: Frage nach Erfahrungen, Dichotome Frage Fehler: dichotom formuliert Wirkung: IP geht über die dichotome Frage hinaus und nimmt sie als Erzählanregung. IP ist verärgert über die Ignoranz der Biowissenschaftler und bricht Thema ab
81-PII5#Das heißt, mit Herrn [PII24] ist das auch noch nicht ... 82-PII5#Herr [PII24] ist ja auf der Seite der physikalischen Chemie. Der interessiert sich gar nicht für Proteine. Und das geht gut.	Fragetyp: Frage nach Erfahrungen, dichotome Frage, Nachfrage zur Explikation, die Interviewerin will einen heiklen Sachverhalt entschärfen durch die Schlussfolgerung aus der vorigen Antwort, wirkt dadurch leicht suggestiv Wirkung: IP korrigiert die falsche Annahme.
83-PII5#Das geht gut, und das betrifft auch Ihre eigene Fragestellung ? 84-PII5#Ja, das interessiert mich einfach. Man muß ja auch immer etwas um das eigene Gebiet herumlesen, und was er macht, gehört dazu.	Fragetyp: Frage nach Erfahrungen, dichotome Frage, Nachfrage zur Explikation Aufgreifen der Formulierung des IP

Interviewfragen und -antworten	Kommentar
85-PII5#Einer meiner Gesprächspartner sagte mal, der thematische Zusammenhang im SFB ist eigentlich nur so stark, daß man vielleicht mal ein Lehrbuch schreiben könnte, [Titel des SFB] . Würden Sie das auch so sehen? 86-PII5#Na also, ich könnte dann aber kein Kapitel schreiben. Aber das mag schon stimmen. Ich kann die Qualität der Leute nicht wirklich einschätzen. Aber das fing an mit Herrn [PII28] , der sicher eine Nummer für sich ist. Ich glaube, da sind eigentlich sehr gute Leute am Ball. Der kann schon recht haben, aber [Projektbereich 2] fällt raus. Und der [PII26] gibt sich Mühe, aber daß ... Wir geben uns auch Mühe, dadurch, daß wir rechnen.	Fragetyp: Meinungsfrage, indirekte Provokation durch Zitieren anderer IP, Wirkung: Provokation wirkt, IP gibt seine Darstellung des thematischen Zusammenhangs im SFB
87-PII5#Könnte [Projektbereich 2] ein Buch schreiben ? 88-PII5#[PII26] hat schon Bücher geschrieben. Ja, [Projektbereich 2] könnte ein Buch schreiben.	Fragetyp: Nachfrage zur Explikation – die Frage des thematischen Zusammenhangs wird auf einen Projektbereich ausgedehnt; dichotome Frage, Meinungsfrage
89-PII5#Da ist schon ein Zusammenhang da ? 90-PII5#Ja, ohne Frage.	Fragetyp: Frage nach Erfahrungen, Nachfrage zur Explikation, dichotome Frage Fehler: suggestiv, dichotom formuliert
91-PII5#Wenn wir mal jetzt die letzte abgeschlossene Förderperiode nehmen, damit Sie sich nicht so lange zurückerinnern müssen – haben Sie da die im Antrag formulierten Forschungsziele erreichen können? 92-PII5#Müßte ich jetzt nachschauen, was da drin steht. – Ich muß ehrlich sagen, ich bin immer wieder schockiert, wie wenig wir erfüllt haben, von dem was ich da so kühn angesprochen habe. Ich bin da ein bißchen leichtsinnig. Aber die Endergebnisse sehen eben oft dann auch ganz anders aus. Das kann man nicht vorhersagen. Ich weiß nicht, wie das dann läuft. Ich will ja auch an das Ziel kommen. Es hilft , wenn man ein gewisses Ansehen hat. Dann gehen manche Dinge anscheinend von selbst. Es kann aber auch eine Gefahr sein bei diesen SFBs. Es wird da schon immer wieder darüber geredet. Weniger in [Ort] , wo Sie mich gefragt haben, aber anderswo habe ich durchaus erlebt, daß dann gefragt wurde, ob jetzt dieser oder jener verdiente ältere Herr noch so viel Unterstützung braucht, und habe auch erlebt, daß da gekürzt worden ist. Also, das kommt schon vor. Man ist wahrscheinlich froh, wenn man da nicht bohren muß, wenn man das Gefühl hat, da kommt genügend Interessantes raus, und dann läßt man es weiter laufen.	Fragetyp: Meinungsfrage, dichotome Frage Fehler: dichotom formuliert

Interviewfragen und -antworten	Kommentar
93-PII5#Noch eine letzte Frage. Sie kennen ja nun, wie ich schon mitbekommen habe, doch einige Sonderforschungsbereiche. Wie ist das eigentlich in dem [anderer SFB, in dem PII5 Mitglied ist] , gibt es da auch so ein Abstimmungsverfahren bei der Neuaufnahme von Projekten, so ein formales? 94-PII5#Also, hier habe ich das noch nicht erlebt. Sie meinen jetzt in dem anderen SFB?	Fragetyp: Frage nach Erfahrungen, Plattformfrage, dichotome Frage Fehler: bringt in der Frage ein völlig neues Thema ein (formales Abstimmungsverfahren für die Aufnahme von Projekten); Thema wird nicht in der Plattform vorbereitet Wirkung: IP versteht die Frage nicht und fragt zurück
95-PII5#In dem anderen SFB, ja. Denn hier in diesem SFB ist es ja so, daß richtig abgestimmt wird. 96-PII5#Ich habe das Gefühl, da macht sehr viel mehr der Sprecher im kleinen Kreis. Bei uns gab es viele Sitzungen, wo die Leute sich vorstellten, dann entschieden wurde, ob wir sie aufnehmen oder nicht und es wurde abgestimmt.	Wissen integriert, um die Frage zu explizieren
97-PII5#Das war hier im [SFB II] . 98-PII5#Das war hier im [SFB II] .	Fragetyp: Nachfrage zur Explikation, dichotome Frage
99-PII5#Und in dem anderen ist das nicht so, daß es ein formales Abstimmungsverfahren gibt? 100-PII5#Da wird eher ... . Da macht das der Sprecher und sein Stellvertreter, ist mein Gefühl. Da werde ich nicht gefragt.	Fragetyp: Frage nach Erfahrungen, Nachfrage zur Explikation, dichotome Frage
101-PII5#Haben Sie bei der Begutachtung [vor 5 Jahren] mal vorgetragen für den Projektbereich 2]? 102-PII5#Einmal habe ich vorgetragen, ja.	Fragetyp: Frage nach Erfahrungen, dichotome Frage, Filterfrage, Wissen integriert
103-PII5#Wie ist denn sozusagen der Vortrag entstanden? Haben Sie sich da die Anträge der anderen Projektleiter vorgenommen und das zusammengetragen, oder ist das ... ? 104-PII5#Ja, das war die Idee, und ich habe mir auch Mühe gegeben. Ich weiß, daß es kein guter Vortrag war. Es sollen einfach nicht immer dieselben machen. [PII26] macht das ja liebend gerne, daß er den Bereich [Projektbereich 2] vorstellt. Es ist besser, wenn er es nicht immer macht.	Fragetyp: Frage nach Erfahrungen, zunächst offen, dann dichotom (das Unspezifische sollte gemindert werden, indem mögliche Entstehungssituation des Vortrages simuliert wird) Fehler: dichotome Formulierung Wirkung: greift den Vorschlag auf, bleibt aber relativ vage; bringt eigenes Thema ein (das Verhalten von PII26)
105-PII5#Und das war dann so, daß das noch einmal vorher diskutiert wurde, der Vortrag ? 106-PII5#Ich habe, glaube ich, sogar einen Probevortrag gehalten. [Ende]	Fragetyp: Frage nach Erfahrungen??, dichotome Frage, Suggestivfrage Fehler: Vage Antwort nicht nachgefragt (wahrscheinlich aus Angst vor heiklem Sachverhalt); schlechter Abschluss des Interviews, da IP unangenehme Erinnerungen an den Vortrag hat

Anhang 6 Antworten zu den Fragen

Antworten zu den Fragen zu Kapitel 1

Frage 1

Ja: In der SFB-Studie wurde das Funktionieren von SFB rekonstruiert, in der Studie zu Sportlerbiographien die Biographien jugendlicher Hochleistungssportler.

Frage 2

Die Befragten verfügten jeweils über exklusives Wissen über den zu rekonstruierenden Prozess. In der SFB-Studie wurden

- das Wissen der im SFB arbeitenden Wissenschaftler über die Funktionsweise der SFB,
- das Wissen der Initiatoren des SFB über dessen Entstehung,
- das Wissen der Gutachter über Gegenstand, fachliche Breite, Kooperationsverhalten und Begutachtung eines SFB sowie
- das Wissen der Mitarbeiter der Geschäftsstelle über die Entstehung und Begutachtung von SFB einbezogen.

Im Projekt Sportlerbiographien ging es um das Wissen der Athleten, ihrer Eltern und ihrer Trainer über die Biographie der Athleten. Obwohl das meiste Wissen darüber beim Athleten vorhanden ist, gibt es Expertenwissen bei den Eltern (z.B. über die frühe Kindheit, über Ihre Beziehungen zu Trainern und zur Schule) und bei den Trainern (z.B. Vergleich mit anderen Sportlern).

Frage 3

Im SFB-Projekt hätte die Möglichkeit bestanden, eine größere Zahl von Wissenschaftlern und Gutachtern mit einem standardisierten Fragebogen zu befragen und eine quantitative Untersuchung durchzuführen. Damit hätten die Mechanismen in SFB aber nicht rekonstruiert werden können. Das gilt analog für die Untersuchung zu Sportlerbiographien: Eine quantitative Untersuchung hätte durch die standardisierte Befragung einer großen Zahl von Sportlern sowie von deren Eltern und Trainern Einflussfaktoren in Biographien identifiziert, aber keine Informationen über die in einer Biographie wirkenden Mechanismen erbracht.

Antworten zu den Fragen zu Kapitel 2

Frage 1

Ja. Statistik-basierte Untersuchungen decken sehr oft Zusammenhänge zwischen Merkmalen auf, ohne Erklärungen dafür liefern zu können. Die Hinweise auf solche Zusammenhänge können dann fall-basierte Studien motivieren, die die Kausalmechanismen aufzuklären versuchen. Eine solche Strategie findet unter der Bezeichnung ‚Integration quantitativer und qualitativer Methoden' zunehmend Verbreitung.

Frage 2

Zunächst dadurch, dass vor Beginn der empirischen Erhebung Informationen über das Untersuchungsfeld gesammelt werden, die dann bei der Konstruktion von Fragebögen berücksichtigt werden (die sogenannte „dimensionale Analyse", vgl. z.B. Kromrey 1998: 109-130). Außerdem erfolgt ein Pre-Test des Fragebogens, durch den die Reaktion des Untersuchungsfeldes mit darüber entscheidet, welche Fragen in der Untersuchung gestellt und wie sie formuliert werden. Die Forschungspraxis der Auswertung hat sich (vernünftigerweise) so entwickelt, dass nicht nur nach den Zusammenhängen gefragt wird, die durch die Hypothesen für relevant erklärt worden sind. Es wird vielmehr generell nach statistisch signifikanten Zusammenhängen gesucht.

Frage 3

Ja. Wenn man ausschließlich das erhebt, was theoretisch vorgegeben ist, wenn also allein die theoretischen Vorüberlegungen (und z.B. nicht auch die Reaktionen des Befragten oder Informationen über das Untersuchungsfeld) darüber entscheiden, was in welcher Form erhoben wird, dann wird das Prinzip der Offenheit verletzt. Eine rigorose Anwendung des Prinzips des theoriegeleiteten Vorgehens verstößt deshalb gegen das Prinzip der Offenheit.

Frage 4

Die Prinzipien lassen sich folgendermaßen einordnen:

Spezielles Prinzip	Allgemeine methodologische Prinzipien, aus denen das spezielle Prinzip folgt	Allgemeine methodologische Prinzipien, denen das spezielle Prinzip widerspricht
Fremdheitspostulat	Verstehen	Keine
Flexibilität	Verstehen, Offenheit	Regelgeleitetes Vorgehen
Standardisierung der Meßsituation	Regelgeleitetes Vorgehen	Offenheit
Intersubjektive Nachprüfbarkeit	Regelgeleitetes Vorgehen	keine

Frage 5

Rekonstruierenden Untersuchungen liegt die fall-basierte Erklärungsstrategie zugrunde. Die vollständige Aufklärung von Mechanismen und Prozessverläufen ist mit standardisierten Methoden nicht möglich. Umgekehrt ist die Zahl von Beobachtungen bzw. untersuchten Fällen, die bei der vollständigen Aufklärung von Mechanismen und Prozessverläufen erreicht werden kann, zu klein für die Anwendung statistischer Methoden.

Frage 6

Grundsätzlich gilt: Je stärker die Kontrolle, die der Untersuchende über das Interview ausübt, desto geringer sind die Offenheit und die Möglichkeiten des Verstehens und desto größer sind die Möglichkeiten, theoriegeleitet vorzugehen. Da für alle Interviewtypen Regeln zur Vorbereitung und Vorgehensweise angegeben werden können, ermöglichen alle ein Mindestmaß an regelgeleitetem Vorgehen.

Interviewtyp	Offenheit	Theoriegeleitetes Vorgehen	Regelgeleitetes Vorgehen	Verstehen
Standardisiert	*	*****	*****	*
Halbstandardisiert	**	****	****	**
Leitfadengestützt	***	***	***	***
Offen	****	**	***	****
Narrativ	*****	*	***	*****

Frage 7

Telefoninterviews empfehlen sich nur bei standardisierten Interviews. Anderenfalls entsteht eine komplizierte Gesprächssituation, bei der der Interviewpartner einem Unbekannten am Telefon ausführlich erzählen müsste.

Frage 8

Nein. Rekonstruktion heißt ja, Details aus Texten zusammenzusuchen, um ein vollständiges Bild zu erhalten. Dafür sind beide hermeneutischen Methoden ungeeignet: Die sequenzanalytischen Methoden sind an der inneren Struktur von Texten orientiert, und freie hermeneutische Methoden laufen Gefahr, nicht alle Details zu erfassen, da sie nicht systematisch genug vorgehen.

Frage 9

Der Vorwurf unethischen Verhaltens ist gerechtfertigt. Erstens kann es aus forschungsethischen Grundsätzen nicht akzeptiert werden, wenn in einer Untersuchung Daten verwendet werden, die durch Dritte mit unethischen Methoden erhoben wurden. Mit einer solchen Praxis könnten forschungsethische Grundsätze beliebig unterlaufen werden. Zweitens müssen die Grundsätze der Forschungsethik natürlich auch auf Menschen angewendet werden, die ex post zu Untersuchungsobjekten gemacht wurden. In dem Moment, als die wissenschaftliche Arbeit mit Daten über die Kinder begann, standen diese unter dem Schutz der Forschungsethik. Die Ethik-Kommission hat dazu noch einmal Stellung genommen (Lamnek 1995).

Antworten zu den Fragen zu Kapitel 3

Frage 1

a) Organisationssoziologie, Religionssoziologie
b) Familiensoziologie, Sportsoziologie, Biographieforschung
c) Arbeitssoziologie, Techniksoziologie, Industriesoziologie, Organisationssoziologie

Frage 2

Variablen sind im Kontext einer Theorie des Gegenstandsbereiches definiert. Einflussfaktoren werden dagegen aus bisherigen empirischen Befunden oder durch Spezifizieren einer allgemeinen Handlungstheorie abgeleitet.

Frage 3

Besteht der Zweck der Vorstudie im Testen der für die Hauptuntersuchung geplanten Methoden, dann hängt die Methodenauswahl von der zu testenden Methode ab. Dient die Vorstudie (auch) dem Ziel, Informationen über den Untersuchungsgegenstand zu beschaffen, dann müssen Methoden mit einem hohen Grad an Offenheit (Beobachtungen und freie Interviews) gewählt werden.

Antworten zu den Fragen zu Kapitel 4

Frage 1

- Das Recht auf Antwortverweigerung ohne Sanktionen,
- Die feste Rollenverteilung zwischen Fragendem und Antwortendem,
- Das durch den Fragenden vorgegebene (und nur ihm vollständig bekannte) Informationsziel
- In manchen Fällen die Behandlung privater oder gar heikler Sachverhalte durch einander Fremde.

Frage 2

Dichotome Fragen und Suggestivfragen

Frage 3

- Vermitteln des Eindrucks, dass es in der Öffentlichkeit unterschiedliche Auffassungen gibt, die auch geäußert werden, dass also alle Antwortmöglichkeiten gleichwertig sind.
- Vermitteln des Eindrucks, dass in den Interviews das gesamte denkbare Antwortspektrum bereits vorgekommen ist, dass dem Interviewer also keine schockierenden Neuigkeiten mitgeteilt werden müssen, sondern lediglich der Fall, der beim Interviewpartner vorliegt.

Frage 4

- Streikende: Streikende, die einfach nicht zur Arbeit gehen, Streikposten, Organisatoren
- Beschäftigte, die sich nicht am Streik beteiligen
- Für die Arbeitsabläufe Verantwortliche von Firmen
- Verhandlungsführer beider Seiten
- Gegebenenfalls Vermittler zwischen den Fronten

Antworten zu den Fragen zu Kapitel 5

Frage 1

Kaum. Vorstudien werden durchgeführt, um Wissen über das Untersuchungsobjekt zu beschaffen oder Methoden zu testen. Wenn eine Vorstudie durchgeführt wird, um Wissen über den Gegenstandsbereich zu beschaffen, dann wird sie stark explorativen Charakter tragen, und das vorhandene Wissen wird meist nicht ausreichen, um ein Auswertungsschema zu entwerfen. Wenn Methoden getestet werden sollen, ist die Auswertung der empirischen Daten häufig sekundär.

Frage 2

Sie benutzen dieselben Auswertungskategorien wie bei den anderen Fragen auch. Wenn eine Dimension „Zeitpunkt/Zeitraum" existiert, dann tragen Sie unter dieser Dimension „Zeitpunkt des Gesprächs" ein. Ausserdem müssen Sie in einer Dimension vermerken, dass es sich um die Antwort auf eine hypothetische Frage handelt (und diesen Hinweis als eigene Anmerkung kennzeichnen).

Frage 3

Man kann versuchen, unterschiedliche Entwicklungsphasen eines Falles miteinander zu vergleichen. Wenn Entwicklungsphasen durch spezifische Ausprägungen von Variablen bzw. Einflussfaktoren charakterisiert sind, dann kann ein Vergleich dieser Phasen in ähnlicher Weise zur Aufklärung des Kausalmechanismus genutzt werden wie ein Vergleich unterschiedlicher Fälle.

Index

FSC
www.fsc.org
MIX
Papier aus verantwortungsvollen Quellen
Paper from responsible sources
FSC® C105338

Printed by Books on Demand, Germany